München 38, Eddastraße 1

Sehr geehrter Herr!

Beifolgendes Werk übersende ich Ihnen verabredungsgemäß zur Besprechung bzw. zur kurzen Anzeige innerhalb spätestens 6 Wochen.

Bei Besprechung bitte ich Vor- und Nachnamen des Verfassers, *vollständigen* Titel und Untertitel, Erscheinungsort, Verlag, Jahreszahl, Seitenzahl und Preis angeben zu wollen, sowie mit Vor- und Nachnamen zu unterzeichnen.

Ihre Mühewaltung wird durch Überlassung des Besprechungsexemplares honoriert.

Schriftleitung der Münch. Med. Wschr.

205/2/4.53. U.

GRUNDZÜGE EINER VERSTEHENSPSYCHOLOGISCHEN PSYCHOTHERAPIE

VON

CARL-FRIEDRICH WENDT
PROFESSOR FÜR PSYCHIATRIE UND NEUROLOGIE
AN DER UNIVERSITÄT HEIDELBERG

ZWEITE GÄNZLICH UMGEARBEITETE AUFLAGE
VON
PSYCHOTHERAPIE IM ABGEKÜRZTEN VERFAHREN

MIT EINEM GELEITWORT
VON
PROFESSOR KURT SCHNEIDER
HEIDELBERG

SPRINGER-VERLAG
BERLIN · GÖTTINGEN · HEIDELBERG
1956

ISBN-13: 978-3-540-02104-9 e-ISBN-13: 978-3-642-92689-1
DOI: 10.1007/978-3-642-92689-1

WIESBADENER GRAPHISCHE BETRIEBE GMBH

Geleitwort

Während die heute übliche Psychotherapie durchweg mit eigens dazu geschaffenen Methoden arbeitet, geht dieses Buch einen neuen und originellen Weg. Es löst diese fast selbstverständlich gewordene enge Verbindung von Psychotherapie und mehr oder weniger klassischer psychoanalytischer Methode und besinnt sich wieder auf *die* Psychologie, mit der auch Psychopathologie und Psychiatrie arbeiten. Es ist die „verstehende Psychologie". Aber nicht nur die Auffassung und Darstellung des psychotherapeutischen Gegenstandes ist eine in diesem Sinne psychologische. Dieser psychologische Weg wird vielmehr bis in die konkrete Psychotherapie beim einzelnen Menschen hinein verfolgt und genutzt. Das Verstehen wird also hier auch *therapeutische* Methode.

Doch nicht allein das ist die Aufgabe dieses Buches. Ein zweiter, mit dem ersten allerdings eng zusammenhängender Gesichtspunkt ist folgender: Die Psychotherapie wird endlich wieder als ein unveräußerlicher Bestandteil der Psychiatrie überzeugend ergriffen.

Als vor Jahrzehnten die Psychotherapie noch unbestritten zur Psychiatrie gehörte, hatte sie nur wenig Mittel. Da war (neben etwas Hypnose, Suggestion, Persuasion) die menschliche Hilfe durch klärendes und führendes Gespräch. Das ist wahrlich nichts Geringes und auch heute noch nichts etwa Oberflächliches im Vergleich zur „Tiefe". Auch heute ist das unentbehrlich, aber es genügt eben nicht immer, vor allem nicht bei den „Ausweichungen ins Unbewußte", also insbesondere bei psychogenen Körperstörungen, aber auch Zwängen und manchen Ängsten. Mit teilnehmendem und zuredendem Gespräch ist weder Stottern, noch Impotenz, noch Platzangst mit Erfolg anzugehen. Man muß versuchen, „Wurzeln aufzudecken" — wobei es uns allerdings nicht immer evident ist, daß ein Erfolg gerade dem Weg zu verdanken ist, den der Psychotherapeut sich vorstellt. Jedenfalls: hier muß die Notwendigkeit einer irgendwie analytischen Psychotherapie auch derjenige einsehen, dem nur jene ursprüngliche Psychotherapie „liegt".

Als die Psychotherapie seit FREUD eigene Methoden und Theorien entwickelte, entglitt sie sofort der Psychiatrie, die sich dem mit guten Gründen versagte. Die Psychotherapeuten bildeten eigene esotorische Zirkel und die Psychotherapie wurde zum „Fach", im Laufe der Zeit zu mehreren Fächern mit je eigener Sprache, eigener Theorie, eigenem Wahrheitsanspruch. Die Psychiater, auch die zu Zugeständnissen und Amalgamierungen bereiten, partikulär zustimmenden, waren und sind „draußen". Ein Finger ist nicht genug; wer nicht die ganze Hand gibt, zählt nicht mit. Parallel mit der Entwicklung einer eigenständigen Psychotherapie wuchs rapid die Zahl der Psychotherapiebedürftigen. Daß diese Psychotherapie durch ins Breite gehende aufklärende und werbende Literatur ihre Klientel zum großen Teil selbst erweckt, ist außer Zweifel. Aber das ist nicht der einzige Grund für dieses Anwachsen. Ein sehr wesentlicher und oft genannter, mit dem eben Erwähnten verzahnter Grund liegt „in der Zeit".

Gewiß beschränkt sich Psychotherapie nicht auf Gegenstände der Psychiatrie. Man bedenke hier allerdings, daß eigentliche Psychotherapie auch in den Händen etwa des Internisten mit seelisch mehr oder weniger Abnormem, also grundsätzlich mit Psychiatrie zu tun hat, wenn nicht strenge Psychosomatik gemeint ist, also das unmittelbare Angehen körperlicher Krankheit mit Psychotherapie. Aber von dem allem abgesehen: das Kernstück der Psychotherapie ist ja doch auf jeden Fall die Behandlung der „Neurosen", psychopathologisch ausgedrückt: der abnormen Erlebnisreaktionen, abnormen Persönlichkeiten, abnormen Entwicklungen, und dies alles ist eben einwandfrei Psychiatrie. Und um das handelt es sich in diesem Buch. Es ist daher sein wesentliches und sehr berechtigtes Anliegen, *die Psychotherapie in die Psychiatrie heimzuholen.*

Heidelberg, im April 1956 KURT SCHNEIDER

Vorwort zur zweiten Auflage

Die in der ersten Auflage dieses Buches gemachten einzelnen Ansätze, die Psychotherapie methodisch zu konzentrieren, konnten mit den Erfahrungen der letzten Jahre auf eine breitere Basis gestellt werden. Damit ergab sich dann die vollständige Umarbeitung der ersten Auflage.

Während zunächst nur Vorschläge gemacht worden waren, die Behandlungszeit im geeigneten Fall zu verkürzen, geht es jetzt darum, eine grundsätzliche Betrachtungsweise methodisch darzulegen. So änderte sich auch der Titel dieses Buches.

Heidelberg, im April 1956 CARL-FRIEDRICH WENDT

Inhaltsverzeichnis

Einleitung

Allgemeiner Teil

Spezieller Teil

Einleitung

Abgekürzte Verfahren und Kurzverfahren in der Psychotherapie

Jedes therapeutische Handeln ist darauf gerichtet, das Leiden des Kranken in möglichst kurzer Zeit zu heilen oder zu lindern. Wenn für eine Behandlung ein langer Zeitraum gefordert wird, so kann dieses nur besagen, daß die ärztliche Kunst hier einen langsamen Weg gehen muß, um echte Wirksamkeit zu entfalten. Abgekürzte therapeutische Verfahren als solche hervorzuheben, erübrigt sich daher im allgemeinen, denn eine kunstgerechte Behandlung dauert ohnehin nur so lange wie ihre Wirkungsmöglichkeiten es bedingen. Hier Zeitersparnis anzustreben würde nicht die Beschleunigung der Heilung, sondern die Beeinträchtigung eines guten Erfolges bedeuten.

Wenn man in der Psychotherapie dennoch um abgekürzte Behandlungsverfahren bemüht ist, so wird hiermit nicht eine Abkehr von diesen grundsätzlichen Feststellungen vollzogen. Die so oft geäußerte Forderung nach einer seelischen Behandlungsweise, die, einfach in Erlernung und Handhabung, den Erfolg in möglichst kurzer Zeit bringen soll, da die Psychotherapie ja viel zu kompliziert, langwierig und unwirtschaftlich sei, wird weiterhin unbeachtet bleiben müssen. Komplizierte Dinge vereinfachen sich durch vertiefte Sachkenntnis, nicht aber durch oberflächliches Vorgehen. Abgekürzte Verfahren, auch wenn sie in einzelnen Fällen mit sehr einfachen Mitteln arbeiten, setzen gründliche Kenntnisse und Erfahrungen in der Psychotherapie voraus. Vom Unkundigen angewandt, sind ihre gelegentlichen Erfolge nur zufällig. So stellen auch die abgekürzten Verfahren keine grundsätzliche Abwendung von bewährten ausführlichen Methoden dar, sondern eine Weiterentwicklung, die sich mit ihrer Differenzierung ergab. Damit ergibt sich auch, daß es im einzelnen Fall zu entscheiden ist, ob die Therapie auf jenen ausführlichen Wegen gehen soll oder von der Möglichkeit der Abkürzung Gebrauch machen kann. Die Anwendung eines abgekürzten Verfahrens ist also nicht eine Frage des Prinzipes, sondern der Indikation. In ihrer Besonderheit charakterisiert sind die abgekürzten Verfahren daher auch durch ihre theoretischen Grundzüge und nicht etwa durch ihre Ökonomie. Daß ihre Anwendung im Enderfolg eine oft erhebliche Zeitersparnis bringt, ist dann nur ein Ergebnis, das die Richtigkeit des theoretischen Ansatzes bestätigt.

Wir werden im folgenden zwischen *Kurzverfahren* und *abgekürzten Verfahren* unterscheiden. *Gemeinsam ist beiden Verfahren,* daß sie ohne umfassende Analyse des Patienten arbeiten. Letztere wird bekanntlich bei dem Behandlungsverfahren der Psychoanalyse als unumgängliche Voraussetzung gefordert, wobei sich eine Behandlungsdauer von 350 Std und mehr ergeben kann. *Unterschieden vonein-*

ander sind Kurzverfahren und abgekürzte Verfahren durch Indikation und Technik, wobei das Kurzverfahren den geringsten Zeitraum beansprucht, während ein abgekürztes Verfahren bereits ein ausführlicheres Vorgehen erfordert.

A. Die Anwendungsbereiche der Kurzverfahren und der abgekürzten Verfahren

Im folgenden werden die Indikationen beider Verfahren kurz skizziert.

Kurzverfahren sind angezeigt

I. bei abnormen Erlebnisreaktionen und bei psychogenen Konfliktreaktionen, d. h. bei Neurosen, die aus aktuellen Konflikten bei bis dahin in sich ausbalancierten Persönlichkeiten entstanden sind;

II. bei jenen Neurosen, die in wechselnder Erscheinungsform die ständigen Begleiter gewisser asthenischer Persönlichkeiten sind.

Es sind hiermit jene Astheniker gemeint, die auf Grund ihrer überempfindsamen Zartheit bereits in den natürlichen Begegnungen mit der Umwelt Schaden nehmen. Fast stets findet sich hier ein übersensibles, körperliches Reaktionsvermögen, so daß seelisches Leiden mit körperlichem Ausdruck und umgekehrt körperliche Unstabilität, die auf das Seelische niederdrückt, in Ursache und Wirkung kaum mehr trennbar sind.

In den Fällen, die unter I. aufgeführt wurden, hat das Kurzverfahren einen aufdeckenden Charakter. Bei den abnormen Erlebnisreaktionen kann es sich im einfachsten Fall auf die Lösung der abnormen Affektspannung beschränken. Handelt es sich um eine neurotische Konfliktreaktion, so kann auf eine vollständige Analyse verzichtet werden, wenn die Neurose aus einer rezenten Konfliktsituation entstand und mit deren Klärung und Verarbeitung auflösbar wird. Natürlich wird man in diesen Fällen stets finden, daß die Begebenheiten des Konfliktes nicht im Unbewußten versunken sind, sondern dem Gedächtnis des Patienten zwanglos zur Verfügung stehen. Unbewußt, oder richtiger nicht erkannt, ist hier der eigentliche Bedeutungsinhalt des Konfliktes, an dem teils in protestierender Auflehnung und Weigerung, teils auch in Angst und krampfhaftem Nichtwissenwollen vorbeigegangen wurde.

Bei den Fällen, die unter II. genannt wurden, hat das Kurzverfahren einen zudeckenden Charakter. Hier wird auf eine umfassende Analyse verzichtet, weil diese dem Patienten nur aufzeigen würde, daß seine verfehlte Lebenshaltung durch deprimierende Erfahrungen von Jugend an bestätigt wurde. So beschränkt sich die Therapie darauf, die *aktuellen Zuspitzungen* im Leben dieses Patienten zu glätten und weiterhin seinen Lebenswillen zu ermutigen, um ihm Zutrauen und Freude an der eigenen Gestaltungskraft zu vermitteln. Sehr *spärlich angelegte Astheniker* können diesen Aufschwung nur mit Hilfe einer illusionistischen Überschätzung ihres Selbstwertes erreichen. Ihr Gegenpol, der meist deutlich über dem Durchschnitt stehende, *reich begabte Sensitive* gewinnt im Laufe der Therapie die stabilere Haltung sich selbst und dem Leben gegenüber mit Hilfe einer liebenswerten Selbstironie, die neben einem leisen, wehmütigen Verzicht ein Weltverstehen enthält, das auch alles Unzulängliche umschließt. Eine wirkliche Heilung im Sinne eines Dauererfolges wird man hier nicht erreichen können. Die unvorhersehbaren Belastungsproben des Lebens, deren Bestehen gesunde Vitalität voraussetzt, werden nur zu oft neurotische Reaktionen von neuem auflösen. Trotzdem ist dann die wiederholte symptomatische Kurzbehandlung der sonst hier notwendig werdenden analytischen Dauerbehandlung vorzuziehen.

Ob ein Kurzverfahren für die Behandlung eines Falles zuständig ist, hängt also wesentlich von dem Alter der Neurose bzw. der Art der neurotischen Reaktion und von ihrer Bedeutung für die Persönlichkeit ab. Beide Indikationen, die wir kurz betrachtet haben, setzen voraus, daß die neurotische Reaktion erst kürzlich entstanden war und das Persönlichkeitsgefüge zwar beeinträchtigt, jedoch noch nicht verformt hatte. Im ersten Fall reagierte eine überforderte Persönlichkeit in ohnmächtigem Protest, im zweiten Fall empfindet eine leicht verwundbare, gering vitale Persönlichkeit normale Gegebenheiten des Lebens als kaum zu überwältigende Hindernisse.

Im Unterschied zu den „Kurzverfahren" richtet sich die Indikation zu einem „abgekürzten Verfahren" nicht nach solch typischen Entstehungen bestimmter Neurosen, sondern die systematisch erfaßten und aktivierten Leistungsmöglichkeiten der Persönlichkeit selbst sind für die Anwendung einer konzentrierten und damit abgekürzten Therapie ausschlaggebend. Hier handelt es sich dann um Therapieansätze, die mit einem besonderen methodischen Vorgehen die langen Wege der systematischen Analyse verkürzen, ohne auf deren reichhaltige Ergebnisse verzichten zu müssen. Während bei der systematischen Analyse der Arzt zunächst eine umfassende Überschau über den Patienten auf Grund der analytisch aufgenommenen Biographie zu erhalten versucht, wird bei den abgekürzten Verfahren bereits in einem Frühstadium der Behandlung die in bestimmter Richtung gelenkte Exploration mit therapeutischen Gesichtspunkten verknüpft. Ein solches Vorgehen aber setzt beim Patienten eine Persönlichkeit voraus, die imstande ist, einer derart aktiven Behandlungsführung zu folgen. Natürlich wird zunächst kein Patient über jene besondere Einsicht verfügen, die zum Gelingen einer Psychotherapie gehört. Diese Einsichtsbereitschaft mit der Eindruckskraft eines Erlebnisses zu vermitteln, ist daher auch eine der wichtigsten Aufgaben des abgekürzten Verfahrens. Wie aber schon gesagt, werden wir unter den Patienten immer wieder Persönlichkeiten antreffen, die nicht etwa auf Grund des Zustandsbildes, das sie in ihrer Neurose bieten, sondern auf Grund ihrer Veranlagung nicht befähigt sind, die Wege eines abgekürzten Verfahrens mitzugehen. Ihre Behandlung muß dann nach den Grundsätzen einer konservativen Psychotherapie erfolgen. Die Möglichkeiten der abgekürzten Therapie werden später ausführlich besprochen werden.

Vorerst sollte nur das Anliegen und die Zuständigkeit der „Kurzverfahren" und der „abgekürzten" Verfahren in groben Zügen skizziert werden, wobei sich ergab, daß Neurosen, die aus aktuellen Konflikten entstanden sind, je nach Beschaffenheit der Persönlichkeit für ein aufdeckendes oder zudeckendes Kurzverfahren geeignet sind. Dagegen ist die Zuständigkeit eines abgekürzten Verfahrens nicht von dem Umfang bzw. der Bedeutung einer Neurose abhängig, sondern von den Persönlichkeitsanlagen des Patienten. Mit der näheren Betrachtung dieser letzten Unterscheidung ergibt sich auch, welche Patienten weiterhin mit den Mitteln einer konservativ vorgehenden Therapie zu behandeln sind.

B. Indikation und Praxis des Kurzverfahrens

I. Kurzbehandlung bei abnormen Erlebnisreaktionen

Bei der Beschreibung der Kurzverfahren folgen wir der oben erläuterten Indikationsstellung und kommen hierbei zu folgenden therapeutischen Vorschlägen.

a) Die Behandlung abnormer Erlebnisreaktionen mit Hilfe der lösenden Aussprache

Eine schlichte und darum nur zu oft übersehene Möglichkeit, gewisse abnorme Erlebnisreaktionen abzubauen, ist die lösende Aussprache, wie sie sich aus einem einfühlenden Verstehen der betroffenen Persönlichkeit heraus ergibt. Zunächst eine kurze Betrachtung dieser abnormen Erlebnisreaktionen im Sinne unserer Fragestellung. Eine Definition der abnormen Erlebnisreaktion wird von K. SCHNEIDER[1] folgendermaßen gegeben: „Abnorme Erlebnisreaktionen weichen vom Durchschnitt normaler ab vor allem durch ungewöhnliche Stärke, wozu man auch die Inadäquatheit im Verhältnis zum Anlaß rechnen muß, oder durch Abnormität der Dauer." Da wir in erster Linie nicht psychopathologischen, sondern therapeutischen Gesichtspunkten folgen, wird im folgenden nicht nach der von K. SCHNEIDER innerhalb der abnormen Erlebnisreaktionen getroffenen Unterscheidung von „Abnormen Reaktionen auf äußere Erlebnisse" und „Inneren Konfliktreaktionen" geordnet, wenn auch beide Entstehungsformen in unserer Darstellung erkennbar sein werden.

Versuchen wir die abnorme Erlebnisreaktion vom Patienten her zu verstehen, so finden wir meist ein Überfordertsein seiner Persönlichkeit in aktuellen Erlebnissituationen. (Wir sehen jetzt von jenen Fällen ab, in denen das Erlebnis der Persönlichkeit nur als gleichsam willkommener Anlaß dient, einen umfassenden Protest gegen das Leben überhaupt zum Ausdruck zu bringen und sich mit einer abnormen Reaktion abseits zu stellen.) Die Unfähigkeit, mit solch einem Erleben „abschließen" zu können, seine Forderungen hinzunehmen, läßt den Patienten in der Gefühlsverfassung des plötzlich Betroffenen verharren. Das Fortbestehen dieser Haltung, das Persistieren der ersten unmittelbaren Gefühlsaufwallung läßt ihn die fortschreitende Gegenwart nicht mehr miterleben, sondern nur noch das schon Vergangene so fühlen, als ob es eben erst erlebt sei. Der ohnmächtige Hader mit dem Schicksal wird so zum neurotischen Konflikt.

Einschränkend ist hierzu zu sagen, daß man gelegentlich Erlebnisreaktionen begegnet, die in ihrer Stärke und auch in ihrer Dauer durchaus als abnorm imponieren und dennoch am besten ohne Psychotherapie in ihrem natürlichen Verlauf abklingen. Auf eine aktive Psychotherapie wird man dann verzichten, da sich hier ein tiefgreifender Prozeß vollziehen muß, in welchem eine Schicksalsfügung unerbittlich eine Wandlung der Persönlichkeit fordert. Der richtige Maßstab, ob diese Patienten einer ärztlichen Hilfe bedürfen, ergibt sich mit der Einfühlung und Erfassung ihrer individuellen Situation. Hierbei ist also zu prüfen, ob die außergewöhnliche Gemütsbewegung, in der der Patient verharrt, noch

[1] SCHNEIDER, K.: Klinische Psychopathologie, 4. Aufl. Stuttgart 1955.

der inneren Verarbeitung einer schwerwiegenden Schicksalsforderung dient oder ob sie den Dauerzustand eines passiven Überwältigtseins ausdrückt. Dieser Zugriff des Schicksals, sein unmittelbares Erleben löst zwar zunächst die Gefühlsregungen des vernichtenden Betroffenseins oder der Weigerung aus. Danach aber wird das Bewußtsein von der Gewißheit durchdrungen, jetzt unwiderruflich mit einer Last beladen zu sein, die nun zum eigensten Wesen gehören muß. Das Ich einer noch unbeschwerten Erwartung wird jetzt zum Ich eines vergangenen Lebensabschnittes. An seiner Stelle ist in der von der Erfahrung ergriffenen Persönlichkeit ein durch die aktuelle Wirklichkeit gewandeltes Ich entstanden, das unter Leiden seine neue Form erwarb. Läuterung, Stärke, aber auch Resignation und Verbitterung werden so als das Resultat der Erfahrung gewonnen. Unbarmherzige Schicksalsschläge können die natürlichen Lebenserwartungen einer Persönlichkeit zerstören und sie verarmen, aber ebenso können brutal anmutende Kraftproben verborgene Stärke wirklich werden lassen. Die Begegnung mit dem Schicksal wird so zum Markstein der individuellen seelischen Entwicklung. Die Götter ließen Niobe im Schmerz erstarren, das Leben aber läßt den Schmerz im Menschen als Thema erklingen. So kann der Lebensstrom vor der Gewalt dieses Themas im kümmerlichen Rinnsal der Resignation versiegen oder aber den kraftvollen Fluß der größeren Gestaltung gewinnen. Auf die Wahl zwischen diesen beiden Möglichkeiten kann die Psychotherapie als ärztliche Kunst recht wenig Einfluß gewinnen. Diese Entscheidung ist letzten Endes von der Substanz und Struktur der Persönlichkeit und damit von dem ihr erreichbaren Wertniveau abhängig. Die Zuständigkeit der Psychotherapie hingegen ergibt sich, wenn — wie wir vorhin sagten — dieser innere Prozeß nicht in Gang kommen kann und es zu einem unfruchtbaren *Stehenbleiben im ersten Erlebenseindruck* kommt. Vom Standpunkt der Therapie her können wir dann die abnorme Erlebnisreaktion so verstehen, als ob hier eine gegebene Reaktion in ihrem natürlichen Ablauf abgestoppt wurde.

Nach dieser Indikationserörterung wird nun das Prinzip der lösenden Aussprache geschildert. Diese schlichte Maßnahme enthält, wenn auch an keine diffizile Technik gebunden, dennoch ein Grundanliegen der Psychotherapie: sie will den Wert eines Erlebnisses in seiner individuellen Tiefe und Bedeutsamkeit bewußt werden lassen.

Man kann davon ausgehen, daß der Patient in seiner abnormen Erlebnisreaktion erstarrt, den Kontakt zu ihm nahestehenden Menschen verloren hat, ja, daß er darüber hinaus sogar mit sich selbst nicht mehr die Zwiesprache der inneren Besinnung finden kann. Versucht er sich aber mit dem Unabänderlichen auseinanderzusetzen oder abzufinden, so setzt auch sofort schon die Reaktion des ersten Betroffenseins erneut mit verstärkter Wucht ein und liefert ihn dem Eindruck dieses Betroffenseins von neuem aus. So lassen ihn die immer wieder hervorbrechenden Gefühle des ersten Eindrucks nicht dazu kommen, die vom Schicksal unwiderruflich verfügte Änderung seines Ichs im Erleben zu vollziehen. Das lösende Gespräch versucht diese Starre zu durchbrechen. In der verstehenden Aussprache kommt der Patient schließlich dazu, seine Situation selbst zu ordnen. Er schildert den Hergang, er muß nun seine Gefühle in Worte kleiden. Der zunächst ungegliederte, spontane Affekt des nur Überwältigtseins erscheint jetzt z. B. als Schmerz, Zorn oder Haß. Im Bemühen, eine echte, wohltuende Resonanz herzustellen und sich als Mensch im Verstehen eines anderen Menschen selbst wiederfinden zu können, differenzieren sich diese zunächst noch komplexen Affektäußerungen in die Zeugnisse der Trauer, der Enttäuschung, der bitteren Resignation oder auch eines Sichfügens, wie es aus innerer Stärke entsteht. So werden jetzt Hintergründe und Auswirkungen des Erlebnisses im Bewußtsein deutlich, und seine Bedeutung wird erlebt. Aus dem lähmenden Schmerz der Verwundung wird der heilende Schmerz der Wiederherstellung, die mit Wandlung, unter Umständen sogar mit Opfer und Verzicht, zu gewinnen ist.

Der einundsechzigjährige Kaufmann St., der uns in Begleitung seiner Frau aufsuchte, bot das typische Bild einer solchen abnormen Erlebnisreaktion. In dem einleitenden Gespräch wirkte er niedergeschlagen, müde, starr und abwesend. Der äußeren Form genügte er mit einer versteinerten Höflichkeit, die keinen wirklichen Kontakt ergab. Sobald das Gespräch nicht seine unmittelbare Beteiligung verlangte, blickte er mit abwesendem Gesichtsausdruck müde und verfallen ins Leere. Von Zeit zu Zeit wurden dann die entblößten Schneidezähne mit plötzlicher Grimasse über die Unterlippe geschoben, wodurch die sonst unbewegte Mine etwas Erschrecktes und auch Drohendes bekam. Die Frau des Patienten berichtete von seiner Schlaflosigkeit und meinte, daß er unbedingt eine längere Ausspannung in einem stillen Kurort brauche. Bei näheren Fragen über die Vorgeschichte wird Frau St. sichtlich gehemmt und hat mit den Tränen zu kämpfen. Es kommt offenbar ihrem Wunsche entgegen, daß dann die Sitzung nach einer körperlichen Untersuchung des Patienten beendet und sie alleine zu einem weiteren Besuch gebeten wird.

Bei diesem Besuch ergab sich dann folgendes: Herr St., dessen ältester Sohn im Kriege fiel, hatte alle Zuneigung und väterliche Hoffnung seinem jüngsten Sohn Adolf (27 J.) zugewandt, der neben zwei älteren Schwestern die Rolle des Benjamins in der Familie spielte. Frau St. schildert ihn als einen aufgeschlossenen, stets heiteren jungen Menschen, dem alles leicht von der Hand gegangen sei. Während der ältere Bruder, ebenso wie sein Vater, etwas schwer die Beziehung zu anderen Menschen zu finden pflegte, seien ihm die Sympathien zugeflogen. Im Geschäft habe er sehr gute Erfolge gehabt, weniger allerdings durch beharrliche, systematische Arbeit als durch einfallsreiche Improvisation und geschicktes Verhandeln. Trotz seiner Jugend habe ihm der Vater schon vor zwei Jahren die Leitung seiner großen Zweigniederlassung in F. übergeben. Auch hier schien er sich sehr zu bewähren. Er verstand es, neue Kunden zu gewinnen und durch Organisationsmaßnahmen die Wirtschaftlichkeit des Betriebes zu verbessern. Vor zwei Monaten hatte sich dann herausgestellt, daß ein größerer Fehlbetrag entstanden war, den der Sohn Adolf unterschlagen hatte, um eine auf eigene Rechnung gewagte Fehlspekulation zu decken. Ein Eingeständnis des ganzen Sachverhaltes machte er aber erst, als durch umfangreiche Buchprüfungen der Fehlbetrag eindeutig festgestellt war. Bis dahin versuchte er immer noch die Zusammenhänge zu verschleiern, wobei es ihm zugute kam, daß er den Betrag buchungsmäßig in sehr geschickter Weise hin- und hergeschoben hatte. Herr St. hatte immer wieder versucht, seinen Ausflüchten Glauben zu schenken, bis er schließlich vor der Wahrheit kapitulieren mußte. Es kam dann nicht zu der von Frau St. befürchteten heftigen Szene. St. kümmerte sich überhaupt nicht mehr um seinen Sohn, sondern verharrte teilnahmslos wie in dumpfer Betäubung. In den ersten Tagen ging er noch in sein Geschäft, wo er erschreckt und verstört an seinem Schreibtisch saß, unfähig sich zu einer Tätigkeit aufzuraffen. Er hörte wie abwesend zu, als sein Prokurist ihm berichtete, daß man die Bilanz der Zweigniederlassung in Ordnung gebracht habe und murmelte zu den behutsamen Ausführungen seines alten Mitarbeiters etwas Unzusammenhängendes. Später ging er überhaupt nicht mehr ins Geschäft, sondern saß initiativelos zu Hause. Die Nacht verbrachte er in schlafloser Unruhe. Seiner Frau, die das Versagen des Sohnes sehr tapfer und gefaßt hingenommen hatte, gelang es nicht, ihm jetzt nahezukommen und an seinen Gefühlen teilzunehmen. Versuchte sie ihm zuzusprechen, so gab er mühsam einige höfliche Antworten und wirkte dabei so erschrocken und ängstlich-verstört, daß sie es nicht über das Herz brachte, weiter in ihn zu dringen. So verfiel er gänzlich in eine dumpfe Apathie. Die Vorgänge seines täglichen Lebens eilten an ihm vorbei, und wenn er sie bemerken mußte, so erlebte er sie mit dem Zaudern und der Unsicherheit eines Abseitsstehenden.

In der lösenden Aussprache, die nach einer vorbereitenden Sitzung zustande kam, waren wir bemüht, einen natürlichen Ablauf dieses seelischen Geschehens in Gang zu bringen. Es war hier, wie bei den meisten abnormen Erlebnisreaktionen: nicht das, was sich als Reaktion zeigte, stellte etwas Abnormes dar, sondern das Weiterverharren in der ersten Phase eines normalen Reagierens war das Abnorme. Was hier zutage trat, war ja nicht mehr die Reaktion einer Persönlichkeit, sondern der nicht endenwollende Nachhall eines vernichtenden Schlages. Dem Patienten mußte es gelingen, sich von diesem erbarmungslosen Weiterschwingen eines überwältigenden Gefühls zu befreien, das jede wirkliche Regung seiner Persönlichkeit übertönte. Wie wir schon kurz erwähnten, liegt das wirksame Prinzip der lösenden Aussprache darin, daß der Patient veranlaßt wird, durch seine Erzählung einen seelischen Vorgang in sich vollständig werden zu lassen, der tatsächlich bisher nur als Torso existierte.

Die erste Voraussetzung für ein derartiges Gespräch ist natürlich das Vorhandensein echter menschlicher Anteilnahme, die durch eine sachverständig „psychologisch-ärztliche" Haltung eher beeinträchtigt werden würde. Um die Schwierigkeit einer solchen selbstentblößenden Aussprache zu würdigen, denke man auch an die bekannte Tatsache, daß zu rücksichtslosen Selbstbekenntnissen, die die Seele zu befreien vermögen, im täglichen Leben oft sogar Personen bevorzugt werden, deren Niveau oder Urteilskraft unter der des Beichtenden steht. Hier, wie in unserem Fall, besteht als Hemmnis, daß bedrückende seelische Erlebnisse, die bisher nur einen heftigen Widerstreit unvereinbarer Gefühle schufen, ja erst durch die Formulierung in Worten eine gewisse Ordnung erhalten sollen. Die Scheu, dabei nicht verstanden, voreilig beurteilt zu werden oder überhaupt die Achtung des Betreffenden zu verlieren, läßt eher den weniger kritischen, aber gefühlswarmen Gesprächspartner bevorzugen. Auch wir werden zu berücksichtigen haben, daß es dem Patienten leichter wird zu sprechen, wenn er das Gefühl hat, ein Verstehen zu finden, das nicht von den mit Mühe gefundenen Worten seiner Mitteilung abhängt.

Im Gespräch mit Herrn St. konnte bald jener Kontakt gefunden werden, der ihm nun zum erstenmal über sein Unglück zu sprechen ermöglichte. Es ergab sich übrigens, daß er, ohne von Natur verschlossen zu sein, alle Schwierigkeiten, die ihm bisher begegnet waren, mit sich selber abgemacht hatte. Den anderen aber hatte er stets helfend und freundlich sorgend beigestanden. So war es in der Familie und auch im engeren Freundeskreis wie selbstverständlich geworden, bei ihm, dem anscheinend sicher Ausgeglichenen, ein Bedürfnis nach innerem Beistand nie zu vermuten. Jetzt, wo er die anderen gebraucht hätte, blieb er allein und ohne helfenden Trost, separiert durch eine Distanz der Hochachtung, die auch das Mitgefühl der anderen nicht zu überwinden wagte.

In der Erzählung St's. wurde zuerst noch einmal all jener Schmerz wach, der ihn ergriffen hatte, als er vor der unumstößlichen Tatsache stand, daß sein Sohn sein Vertrauen getäuscht hatte. Dann versuchte er zu erklären, warum dieser Schicksalsschlag in seiner Härte für ihn unfaßlich sei. Er begann seinen Sohn zu schildern mit der einseitigen Einstellung des liebevollen väterlichen Stolzes und entwarf ein Bild von ihm und seinem Lebensweg, in dem sein menschliches Versagen nahezu unfaßlich erscheinen mußte. Dann stritt er mit sich selber, wobei er einmal im heftigen Zorn den Sohn als schamlosen Betrüger hinstellte, um ihn dann wieder an sein Herz zu ziehen, da doch die viele Freude, die das Kind dem Vater gespendet habe, unmöglich durch ein einziges, rätselhaft anmutendes Geschehen ausgelöscht werden könne. Nachdem dieser heftige Widerstreit abgeklungen war, bemühte sich St. immer wieder, die Charaktereigenheiten seines Sohnes zu ergründen. Es schien zunächst nur eine Beweisführung seiner Untadeligkeit zu werden. Aber in seiner anfänglich so einseitigen Betrachtung kam St. immer mehr dazu, das Zwiespältige und Gefährliche dieser Charaktereigenschaften zu sehen und aufzuzeigen. Er vermochte jetzt zu erkennen daß er jene Gabe „der leichten Hand", die mühelos das Glück ergreifen konnte, bewundert hatte, weil sie ihm selbst so gar nicht gegeben war. Wo er sich ärgerlich plagen mußte, war Adolf ohne Mühe und wie im Vergnügen erfolgreich gewesen. Jetzt aber fand er, daß diese glänzende Anlage doch wohl eine unselige Gabe sein müsse, da wahre Tüchtigkeit nur in auch enttäuschungsreicher Arbeit gewonnen werden könne. Nun begann er sich Vorwürfe zu machen, daß er seinen Sohn nicht mit fester Hand zu dieser Erkenntnis geführt hatte, sondern ihn blind im bewundernden Vaterstolz den falschen Weg gehen ließ, der ihn ins Unglück gebracht hatte.

Damit war im Lauf der Aussprache aus dem stumm leidenden Schmerz zuerst die leidenschaftliche Rechtfertigung dieses Schmerzes geworden, die eine Anklage gegen das Schicksal war. Dieser Schmerz wandelte sich in Enttäuschung, die zuerst zornig und dann demütig wurde. Die Enttäuschung aber fragte bereits nach Grund und Ursache. Sie ist phänomenologisch durch ein Gefühl der Leere charakterisiert, das an Stelle der erfüllten Erwartung auftritt. So führt sie verständlicherweise zur inneren Rechenschaft. Diese Rechenschaft war bei St. eine fruchtbare. Sie brachte ihn zur Erkenntnis von eigenen Fehlern und ließ ihn eine neue Beziehung zu seinem Sohn finden. Das Erlebnis, das er als unüberwindbar empfunden hatte, weist jetzt einen neuen Weg, dessen Beschreiten nach einer schmerzlichen Wandlung möglich ist. Das Ich findet sich wieder, jedoch durch Erfahrung in andere Form geprägt.

Wir haben diese Kurzbehandlung ausführlich geschildert, weil das hier angewandte Vorgehen wohl auf Grund seiner schlichten Konzeption oft übersehen wird. An Stelle dessen findet man bei der Psychotherapie der abnormen Erlebnisreaktion oft ein Vorgehen mit psychoanalytischen Ansätzen und auch im Falle St. wäre es ohne weiteres möglich gewesen, im Material der Analyse Beziehungen zu dieser abnormen Erlebnisreaktion zu finden.

Wie schon angedeutet, hatte St. seinen Sohn A. als die glückliche Ergänzung seiner eigenen etwas schwer flüssigen Lebensart empfunden. In jungen Jahren, ehe er den inneren Ausgleich gefunden hatte, fühlte er sich oft von seiner Schwerfälligkeit bedrückt. Eine Unsicherheit und mutlose Niedergeschlagenheit, die dann gelegentlich von ihm Besitz ergreifen konnte, hatte er allmählich zu überwinden gelernt, indem er auf die Erringung des brillianten Erfolges verzichtete und stattdessen den mühsamen Weg der bescheiden aufbauenden Tätigkeit ging. Trotz ihrer Bewährtheit hatte diese Lebenseinstellung einen gewissen Verzicht enthalten. Großzügige und weitreichende Planungen im Geschäft hatten St. immer wieder zu faszinieren vermocht, aber ihre Durchführung wurde nie gewagt. Oft sah er die Möglichkeit eines großen Geschäftes, dessen Verwirklichung dann unter der Last der Skrupel und Insuffizienzgefühle nicht zustande kommen konnte. Ein derartiger Mißerfolg oder richtiger, das Vorüberziehenlassen der großen kaufmännischen Erfolgschance, pflegte früher eine tagelang währende Verstimmung auszulösen, in der St. initiativlos und mit sich selbst im Hader sich treiben ließ, ehe er sich mit kritischer Selbstrechenschaft wiederfinden konnte. Auch als Kind hatte er auf zurücksetzende Enttäuschungen meist ähnlich reagiert. Das Verhalten in der abnormen Erlebnisreaktion war also schon stets eine seiner typischen Verhaltensweisen gewesen und diese bedeutete nicht ein befreiendes Abreagieren, sondern die bedrückende Gewißheit der Niederlage, welche die sich unzulänglich fühlende Persönlichkeit hinnehmen mußte. Ein Sachverhalt der wohl mancherlei Hinweise für eine aufschlußreiche Analyse enthält. Wir werden jedoch in solchen Fällen das Kurzverfahren in seiner einfachen Natürlichkeit für sinnvoller und hilfreicher halten.

Die lösende Aussprache, die hier angewendet wurde, sollte eigentlich nicht als „Therapie" bezeichnet werden. Aber der vielbeschäftigte Arzt unserer Tage, der in dem Überangebot der Spezialindikationen die zuständige zu finden bemüht ist, pflegt nur zu leicht dieses Mittel alterprobter ärztlicher Kunst zu übersehen. Die versuchte Aussprache führt meist dazu, daß der Arzt entweder die Psychoanalyse für zuständig hält oder aber unter dem Eindruck der unmittelbaren Folge von Ursache und Wirkung, die sich bei der abnormen Erlebnisreaktion so oft findet, ihre naheliegenden Folgerungen vorwegnimmt. Er redet dem Patienten zu, sich in das Unvermeidliche zu schicken. Seine Ermutigungen zielen dann auf das Prinzipielle und allgemein Gültige hin, während gerade dieses für den Patienten zunächst noch unerreichbar ist. Damit wird auf die individuelle Einfühlung verzichtet, die die wesentliche Voraussetzung einer lösenden Aussprache ist, mit deren Hilfe der Patient den bisher stehengebliebenen Vollzug seines drückenden seelischen Erlebens vollenden kann.

b) Die Behandlung abnormer Erlebnisreaktionen mit Hilfe des kathartischen Verfahrens

Das kathartische Verfahren mit Hilfe der Hypnose ist das Mittel der Wahl bei einer anderen Form der abnormen Erlebnisreaktion. Auch bei dieser finden wir ein Überwältigtwerden von der Massivität des ersten Eindruckes, mit der das bedrückende Erlebnis auftrat. Während aber bei dem oben besprochenen Patienten die ***individuelle Bedeutung*** des Erlebnisses der Erlebnisreaktion ihre besondere Prägung gab, ist es hier die *Mächtigkeit des Erlebniseindruckes* schlechthin, die den Patienten überforderte. Die diese Erlebnisreaktion auslösenden Erlebnisse sind häufig Eindrücke, die durch ihren brutalen Hergang die Fassung des Patienten übersteigen. So z. B. das Erleiden eines lebensgefährlichen Unfalles unter dramatischen Umständen, Errettung vom Tode des Ertrinkens, vom Tode der Verschüttung usw. oder das Erleben eines entsetzen- und mitleiderweckenden Geschehens in der Rolle des unmittelbaren Zuschauers. Im letzteren Falle kann es natürlich auch zu einem individuellen Betroffensein kommen. So z. B. wenn ein naher Angehöriger den Tod oder einen schweren Unfall unter dramatischen Umständen erleidet. Das Primäre für die Entstehung der darauf erfolgenden abnormen Erlebnisreaktion ist jedoch die Überforderung der Erlebniskraft und nicht der individuelle Verlust, der dann erst später zur eigentlichen Auswirkung kommt. Wir finden jedenfalls bei den gemeinten Fällen fast stets, daß der Weg zur seelischen Verarbeitung eines solchen Verlustes sich erst öffnet, nachdem die auf dem überwältigenden Eindruck beruhende abnorme Erlebnisreaktion abgebaut werden konnte.

Die deutlichste Ausprägung von Erlebnisreaktionen der eben geschilderten Genese findet man bei Persönlichkeiten, die ihrer Struktur nach hierfür disponiert sind. Ihre Besonderheit werden wir später typologisch aufzeigen. Jedenfalls ist es nicht so, daß ein Übermaß des Erlebens in jedem Fall die menschliche Reaktionsfähigkeit bis zur abnormen Reaktion überfordern könnte.

Entsprechend der Persönlichkeitsanlage können wir bei den abnormen Erlebnisreaktionen, die wir für das kathartische Verfahren vorschlagen, folgende Formen unterscheiden.

1. Die Persönlichkeit übersteht das Erlebnis selbst mit erstaunlicher Fassungskraft, um dann später mit psychogenen Symptomen zu reagieren, die von dem Überstandenen her ihren Sinn erhalten.

2. Die Persönlichkeit reagiert unmittelbar im Geschehen selbst mit psychogenen Mechanismen, die Entsetzen, Protest oder ein Nichtwahrhabenwollen bedeuten und verharrt auch weiterhin in diesem Zustand.

Im ersten Fall zahlt der Patient gleichsam nachträglich für eine besondere Persönlichkeitsleistung, die ihn im Augenblick höchster Beanspruchung über sich hinauswachsen ließ. Die Gefühle der Überwältigung, die er unterdrückte, um Herr seiner selbst bleiben zu können, wandeln sich in psychogene Symptome, um nachträglich ihren Tribut zu fordern. Im zweiten Falle läßt die Gewalt des Erlebniseindruckes den Gefühlsablauf im ersten übersteigerten Ansatz erstarren, oder aber der Protest gegen das Unfaßliche setzt sich als psychogene Reaktion durch, die mit konträrer Aussage oder mit betont neutralem Gefühlsausdruck den tatsächlich erlebten dramatischen Gefühlscharakter überspielt.

1. Das kathartische Verfahren bei nachträglich einsetzenden abnormen Erlebnisreaktionen

Der unter 1. geschilderte Typus möge durch folgendes Beispiel illustriert werden: Der 54jährige B., der im kaufmännischen Beruf steht, macht im Umgang den Eindruck einer gesunden vitalen Persönlichkeit, die nahezu mit einem Überschuß an Lebenskraft im erfolgreich tätigen Dasein aufgeht. Großzügige Dispositionen, die meist mit rastlosen, anstrengenden Reisen verbunden sind, ergeben den Rhythmus, in dem er sich am wohlsten fühlt. Dabei wirkt seine Geschäftigkeit nicht übertrieben. Sein Auftreten verbreitet zwar Unruhe, aber diese Unruhe bringt die Dinge schwungvoll in Fluß. Trotz aller Initiative ist B. frei von nervöser Hast und überanstrengter Gespanntheit. So z. B. erzählt er mit gewinnender Lebhaftigkeit, wie er in Kopenhagen in der Mittagspause einer anstrengenden Konferenz, während die anderen Teilnehmer erschöpft ruhten, im Tivoli, im herrlichen Sonnenschein die Schwäne fütterte und hierbei den entscheidenden Einfall hatte, mit dem er die zunächst verfahrene Verhandlung günstig zu Ende führen konnte. In seiner Erzählung standen die Freude an dem schönen Erlebnis und die Freude an dem geschäftlichen Erfolg gleichwertig nebeneinander. Man konnte zunächst den Eindruck gewinnen, daß trotz aller Bewegtheit nicht etwa das Leben ihn verzehrte, sondern eher, daß er das Leben konsumierte. Kannte man ihn näher, so merkte man, daß er trotz aller Vitalität empfindsam-feinfühlig war. Von sich aus liebenswürdig und zuvorkommend, fühlte er sich leicht verletzt durch die Äußerungen primitiver, plumper Wesensart. Ebenso konnten ihn unaesthetische Eindrücke lange peinlich beschäftigen. Alles menschliche Unglück erweckte bei ihm lebhafte echte Anteilnahme. Jedoch führten solche Eindrücke nicht zum Wissen um eine sich bestätigende Lebenserfahrung, sondern ihre Gefühlsbewegung wurde mit jedem Anlaß vom neuen wie zum erstenmal erlebt.

Auf einer nächtlichen Autofahrt erlitt Herr B. einen schweren Unfall. Wie er erzählte, hatte er einen vor ihm fahrenden, unzureichend beleuchteten Lastzug erst im letzten Augenblick wahrgenommen. Das Herumreißen des Steuers und Abbremsen des Wagens konnte die Karambolage nicht mehr verhindern. Herr B. sah noch, wie die ihm riesenhaft erscheinende Rückfront des Lastwagens mit lautem Krachen und Splittern unausweichlich auf ihn zukam. Nach einer, wohl nur wenige Sekunden währenden Bewußtlosigkeit arbeitete er sich aus dem zertrümmerten Wagen heraus, wobei er feststellte, daß er im Gesicht und am rechten Bein blutende Verletzungen erlitten hatte, die bei jeder Bewegung heftig schmerzten. Ein Gefühl der Schwäche und des Schwindels ließ ihm alles wie unwirklich erscheinen. Als er sich, um besser sehen zu können, das Blut aus den Augen wischen wollte, mußte er feststellen, daß er sein rechtes Auge eingebüßt hatte. Trotzdem raffte sich B. sofort dazu auf, die notwendigen praktischen Maßnahmen zu ergreifen. Er zog mühsam seinen ebenfalls erheblich verletzten Mitfahrer aus den Trümmern, versuchte den Benzinhahn abzudrehen, um der Brandgefahr zu begegnen und schleppte sich dann ein Stück auf der Fahrbahn zurück, um den nächstfolgenden Wagen rechtzeitig vor der Unfallstelle zum Halten zu bringen. Schließlich hielt er noch nach seinem Hund Ausschau, der — wie sich dann herausstellte — unverletzt in panischem Schrecken von dem Wagen weggelaufen war. B. wurde dann auch von den Fahrern des Lastwagens in seinen Bemühungen unterstützt. Tatsächlich aber war er es, der trotz seiner schweren Verletzungen als erster die Besinnung zu planvollem Handeln gefunden hatte.

Einen längeren Krankenhausaufenthalt, in dem mit Ausnahme des unrettbar verlorenen Auges seine Verletzungen nahezu folgenlos ausheilten, hatte er mit Geduld und zuversichtlicher Stimmung überstanden. Dann, während eines Erholungsaufenthaltes, stellten sich in zunehmendem Maß nervöse Beschwerden ein. Herr B. klagte über ein Druckgefühl auf der Brust, das nächtlich so stark sei, daß er kaum noch atmen könne, im Hals spüre er eine würgende Enge, das Herz klopfe beängstigend, der Schlaf sei unruhig und zu arbeiten sei ihm, trotz größter Willensanstrengung, nicht möglich. Die Stimmung war gedrückt, manchmal beinahe ängstlich gespannt. Über den Unfall sprach B. betont sachlich und meinte, daß seine Beschwerden der Ausdruck einer körperlichen Krankheit, wahrscheinlich eines Herzleidens sein müßten. Daß die vielen Ärzte, die er deswegen konsultiert habe, nichts finden konnten, sei ihm unverständlich.

Im weiteren Gespräch berichtete er dann, daß er beinahe jede Nacht um 11,30 Uhr erwache und daß dann die Beschwerden am stärksten seien. Das Würgegefühl und das Herzklopfen seien dann so schrecklich, daß er Todesangst verspüre. Aus der Vorgeschichte ergab sich nun, daß sich der Unfall kurz vor Mitternacht ereignet hatte. Nach 2 vorbereitenden Hypnosen wurde dann die kathartische Lösung der abnormen E.R. versucht. Wir ließen also den Patienten in der Hypnose noch einmal den Unfall mit allen Einzelheiten erleben, die wir vorher aus seiner Schilderung kennen gelernt hatten.

Im einzelnen folgten wir hierbei diesen Gesichtspunkten: Bei dem Typ der abnormen Erlebnisreaktionen, den wir bei B. fanden, müssen wir berücksichtigen, daß die Schilderung des Herganges, wie der Patient sie uns gegeben hatte, zwar die tatsächlichen Vorgänge in sachlicher Ordnung darstellt, so hingegen das gefühlsmäßige Erleben, das dieser Ordnung nicht folgte, unterdrückt wurde. (Wie man aus der Exploration folgern konnte, hatte z. B. B. den Moment des Auftauchens des Lastwagenheckes und das jähe Herumreißen des Steuers in einer fürchterlichen Länge und Intensität erlebt, während seine ausführliche Tätigkeit nach dem Unfall in eine neutrale Zeitlosigkeit zusammenschmolz, in der ihm nur noch der Willen, die Katastrophe zu beherrschen, nahezu automatisch weitertrieb. Aber auch während dieser Tätigkeit waren B. einige Momente erinnerlich, die er nachträglich nur als eine merkwürdige Fehlleistung seiner angespannten Aufmerksamkeit empfand, während sie tatsächlich das Anklingen der unterdrückten Gemütsbewegung bedeuteten. So wunderte B. sich jetzt, daß er zwischenein immer wieder auf seine stehengebliebene Armbanduhr blicken mußte, deren Glas kreuz und quer gesprungen war und hierbei zusammenhanglos nur den Gedanken hatte „die geht ja nicht mehr, die ist ja kaputt". Ebenso fand er es jetzt sonderbar, daß er als der wiedergefundene Hund ihn begrüßte, sekundenweise das Gefühl hatte, daß nichts von all dem Schrecklichen passiert sei und daß er jetzt nur mit seinem Hund fortgehen müsse.)

In der Hypnose wird man am zweckmäßigsten die Rekonstruktion der Szene von jenen Momenten her aufbauen, die von dem Patienten noch adäquat erlebt wurden, und ebenso von jenen inselartigen Reminiszensen her, die auf die unterdrückte Gemütsbewegung hinweisen. Ferner soll man zunächst die dem dramatischen Geschehen unmittelbar vorausgehende neutrale Szene mit allen Einzelheiten und ihren Empfindungswerten suggerieren. Sie ist dem Patienten meist besonders deutlich in Erinnerung. Beginnt man in der Hypnose mit dem Unfall oder läßt man auch nur in dem Tenor der Suggestion das Kommende mitklingen, so durchbricht der Patient meist den Kontakt mit einer lebhaften Aktivierung seiner körperlichen Beschwerden oder er gerät sogar in einen verworrenen Erregungszustand.

B. wurde zunächst die angenehme, sorglose Situation seiner Autofahrt suggeriert, die er leidlich entspannt noch einmal erlebte, worauf nach der Erwähnung der Uhrzeit der Moment des Unfalls geschildert wurde. Die jetzt einsetzende Reaktion der Angst und des Entsetzens löste sich dann unter Zureden in einem befreienden heftigen Schluchzen, wobei ohne Einhaltung des wirklichen Ablaufes die zerbrochene „Lebensuhr" und das Wiedererscheinen des Hundes suggestiv in Erinnerung gebracht wurden. Das Abreagieren wurde dann durch die Suggestion unterstützt, daß B. sich jetzt um keinerlei Maßnahmen zu kümmern brauche. In diesem Stadium war ein einfacher tröstender Zuspruch möglich, der unter gewöhnlichen Umständen mit seiner naiven Schlichtheit und seinem unmittelbaren Appell Herrn B. zweifellos nicht erreicht hätte. Zum Abschluß der Hypnose wurde die zwar nicht logische, gefühlsmäßig jedoch folgerichtige Suggestion gegeben, daß B. jetzt alles bei dem Unfall Notwendige schon getan habe. B. konnte nach dieser Behandlung, die zweimal in derselben Weise erfolgte, sein Gleichgewicht wiederfinden, wobei auch seine körperlichen Beschwerden in kurzer Zeit verschwanden. Die Katharsis in der Hypnose soll also ein Abreagieren jenes angestauten Affektes erreichen, den der Patient seinerzeit, um der kritischen Situation gerecht werden zu können, unterdrücken mußte. Sein latentes Fortbestehen bewirkt eine seelische Störung, deren deutbare Symptome die abnorme Erlebnisreaktion erkennen lassen. Mit dem Nachholen der unterdrückten Affektsäußerung in der Hypnose kann dann, wie dieses auch bei B. geschah, das seelische Gleichgewicht wieder hergestellt werden. Natürlich muß dem Patienten nach dieser operationsähnlichen Maßnahme durch weitere verständnisvolle Behandlung bei der Einordnung der so schweren Erfahrung geholfen werden.

2. Das kathartische Verfahren bei spontan einsetzenden abnormen Erlebnisreaktionen

Hier finden wir einmal den vor Schreck Aphonischen, den psychogenen Zitterer und Gelähmten, und weiter die Protestformen des nicht Wahrhabenwollens wie die puerilistische Reaktion, die psychogene Amnesie usw. Bei der Behandlung dieser abnormen E. R. berücksichtige man stets, daß ihr Schwerpunkt nicht im Trauma des Erlebnisses, sondern in der Disposition der Persönlichkeit für psychogene Reaktionen liegt. Das Symptombild wird sich zwar mit zwangloser Deutung als Folge des Traumas erklären lassen, die Reaktion als solche ist jedoch in der Persönlichkeit begründet. Die Biographie des Patienten, aber auch schon seine Verhaltensweise in gesunden Tagen, zeigt ein Ausweichen und nicht Zuständigsein-wollen für Lebensanforderungen, die das von ihm gebilligte Maß überschreiten. Das, wogegen in der abnormen Erlebnisreaktion protestiert wird, ist also nicht das Übermaß an Forderung, das gerade dieses Erlebnis enthielt, sondern das Leben selbst, dessen gültige Forderungen nicht akzeptiert werden. Mit der psychogenen Reaktion stellt sich ihr Träger gewissermaßen ex lege. Die Verpflichtungen der Persönlichkeit sich selbst und der Umwelt gegenüber verblassen, wenn ein Schaden, den die Seele erlitt, als Krankheit offenbar zu werden scheint. Wenn man berücksichtigt, daß diese grundsätzliche Einstellung als Ausdruck einer Anlage gegeben ist, so wird man bei diesen Patienten darauf verzichten, eine vorliegende abnorme Erlebnisreaktion in ihrer grundsätzlichen Bedeutung zu erhellen. Man wird sich darauf beschränken, das bestehende Symptombild zu beseitigen in der Hoffnung, daß das Leben den Patienten vor Anforderungen, die sein Niveau überschreiten, bewahren möge. So wird man auch seine Umgebung dahin zu beeinflussen versuchen, sein Milieu möglichst störungsfrei zu halten. Meist pflegt der Patient dafür schon selbst zu sorgen. Für die Behandlung der abnormen Erlebnisreaktion selbst gilt der Grundsatz: Je massiver die Symptome, um so primitiver ist auch der innere Aufbau der Reaktion. In der Hypnose, die von diesen Patienten sehr willig angenommen zu werden pflegt, sind wir bemüht, den Affektsturm, den die Wiedererweckung des Traumas auslöst, in Grenzen zu halten, und versuchen dann mit energischer Suggestion die psychogen gestörte Funktion wieder herzustellen. Gelingt das letztere noch nicht vollständig, so empfiehlt es sich mit einer suggestiven Übungsbehandlung fortzufahren. Bei Wiederholungen der kathartischen Hypnose würde man meist erleben, daß der Patient sich immer besser in der Situation der Hypnose zurechtfindet und seinen „Widerstand" stabilisiert. In der Übungsbehandlung gelingt es dann besser, seine Mitbeteiligung zu aktivieren. (Wir haben keine Bedenken bei geeigneten Körperstörungen diese Behandlung mit kräftigem Elektrisieren zu unterstützen, wenn wir dabei in gutem Einvernehmen mit dem Patienten sind.)

c) Kurzbehandlung bei aktuellen neurotischen Konflikten

Die neurotischen Konfliktreaktionen, die ebenfalls in die Zuständigkeit der Kurztherapie fallen, sind sinngemäß eigentlich auch nur abnorme Reaktionen auf ein Erleben. In ihrer Struktur findet man jedoch nicht wie bei der typischen abnormen Erlebnisreaktion den aufgehaltenen Erlebensvollzug im Mittelpunkt sondern schon den charakteristischen Aufbau der Neurose, wenn auch in sehr übersichtlicher, einfacher Form. Vor eine persönlich schwerwiegende Frage gestellt, konnten diese Menschen sich nicht zu einem definitiven Ja oder Nein entscheiden. Sie antworteten mit einer Scheinlösung, die vielleicht einem vernunftmäßigen Ausweichen entsprechen konnte und auch die *äußeren Umstände* einigermaßen berücksichtigte, nicht aber die *innere Situation*, deren offenbleibende Fragen verdrängt wurden. Es versteht sich, daß zur Behandlung eines so entstandenen neurotischen Zustandsbildes ein analytisches Vorgehen notwendig wird. Dieses kann sich jedoch auf eine Analyse des Konfliktes und seines Bedeutungsinhaltes beschränken.

Dr. C., ein 36jähriger Universitäts-Zoologe, leidet seit einem halben Jahr an heftigen Magenbeschwerden, die zeitweise so heftig waren, daß er klinisch behandelt werden mußte. Alle von ihm sehr korrekt durchgeführten ärztlichen Verordnungen hatten eine wirkliche Besserung nicht zu erreichen vermocht. Schließlich hatte sich, wie er meinte, als Folge der strengen Diät und Fastenkuren ein Zustand von müder Initiativelosigkeit eingestellt, in dem er sich „zu nichts mehr fähig fühlte". Ehe er krank wurde, war er ein mit sich und der Welt zufriedener genügsamer Eigenbrötler gewesen, der ganz in seinen wissenschaftlichen Arbeiten aufging. In Fachkreisen wurde er geschätzt, stand aber eigentlich etwas außerhalb der maßgeblichen Wertung, da er sich ein abseitiges, recht trockenes Spezialgebiet gewählt hatte, auf dem andere sich wohl kaum glücklich gefühlt hätten. Bei ihm selbst hatte sich eigentlich seit dem Tage, wo er als Student die Universität bezog, nichts

Wesentliches geändert. Die vielen Jahre, um die er inzwischen älter geworden war, hatten ihn kaum gewandelt. Sein Wesen zeigte noch immer jene eigentümliche Mischung von einer neutralen Reife, die auch einem jungen Menschen schon zu eigen ist, der erfüllt von einer Aufgabe gradlinig ihrer Vollendung zustrebt und von kindhafter Naivität. Letztere war im Laufe der Zeit zu einer etwas schnurrigen Weltfremdheit verstaubt. Den Umgang mit ihm erschwerte seine unfreie Pedanterie und seine Verengtheit, in der nur ein kleiner Ausschnitt der Welt Platz gefunden hatte. Trotzdem war er von Grund aus gütig und um die wenigen Freunde, die er gefunden hatte, herzlich bemüht. In dem trostlos unpersönlich möblierten Zimmer, das er seit vielen Jahren zufrieden bewohnte, spielt er abends gern auf Schallplatten die Symphonien seines Lieblingskomponisten Bruckner, die ihn sehr erfüllten, ohne daß er jedoch das Tragische dieser Musik wahrnahm.

Vor einem Jahr hatte er sich mit einem jungen Mädchen verlobt, das er nur kurze Zeit davor in konventioneller Weise kennen gelernt hatte. Den schnellen Entschluß zur Verlobung empfand er als den natürlichen Ausdruck der gegenseitigen Zuneigung. Tatsächlich aber hatten wohl die zukünftigen Schwiegereltern sein Glück geplant. Er selbst erlebte zunächst jene naive Verliebtheit, in der alle Möglichkeiten des Glücklichseins sich zu offenbaren scheinen, der Gegenstand dieser Liebe aber kaum eine individuelle Würdigung findet, sondern auf Grund vielleicht nur anhaftender Eigenschaften zum Anlaß wird, ein solches Fühlen sich frei entfalten zu lassen. In dem halben Jahr bis zur festgesetzten Hochzeit war er im Zusammensein mit dem anziehenden, weltoffenen Mädchen sich selbst merkwürdig fremd, ließ sich aber in dem Gefühl der erfüllten Liebe nicht beirren. Das Außerordentliche schien sich durch Ungewohntes nur zu bestätigen. Als der Termin der Hochzeit näherrückte, erkrankte C. mit den obengeschilderten Magenbeschwerden.

In der Exploration betont er lebhaft, wie er unter diesem ungünstigen Zusammentreffen leide und daß er unmittelbar nach seiner Wiederherstellung zu heiraten gedenke. Dann wieder warf er die Frage auf, ob sein Leiden nicht so ernster Natur sei, vielleicht sogar krebsartig, daß er aus diesem Grunde auf die Gründung einer Ehe verzichten müsse. In eingehenden Gesprächen stellte sich dann immer deutlicher heraus, daß die von C. erhoffte tiefe Bindung seiner Braut an ihn tatsächlich nicht bestand, und daß auch er in seiner Neigung zwar eine bisher noch nicht erfahrene Weite des Erlebens kennen gelernt, nicht aber eine endgültige Bindung zu diesem Mädchen gefunden hatte, dessen Wesen ihm eigentlich recht fern war. Damit wurde jetzt der Konflikt, der an ihm gezehrt hatte, entscheidbar. Er hatte sie bewundert und vermeintlich geliebt, weil sie so ganz anders war als er und ahnte damit auch, daß sie an seinem Leben nie wirklich teilnehmen würde. Eigentlich hatte er in ihr das Leben geliebt, das sich ihm plötzlich so reich offenbarte, wie er es bisher noch nicht gekannt hatte. Wie er jedoch damals empfand, fühlte er sich vor das unlösbare Problem gestellt, zu einem Glück leidenschaftlich hingezogen zu sein, dessen ständiger Besitz aber seine Persönlichkeit nicht zu erfüllen vermochte. So sagte er weder ja noch nein, sondern wurde krank. Das Problem blieb in der Schwebe, und er protestierte unter Schmerzen gegen die Beantwortung der entscheidenden Frage.

Die Behandlung erfolgte also nur mit Hilfe der Analyse seines Konfliktes, der ihm so interpretiert wurde, daß er selber die Lösung nach wenigen Sitzungen finden konnte. Auch bei der Braut fand sich ein ressentimentloses Verständnis für die Aufhebung der Verlobung. Die Magenbeschwerden Cs. waren nach einer kurzen Erholungsreise schnell behoben.

Gegen die Kurzbehandlung dieses Falles ließe sich wohl einwenden, daß Dr. C. auf Grund seiner einseitigen Persönlichkeitsentwicklung in diesen neurotischen Konflikt geraten war und daß man mit einer gründlichen Analyse diesem Mangel hätte gerecht werden können. Wir glauben aber, daß damit die Psychotherapie ihre Zuständigkeit überschritten und daher auch keinen wirklichen Nutzen gebracht hätte. Viele Erscheinungsformen des menschlichen Daseins gehen nicht in jenen symmetrischen Kadern auf, wie man sie für eine optimal störungsfreie seelische Entwicklung aufzeichnen könnte. Diesen Naturen ist ein anderer, oft schwierigerer Lebenspfad aufgegeben, aber er ist der ihre. Dr. C., der liebenswert schrullige Sonderling mußte zwar so die Erfahrung machen, daß seine naive Einfalt ihn zum Opfer einer Täuschung werden ließ, aber nachdem wir mit Hilfe der Kurztherapie den unfruchtbaren Stillstand überwunden hatten, mußte es ihm überlassen bleiben, diese Erfahrung zu verarbeiten. Die Schwierigkeiten des Überdurchschnittlichen, denn als solchen lernten wir C. kennen, sind nicht nur der unliebsame Zoll, den er dem Schicksal zahlen muß, sondern auch die markanten Unterscheidungen von der glatten Kontur des Durchschnittlichen. Wenn solche Menschen gegenüber der Norm für Schwierigkeiten anfällig erscheinen, so wohnt ihnen anderseits eine Gestaltungskraft inne, die zur wirklichen Entfaltung des erregenden Anstoßes bedarf. Daß der Weg, der dann bis zum letzten Selbstverstehen führt, ein sehr langer und mühevoller sein kann, werden wir respektieren und darauf verzichten, ihn zu normaler Übersichtlichkeit begradigen zu wollen.

Auch abgesehen von dieser Besonderheit unseres Falles wird man sich im allgemeinen für Kurzbehandlungen dieser Art entschließen können, wenn die neurotische Verarbeitung eines Konfliktes bei einer bis dahin störungsfrei lebenden Persönlichkeit auftritt, die so, wie sie in ihrer individuellen Eigenart erscheint, in sich ausbalanciert ist. Dieses Ausbalanciertsein konstatieren wir also eher mit Hilfe eines individuellen Verstehens als nach einer objektiven Norm. Bei der Wertung des Konfliktes wird man ebenso berücksichtigen, welche Bedeutung seine Spannungen nicht schlechthin, sondern für gerade diesen Menschen haben. Da die Symptome meist den Charakter des Ausweichens oder des Protestes vor dem individuellen Konflikt tragen, ist es oft auch möglich, von diesem ausgehend die Neurose zu verstehen. Während die Symptome in diesem Fall ein Ausweichen vor einer Entscheidung darstellten, bedeuten sie in der folgenden Krankengeschichte einen Protest, der gegen eine vernunftmäßig bejahte, gefühlsmäßig jedoch verneinte Entscheidung erfolgte.

Frl. D., eine 38jährige Büroangestellte, seit 12 Jahren als Chefsekretärin tätig, klagte über eine nervöse Störung an den Händen, die, wie sie gleich betonte, ihr das Arbeiten unmöglich mache. Es handelte sich um einen psychogenen Tremor beider Hände, der schließlich bei jedem Versuch einer bewußt auszuführenden manuellen Tätigkeit auftrat. Versuchte Frl. D. das Zittern mit Willensanstrengung zu überwinden, so wurde der Tremor immer grobschlägiger. Die Finger verkrampften sich dann, um schließlich die Stellung der geschlossenen Faust einzunehmen. In den Erzählungen der Patientin trat der dieser neurotischen Reaktion zugrunde liegende Konflikt nicht in Erscheinung. Lebensumstände und Milieu wurden betont als sehr befriedigend geschildert. Im näheren Eingehen zeigte sich jedoch, daß das alternde Mädchen gerade in ihrer aufopfernden Hingabe an ihre Position im Laufe der Zeit für ihren Chef immer schwieriger geworden war. Schließlich hatte sie ihn mit Kleinigkeiten nahezu tyrannisiert und mit ihrer vorbildlichen Umsicht und Zuverlässigkeit, die ihr ganzer Lebensinhalt geworden war, eine unerträgliche Atmosphäre geschaffen.

Ihr Chef glaubte, dieses Problem lösen zu können, indem er ihr eine andere Stellung zuwies, die, da es sich um eine selbständige Funktion handelte, tatsächlich eine Beförderung bedeutete. Damit geriet sie in die zwiespältige Situation, daß sie einerseits ihre Tüchtigkeit und ihr Können anerkannt sah, andrerseits sich von einem Platz fortgeschickt fühlte, den sie trotz aller Aufopferung schließlich doch unzulänglich ausgefüllt hatte. Hierzu kam wohl auch, daß in der intensiven beruflichen Bindung an ihren Chef und seine geschäftlichen Sorgen ihre privaten Interessen nahezu verkümmert waren. Der Gedanke an ihre Nachfolgerin, die bei weitem nicht so erfahren, oder so leidenschaftlich interessiert wie sie an ihrer Stelle stand, ließ sie in ohnmächtiger Kränkung die zitternden Hände ballen. Der vernünftigen Überlegung folgend, hätte sie mit Stolz die neue, bevorzugte Stelle antreten können, in der Wertung des unterdrückten Gefühls aber bedeutete dieses eine Degradierung, die sie nicht hinnehmen konnte. In der Interpretation dieses Konfliktes wurde Frl. D. darauf hingewiesen, daß ihre in langen Berufsjahren erworbene Selbständigkeit sie über den Aufgabenkreis der Chefsekretärin hinauswachsen ließ und daß jene Spannungen dort aus der Begrenztheit ihrer Kompetenzen entstanden sein müßten. Daß ihr mit der neuen Stellung aber das Aufgehen in den Sorgen ihres Chefs genommen war, wurde als recht unwesentlich behandelt. Stattdessen wies man sie darauf hin, daß sie in all den Jahren manche persönliche Beziehung zu Freunden und Verwandten vernachlässigt habe, und daß ihr eigenes Leben von dieser Seite mancherlei Bereicherung erfahren könne, auf die sie bisher verzichtet habe. Frl. D. fand sich dann in die veränderten Verhältnisse hinein, obwohl es ihrem weiblichen Empfinden besser gelegen hätte, der gefühlshaften Bindung von den Überlegungen der Vernunft den Vorzug zu geben. Nachdem die nervösen Störungen abgeklungen waren, hatte sie dann mit Hilfe der verständnisvollen Vermittlung ihres Chefs eine selbständige Stellung in einer anderen Firma übernommen.

In den bisher besprochenen Fällen fand sich ein unmittelbarer Zusammenhang zwischen den neurotischen Symptomen und einem bedeutsamen Erlebnis, das dem Patienten begegnet war. Das Kurzverfahren kann hier zu einer vollständigen Heilung führen, da die Störungen, unter denen der Patient leidet, der Ausdruck eines verborgenen Konfliktes oder einer Überforderung sind, die allein durch dieses Ereignis in das Leben des Patienten hereingetragen wurden. So wird mit der Erhellung des Konfliktes und seiner nachträglichen Bewältigung die Ursache der Störung behoben und das hierbei angewendete Kurzverfahren kann praktisch als erschöpfende Maßnahme gelten. Gewiß ließ auch die individuelle Disposition dem Patienten gerade dieses Ereignis zum unlösbaren Konflikt werden. Letzten Endes ist jedes Überfordertsein, jedes Versagen in der Entscheidung ein *typisches*. Der Akzent ist aber darauf zu legen, daß dieser Mensch, so typisch er auch als Persönlichkeit ist, das Leben bisher ohne derartige Störungen bewältigen konnte.

II. Kurzbehandlung bei asthenischen Persönlichkeiten

In den folgenden Fällen, die wir ebenfalls für das Kurzverfahren empfehlen, finden wir nahezu eine Umkehr der eben geschilderten Verhältnisse. Hier handelt es sich um Persönlichkeiten die auf Grund der Besonderheit ihrer Anlagen dazu neigen, auf natürliche alltägliche Begegnungen des Lebens mit psychogenen Reaktionen zu antworten. Hier wird die Kurztherapie angewandt, um die immer von neuem auftretenden nervösen Störungen jeweils symptomatisch zu heilen. Da diese Anlage auch durch eine umfassende Analyse nicht gewandelt, sondern nur bestätigt werden würde, kann es nur darum gehen, mit Hilfe einer aus der Situation schöpfenden Kurztherapie einen zudeckenden Effekt zu erzielen. Natürlich wird man auch bei Psychasthenikern häufig schwere Neurosen finden, die einer umfassenden Psychotherapie bedürfen. Von diesen Patienten wollen wir jetzt aber jene deutlich unterscheiden, deren immer wieder entstehende Symptome nicht der zusammengehörige Ausdruck einer tiefwurzelnden Neurose sind, sondern eine Kette immer von neuem entstehender Reaktionen. Hier also wirft nicht Vergangenes seine Schatten in das Gegenwärtige, sondern die Gegenwart selbst kann nie kompromißlos harmonisch erlebt werden und hinterläßt so eine unharmonische Vergangenheit.

Um die für die Kurztherapie geeigneten Fälle zu kennzeichnen, versuchen wir den gemeinten Typus näher zu charakterisieren. Fragen wir zunächst nach der klinischen Einordnung, so finden wir seine wesentlichen Züge mit denen des asthenischen Psychopathen im Sinne von K. Schneider übereinstimmend. Er faßt hiermit jene große Gruppe der „aus charakterlichen Gründen körperlich leicht Versagenden und bestimmte sich seelisch unzulänglich Fühlende" zusammen. Als asthenische Psychopathen im engeren Sinne bezeichnet K. Schneider jene Persönlichkeiten bei denen eine psychopathische Persönlichkeit vermöge ihrer hypochondrischen Einstellung „einen an sich gar nicht labilen Organismus in Unordnung bringt" und so psychogene Körperstörungen entstehen läßt. Da wir nicht von jener starken Normabweichung, die mit dem Begriff „Psychopathie" verbunden ist, sprechen wollen, sondern — wie oben schon gesagt — die in diese Richtung weisenden Übergangsformen meinen, ergibt sich eine weitergesteckte Begrenzung des Typus. Wir finden hier all jene Persönlichkeiten, bei denen seelische Mängel unmittelbar einen Ausdruck in körperlichem Mißbehagen und Krankheitsgefühl erhalten können, und bei denen auch umgekehrt körperliche Indisposition sich sofort in seelischer Verstimmung äußert. Der labilen Seele pflegt eine labile Körperkonstitution zu entsprechen. Es ist nun von Fall zu Fall zu unterscheiden, wo das Körperliche seelisch abnorm verarbeitet wurde oder wo Seelisches den Körper abnorm reagieren ließ. Damit kann auch vieles von dem erscheinen, was Bumke als „Nervosität" und „hypochondrische Bilder bei Nervösen" beschrieben hat. Ebenso gehören hierhin manche Wesenszüge, die, wenn sie in Vollständigkeit und in beträchtlichem Ausmaß auftreten, den „Selbstunsicheren Psychopathen" K. Schneiders bzw. auch den „Sensitiven" Kretschmers charakterisieren. Diese Beschreibung, die zunächst den psychopathologischen Gesichtspunkten der Klinik folgte, soll durch folgende charakterologische Hinweise ergänzt werden.

In der *Grundstimmung* dieser Patienten, d. h. auch dann, wenn sie sich relativ wohl fühlen, spiegelt sich eine eigentümliche Bewußtheit des psychosomatischen

Zusammenhanges wieder. Man findet hier nie jene Grundstimmung, die über das Körperliche frei hinausschwingt, wenn das saturierte Körperliche zum Träger höherer Erlebensfunktionen geworden ist. Analysiert man die herrschende Grundstimmung, so erfährt man, daß alle ihre Gefühlszustände von einer leiblichen Empfindungskomponente mitcharakterisiert sind. Jedoch enthält diese nichts von dem Hochgefühl des *leiblichen Behagens*, in dem das Lebensgefühl des erdhaften Genießens aufgeht, sondern jede Gefühlsregung ist einem *unharmonischen Mittun des Leiblichen* gleichsam ausgeliefert. So z. B. geht die Freude nicht in dem Gefühl der Schwerelosigkeit, der Helle auf, sondern sie wird von dem körperlichen Empfinden einer um Befreiung ringenden Enge begleitet. Gefühle des Schmerzes lassen an Stelle eines begleitenden Mitspiels des Körperlichen das Krankheitsempfinden gestörter somatischer Funktionen mitklingen. Diese quälend übersteigerte Empfindlichkeit des Körperlichen in der psychosomatischen Abstimmung belastet auch die Grundstimmung mit einer Spannung, die der Patient als eine innere Unfreiheit erlebt. Im Gesichtsausdruck ist sie oft als gespannt leidender Zug eingeprägt.

Das *Selbstwertgefühl* dieser Persönlichkeiten ist unstabil und nur zu leicht beeinträchtigt. Es wird nicht „naiv" erlebt, sondern im Erleben immer wieder mißtrauisch überprüft. Die äußere Schutzhaltung, die der Welt gegenüber eingenommen zu werden pflegt, kann entweder die der Resignation oder eines nörgelnden Pessimismus sein. Beide Haltungen ermöglichen ein relativ unverbindliches Abseitsstehen. Seine Ursache ist aber weniger ein primäres Minderwertigkeitsbewußtsein, als vielmehr eine Kette von ungünstigen Erfahrungen. Diese hatten gelehrt, daß Aufgaben, die gewisse Gefühlskonstellationen wachriefen, nur mit Mühe oder auch gar nicht bewältigt werden können. Für die Psychotherapie ergeben sich hiermit gewisse Konsequenzen. Der Typus des zur Resignation Neigenden — hier finden wir die höher qualifizierten Persönlichkeiten — erlebt in sich das Problem der menschlichen Unzulänglichkeit in überscharfer Sicht. Man kann ihn daher stärken, wenn man ihm zeigt, daß die Norm des durchschnittlichen Erlebens wesentlich mehr Toleranz enthält als sein subjektives Empfinden. Das Wissen um ein Anderssein ist dann nicht mehr gleichbedeutend mit einem resignierten Abseitsstehenmüssen. Dem Typ des nörgelnden Pessimisten hingegen fehlt die Qualität, um diese Schau erreichen zu können. Er erlebt nicht das Problem der menschlichen Unzulänglichkeit, sondern er findet die Welt unzulänglich. Seine Schwierigkeiten bewertet er als den immer wieder gern registrierten Beweis für seine Ansicht. Nimmt man ihm diese schützende Illusion weg, so würde er sich noch unglücklicher und unfähiger fühlen. Die Psychotherapie muß sich darauf beschränken, seinen geringen Bestand an positiver Erlebniskraft mit optimistischer Bewertung zu aktivieren.

Im Umgang mit diesen Persönlichkeiten stoßen wir immer wieder auf Phänomene, die auf einen erschwerten Zusammenhang innerhalb der Persönlichkeit selbst und anderseits zwischen Persönlichkeit und Umwelt hindeuten. (Dieses für die Psychotherapie so wichtige Problem wird später ausführlich behandelt werden.) Wie schon erwähnt, läßt hier die besondere psychosomatische Abstimmung einen Spannungszustand entstehen, der auch dann, wenn Ruhe und Gleichmaß herrschen könnten, Beunruhigung und Alarmierung unterhält. Darüber hinaus finden wir, daß die unmittelbaren Antriebsregungen der Persönlichkeit sich nicht harmonisch mit ihrem Denken und Wollen zusammenfügen. Hiermit ist nicht der von der

Laien-Psychologie als „Gegensatz von Trieb und Verstand" definierte Konflikt gemeint, sondern eine mangelhafte Integration der ontischen Schichten der Persönlichkeit, wobei die einzelnen Schichten auch notwendigerweise Differenzierungsmängel zeigen. Gewiß findet man auch beim „Normalen" sehr unterschiedliche Anteilverhältnisse in jenem Bereich des Schichtengefüges, das mit der Gegenüberstellung von „Gefühl und Verstand" nur sehr grob gekennzeichnet wird. Es kann z. B. jemand so weitgehend vom Gefühl her leben, daß seine aktive Lebensbeteiligung ihre wesentlichen Impulse nur vom affektiven Ergriffenwerden empfängt. Oder: das Gefühlsmäßige gibt mit seinem Ruf gewissermaßen das Thema, das dann mit Hilfe des Wollens und Denkens zu einer kritischen Durchführung kommt. Oder anders auch: Gefühlsimpulse werden zwar mit drängender Eindringlichkeit erlebt, haben jedoch neben dem urteilenden Verstand nur eine hinweisende Funktion. Es ist also bei den eben erwähnten Beispielen die individuelle Ausgewogenheit auch bei unterschiedlicher Struktur gewahrt.

Bei jenen Psychasthenikern hingegen finden wir an Stelle einer solch hierarchischen Strukturordnung ein Nebeneinander von erlebten Wertungen, die das Bewußtsein eines einheitlich vollziehenden Ichs stören. Jeder dieser Impulse enthält andere Perspektiven und in keiner vermag die Persönlichkeit wirklich aufzugehen. So scheinen diese Patienten oft nicht „die Besitzer" ihrer seelischen Funktionen zu sein, sondern deren Gegenstand. Ein Gefühl, von dem der Patient ergriffen ist, wird anderseits von ihm als „pathetisch" empfunden. Logische Entscheidungen des Verstandes erscheinen wegen ihrer nur relativen Wahrheit wertlos. Willensimpulse können als quälend empfunden werden, weil ihre Verwirklichung nicht als ein Ziel anerkannt werden kann. Da diese Persönlichkeiten nie in einer wirklichen Gelöstheit aufgehen können, erscheinen sie unsicher, überempfindlich, und skrupelhaft-ängstlich oder anderseits auch reizbar, hochmütig und doch leidend.

Wenn wir oben davon sprachen, daß diese Charaktere innerhalb der ontischen Schichtung mangelhaft differenziert seien, so ergibt sich hierzu also, daß Gefühle, Triebe und Strebungen über eine egozentrische Orientierung nicht hinauskommen. Die übergreifenden Zusammenhänge innerhalb der höheren Schichten erfordern aber, daß das erlebende Ich jenseits seines nur individuellen Selbst hieran teilnimmt. Bei unseren Patienten wird damit jenes zwiespältige Verhalten verständlich, in dem zwar die Probleme des Daseins in ihrer Tiefe erreicht sind und dennoch nur als Widerspiegel des Persönlichen dienen.

Es ist wohl verständlich, daß man diesen Persönlichkeiten besser mit einer symptomatischen Kurztherapie helfen kann als mit der großen Psychotherapie. Natürlich bleibt letzteres für jene Fälle vorbehalten, bei denen man eine Neurose mit langer kontinuierlicher Entwicklung antrifft. Tatsächlich ist dieses lange nicht so häufig wie es der Anschein vermuten läßt. Was hier im Längsschnitt zunächst als zusammenhängende Erkrankung imponiert, ist oft nur eine Folge von einzelnen psychogenen Konfliktreaktionen, in die die Persönlichkeit auf Grund ihrer besonderen Beschaffenheit immer wieder von neuem gerät. Diese Feststellung kann erschwert werden durch die besondere Weise, mit der diese Patienten ihre psychogenen Symptome zu erleben und zu verarbeiten pflegen. Im allgemeinen möchte der Neurotiker sich mit dem Symptom so auseinandersetzen, wie es der Kausalität äußerer Zusammenhänge entsprechen könnte. Auch bei differenzierten Persönlichkeiten muß man oft einen so vorgetragenen Widerstand überwinden, ehe es möglich wird, in die eigentliche Bedeutung des Symptoms einzudringen. Im Unterschied hierzu erlebt der Psychastheniker auch eine verhältnismäßig harmlose Psychogenie seiner Symptome stets in grundsätzlichster Bedeutung. So z. B. wird ein geringes Engegefühl am Halse als Todesdrohung empfunden, während es tatsächlich nur den ängstlichen Widerwillen gegen eine bevorstehende Begegnung bedeutet. Oder ein Gefühl allgemeiner Schwäche, das als matter Protest gegen eine als quälend empfundene Beanspruchung entstand, erlebt der Patient als physischen Bankrott seiner seelisch abgestorbenen Persönlichkeit. Ein psychogenes Herzklopfen, das in einer häuslichen Konfliktspannung entstanden ist, bedeutet die Vernichtung des Einsamen in einer gnadenlosen Welt. Während also der Neurotiker im allgemeinen das Mahnende seines Symptoms mit den Rechtfertigungen allgemein gültiger Kausalität zu übertönen versucht, erlebt der Psychastheniker auch das psychogene Symptom geringfügiger Aussage mit finaler Bedeutung. Da diese Menschen auf Grund ihrer Veranlagung schon das Dasein als Konflikt erleben, werden die Reibungen des täglichen Lebens als symbolische Bestätigung ihrer evidenten Grundanschauung erlebt. Während sonst die Psychotherapie bemüht ist, im zufällig Erscheinenden die grundsätzliche Bedeutung aufzufinden, muß sie hier der Tendenz zu einer unseligen Vertiefung entgegenarbeiten. Da der Anstoß zu solchen Evolutionen immer aus dem Gegenwärtigen erfolgt, versuchen wir mit einer Auslegung des aktuellen Konfliktes der Reaktion das Schwerwiegende, Grundsätzliche zu nehmen und die naheliegenden Erfordernisse der Gegenwart als erreichbare Lösung aufzuzeigen. Wie schon erwähnt, wird man hierbei dem Psychastheniker geringer Qualität die Illusion des besonderen Eigenwertes lassen und an seine bescheidene Kraft einen optimistischen Appell richten. Das heißt, wir versuchen ihn so lebenstüchtig sein zu lassen, wie nur der lebenstüchtigste Teil von ihm ist. Bei dem über dem Durchschnitt stehenden Psychastheniker wird man versuchen, den immer wieder selbstkritisch angefochtenen echten Eigenwert zu objektivieren, um ihm damit ein über sich selbst Hinauskommen zu erleichtern. Im günstigen Falle wird er dann seine Reaktionsweise als etwas Verständliches erleben, ohne sich dadurch so hoffnungslos verpflichtet zu fühlen. Eine wirkliche Heilung wird man in keinem der Fälle erwarten können. Unser Bestreben kann daher nur sein, diesen Patienten den Ausweg zu zeigen und durch symptomatische Kurztherapie die doch immer wieder auftretenden Störungen zu glätten.

Allgemeiner Teil

Die verschiedenen Möglichkeiten einer methodischen Konzentrierung der Psychotherapie

Im Unterschied zur Kurztherapie verzichtet ein abgekürztes Behandlungsverfahren nicht auf die Ergebnisse, wie sie mit Hilfe der ausführlichen Analyse erreicht werden. Jedoch wird der Weg, mit dem diese Ergebnisse erzielt werden, verkürzt. Auch für die therapeutische Auswertung des so Gewonnenen ergeben sich dann in Konsequenz des gewählten methodischen Ansatzes die Möglichkeiten der aktiven und damit verkürzten Behandlungsführung. Es wird im folgenden zunächst erörtert, mit welchen Ansatzmöglichkeiten das Konzept einer abgekürzten, d. h. intensivierten Psychotherapie aufgebaut werden kann.

Der Versuch, eine Therapie zu konzentrieren, muß von einer methodischen Besinnung und der Auswertung der dahin weisenden praktischen Erfahrung ausgehen. Hierfür ist zunächst darauf zurückzugehen, daß *jede* Neurose sowohl einen psychologischen wie einen somatologischen Aspekt bietet.

1. Der psychologische Aspekt der Neurose, wie ihn die Psychoanalyse aufgezeigt hat, läßt den Ablauf eines persönlichen Schicksals erkennen, dessen Hintergründe und Motive trotz ihrer entscheidenden Bedeutung von dem Patienten nicht erkannt werden konnten. Indem er ihre Forderungen ins Unbewußte verdrängte, wurde er schließlich in ein zwiespältiges Dasein gedrängt, dessen einer Teil durch die bewußt gegenwärtig handelnde Persönlichkeit bestritten wird, während der andere Teil mit dem mahnenden Drängen psychogener Symptome diese nur scheinbare Harmonie der Persönlichkeit nicht zur Entfaltung kommen läßt.

2. Der somatologische Aspekt der Neurose in seiner herkömmlichen Form zeigt objektive Abweichungen innerhalb der normalen Körperfunktion oder er läßt subjektive Veränderungen innerhalb des körperlichen Befindens erkennen. Die klinische Auswertung solcher Befunde kann einmal ergeben, daß die somatische Störung die unmittelbare Umsetzung des Psychischen sein muß (so z. B. bei der psychogenen Lähmung) oder daß die somatische Störung zwar den Gesetzen der körperlichen Erkrankung folgt, dennoch aber vom Psychischen her unterhalten wird (z. B. „psychogen aktiviertes" Magenulcus).

Unser Versuch, die Möglichkeiten einer Intensivierung der Psychotherapie aufzuzeigen, geht von einer Betrachtung dieser beiden Gesichtspunkte aus, die nur aus methodologischen Gründen zunächst getrennt behandelt werden. Die Richtschnur dieser Betrachtung ist: Welche Ergebnisse hatte die fortschreitende Erforschung dieser beiden Aspekte für die praktische Psychotherapie und wie lassen sich diese Ergebnisse für die Konzentrierung des Behandlungsverfahrens anwenden?

A. Der somatologische Aspekt der Neurose als methodischer Ansatzpunkt

Die psychosomatische Medizin hat die weitere Erforschung des somatologischen Aspektes zu ihrem Anliegen gemacht. Bekanntlich gehen ihre Vertreter hierbei von einer großzügigen theoretischen Konzeption aus, in deren Mittelpunkt die untrennbare Gemeinsamkeit von Leib und Seele steht. Hieraus wird gefolgert, daß es für beide nur *eine* Gesetzlichkeit geben könne. Die herkömmliche, kategoriale Unterscheidung, die für Seelisches und Leibliches je eigene Gesetzlichkeiten annimmt, die nur in ihrem Vollzug zusammenwirken — so wie Form und Materie substantiell als Einheit verbunden sind — wird daher mit ihrem Unvermögen, das Ganze als Ganzes darstellen zu können, abgelehnt. Körperliche Krankheiten sind nach der psychosomatischen Auffassung nicht als Störung der normalen Funktion hinreichend erklärt, sondern drücken jener *einen* übergeordneten Gesetzlichkeit folgend das Anliegen der seelisch-körperlichen Existenz des Menschen aus. Sie werden aus seiner biographischen Situation deutbar und verständlich.

Es soll an dieser Stelle keine grundsätzliche Auseinandersetzung mit den Auffassungen der psychosomatischen Medizin stattfinden. Im folgenden wird es zunächst nur darum gehen, einige Ergebnisse der psychosomatischen Medizin im Sinne der eingangs gestellten Frage zu betrachten. Es ist nur selbstverständlich, daß mit einer solchen Fragestellung das eigentliche Anliegen der psychosomatischen Medizin nicht gewürdigt wird. Ihr geht es nicht darum, die Möglichkeiten der praktischen Konsequenz aufzuzeigen, sondern um eine Auseinandersetzung, die bis zu den Grundlagen des medizinischen Denkens reicht. Sie ist so eher der Versuch einer Grundlagenforschung, die die Bestätigung ihrer Meinungen in der praktischen Anwendung wiederzufinden versucht, als eine angewandte Wissenschaft, die die praktischen Ergebnisse vervollkommnen möchte. Trotzdem halten wir es für richtig, die jetzt schon in erheblichem Maße vorliegenden Erfahrungen und ihre Ausdeutungen im Sinne unserer Fragestellung zu betrachten, da das hier angestrebte, umfassende Verstehen der Probleme auch ihrer praktischen Bewältigung neue Perspektiven eröffnet. (Die von uns gestellte Frage würde demnach lauten: Welche Anhaltspunkte haben sich in der psychosomatischen Forschung ergeben, nach denen die somatischen Krankheitsbilder richtungsweisend für das psychologische Erfassen des ganzen Krankheitsgeschehens sein können? Die zunächst weitgestreuten Möglichkeiten der psychologischen Deutung würden durch einen solchen Hinweis eine zielgerechte Determinierung erfahren, der der erstrebten Konzentrierung der Psychotherapie zugute käme.)

Die bekannte Arbeitshypothese, der hierbei unsere Betrachtung folgt, ist diese: Einige Organsysteme wie der Verdauungsapparat, Kreislauf und Atmung sind über ihre Funktion als Träger des körperlichen Lebens hinaus in der Lage, Bewegungen des seelischen Lebens durch einen veränderten Rhythmus ihrer Tätigkeit widerzuspiegeln. Die Evidenz dieses Zusammenhanges zeigt sich in der Tatsache, daß seelische Bewegungen und ihre körperliche Mitresonanz phänomenologisch als eine gegebene Einheit erlebt werden[1].

---

[1] Man muß sich hierbei jedoch vergegenwärtigen, daß die Zuordnung gewisser Körpersensationen zu gewissen Gefühlszuständen ein a priori jedes menschlichen

Führt nun eine häufige Inanspruchnahme dieser Organsysteme durch seelische Belange als abnormer Dauerreiz zu einer Störung ihrer zweckbestimmten körperlichen Funktion, so rückt die Frage in den greifbaren Bereich einer statistischen Erforschung, welche körperlichen Schäden welcher seelischen Störung als Entsprechung sich zuordnen. Mit anderen Worten, das körperliche Symptom kann einen Hinweis auf die spezielle Charakteristik der zugrunde liegenden seelischen Störung geben.

Bei der Skizzierung der Möglichkeiten in dieser Arbeitsrichtung beschränken wir uns also auf diejenigen Ansätze, die im wesentlichen der eben formulierten Arbeitshypothese entsprechen. Nicht berücksichtigt bleiben jene psychosomatischen Auffassungen, nach denen jedes Körpergeschehen bis zur epidemischen Erkrankung oder dem Krebs als Ausdruck seelischen Geschehens aufgefaßt wird. Zweifellos erlaubt dieser letztere Gesichtspunkt durch die Einbeziehung des metaphysischen Hintergrundes, der die Unvollkommenheit des menschlichen Erlebenträgt, Reflexionen von hohem Niveau. Jedoch werden mit der konsequenten Anwendung dieses Gesichtspunktes auch alle Aussagemöglichkeiten einer objektis vierenden Erforschung außer Kurs gesetzt, deren — wenn auch beschränkte Möglichkeiten — das therapeutische Handeln allein zu leiten vermögen. Verzichtet man darauf, das methodisch Erfaßbare von dem methodisch nicht mehr Erfaßbaren zu trennen — die Methode bleibt hierbei charakterisiert als das Mittel einer stets beschränkten Erkenntnis — so ergibt sich eine Ungewißheit in der alles möglich erscheinen muß. Für die Frage einer praktischen Therapie ist dieses gleichbedeutend damit, als ob nichts unmöglich wäre, womit jegliche ärztliche Initiative und das von ihr bestimmte zielgerichtete ärztliche Vorgehen hinfällig werden müßte. Die Gefahr, die darin liegt, entweder diesen Standpunkt oder den einer schematisierenden Naturwissenschaft zu verabsolutieren, kennzeichnet Goethe mit jenem Wort: „Jedes Existierende ist ein Analogon alles Existierenden; daher erscheint uns das Dasein immer zu gleicher Zeit gesondert und verknüpft. Folgt man der Analogie zu sehr, so fällt alles identisch zusammen; meidet man sie, so zerstreut sich alles ins Unendliche. In beiden Fällen stagniert die Betrachtung, einmal als überlebendig, das andere Mal als getötet."

Der Vollständigkeit halber sei darauf hingewiesen, daß auch die klassischen körperlichen Neurosesymptome, die Konversionssymptome Freuds einen somatischen Aspekt darbieten. Er ist jedoch in seiner psychosomatischen Entstehung so andersartig wie der der Organneurosen, daß seine Aussagen, so bedeutsam sie psychologisch sind, vom Somatischen her nicht jene gesuchten Analogieschlüsse erlauben. Die Konversionssymptome, wie z. B. die psychogene Lähmung, Tik usw., bedeuten die Antwort auf ein vergangenes, nicht toleriertes Erlebnis in einer symbolisch verschlüsselten Form. Ihre Entzifferung ergibt gleichsam den Tatbestand einer anschaulichen Situation, die für die seelische Haltung des Patienten typisch ist.

Erlebens und Fühlens darstellt. Jeder Erklärungsversuch, was eine solche Zuordnung im einzelnen zu bedeuten habe, kann daher nicht sehr weit kommen, da er sich notgedrungen doch wieder auf Evidenzen stützen muß, die ebenso beschaffen sind wie diejenige, die er zu erklären versucht. Die Frage, warum gerade so und weshalb nicht anders, wird jedenfalls nicht beantwortet werden können, sondern der Erklärungsversuch bleibt darauf beschränkt, das unmittelbar Gegebene anschaulich werden zu lassen.

Das Symptom der Organneurose dagegen zeigt, daß eine immer wieder unterdrückte Gefühlsspannung zur körperlichen Störung führte, da eine Organfunktion, die jenes Gefühl als körperliche Entsprechung auszudrücken vermag, durch diese unphysiologische Dauerbeanspruchung gestört wurde. So würde also die Entzifferung des Symptoms der Organneurose den unbefriedigenden Gefühlszustand deutlich machen, aus dem heraus eine unvollständige bzw. verfehlte Erlebniseinstellung verständlich wird, während das Verstehen des Konversionssymptoms die Reaktion auf ein Erlebnis erkennen läßt, mit der zwar ein verfehltes, jedoch persönlichkeitsbezeichnendes Handelnwollen deutlich wird. Die gesuchte Analogie im seelischen Geschehen liegt also bei der Organneurose schon im somatischen Ausdruck, während sie bei der Konversionsneurose erst mit den verschiedenen Einzeldeutungen des somatischen Ausdruckes aufgesucht werden kann. Dementsprechend finden wir bei dem Konversionssymptom mit seiner mehr gegenständlichen Thematik in erster Linie willkürnahe Funktionen betroffen, während das Symptom der Organneurose mit seiner mehr allgemeinen Aussage in erster Linie die unwillkürlichen Funktionen befällt. In der Praxis finden wir auch häufig Überschneidungen zwischen diesen beiden Erscheinungsformen. Jedoch ist es von Wert, sich darüber klar zu werden, in welchen Aussagebereich die verschiedenen Bestandteile eines Symptombildes gehören.

Unsere Frage: gibt es eine Regelhaftigkeit, nach der gleichartige somatische Störungen gleichartigen psychischen Mißverhältnissen entsprechen, bleibt also auf jene körperlichen Krankheitserscheinungen beschränkt, die mit einer vom Psychischen herkommenden Störung im Innervationsbereich des vegetativen Nervensystems entstehen.

Ein bis ins einzelne ausgearbeiteter theoretischer Ansatz, der die Störungen bzw. Krankheiten der vegetativ regulierten Organsysteme als Entsprechung bestimmter seelischer Mißverhältnisse erklärt, ist u. a. von ALEXANDER entwickelt worden. Er soll im folgenden kurz referiert werden, da er die Ansichten dieser psychosomatischen Richtung in konsequentester Form vereinigt und ihre praktische Erprobung mit dem bisher wohl größten Erfahrungsmaterial illustriert. ALEXANDER[1] stützt sich hierbei auf die psychologisierende Deutung der vegetativen Steuerung, wie sie von CANNON versucht worden ist. Nach CANNON[2] hat der Sympathicus die Aufgabe, den Organismus auf die physiologischen Voraussetzungen plötzlicher Aktivität wie Angriff oder Flucht umzuschalten. Während Magen- und Darmtätigkeit gehemmt werden, wird eine Zunahme der Frequenz von Herztätigkeit und Atmung bewirkt; mit einer Blutdrucksteigerung werden Peripherie und Gehirn überreichlich aus den mobilisierten Blutdepots des Splanchnicus-Gebietes versorgt. Umgekehrt hat der Parasympathicus die Aufgabe, das friedliche, durch keinerlei Aktivität beanspruchte vegetative Dahinleben zu regulieren. Er steuert gewissermaßen die Schonzeit des Organismus, in welcher dieser für die Phasen der Beanspruchung seine Kräfte schont und sammelt.

So erscheinen im normalen Ablauf die vegetativen Reaktionen als der sinngemäße Ausdruck des freiwirkenden psychischen Geschehens. Der aktuelle Anlaß schafft die adäquate Gemütsbewegung und diese kommt mit einer beinahe zweck-

---

[1] ALEXANDER, F.: Psychosomatic Medicine. Chicago 1950

[2] CANNON, W. B.: Bodily Changes in Pain etc. New York 1920.

haften Sinnmäßigkeit zum körperlichen Erscheinen. Durch die entsprechende Einregulierung des Körperlichen über das Vegetative stellt die seelische Reaktion gewissermaßen ein verbindliches Programm für die Behandlung der aktuellen Situation auf. So sagt ALEXANDER: „Die nervösen Impulse entstehen bei gewissen emotionalen Situationen, die ihrerseits aus unseren wechselwirkenden Beziehungen mit anderen Menschen entspringen. Die entstehenden physiologischen Situationen können nur in Begriffen der Psychologie verstanden werden — als totale Reaktionsweisen des Organismus auf seine Umgebung." Dieses freie Spiel einer „normalen" psychosomatischen Entsprechung kann nun dadurch gehindert werden, daß gewisse emotionale Impulse, die die Persönlichkeit mit sich selbst in Konflikt zu bringen drohen, unterdrückt werden. Diese Impulse bleiben nun als eine emotionale Dauerspannung bestehen, die die ihr zugehörigen vegetativ gesteuerten Organe nicht mehr das Gleichgewicht ihrer physiologischen Funktionen finden läßt. Die emotionale Spannung, die also nicht den ihr gemäßen Ausgleich finden konnte, wird als nervöser Dauerimpuls den vegetativen Organen zugeleitet und bewirkt zunächst eine Fehlfunktion des betreffenden Organes. Damit ist dann eine Organneurose entstanden. Eine ständige Fehlinnervation eines Organes führt jedoch schließlich zu nachweisbaren Schädigungen seiner Substanz. So entsteht aus der Magenneurose das Magenulcus, aus der emotionalen Blutdrucksteigerung der pathologisch-anatomisch nachweisbare Hypertonus usw. Eine andauernde emotionale Störung führt also zur Funktionsstörung eines Organs, die chronische Störung der Funktion führt dann weiter zur organischen Schädigung, zur somatischen Erkrankung.

Im Sinne der CANNONschen Theorie lassen sich innerhalb der so entstandenen psychogenen Krankheiten zwei Gruppen unterscheiden. Bei der einen Gruppe ergibt sich ein ständiges Überwiegen der Sympathicus-Innervation mit der Sinnbedeutung: Vorbereitung auf Kampf oder Flucht in der Notsituation. Bei der anderen Gruppe ergibt sich ein ständiges Überwiegen der Parasympathicus-Innervation mit der Sinnbedeutung: Zurückziehen nach außengekehrter Aktivität.

In der ersten Gruppe besteht also eine unterdrückte Tendenz zur Aggression oder Flucht, die, da sie in den Gegebenheiten der Biographie nicht geständnisfähig war, verdrängt werden mußte. Diese nie angemessen abreagierbare Tendenz muß sich daher als emotionale Dauerspannung der vom Sympathicus innervierten Organe auswirken. Führt diese fälschliche Dauerbeanspruchung, diese ständige Alarmspannung des Organs nun schließlich zu einer somatischen Schädigung, so kann es bei verdrängter Wut zum Hypertonus, bei verdrängter Aktivität mit dem Dauerreiz zusätzlich Kohlenhydrate zu aktivieren, zum Diabetes, bei verdrängter Aggressivität als Folge ständig erhöhter unphysiologischer Muskelspannung zur Arthritis rheumatica kommen. Die zweite Gruppe, deren Krankheitserscheinungen durch eine ständige vagotone Fehlsteuerung bewirkt werden, zeigt auch psychologisch eine antagonistische Reaktionsweise zur ersten Gruppe. Hier erfolgt an Stelle des Sichbereitmachens zur vitalen Handlung ein Ausweichen in eine vogelstraußhafte Untätigkeit. Vor den Forderungen des Lebens wird mit einem „vegetativen Rückzug" kapituliert. Härten des Lebens, Forderungen an die Selbstbehauptung werden mit künstlich erzwungener Fassung pariert, wobei es im Unbewußten zu einer weiteren Belebung der hilflosen Sehnsucht nach untätiger Geborgenheit kommt. So kann hier die emotionale Dauerspannung der parasympathischen Innervation z. B. über Cardiospasmus und „nervösen Magen" das Magenulcus oder über die häufige Diarrhoe die Colitis entstehen lassen.

Die Weiterführung dieser und ähnlicher Gedankengänge kann zu der Vorstellung führen, daß bestimmte Persönlichkeitstypen psychosomatisch für bestimmte Krankheiten anfällig sind, wobei ihre Konflikterlebnisse als typischer Reiz krankheitsauslösend bzw. -fördernd wirken. Die Herausarbeitung von solchen Krankheitstypen ist auf Grund eines großen Materials besonders von DUNBAR[1] versucht worden. In Deutschland hat sich vornehmlich GLATZEL[2] um die Darstellung der „Ulcuspersönlichkeit" bemüht. Wenn man bei all diesen Versuchen von der Bezugnahme auf unterschiedliche Theorien absieht, so ergibt sich hier ungefähr folgende Leitvorstellung.

Es ist aus dem gestörten Organverhalten ablesbar, welche Gefühle von dem Patienten unterdrückt wurden. Daß in entscheidenden Situationen gerade diese Gefühle entstanden und verdrängt werden mußten, lag nicht an den Situationen selbst, so als ob sie ein absolutes Übermaß an Überforderungen enthalten hätten, sondern an der individuellen Besonderheit der Persönlichkeit, die nur auf Grund ihrer Eigenart durch gerade diese Erlebnisse überfordert wurde. Das seelische Trauma wirkte nicht durch sein Ausmaß, sondern durch das Offenbarwerden grundsätzlicher Probleme, die nur demjenigen erlebnishaft erscheinen können, in dessen seelischer Struktur sie als vorgegeben enthalten sind. Wenn wir nun unter Persönlichkeit auch das im Erleben in typischer Weise Gewordene und Geprägte verstehen wollen, so könnte man weiter folgern, daß bestimmte Persönlichkeitstypen mit ihren individuellen Konfliktdispositionen zu eben solchen psychischen Verdrängungen neigen, die nun in dem gestörten Organgeschehen einen charakteristischen und für den Kundigen hinweisenden Ausdruck erhalten. Es müßte also eine vegetative Körperstörung jeweils einem bestimmten Persönlichkeitstypus, der das für sie typische Konfliktmodell repräsentiert, zugeordnet sein.

Es bedarf keiner Erläuterung, daß die Verifizierung eines solchen Schemas die psychotherapeutische Arbeit durch die Möglichkeit des systematischen Ansatzes außerordentlich erleichtern könnte. Jedoch haben die in dieser Hinsicht gehenden Bestrebungen nicht zu befriedigenden Ergebnissen geführt. Betrachtet man das hier entstandene Material, so kommt man zu dem Eindruck, daß die herausgearbeiteten Persönlichkeitstypen z. B. Ulcuskranker, Coronarinsuffizienter oder Unfallpersönlichkeit am überzeugendsten erscheinen, solange sie mit der phänomenologischen Schilderung von ähnlichen Einzelschicksalen illustriert wurden. Versuchte dann die Forschung das Wesensbedingende dieser Persönlichkeiten endgültig festzulegen, so entstanden teils Charakterisierungen, die unter den Erfahrenen ebenso Widerspruch wie Zustimmung fanden, teils Persönlichkeitsbilder, die so viele allgemein menschliche Züge enthalten, daß man von einem eindeutigen Persönlichkeitsprofil nicht mehr sprechen kann. Wenn diesen Bemühungen auch nicht der überzeugende Nachweis einer persönlichkeitsbedingten Krankheits-

[1] DUNBAR, F.: Psychosomatic Diagnosis. New York 1943. — Mind and Body. New York 1947.

[2] GLATZEL, H.: Krankheitsgestaltung und Charakter I. Erg. inn. Med. 65, 505 (1945). — II-VI. Ärztl. Wschr. 1949-1952. — Zur Psychosomatik der Ulcuskrankheit. Z. psychosomat. Med. 1, 11 (1954).

affinität gelingt, so bedeutet doch das hier gesammelte Material, und zwar gerade dort, wo es noch nicht verallgemeinernd schablonisiert wird, eine wertvolle Bereicherung der psychotherapeutischen Erfahrung.

ALEXANDER, dessen theoretische Vorstellungen vorhin geschildert wurden, kommt auch im Unterschied zu DUNBAR zu dem Schluß, daß die gesuchte, regelhafte Beziehung, die die verschiedene Organwahl der Neurose erklärt, nicht in einer gewissermaßen hierzu prädestinierten Persönlichkeit zu finden sei, sondern vielmehr in „einer fest umrissenen Korrelation zwischen bestimmten emotionalen Konstellationen und gewissen vegetativen Innervationen". Damit ergeben sich also gewisse Konfliktmodelle mit dazugehörigen Körperstörungen, die auch bei durchaus verschiedenen Persönlichkeiten dieselben sind. Für die Magenneurose kommt ALEXANDER damit zu folgendem „spezifisch-dynamischen Grundschema":

Versagung oral-receptiver Wünsche → oral-aggressive Reaktion → Schuldgefühle → Angst → Überkompensation für orale Aggression und Abhängigkeit durch real erfolgreiche Leistungen bei verantwortlichen Tätigkeiten → Verstärkung unbewußter oral-abhängiger Strebungen als Reaktion auf excessive Anstrengungen und Konzentration → Hypersekretion des Magens.

Für die psychogene Entstehung des essentiellen Hypertonus wird folgendes Grundschema angegeben:

Feindselige Konkurrenzbestrebungen → Einschüchterung als Folge von Vergeltung und Fehlschlag → Steigerung von Anlehnungsbedürfnissen → Minderwertigkeitsgefühle → Reaktivierung feindseliger Konkurrenzbestrebungen → Angst und resultierende Hemmung aggressiver feindseliger Antriebe → arterieller Hochdruck.

Von einer grundsätzlichen Stellungnahme zu den theoretischen Anschauungen ALEXANDERS soll in diesem Zusammenhang abgesehen werden. Ebenso soll die sich aufdrängende Frage nicht erörtert werden, ob die psychologisierende Auffassung des vegetativen Nervensystems nach CANNON die mit gewichtigem Erfahrungsmaterial belegten Ansichten über die Zusammengehörigkeit von typischer Konstitution und typischer vegetativer Steuerung völlig ersetzen darf, anstatt sie nur zu ergänzen. Im Sinne unserer bewußt eingeschränkten Fragestellung geht es nur darum, ob mit diesen Arbeiten der somatische Aspekt der Neurose so vertieft worden ist, daß damit die Therapie klarer und konzentrierter werden kann.

Ebenso wie bei der Kritik der „Krankheitstypen" glauben wir, daß der größere Wert der Arbeiten ALEXANDERS in der Fülle des Anschauungsmaterials liegt, das die mitgeteilten Krankengeschichten vermitteln. Die nur zu oft unterschätzte Ausdrucksfähigkeit der psychosomatischen Relation findet hier überzeugende, eindrucksvolle Darstellungen. Einzelerfahrungen werden so bestätigt und das Bemühen, Seelisches im Leiblichen sehen zu lernen, erhält oft neue und wertvolle Anregungen. Jedoch kann man sich auch hier nicht des Eindrucks erwehren, daß dieses Erfahrungsmaterial, in dem psychosomatische Beziehungen in reicher Mannigfaltigkeit erkennbar gemacht worden sind, verarmt wurde, als es — wie bei den Konfliktmodellen ALEXANDERS — in die grundsätzlichen Thesen einer Theorie eingeordnet wurde.

Der Einwand, den wir im folgenden erheben, bezieht sich auf die Auffassung der praktischen Psychotherapie, die durch ALEXANDERS Vorschläge auf das Einschlagen bestimmter Richtungen verwiesen wird. Dementsprechend wird dieser

Einwand nicht aus theoretischen Konsequenzen gefolgert, sondern versucht aus dem Phänomenologischen zu beweisen. ALEXANDER (wie überhaupt die psychosomatische Medizin in ihrer gegenwärtigen Prägung) interpretiert die Neurose mit all ihren seelischen Inhalten aus dem organischen Krankheitsgeschehen, das für ihn als somatische Entsprechung die gesamte seelische Aussage in symbolisch-verschlüsselter Form enthält. Hier findet die Interpretation dann angeblich Schuld, Angst, Ehrgeiz, Hingabetendenzen, Geltungsstreben, Einschüchterung, Minderwertigkeitsgefühle — kurz eine Reihe von Gefühlen und Antriebsstrebungen durch die die Person als Individuum charakterisiert wird. Wir finden in der ganzen psychosomatischen Medizin die Auffassung, daß für den Deutungskundigen die Krankheit — in unserer Erörterung beschränken wir uns auf die Organneurose — in tragischer, gelegentlich krisenhafter Form all das aussagt, was der Seele versagt bleiben mußte im Erleben zu verwirklichen.

Nun ist es sicher, daß Krankheiten, die aus unphysiologischer Abnutzung oder Erschöpfung der normalen Funktion entstehen, einen seelischen Faktor mitenthalten, da Abnutzung und Erschöpfung in jedem Falle körperlich und auch seelisch erlebt werden. Entweder treten sie primär im Psychischen auf und wirken von dort auf das Somatische ein, oder sie spielen sich primär im Somatischen ab und werden von dort in das Psychische reflektiert. Besonders deutlich ist dieser Zusammenhang bei den vegetativ gesteuerten Organsystemen. Hier kann vom Psychischen her schon eine nachhaltige Empfindung des Unbehagens genügen, um den normalen Rhythmus des Organs zu stören.

Man kann jedoch nicht im körperlichen Niederschlag der seelischen Stimmungen den Inhalt der Stimmung selbst finden, sondern nur ihren elementaren, gewissermaßen *vorindividuellen* Ausdruck als Lust, Unlust, Schmerz, Zorn usw. Wir können der psychosomatischen Auffassung folgen, wenn sie solch elementare Stimmungsausdrücke im somatischen Körpergeschehen wiederfindet. Es ist aber nicht schlüssig, daß diese das Ganze des zugrunde liegenden seelischen Tatbestandes auszudrücken vermögen. Eine Musikbegleitung, für sich alleine betrachtet, spiegelt wohl die Stimmung, die Dynamik des Musikstückes wieder, die Melodie selbst aber gibt sie nicht wieder.

Mit anderen Worten: Wenn die Symptome der Organneurose nur von nicht ausgelebten Elementargefühlen Kunde geben, so ist diese Aussage ergänzungsbedürftig. Ist nun z. B. der Ausdruck von Lust, Unlust u. ä. erkennbar, so hat zwar das vegetativ gesteuerte Organ in seinem Aussagebereich erschöpfend ausgesagt, es ist aber darüber hinaus zu prüfen, ob die Gefühle, die die Persönlichkeit im kritischen Bewegtsein empfand, nicht z. B. die der Sympathie oder der Verachtung oder des Hasses waren, was jeweils eine völlig andere Qualität des eigentlichen Inhaltes bedeuten würde. Auch solche Gefühle können bis zu einer gewissen Deutlichkeit im Somatischen erscheinen, unmittelbar oder auch als Neurosesymptome kaschiert, nicht aber durch die Leistungen der vegetativ gesteuerten Organe ausgedrückt, die auf den Aussagebereich der *anonymen* Emotionen beschränkt bleiben.

Geht die psychosomatische Auslegung an dieser Tatsache vorbei und nimmt das hier phänomenologisch Erscheinende für das Ganze, so muß — abgesehen von jenen wenigen Fällen, in denen nicht mehr dahintersteht, als durch diese Symptome der Organneurose geboten wird — die Interpretation der Neurose und damit die Therapie notgedrungen den unzureichenden Weg einschlagen, wie ihn jene Theorien vorzeichnen, die im seelischen Leben nur den Ausdruck der elementaren Triebregungen sehen. Will aber die psychosomatische Interpretation der Tatsache Rechnung tragen, daß das vegetative Geschehen nur einen verhältnismäßig neutralen Teil des Ganzen, wenn auch mit kräftigen Akzenten, auszudrücken vermag, so muß sie zwangsläufig den Boden des unmittelbaren, phänomenologischen Erkennens verlassen und die Symptomaussagen des organischen Geschehens mit Erkenntnissen anreichern, die aus anderen Quellen stammen. Das organische Bild ist dann aber nicht mehr, wie behauptet, die originäre Fundstelle, sondern wird zu einem vom Therapeuten gestalteten Kunstwerk. Es ist klar, daß ein solcher Umweg weder der Erkenntnis noch der Therapie von Nutzen sein kann.

Grundsätzlich ergibt sich damit zur Psychosomatik der typisch vegetativen Erkrankungen folgendes: Das Inhaltliche der nicht bewältigten Situation kann in seiner individuellen Bedeutung verdrängt werden, nicht jedoch die hiervon ausgehenden elementaren Gemütsbewegungen. Diese werden nur mehr oder weniger unterdrückt und erscheinen mit entsprechendem Ausdruck im Somatischen. Dieses somatische Korrelat, also Kreislaufreaktion, Magen-Darminnervation usw. vermag in seiner Mitreaktion nur die elementaren Antriebe in ihrer gefühlshaften Tönung auszudrücken. Tatsächlich sind ja diese psychosomatischen Reaktionen in ihrer Aussage auch nur soweit „Tatsachen", als es sich um die Strebungen des noch vorindividuellen Daseins mit den ihnen zugeordneten Gefühlsregungen handelt. Was aber in der Deutung über die Konstatierung dieser Zustände hinausgeht, muß durch den sinngemäßen Einbezug der höheren Kategorien hinzugefügt werden. Es müssen also auch die Strebungen mit ihren Themen erkannt werden, die jene im Vegetativen ausdrückbaren Elementarregungen entfachten. Erst damit wird man dann der Persönlichkeit in ihrer komplexen Aussage gerecht werden. Der Ausgangspunkt dieser deutenden Aussage, das vom Psychischen her alterierte Somatische gehört zu der Persönlichkeit, jedoch ohne sie selbst zu enthalten. Zum Beispiel der körperliche Ausdruck des Verdrusses, des Schmerzes oder der Freude sagt zunächst nichts über ihre Thematik und ebensowenig über ihre spezielle Qualität, die durch das somatische Mittun der vegetativen Innervation nicht mehr ausgedrückt werden kann. So kann eine Ekelreaktion des Magens mit dem unmittelbaren Gefühlsausdruck des Abscheus die körperliche Begleitung eines Gefühles der Selbstverachtung oder aber eines Antipathiegefühles oder schließlich des Mitfühlens im Nacherleben sein.

Hier ist allerdings auf gewisse Übergänge hinzuweisen, die für die Psychotherapie besonders aufschlußreich sind. Gerade jene Wiederholung des unterdrückten Antriebes mit seiner affektiven Eigentönung in charakteristischen Situationen, die, wie wir wissen, allmählich zur organischen Erkrankung führen kann, geschieht oft so, daß der Ausdruckscharakter der bestehenden körperlichen Mißempfindung in eigentümlicher Weise verändert wird. Er paßt nicht völlig zu dem subjektiven somatischen Erlebnis, und der Beobachter merkt, daß er darüber hinausgeht. Diese mangelnde Entsprechung oder richtiger diese zusätzliche Aussage bezieht sich darauf, daß über die gesetzmäßig beschränkte körperliche Reaktion des unterdrückten anonymen Antriebes hinaus mit seiner gefühlshaften Tönung die vom verdrängten Konfliktstoff her inspirierten individuellen Reaktionen und Antriebe zu diesem Geschehen ihren Ausdruck zu finden versuchen. Da es sich um einen ungelösten Konflikt handelt, stammen sie meist aus jener Sphäre der individuellen Selbstbehauptung, in der das Individuum sich nur in seiner Abgehobenheit gegenüber den anderen erlebt und noch nicht zum integrierenden Vollzug mit seiner Umwelt kommt. Es stößt so im Erleben auf die eigene, sich selbst behauptende Individualität mit ihren Ansprüchen, Möglichkeiten und auch Mängeln. Dementsprechend bekunden diese zusätzlichen Phänomene des somatischen Geschehens meistens die Strebungen des personellen Selbstseins mit ihren Gefühlscharakteren. Wenn damit die Deutung der Gesamtsituation präziser wird, so geschieht dieses nicht mit jener Lesart des Nur-Somatischen, die wir als Überdeutung erkennen müssen, sondern mit Hilfe einer interpretierten Gestik, Physiognomik, die davon Kunde gibt, wie der Patient, über die Ausdrucksmöglichkeiten des nur Somatischen hinausgehend, in seinem Erleben reagierte. Der hier zutage tretende Inhalt zeigt dann eine Konfliktlage, die einer Persönlichkeit auf der Stufe ihres individuellen Selbstseins begegnet, während ihr somatisches Leiden lediglich das Mitbetroffensein ihres kreatürlichen Daseins in seiner charakteristischen Begrenztheit erkennen läßt.

Generelle Verfahrensregeln für die diagnostizierende Psychotherapie, wie sie sich aus den von ALEXANDER aufgestellten spezifisch-dynamischen Grundschemen bei verschiedenen Krankheiten ergeben müßten, sind also nicht aufstellbar. In jedem Fall aber ist es aufschlußreich, zunächst den Grundcharakter des unterdrückten Antriebes in der somatischen Krankheitsaussage zu erkennen. Die Aussage ist zwar recht allgemein, da sie nicht über die Nuancierung der individuellen Eigenbedeutung verfügt, kann aber dennoch als eine der Ausgangspositionen für das weitere Vorgehen dienen. Dieses aber kann von hier aus eine weitere Lenkung erhalten, wenn jene Zusätzlichkeiten des Krankheitsausdruckes, die nicht das somatische Erleben des vegetativen Geschehens wiederspiegeln, sondern eine Auseinandersetzung im individuellen Gefühlsbereich besagen in die Deutung einbezogen werden.

B. Die psychophysische Konstitution als methodischer Ansatzpunkt

Eine abgekürzte und konzentrierte Psychotherapie hat E. KRETSCHMER[1] mit seiner Methode geschaffen, in der ebenfalls der psychosomatische Faktor eine entscheidende Rolle spielt. Während aber bei der eben besprochenen Richtung das Somatische als Ausdruck einer verfehlten Erlebensgestaltung im Mittelpunkt steht, bedeutet es hier die psychophysische Konstitution[1], von der die Erlebensfähigkeit bestimmt wird. Die verfehlte Erlebensgestaltung des Neurotikers wird damit zum verstehbaren Ausdruck seiner vorgegebenen Erlebensfähigkeit. Das Ziel dieser Psychotherapie ist dementsprechend die „Harmonisierung einer konstitutionsgebundenen Persönlichkeit in sich selbst und in ihrem Lebensraum". Die umfassende Konzeption KRETSCHMERS soll hier nicht referiert werden. Im

---

[1] KRETSCHMER, E.: Psychotherapeutische Studien. Stuttgart 1949. — Körperbau und Charakter, 21. u. 22. Aufl. Berlin, Göttingen, Heidelberg 1955.

Sinne der von uns gestellten Frage beschränken wir uns darauf hinzuweisen, welche Möglichkeiten zur Konzentrierung der Psychotherapie eröffnet werden und wie mit diesen Möglichkeiten die Fragen des Seelischen mit dem Einbezug des Körperlichen, d. h. vom Psychophysischen her eine zielgerechte Determinierung erhalten. Die Persönlichkeitsstruktur, die im gegebenen Fall über eine mangelhafte und neurosebildende Erlebnisgestaltung verfügt, wird nach folgenden Gesichtspunkten erhellt.

Die psychophysische Konstitution verifiziert sich gewissermaßen ihrer Gestaltidee folgend im Laufe ihrer Entwicklung nach ihrem Eigengesetz. Dieses bedeutet aber nicht das stetige Wachsen und Ausdifferenzieren präformierter Anlagen; denn „keimkonstant ist nicht lebenskonstant". Die Keimanlage enthält bereits alle Verhaltensweisen, die ein Mensch in seinem Lebensgang jemals realisiert. Der Zeitpunkt dieser Realisierung wird jedoch durch die Gesetze seiner körperlichen Entwicklung bestimmt. So kann im normalen Ablauf des Lebens, unbeeinflußt durch Krankheit oder Alterung, bis dahin freiströmende Aktivität versiegen oder umgekehrt passive Beschaulichkeit sich in schöpferische Initiative wandeln. KRETSCHMER weist darauf hin, daß derartige Änderungen der inneren Persönlichkeit stets von körperlichen Konstitutionsschwankungen begleitet werden.

Wird durch solch eine Veränderung ein Mensch von der Erreichung seiner Lebensziele entfernt, so kann diese jetzt klaffende Diskrepanz zwischen fiktiver und realer Persönlichkeit zu einer Neurose führen, die letzten Endes einen Protest gegen den keimbedingten Persönlichkeitswandel bedeutet. Anderseits: Die potentiellen Möglichkeiten einer Persönlichkeit erscheinen nicht in jedem Fall als manifeste Anlage, sondern werden zum Teil erst durch die Anforderungen der Umwelt erweckt. Eigenschaften, die bisher mit dem Persönlichkeitsbild eines Menschen nicht einmal vereinbar waren, können so durch besondere Forderungen einer Umweltskonstellation erweckt erscheinen, um gegebenenfalls sogar als Charaktereigenschaften ausgeformt zu werden. Wenn nun hier Widersprüche zwischen der angestrebten Realisierung der Persönlichkeit und ihrer tatsächlichen Offenbarung entstehen, so kann gewissermaßen die nicht geständnisfähige Enttäuschung über das Gewahrwerden der eigenen Anlage zum Ursprung einer Neurose werden.

In KRETSCHMERS Auffassung wird es besonders deutlich, daß speziell in der Pubertät die seelische Entwicklung vom Biologischen her kritisch werden kann. Konstitution und Temperament zeigen hier typische Verhaltensweisen mit denen die großen Veränderungen dieses Zeitabschnitts bewältigt werden sollen. So können auch „konstitutionstypische Entgleisungslinien" beobachtet werden, auf denen Entwicklungsfähiges verkümmerte oder im Konflikt stagnierte. Das Wesen einer solchen Pubertätsstörung beschreibt KRETSCHMER als Retardierung. Die Retardierten erleben eine unebenmäßige, stockende Reifung. Als Reste dieser gehemmten Reifung bleiben so Teilinfantilismen und Teiljuvenilismen in der psychophysischen Konstitution bestehen, die deshalb in einen unharmonischen Spannungszustand gerät. Verständlicherweise sind es auch gerade diese konstitutionsbiologisch stigmatisierten Menschentypen, die die typischen Kindheitskonflikte nicht verarbeiten konnten, sondern als psychische Traumen konservierten.

Es besteht also eine so enge Korrelation zwischen körperlicher und seelischer Entwicklung, daß jede ungünstige Konstitutionsvariante unter den großen Ansprüchen der Umwandlung in der Pubertät eine Teilretardierung der Gesamtpersönlichkeit bewirken kann. Was während der Pubertät auf der körperlichen Seite als Ausdruck „des stockenden, unebenmäßigen Funktionierens der endokrinen Reifungsvorgänge" erscheint, entspricht im Seelischen dem Widerstreit ebenso disproportionierter Triebtendenzen.

So ist auch das Entstehen der typischen Komplexe nicht auf der Erlebnisseite aufzusuchen, sondern in der konstitutionsbiologischen Schau. „Typische Komplexe liegen an den markanten Lebensabschnitten, wo das Versagen teiljuvenil gebliebener Konstitutionen vor den gestuften Aufgaben des späteren Lebens besonders gehäuft hervortritt." Damit aber kann der der erreichten Altersstufe zukommende Lebensraum nicht adäquat ausgefüllt werden. Im Erleben und Gestalten bleibt ein typisch unzulänglicher Stil erkennbar. „Das Finden" des lebenszeitlichen Stils, die Anpassung an den lebenszeitlichen Raum ist hier die entscheidende und oft recht dankbare psychotherapeutische Aufgabe.

Kretschmers Auffassung der „klassischen Komplexe" für die Entstehung von Neurosen, wie des Ödipus- oder des Kastrationskomplexes, soll in diesem Zusammenhang nicht referiert werden. Hier sei noch eine Formulierung zitiert, die eine entscheidende Stellungnahme zum Problem der Neurosenentstehung enthält. „Wir sind allerdings der Meinung, daß der Schlüssel zum Verständnis der Neurosen, von dieser Seite her gesehen, in der konstitutionellen Längsschnittbetrachtung liegt, d. h. in der scharfen empirischen Beobachtung des Durchgangs eines psycho-physischen Organismus durch die markanten Krisenpunkte der organischen Lebensentwicklung. Wir haben uns forschungsmäßig überzeugt, daß der entscheidende konstitutionelle Drehpunkt für den späteren Neurotiker in seinem Durchgang durch die körperlich seelischen Pubertätsvorgänge liegt und daß in der Mehrzahl der Fälle die hier auftretenden partiellen Retardierungen über die spätere Disposition zur Neurose entscheiden."

Mit diesen nur kurz geschilderten Grundzügen ergeben sich bereits eine Reihe von Gesichtspunkten zur Konzentrierung der praktischen Psychotherapie. 1. Der Mensch kann auf die entwicklungsmäßige Verifizierung seiner psychophysischen Konstitution mit einer Neurose reagieren, indem er gegen das Versiegen gewisser Eigenschaften ohnmächtig protestiert, die er zu seinem festen, andauernden Persönlichkeitsbesitz rechnete. Oder ungünstige Umweltskonstellationen provozieren potentielle Anlagen zu einem dominierenden Erscheinen, das die Persönlichkeit ebenfalls mit sich in einen neurotischen Konflikt bringt. In beiden Fällen also entsteht die Neurose mit der Besonderheit der psychophysischen Konstitution, die einmal dem Menschen ein Versagen aufgab, im anderen Fall ihn mit seinem Selbstwert in Konflikt brachte. Im ersten Falle wird sich die Neurosenentstehung an einer typischen Entgleisungslinie der Konstitution nachweisen lassen. Im zweiten Fall entspricht der Neurosenentstehung ein typisches psychophysisches Profil mit seiner Verformbarkeit. 2. Der aus der Konstitution ablesbare Verlauf der Pubertät mit ihrer psychophysischen Parallelität gibt Hinweise auf „Retardierungen" mit einer stets typischen Neurosenentstehung. Ebenso sind in einem unharmonischen Lebensverhalten Teiljuvenilismen erkennbar, die als Retardierungen einer hierfür typischen psychophysischen Konstitution persistieren. Die sonst bei der Neurosenentstehung als dominierend betrachtete verfehlte Erlebensgestaltung wird also zur erklärbaren Folgeerscheinung der weitgehend objektivierbaren psychophysischen Konstitution. Mit der Kenntnis der letzteren ergibt sich das Wissen um typische Entgleisungslinien, die in Lebensabschnitten entstehen können, in denen die vorgezeichnete Entwicklung auf Grund ihrer problematischen Eigengesetzlichkeit gefährdet ist.

Mit dieser Betrachtungsweise, deren wesentliche Prinzipien hier geschildert wurden, baut KRETSCHMER eine direkt auf das Ziel gerichtete und damit erheblich verkürzte Psychotherapie auf. Hierbei wird die aktuelle Konfliktsituation in einer „konzentrierten Kurzanalyse" geklärt. Dieser Konflikt bedeutet lediglich das charakteristische Merkmal einer Persönlichkeit, die sich selbst nicht finden konnte. Die eigentliche Aufgabe der Therapie ist der harmonische Aufbau dieser Persönlichkeit im Sinne ihrer vorgezeichneten Individualität. Die Wahl zielgerichteter „psychotherapeutischer Angriffslinien" ergibt sich mit der Kenntnis der „Persönlichkeitstypen und ihrer Temperamente". Eigentümliche Reaktionsweisen und die individuelle Ansprechbarkeit werden so verstehbar. Die praktische Durchführung dieser konzentrierten Psychotherapie erfolgt mit den methodischen Hilfen der fraktionierten Aktivhypnose, der Protreptik und des Bildstreifendenkens, die nach den von KRETSCHMER angegebenen Indikationen eingesetzt werden. Natürlich kommen in Verbindung hiermit auch die bewährten psychotherapeutischen Techniken zur Anwendung, wie: Vertiefte Explorationen, frei assoziative Traumanalyse, Assoziationsexperiment, kathartische Hypnose, Narkoanalyse, Rorschach. Die so erreichbare Konzentrierung und Verkürzung der Psychotherapie begründet KRETSCHMER wie folgt: „Eine Therapie ist nicht desto größer, je länger sie dauert; vielmehr beruht die Bedeutung und Wichtigkeit, die ‚Größe' einer Therapie gerade umgekehrt auf dem möglichst günstigen Verhältnis zwischen Behandlungsdauer und Heilungseffekt; je rascher und gründlicher eine Therapie wirkt, desto ‚größer' ist sie."

C. Der psychologische Aspekt der Neurose als methodischer Ansatzpunkt

I. Grundsätzliche Fragen der psychotherapeutischen Methodik

Wir sprachen im vorhergehenden von der Bedeutung des somatischen Aspektes der Neurose für die Verkürzung und Konzentrierung ihrer Behandlung. Er wurde — wie wir sahen — einmal von den seelischen Aussagen im körperlichen Krankheitsgeschehen (ALEXANDER c. s.) zum anderen von der psychophysischen Konstitution her (KRETSCHMER) erfaßt. Die Vorschläge zu einer weiteren Konzentrierung der Psychotherapie gehen von dem psychologischen Aspekt aus und entsprechen einer methodischen Überlegung, in der die logischen Möglichkeiten des psychotherapeutischen Vorgehens in ihrem Verhältnis zueinander vergegenwärtigt werden.

Die theoretischen Fundierungen der Arbeitshypothesen der Psychotherapie in ihrem gegenseitigen Verhältnis. Jede psychotherapeutische Aufgabe erscheint zunächst wie eine Gleichung, die zwei Unbekannte enthält. Diese sind

1. der Mensch in seiner geprägten Einmaligkeit,
2. der Mensch in der Einmaligkeit seiner biographischen Begegnungen.

Jeder psychotherapeutische Ansatz muß — dieses kann mit mehr oder weniger deutlicher Betonung geschehen — einen dieser Faktoren als „bekannt" behandeln, um den anderen in bezug darauf analysierend darstellen zu können. Der hierfür zur Verfügung stehende Weg ist folgender: Die unbekannte Einmaligkeit des einen Faktors wird als der Einzelausdruck einer bekannten allgemeinen Regel aufgefaßt und dient als Basis fester Bezugnahme der Eruierung des zweiten Faktors in seiner speziellen Bedeutung. Bei den eben besprochenen Psychotherapien, die den somatischen Aspekt in besonderer Weise berücksichtigen, die also den Menschen in seiner Neurose von seiner psychosomatischen Aussage her ansehen, würde dieser methodische Grundzug die folgende Gestalt haben. (Hierzu sei noch einmal betont: Es handelt sich im folgenden nur um die methodischen Strukturen, die Ansatz und Vorgehen bestimmen, während die eigentliche Konzeption jeweils auf die Erfassung des Ganzen gerichtet ist.)

ALEXANDER c. s.

A.	Faktor 1 im generellen gesehen und als bekannt eingesetzt.	Seelische Äußerungen in ihrer persönlich unterschiedlichen Mannigfaltigkeit werden auf Gleichbedeutendes i. S. der zugrundegelegten psych.-analyt. Theorie zurückgeführt. Die einmalige Individualität wird damit zum Einzelfall der allgemeinen Regel, womit das Seelische im weiteren Verlauf als bekannt erscheint.
B.	Faktor 2 als unbekannt zu eruieren unter Bezugnahme auf A.	Das Körperliche (Krankheit als biographisches Verhalten) wird als Entsprechung auf diese obigen Fakten bezogen und damit im einzelnen individuell deutbar.

KRETSCHMER

A.	Faktor 1 im generellen gesehen und als bekannt eingesetzt.	Die individuelle Einmaligkeit wird auf die Lehre von der Konstitutionsbiologie zurückgeführt, womit die Persönlichkeit vom Psychosomatischen her als Einzelfall der allgemeinen Regel einordenbar wird.
B.	Faktor 2 als unbekannt zu eruieren unter Bezugnahme auf A.	Das seelische Verhalten in den Konflikten der Biographie kann von diesem Bezugspunkt aus in seiner individuellen Unterschiedlichkeit gedeutet werden.

So erscheint der psychosomatische Ansatz einmal in der Voraussetzung als Schlüssel zur Individualität (KRETSCHMER), zum anderen in der Weiterfolgerung als Schlüssel zum biographischen Verhalten (ALEXANDER).

Wenden wir diese methodische Überlegung auf Psychotherapien an, die ihre Zuständigkeit unter Zugrundelegung des psychologischen Aspektes der Neurose finden, so ergibt sich für das Vorgehen der *Psychoanalyse* das folgende Schema:

A.	Faktor 1 im generellen gesehen und damit als bekannt eingesetzt.	Der individuell geprägte Mensch erscheint als Einzelfall der allgemeinen Regeln, die sich aus der psychoanalytischen Theorie ergeben.
B.	Faktor 2 als unbekannt zu eruieren unter Bezugnahme auf A.	Die biographischen Begegnungen werden im Sinne dieser Theorie als individuelle Seelenleistungen analysiert, womit der Mensch als Einzelwesen charakterisiert wird.

und für die *Psychopathologie*

B.	Faktor 2 im generellen gesehen und damit als bekannt eingesetzt.	Biographische Begegnungen werden nach ihren allgemeingültigen normativen Erlebniswerten beurteilt.
A.	Faktor 1 als unbekannt zu eruieren unter Bezugnahme auf B.	Der Mensch wird als Einzelwesen auf Grund seines individuellen Verhaltens charakterisiert, mit dem er sich in jenen allgemeingültigen Situationen legitimiert.

Wie man sieht, benutzen Psychiatrie und Psychoanalyse die beiden methodischen Positionen jeweils im umgekehrten Verhältnis. Daß hieraus auch eine Divergenz der Anschauungen entstand, wird verständlich, wenn man die Geschichte der Psychotherapie betrachtet. Bekanntlich hatte seinerzeit ein verfehlter somatologischer Aspekt zu dem fruchtlosen Versuch geführt, die Neurose als eine nur körperliche Krankheit anzusehen. Entsprechend der damals reussierenden naturwissenschaftlichen Forschungsrichtung schloß man, daß Störungen, die im Körperlichen erscheinen, auch im Körperlichen verursacht sein müßten. Die hierfür noch ausstehenden organischen Befunde sollten mit weiteren Fortschritten der naturwissenschaftlichen Forschung gewonnen werden. Im Gegensatz hierzu schuf FREUD eine rein psychologische Betrachtungsweise, die Psychoanalyse. Der Anspruch einer umfassenden Schlüssigkeit, den seine Theorien stellten, konnte wiederum nicht von der Psychiatrie akzeptiert werden. Diese konstatierte, daß der scheinbar lückenlos geschlossene Aufbau der Theorie mit Hilfe eines geschickten, jedoch nicht statthaften Wechsels der psychologischen Methode errichtet war. Die Ergebnisse einer verstehenden Psychologie dienten hier zur gesetzhaften Verallgemeinerung einer erklärenden Psychologie, deren Thesen wiederum die Basis eines hierauf bezogenen Verstehens bildeten. Das nur Typische kann damit zum Allgemeinmöglichen werden, das lediglich Mögliche wird damit zum Bestimmten. Demgegenüber konnte die Psychiatrie auf ihr durch phänomenologische Anschauung gesichertes Material hinweisen. Nicht nur bei den Psychosen, sondern auch bei den nicht prozeßhaft bedingten seelischen Normabweichungen hatte sich eine Fülle von Einsichten ergeben, die mit Hilfe einer anschaulichen Vergegenwärtigung und Beschreibung der seelischen Zustände, wie sie von dem Patienten selbst erlebt werden, gewonnen waren. Die Beobachtung ein und desselben Phänomens bei verschiedenen Kranken erlaubte dann in den vielen Erscheinungsbildern das Gleichartige in seiner Allgemeingültigkeit zu erkennen. Damit aber hatte sich eine schwer überbrückbare Differenz zur Psychoanalyse ergeben. Während dort seelische Zustände als die Auswirkung *eines* Zugrundeliegenden, das durch die Theorie bestimmt wurde, erklärt werden, wird hier das Erscheinende selbst in seiner systematisch erfaßten Unterschiedlichkeit zum festen Ausgangspunkt einer vergegenwärtigenden Ordnung. So stand auf der einen Seite die Psychoanalyse mit einer lebhaften therapeutischen Initiative, deren Berechtigung bestritten werden konnte, und auf der anderen Seite die deskriptive Psychopathologie, die auch bei eingehender Würdigung des Einzelfalles auf das umfassende Konzept einer aktiven Psychotherapie verzichten mußte. In jüngerer Zeit strebt dieser Streit sich bekämpfender Meinungen dem fruchtbaren Ausgleich zu, wenn auch nur so, daß die Psychiater das Erfahrungsgut der Psychotherapie akzeptierten, während die Psychotherapeuten auch weiterhin auf das Erfahrungsgut der Psychiatrie verzichten.

Die folgenden Vorschläge zu einer Konzentrierung und damit Verkürzung der Psychotherapie gehen ebenfalls von einem „psychologischen Aspekt" der Neurose aus. Wie aus dem früher Gesagten schon hervorgeht, bedeutet dieses nicht die einseitige Anerkennung nur dieses Standpunktes, sondern es ist der Versuch, die Psychotherapie auch von dieser Seite her methodisch zu intensivieren. Im methodischen Ansatz entspricht unser Vorgehen demjenigen, das wir im Schema 4 für die Psychopathologie aufzeigten. Aus der Struktur der individuellen Erlebensfähigkeit wird die Struktur der Erlebensgestaltung verständlich gemacht. Diese letztere wird jedoch entsprechend der Aufgabe der Psychotherapie nicht vom allgemein normativen Wert des Erlebnisses her betrachtet, sondern in erster Linie von dem besonderen Wert her, den das Erlebnis für das Gleichgewicht dieser Persönlichkeit, also für ihre individuelle Norm hat.

Psychoanalyse und psychologische Methodik. Dieser Standpunkt bedingt kritische Einschränkungen gegenüber der Psychoanalyse, die als in sich geschlossene Methode eigener Art gehandhabt werden möchte. Doch soll jetzt nicht eine Bestimmung des Standortes der Psychoanalyse innerhalb der Psychologie versucht werden. Es sei nur festgestellt, daß die Psychoanalyse nicht auf wissenschaftlichen Erkenntnissen basiert, die so außerhalb der herkömmlichen Psychologie liegen, daß sie nur mit eigens hierzu geschaffenen Methoden erreichbar wären. Es besteht jedenfalls nicht die unfruchtbare Alternative, daß man sich in der Seelenkunde entweder für Psychologie oder die Psychoanalyse entscheiden müsse. Tatsächlich arbeitet jedes psychotherapeutische Vorgehen mit Methoden und Ergebnissen der allgemeinen Psychologie, Entwicklungspsychologie und Charakterologie, um diese in jeweils charakteristischer Vermischung im Sinne einer anthropologischen Fragestellung einzusetzen. Da es ja die Aufgabe der Psychotherapie ist, seelisches Fehlgehen zu verstehen und zu korrigieren, ergibt sich die Notwendigkeit, die Frage nach dem Woher und Wohin dieses Fehlgehens zu stellen. Damit aber erscheint das Problem der Verwirklichung der Persönlichkeit und ihrer Daseinserfüllung. Es entsteht eine anthropologische Fragestellung.

Psychoanalyse und Anthropologie. Jede psychoanalytische Betrachtungsweise enthält also zwangsläufig anthropologische Aspekte. Es bedeutet jedoch eine unstatthafte Vorherbestimmung des gesuchten Ergebnisses, wenn noch im Bereich nur psychologischer Fragestellungen bereits anthropologisch geantwortet wird. Die umfassende Weite des anthropologischen Aspektes ermöglicht es, zu jeder psychologischen Frage eine Antwort zu finden, die allgemeingültige Sinnerklärungen enthält. Dabei ist es auch gleichgültig, ob der gewählte anthropologische Aspekt sein universales Verstehen aus dem Gedankengut z. B. der Existentialphilosophie schöpft oder einer psychoanalytischen Triebtheorie. In jedem Fall führt aber ein solches Vorgehen dazu, daß die unterschiedlichen Aussagenbereiche der verschiedenen psychologischen Methoden nicht voneinander getrennt und ausgeschöpft werden. Ihre Aussagen werden lediglich ohne Berücksichtigung ihrer spezifischen Thematik und ihrer methodischen Grenzen im unsystematischen Wechsel zur Illustrierung der vorher bestimmten Schlüssigkeit verwendet.

Die Bedeutung der Methoden der Psychologie für die Persönlichkeitsanalyse. Im Unterschied hierzu ist es anzustreben, in der Analyse die genannten Methoden der Psychologie mit klarer Unterscheidung voneinander kompetenzgerecht zur Anwendung zu bringen. So ergibt sich also mit Hilfe der allgemeinen Psychologie ein Maßstab für Analyse und Beurteilung seelisch-geistiger Grundfunktionen, die so, wie sie jeweils angelegt sind, Gestalt und Ablauf der komplexen seelischen Vollzüge formend beeinflussen. Es ist hierbei an die anlagebedingte Verschiedenheit gedacht, auf Grund derer zunächst schon Wahrnehmung, Gedächtnis, Vorstellung und Denken verschiedene, jedoch charakteristische Wege gehen, um die Qualität eines Erlebniseindruckes im Seelischen zu gestalten. So finden sich dann weiter Unterschiede hinsichtlich der eidetischen Veranlagung, in den Begrenzungen des Assoziationsvermögens, in der Phantasieform, in den Vollzugsformen des Denkens und in dem Verhältnis logischer und gefühlshafter Evidenzen. Man findet so, daß nahezu alle Verhaltensweisen in dem Angelegtsein der elementaren Grundfunktionen mitbestimmt werden. Dieses muß bei der Analyse der Persönlichkeit berücksichtigt werden, damit die anlagemäßig bedingten Besonderheiten des Erlebnisvollzuges von den Äußerungen des seelischen Erlebens selbst unterschieden werden können.

Eine für die psychotherapeutische Exploration wichtige Methode entstammt ebenfalls der allgemeinen Psychologie, und zwar die Beschreibung der im Erleben unmittelbar gegebenen Zustände (Deskriptive Phänomenologie). Eine so geführte Exploration konstatiert nicht z. B. die Stimmung eines Patienten als depressiv, um darauf nach der Motivation dieser Verstimmung zu suchen, sondern sie läßt den Patienten beschreiben, daß er seine Seelenverfassung erlebt, z. B. als ein Gefühl der lastenden Schwere, einer regungslosen Düsterheit oder im anderen Falle eines verbitterten Abseitsstehenmüssens, das ein vergebliches Gerichtetsein auf die Lebenswerte der menschlichen Gemeinschaft enthält. Damit steht im ersten Fall das Gefühl der Beziehungslosigkeit, im zweiten Fall das Gefühl des Beziehungsverlustes im Mittelpunkt. Darüber hinaus gibt auch ein Neurosesymptom in solch einer Schilderung und in dem phänomenologischen Ausdruck seiner pantomimischen Erscheinung Hinweise auf den Gefühlscharakter seiner verborgenen Bedeutung.

Aus der Entwicklungspsychologie ergibt sich dann der Maßstab für den Integrierungsvollzug seelischer Funktionen gemäß der Tendenz einer vorbestimmten Struktur, die zunächst in der Betrachtungsweise der allgemeinen Psychologie wie selbständige Einzelleistungen akzentuiert werden mußten.

Die nie gleichförmige Erfüllung dieser allgemeingültigen Regeln auf Grund individuell verschiedener Anlage und unterschiedlicher Prägungen wird dann mit Hilfe der Charakterologie im einzelnen gedeutet.

Persönlichkeitsanalyse und Anthropologie. Nicht die Fragen selbst, sondern das Gesamtresultat ihrer Ergebnisse, die mit Anwendung dieser drei Methoden erzielt wurden, kann jetzt im Sinne seiner anthropologischen Bedeutung untersucht werden. Betrachtet man jene Ergebnisse unter diesem Blickpunkt, so ergibt sich bereits das für diesen Menschen typische Weltbild, das durch seine Neurose entscheidend beeinflußt bzw. verformt wurde. Die im Einzelfall gebotene anthropologische Sicht wird sich also mit der Analyse dieser Ergebnisse herstellen. Sie erscheint auch dort, wo z. B. das triebhaft-materialistische Wesen eines Patienten jede anthropologische Frage auszuschließen scheint. Ihre Grundkonzeption würde dann nur lauten: Der Mensch verwirklicht in seinen seelischen Vollzügen sein Dasein nicht als geistiges, sondern als biologisches Wesen. Oder: Wenn die Persönlichkeit eines Patienten in erdhafter Realität beruht, könnte seine anthropologische Definition lauten: Der Mensch findet seine höchste Daseinserfüllung im konsequenten Streben nach Selbsterhaltung und Selbstsicherung, wobei die Inhalte des Erlebens als ichbezogene Binnenwerte begehrt werden.

Es ist also auch nicht angängig, zur Auswertung des psychologischen Materials eine anthropologische Auffassung zu verwenden, weil sie philosophisch Anspruch auf Allgemeingültigkeit erheben kann, sondern es muß in der Psychotherapie darum gehen, den einzelnen Menschen mit allem, was er ist und im Erleben wurde, so vor den Hintergrund der anthropologischen Idee zu stellen, daß die bisher nur unvollkommene oder gänzlich verkannte Auseinandersetzung mit seiner echten Verwirklichung für ihn erlebbar wird. Das mit den verschiedenen Methoden gewonnene analytische Material wird in dieser Schau zu einer sich ergänzenden und richtungweisenden Gesamtaussage.

Die einzelnen Methoden der Psychologie im anthropologischen Aspekt. Es ist allerdings darauf hinzuweisen, daß der anthropologische Aspekt als solcher so umgreifend ist, daß nicht nur die Persönlichkeit in einer Gesamtschau ihrer Psychologie von ihm erfaßt wird, sondern daß auch jede einzelne Fragestellung der Seelenkunde schließlich anthropologisch gesehen werden kann. Das Verhältnis der Anthropologie zu der allgemeinen Psychologie, der Entwicklungspsychologie und der Charakterologie könnte dann folgendermaßen beschrieben werden. Auch jede dieser Einzelwissenschaften mündet ihrerseits in einen anthropologischen Aspekt aus.

Die allgemeine Psychologie beschreibt analysierend jene Voraussetzungen als Einzelfunktionen, die schlechthin allen Menschen gemeinsam sind, um das Erleben als integrierten Vorgang vollziehen zu können. Sie bemüht sich ferner um die Beschreibung und Einordnung der erscheinenden seelischen Phänomene. Es ergibt sich so eine Beschreibung des menschlichen Seelenvermögens überhaupt, wobei die Fragen seines individuell unterschiedlichen Erscheinens nicht gestellt werden können. In ihrem anthropologischen Aspekt ist die allgemeine Psychologie dementsprechend auf die Bedingtheiten gerichtet, denen die seelischen Vollzüge des Menschen unterworfen sind. So z. B. kann hier die anthropologische Betrachtung angestellt werden, daß es der Sinn des besonderen Zusammenwirkens von Wahrnehmung und Gedächtnis sei, das menschliche Ich-Bewußtsein herzustellen, in dem das Dasein in gleicher Weise als fester Besitz und als unerreichbarer Vorwurf erscheint.

Die Tatsachen der Entwicklungspsychologie können in anthropologischer Sicht bedeuten, daß der Mensch sich in seiner Entwicklung in einer ständig wachsenden Erkenntnis erlebt, die in ihrer menschlichen Beschaffenheit dennoch nie zum letzten Erkennen führen kann, womit ihm die Transzendenz evident erlebbar wird.

Die Ergebnisse der Charakterologie können die anthropologische Deutung erhalten, daß dem Individuum die Mannigfaltigkeit des Daseins mit der Vielseitigkeit der menschlichen Begegnungen erschlossen wird. So ist der mit den anderen im Mitdasein verbundene Mensch ständig auf dem Wege, sich zu finden und vor sich zu fliehen.

Für die Psychotherapie ist es jedoch wenig wichtig, daß auch die einzelnen Wissenschaften der Psychologie in einem anthropologischen Aspekt endigen. Hier ist vielmehr darauf abzuheben, daß sich dort, wo diese Methoden zur Erfassung einer Persönlichkeit angewendet wurden, eine anthropologische Schau ergibt, die die psychologischen Resultate mit einer Bedeutung ihres Sinnes umfaßt. Es wird so also eine Anthropologie dieser Persönlichkeit erkennbar, in der sie sich mit der Einmaligkeit ihrer Existenz abzeichnet. Hierbei lassen die Maßstäbe der allgemeinen Psychologie die Einmaligkeit dieser seelischen Vollzüge im Kader allgemein gegebener Voraussetzungen deutlich werden. Die Entwicklungspsychologie läßt erkennen, daß ein gesetzmäßiger Prozeß Differenzierungen formte, die die Weiterentwicklung einer distinkten Substanz bedeuten. Die Charakterologie versucht zwar bereits die Konturen des Individuellen aufzuzeigen, jedoch ist dieses Profil so gesehen, wie es sich von normenhaften Allgemeingültigkeiten abhebt. Das hier angewandte Verfahren erkennt die Eigenschaften des Individuums mit Hilfe eines Nachvollziehen des Ebenso-Empfindenkönnens oder eines Berührtseins im Konträren, wobei ihre Definierung von den Maßstäben der ethischen Norm mitbestimmt wird. So ergibt die Charakterologie eine Standortbestimmung des einzelnen in bezug auf die anderen. In der Gesamtschau der Persönlichkeit wird dieses Bild zur lebendigen Bewegung, deren Dynamik der Erfüllung einer anthropologischen Idee zustrebt.

Die psychotherapeutische Analyse wird also nicht in erster Linie in der üblichen Weise der Aufdeckung des Unbewußten nachgehen, sondern sie wird zunächst versuchen, die Biographie des Patienten nach den eben genannten Gesichtspunkten zu erhellen. Persönlichkeitsanalyse und Biographie ergänzen sich so wechselseitig durch Hinweise, Erläuterung und Bestätigung.

Da ja die Psychotherapie nicht wie die Philosophie Erkenntnis schlechthin, sondern die Persönlichkeit in ihrer individuellen Wirklichkeit zu finden sucht, ist also eine individuelle und wertungsfreie Behandlung der anthropologischen Frage jeweils anzustreben. Wie ein solches Vorgehen praktisch erfolgen kann, soll später aufgezeigt werden. Es ergibt sich jedenfalls die Aufgabe, eine mit einer psychischen Fehlentwicklung ebenso verfehlte anthropologische Einstellung des Patienten in die ihm individuell gemäße umzuwandeln.

Die Frage der theoretischen Leitvorstellung in der Psychotherapie. Nun ist jedes psychotherapeutische Vorgehen auf eine theoretische *Leitvorstellung* angewiesen. Eine die Zusammenhänge erhellende Interpretation bedarf einer zugrundegelegten Konzeption. In dem Bestreben, das Wesen der Seele bis in das Metaphysische zu erfassen, ergab sich seinerzeit in der voranalytischen Psychotherapie die Anschauung, die Seele wie etwas Selbständiges zu betrachten, das sich mit kausal erklärbaren Einschränkungen erlebt. Diese Einschränkungen entstehen durch das Gebundensein der Seele an den Körper und durch die Einwirkungen der Welt auf sie. Ihrem Wesen nach steht sie außerhalb des Lebens, in ihrer Eigenschaft als Lebensträger ist sie seinen Einwirkungen unterworfen. Psychotherapeutische Ansätze, die von dieser Auffassung ausgingen, blieben auf eine Darstellung und Interpretation der Konflikte beschränkt, die sich aus dem nie vollziehbaren Kompromiß dieser beiden „Eigenschaften" der Seele ergeben.

Nachdem man dazu gekommen war, das Wesentliche des seelischen Lebens mit Hilfe seiner dynamischen Tendenzen zu beschreiben, stellten sich die Antriebsstrebungen als die bewegenden Kräfte allen seelischen Geschehens dar. Es ergaben sich so Theorien, die alles Seelische auf mehrere Antriebe zurückführen, die selbständig, jedoch sich ergänzend, nebeneinanderstehen, und andererseits Theorien, die alles Seelische als die Folgeerscheinung eines Grundtriebes auffassen. Die letztere Denkweise hat bekanntlich bei der Entwicklung der Psychotherapie eine beherrschende Rolle gespielt. Diese Theorien trugen wohl der Tatsache Rechnung, daß das seelische Leben durch zielstrebige Tendenzen gelenkt wird und nicht lediglich durch die Reize der Außenwelt reflexhaft in Gang kommt. Es wurde jedoch deutlich, daß die Thematik des seelischen Lebens nicht mit der Analyse der in Kraft tretenden seelischen Funktionen zu erfassen ist. Diese begrenzte Schau wurde dann besonders in jüngerer Zeit von einer Psychotherapie erweitert, die die Neurose als das Mißlingen einer Daseinserfüllung interpretierte, wie sie nach allgemeingültigen Maßstäben der menschlichen Existenzverwirklichung zu fordern wäre.

Wir wiesen zuvor darauf hin, welche Gefahren ein solches Vorgehen mit sich bringen kann, wenn die Aussagen methodisch differenter Bereiche der Psychologie ohne Berücksichtigung ihrer Eigenthematik und Kompetenz amalgamiert werden, um eine als allgemeingültig erkannte anthropologische Auffassung zu illustrieren. Die Äußerungen des seelischen Lebens werden so als Analogien ihrer grundsätzlichen Bedeutung interpretiert und dienen dann dazu, jenseits des Individuellen die Fragen der menschlichen Existenz schlechthin zu beantworten.

Es soll im folgenden ein methodischer Ansatz skizziert werden, der einmal die Kommunikation des Menschen mit der Welt als wesensbedingende Voraussetzung seelischen Lebens enthält und dabei den individuellen Vollzug des Erlebens als richtungsbestimmend für das Problem der Persönlichkeitsverwirklichung berücksichtigt. Im einzelnen gehen wir hierbei von folgenden Überlegungen aus:

Triebordnungen und ihre Anwendungen in psychologischen Theorien. Es entspricht dem Herkommen der Psychologie, die Antriebsstrebungen der menschlichen Seele in der Rangordnung einer dreischichtigen Gliederung darzustellen. Schon *Aristoteles* nimmt auf eine solche Dreischichtung Bezug, wenn er seine

„drei Hauptformen des Lebens“ analysiert. (Nikomachische Ethik und Protreptikos.) In der modernen Psychologie finden sich solche Schichtengliederungen der Antriebe bei JASPERS[1], KLAGES[2], LERSCH[3] u. a. So unterscheidet JASPERS: 1. somatisch-sinnliche Triebe, 2. vitale Triebe (ohne bestimmte leibliche Lokalisation auf das Dasein im ganzen gehend), 3. geistige Triebe. KLAGES: 1. Sinnliche, 2. personelle, 3. geistige Triebfedern. LERSCH: Antriebserlebnisse 1. des lebendigen Daseins, 2. des individuellen Selbstseins, 3. des Über-sich-Hinausseins. Das Einteilungsprinzip ist also ungefähr das gleiche. In dem Bestreben, für alle menschliche Zielsetzungen eine Grundformel zu finden, aus der heraus alle Strebungen ableitbar und verständlich werden, hat die Psychotherapie (teils mit Beschränkung auf ein Triebthema, teils mit Bezug auf mehrere verwandte Themen der gleichen Triebschicht), Theorien gebildet, in denen ein Triebaggregat wie der Urquell menschlichen Seins die anderen Triebe konsekutiv entstehen läßt. Nachdem für die Dynamik des normalen seelischen Geschehens so eine Erklärung gegeben war, konnten auch Neurosen als charakteristische Abweichungen von diesem Schema deutbar werden. So bezog sich FREUD zunächst auf die erste, die sinnliche Triebschicht (Lust, Unlust usw.), ADLER auf die zweite, die personelle Schicht (Wille zur Macht) und JUNG auf die dritte, die geistige Triebschicht. Zu JUNGS Position ist jedoch einschränkend zu sagen: Nach seiner Konzeption erfährt der Mensch die Verwirklichung dieser Strebungen nicht durch eine Bereicherung, die aus seinem Verbundensein mit Welt und Menschen in ihn einfließt und ihm so die Transzendenz erlebbar werden läßt. Er erlebt all diese Beziehungen nur als den Widerschein seines kollektiven Unbewußten, als die Belebung von Arche-Typen. Das Verbundensein mit der Welt im Erleben ist nicht ein eigentlich schöpferisches, sondern es dient gewissermaßen einem präformierten Subjekt als Katalysator. So muß sich auch diese Psychologie komplizierter Konstruktionen bedienen, wenn sie die Wechselwirkungen der menschlichen Beziehungen bei der „Individuation“ darzustellen versucht.

Es soll hier nicht darauf eingegangen werden, daß der Gedanke, ein Grundbedürfnis ließe alle weiteren Bedürfnisse zu seiner Saturierung entstehen, psychologisch nicht haltbar ist. Hier interessiert, daß auch die psychotherapeutische Anwendung solcher Gedankengänge nur dort wirklich erfolgreich ist, wo ein Einzelfall dem Modell der bevorzugten Theorie im wesentlichen entspricht. Andernfalls ist das Vorgehen ohne Erfolg oder bedeutet einen unnatürlichen Umweg. Den Wert der herkömmlichen dreischichtigen Triebordnung glauben wir mit den folgenden Überlegungen zu finden.

II. Die verstehbaren Zusammenhänge im Seelischen als tragendes Prinzip der Persönlichkeitsanalyse[4]

Die Integration der Schichten im Erleben. Jede Triebregung bedeutet zunächst ein Wegstreben von dem gegenwärtigen Zustand, wobei ihre Erfüllung als noch aus-

[1] JASPERS, K.: Allgemeine Psychopathologie, 4. Aufl. Berlin u. Heidelberg 1946.
[2] KLAGES, L.: Die Grundlagen der Charakterkunde. Bonn 1948.
[3] LERSCH, PH.: Aufbau der Person, 4. Aufl. München 1951.
[4] Die psychologischen Betrachtungen, von denen *hier* und im *weiterem* ausgegangen wird, beziehen sich auf Anschauungsweisen, wie sie im Laufe der jüngeren Zeit zum

stehender Wert erscheint. Nun ist jedoch die Dynamik dieses Antriebes nicht mit der Erreichung dieses Zieles erloschen. Sie wirkt vielmehr — auch hier mit der Tendenz der Wertbereicherung — in den verwandten Trieben der anderen Schichten weiter, so daß jedes, selbst das primitive Antriebserlebnis damit den vollständigen Persönlichkeitsausdruck enthält. Hierzu kommen ebenso die den Antrieben der verschiedenen Schichten zugehörigen Gefühlsregungen, die diesen Wandel mit vollziehen. So — um ein recht einfaches Beispiel zu sehen — findet ein Antrieb eines primitiven Genußstrebens mit der Erfüllung seines Zieles wohl seine Saturierung. Was zunächst als ein Fortdrängen von dem bestehenden Zustand mit dem Charakter des ungestillten Bedürfnisses erlebt wurde, ist jetzt ein lustvolles Verweilen geworden. Dieser Gefühlszustand veranlaßt aber unmittelbar eine Einstimmung des individuellen Ich, wie es sich als von anderen Individuen unterschiedlich und eigene Belange vertretend erlebt. Das Gefühl der Lust kann jetzt zu einem Gefühl der Selbstzufriedenheit werden, wenn hierbei auch die individuellen Ansprüche, z. B. des Egoismus, des Geltungsstrebens und des Eigenwertes gewahrt blieben. Aber auch diese Einstimmung ergibt noch nicht das Erleben der Persönlichkeit in individueller Vollständigkeit. Das Ich verläßt jetzt jene Abgrenzungen, in denen es nur egozentrische Reaktionen auf die Welt bildet, und erlebt nun mit dem Gefühl des Ergriffenwerdens z. B. die eigene Existenz als einen Teil des harmonischen Ganzen, oder aber es wird an dieser Stelle ein wissendes Suchen mit dem Gefühl der Resignation erlebt, weil es sich nie zu einem besitzenden Erkennen vollenden kann.

Persönlichkeitsanalyse und Schichtenstruktur. Ein Erlebnis ist in seinem individuellen Wert also nicht vollständig, wenn man nicht auch die Resonanz der anderen Persönlichkeitsschichten mit berücksichtigt, in denen der primäre Antrieb zu diesem Erlebnis nicht zu Hause ist. Nun vollzieht sich diese Resonanz nicht nur wie in dem gewählten Beispiel gewissermaßen stufensteigend von unten herauf, sondern auch die höher differenzierten Antriebsregungen erzeugen im Inkrafttreten, in alle Schichten der Persönlichkeit einstrahlend, jeweils typische Resonanzen, die in ihrer Gesamtheit das Verschmelzen dieser Persönlichkeit mit dem Erleben wiedergeben.

Betrachtet man diesen Zusammenhang vom Charakterologischen her, so zeigt sich die individuelle Integration der Schichten und ihre strukturcharakteristischen Akzentuierungen in dieser Persönlichkeit. Im Aspekt der Entwicklungspsychologie wird dann die Entfaltung der vorgegebenen Struktur erkennbar. Aus undeutlichen Anfängen heraus erhalten die Schichten mit wachsender Entwicklung diese erkennbare Differenzierung. Ihre Ansprechbarkeit im Erleben, bzw. die Richtung und Intensität ihrer Antriebsstrebungen, die ja als individueller Akzent der Persönlichkeit erscheinen, formen sich mit dem Erreichen bestimmter Lebensalter. Dabei erfolgt diese Ausdifferenzierung nicht im kontinuierlichen Gleichmaß, sondern eher abschnittsweise in verschiedenen Entwicklungsperioden. Charakteristische Krisen in dem Ausgewogensein der Persönlichkeit werden so verständlich, wobei jeweils hierfür spezifische Erlebnisinhalte zu typischen Konflikten Anstoß geben.

Allgemeingut der Psychologie geworden sind. Auf ein diesbezügliches Literaturverzeichnis kann daher verzichtet werden.

Für die praktische Psychotherapie ergibt sich aus diesen Überlegungen: Erlebensbedarf und Erlebensgestaltung einer Persönlichkeit erfahren nicht den alleinigen Impuls durch eine Persönlichkeitsschicht oder durch ein Konvolut gleichrangiger Antriebe, die als die bewegende und alles nach sich ziehende Kraft der Seele anzusprechen wären. (Bedürfnisse sind zwar im Schema der Triebordnung trennbar und auseinander ableitbar, die Persönlichkeitsstruktur jedoch zerfällt bei diesem Vorgehen.) Persönlichkeitscharakteristisch ist hingegen, *wie* der Durchgang des Erlebens sich durch alle drei Schichten vollzieht, wobei allerdings zu berücksichtigen ist, welche Antriebsschicht durch das Thema des Erlebnisses jeweils *unmittelbar* angesprochen wurde. Das praktische Vorgehen der so orientierten Persönlichkeitsanalyse wird später ausführlich dargestellt werden. Ebenso soll später die Unterscheidung aufgezeigt werden, die zwischen einer eigenwilligen, jedoch strukturechten Kette von Persönlichkeitsresonanzen und einer neurotisch verformten getroffen werden kann.

(Es wurde im Vorhergehenden skizziert, wie der individuelle Vollzug des Erlebens mit Hilfe einer dreischichtigen Triebordnung gedacht werden kann. Wir wiesen weiter darauf hin, wie das hier Gefundene mit Hilfe der Charakterologie und der Entwicklungspsychologie im Sinne der Persönlichkeitsanalyse zu ergänzen ist. Die dahin zielende Exploration erhält einen weiteren Anhaltspunkt mit Hilfe der Vergegenwärtigung, wie diese Persönlichkeit ihre Kommunikation mit der Welt im Erleben vollzieht.)

Die Kommunikation mit der Welt im Erleben. Nun erlebt zwar die Persönlichkeit ihr Verbundensein mit der Welt subjektiv als ein a priori, wobei die Welt als Ort der Erfüllung wie eine konstante Gegebenheit erscheint. Es ist jedoch zu beachten, daß die Welt entsprechend der Verschiedenheit der Antriebsthemen jeweils von einem anderen Gesichtspunkt her und damit unterschiedlich erlebt werden. Sie erscheint sogar im Vollzug einer Antriebsphase wechselnd einmal als Ort des triebhaften Suchens, weiter als Stätte der individuellen Selbstbehauptung oder schließlich als gleichnishafter Mittler überpersönlicher Werte. Diese wechselnden Aspekte, in denen die Welt so verschieden gesehen wird, werden jedoch im Subjektiven nicht wie eine Kontinuitätsunterbrechung in Wahrnehmung und Empfindung erlebt, da sie stets nur der Herstellung des in sich selbst beruhenden Ichbewußtseins dienen. Für die Psychotherapie ist es aber sehr aufschlußreich, diesen Wechsel des Weltbezogenseins im Erleben der Persönlichkeit zu erforschen, da sich hier ihre individuellen Kommunikationstendenzen im aktuellen Anlaß wiederspiegeln. Während wir vorhin die Tendenzen des individuellen Strebens verfolgen konnten, wie sie sich *innerhalb der Persönlichkeit* auf Grund ihrer Struktur herstellen, werden jetzt diese Tendenzen noch einmal verdeutlicht, wobei die charakteristische Gestaltung, die sie ihrem *äußeren Resonanzraum* geben, zum Anhalt dient.

Das Welterleben als Wiederspiegel der Antriebsschichten. Im Sinne einer schematischen Verdeutlichung wird im folgenden skizziert, in welcher Weise die einzelnen Triebschichten entsprechend ihrer Thematik die Welt zu ihrem Erlebnisraum werden lassen und wie sich damit in der dem Subjekt jeweils *so* erscheinenden Welt das seelische Leben verwirklicht.

1. Der Mensch ist in seiner Somatik eng mit der Welt verbunden, die er so gesehen als sein biologisches Milieu erlebt. Alle Funktionen des Körpers sind als Voraussetzung des Lebenkönnens in Korrespondenz zur Umwelt angelegt. Leben

kann nur dort existieren, wo diese Korrespondenz erfüllt wird. Ihr Vollzug geschieht in einem ständigen Bedürftigsein, Suchen, Anpassen und Kompensieren. Die feste integrative Verbundenheit des Somatischen ergibt sich also hier nicht mit der Welt schlechthin, sondern mit der Welt, als Ort menschlichen Lebens. Diese unabdingliche Fixierung an die Bewältigung der biologischen Aufgabe bringt es mit sich, daß die Welt als Lebensträger zum Bestandteil der kreatürlichen Existenz wird. Das ständig währende Bemühen mit seinen wechselnden Richtungen und Resultaten strahlt mit der Tönung eines Sichbefindens in die Gesamtpersönlichkeit ein. Eine Reihe von spezifischen Antriebsregungen werden hierbei in Kraft gesetzt. Ihre Erkennung und Bewertung ergibt sich aus den Bedingungen und Umständen des somatischen Existierens dieser Persönlichkeit. Hierzu gehören nicht nur die elementaren Lebensbedürfnisse, sondern auch jene Befindlichkeiten und Antriebe, die von einer Veränderung der inneren Sekretion her oder durch Krankheit und Mangel ihre Gestaltung erfahren.

2. Das seelische Leben erschöpft sich jedoch nicht in der Auseinandersetzung mit dem biologischen Milieu. Die Antriebe entfalten sich in einem Wechselspiel, das über die biologischen Bedürfnisse hinausgehend in seiner Besonderheit das Individuum charakterisiert. Auch dieses Weiterwirken der Antriebe kann nur im Bezogensein auf die Welt sich entwickeln. Während in der eben erörterten biologischen Relation der Mitmensch auch nur als biologischer Partner zur Umwelt gehört, wird nun das *individuelle Selbstsein* auf Grund seiner Unterschiedlichkeit zum andern Menschen deutlich erlebt.

3. Darüber hinaus läßt das Bewußtsein dieses Ichs, das sich in seiner individuellen Abgehobenheit bewußt erlebt, weitere Strebungen wach werden. Mit diesen ergibt sich eine Weltverbundenheit, die das menschliche Miteinandersein einschließt, denn diese Strebungen zielen auf Werte, die das Individuum im Selbstbezug nicht erreichen kann.

So ist der Mensch mit der Welt zunächst als seinem biologischen Milieu verbunden; sie erscheint darüber hinaus als der Ort des drängenden Suchens und der Verwirklichung von individuellen Einzelwerten. Sie läßt sich hier zum Hintergrund des egozentrischen Selbst-Innewerdens formen, um schließlich in zunehmender Transparenz zum Werkzeug der über das Nur-Individuelle hinausreichenden Selbsterfüllung zu werden.

In jedem seelischen Akt sind also die genannten drei Aspekte in charakteristischer Ergänzung wirksam. Die Analyse eines seelischen Inhaltes muß daher die individuellen Bedingungen dieses Wechselspiels aufzufinden versuchen. Die Vorschläge hierfür werden später im einzelnen erörtert werden. Hier sei zunächst nur auf folgendes hingewiesen: Wie schon gesagt, wird die Welt in jeder Antriebsphase eines seelischen Vollzuges von einem anderen Gesichtspunkt her und damit unterschiedlich erlebt. Dabei strebt die Persönlichkeit dahin, bei dem Durchgang durch diese wechselnde Schau sich selbst mit dem Bewußtsein einer geschlossenen Ich-Einheit zu finden. So ordnet sich dieser Durchgang nach dem *persönlichen Werterleben,* in dem das hier als verwirklichungswert Geltende zum Zielpunkt des seelischen Vollzuges wird. Dieser Durchgang selbst ist also jeweils persönlichkeitscharakteristisch und analytisch dementsprechend auswertbar.

Das individuelle Gerichtetsein. Hiermit ergibt sich weiterhin das Problem des individuellen Gerichtetseins, das mit der individuellen Beschaffenheit der Schichtenstruktur und ihrer Integration nicht identisch ist. Gemeint ist hiermit also nicht jene Ausrichtung, die sich in der Persönlichkeit vollzieht, um einen Zustand der Bedürftigkeit zu saturieren oder um ein bewußt zielendes Streben zu verwirklichen, sondern jenes latente Gerichtetsein, das im bewußten Erlebensbereich nur richtungsweisend durchschimmert. Das Gerichtetsein ist also eine im psychologischen Erkennungsbereich erscheinende Bekundung der anthropologischen Fragestellung dieser Persönlichkeit. Wir hatten zuvor darauf hingewiesen, daß die Daseinsrichtung einer Persönlichkeit erkennbar wird mit der Gesamtwertung jenes Materials, das mit den unterschiedlichen Fragestellungen der genannten psychologischen Methoden gewonnen wurde. In ihrer Gesamtschau ergänzten sie sich zu anthropologischen Aussagen. Das Gerichtetsein ist der Ausdruck dieser anthropologischen Aussage, so wie sie in den individuellen Vollzügen des Lebens ihre Verwirklichung zu fordern versucht. Dabei werden von der Persönlichkeit im unmittelbaren Erlebensvollzug selbst nur Einstellung und Entschluß als die aus dem eigenen Erfahrungsbereich motivierbaren Reaktionen erlebt, die zu einem bewußten Vorgriff auf die Gestaltung des Zukünftigen dienen. Das Gerichtetsein, dem die Persönlichkeit dabei folgte, erscheint, da es sich auf objektiv Ungegenständliches bezieht, als unbewußte Weisung, die in der Richtung dieses Erlebens drängt. Es zielt auf die Erfassung der *absoluten* persönlichen Lebenswerte, die nicht die unmittelbare Erlebbarkeit haben, wie Werte des biologischen Daseins oder der personellen Existenz. Das jeweils individuell geprägte Gerichtetsein kann also nur so nach Verwirklichung drängen, indem es Möglichkeiten, die zwar im bewußten Erlebensbereich liegen, dabei aber jene übergeordnete Thematik mitenthalten, von der Persönlichkeit im Erleben aufsuchen läßt. *Das Immer-Wiedererscheinen derselben übergeordneten Thematik* in verschiedenen Anlässen in der Biographie läßt dann jenes Gerichtetsein erkennen, das die Themen des unmittelbaren Erlebensbereiches erklingen läßt, um mit ihrer Hilfe die endgültige Richtung dieses individuellen Daseins zu weisen. Dieser Gesichtspunkt unterstellt nicht, daß in jedem Menschen ein Gerichtetsein von hoher Qualität nachzuweisen sein müsse. Es ist vielmehr wichtig, das vorhandene Gerichtetsein wertungsfrei zu erkennen. So z. B. kann die diesbezügliche Auswertung des biographischen Materials im extremen Fall ergeben, daß die Erfüllungen eines in sich unvollkommenen Lebensdranges einem Gerichtetsein entsprachen, das lediglich ein selbstgenießendes Auf-sich-wirken-Lassen postuliert. Vergleichbar wäre das Vorgehen der Psychotherapie bei der Analyse des Gerichtetseins mit dem Vorgehen des Historikers, der jenseits der Beweggründe, die die handelnden Personen der Geschichte für ihr Tun fanden, das Gerichtetsein des welthistorischen Ablaufs aufzeigt, in dem jenes Handeln zunächst den Charakter einer motivabhängigen Funktion erhielt.

Wie wir zeigten, ist dieses latente Gerichtetsein, im Unterschied zu den dispositionell bedingten Ausrichtungen der Persönlichkeit, wohl psychologisch darstellbar, jedoch nur anthropologisch verstehbar. Es steht hinter der Persönlichkeit und versucht mit seinem an sich ungegenständlichen Drängen ihre letzte umfassende Verifizierung zu erreichen. Da nun aber seelisches Leben nur im gemeinsamen Erlebensvollzug von Seele, Körper und Welt wirklich werden kann, erscheint seine Aussage als eine immer wiederkehrende Variationsrichtung der aktuellen Themen des Lebens. So macht das Gerichtetsein es verständlich, daß die

Daseinsverwirklichung zweier gleichartiger Persönlichkeiten sich gleichwertig erfüllen kann, wenn auch die Umstände ihrer Biographie und ihrer sozietären Voraussetzungen so grundverschieden sind, daß die Möglichkeiten des äußeren Lebenserfolges hierdurch vorgezeichnet bzw. begrenzt sind.

Für die Psychotherapie ergibt sich damit: Eine bewußte Lebenseinstellung, eine Antwort also auf jene Frage, als was sich dieser Mensch sieht und wo er die Erfüllung seines Daseins sucht, muß der typische Ausdruck einer kompensierenden neurotischen Fehlhaltung sein, wenn die Analyse seines Gerichtetseins ein Drängen und Suchen in einer ganz anderen Richtung zeigt.

Die bisher ausgeführten Gesichtspunkte der Persönlichkeitsanalyse ergaben sich mit der Anwendung von Fragestellungen und Methoden, die der allgemeinen Psychologie entstammen. Wie schon erwähnt, sollen diese mit Hilfe der Charakterologie und Entwicklungspsychologie vervollständigt werden, wobei das angestrebte Ziel eine Erhellung der Persönlichkeit vom Phänomenologischen her ist.

Persönlichkeitsanalyse und Charakterologie. Die Charakterologie hat dann die Aufgabe, das Individuum in seinem Abgehobensein gegenüber anderen Menschen auf Grund seiner Eigenschaften zu beschreiben. Da nun alle Eigenschaften, wenn sie im Erleben zum Tragen kommen, die Richtung eines subjektiven Wertverlangens bezeichnen, ist auch die Charakterkunde auf eine beurteilend-wertende Beschreibung angewiesen. Der Wertmaßstab, der hierfür benutzt wird, ist teils ein normativer, teils ein absoluter. So kann im Sprachgebrauch z. B. ein Mensch einmal als schwacher oder zum anderen als edler Charakter gekennzeichnet werden. Die Zuständigkeit eines Maßstabes findet die Charakterologie, indem sie die gefundenen Eigenschaften nach Wesensbegriffen, Verhaltensbegriffen und Leistungsbegriffen ordnet, wobei die Wesensbegriffe dem absoluten Wertmaßstab unterliegen, während die letzteren mit Hilfe des normativen bestimmt werden. Die strukturbedingende Eigenschaft ist dann die Wesenseigenschaft, zu der Verhaltens- und Leistungseigenschaften in einer evident verständlichen Beziehung stehen müssen. Das Wesen der Persönlichkeit erscheint also in ihrem Verhalten und in ihren Leistungen.

In der Struktur des Charakters ist ferner zwischen wesensbedingenden und wesensanhaftenden Eigenschaften zu unterscheiden (zentrale und periphere Eigenschaften). Zwischen ihnen besteht eine sinngemäße Verwandtschaft. Welche Eigenschaften als zentrale und welche als periphere zu werten sind, wird erkennbar, wenn man berücksichtigt, daß periphere (wesensanhaftende) Eigenschaften in der Struktur nur denkbar sind in Abhängigkeit von der zentralen (wesensbedingenden) Eigenschaft.

Anlagen und Eigenschaften. Die übliche Unterscheidung von angeborenen und erworbenen Eigenschaften halten wir im Sinne der psychotherapeutischen Fragestellungen nicht für zweckmäßig. Es scheint richtiger, hier nur von Anlagen und Eigenschaften zu sprechen und die Eigenschaften in jedem Fall als etwas Gewordenes zu verstehen. Dazu ist wieder davon auszugehen, daß die Struktur der Persönlichkeit im Erleben und Wirken auf die Welt hin entworfen ist. Seelisches Leben ist nur denkbar auf Grund jenes Verhaftetseins in die immer von neuem sich gestaltende Korrespondenz und Auseinandersetzung des Menschen mit seiner Welt. Die Anlagen vereinigen in sich jene Fülle unterschiedlicher Tendenzen, mit deren Verwirklichung das seelische Leben entsteht. Für das Inkrafttreten der

Anlagen ist so der erlebenshafte Bezug eine unumgängliche Voraussetzung. Dieser nur mit dem Erleben wirksam werdende Bezug formt aus der gleichsam abstrakten Anlage die Eigenschaft, wobei die jeweiligen Umweltskonstellationen die unterschiedlichsten Eigenschaftsprägungen entstehen lassen können. Das Ganze dieses persönlichkeitseigenen Welterlebens aber bedeutet Erfahrung. Sie bedingt das oft kompromißhafte Reagieren und Handeln des Individuums, in welchem dieses mit seiner Umwelt verschmilzt und von ihr geformt wird. So z. B. wird ein gutmütig veranlagter Mensch unter günstigen Umweltsumständen vertrauensselig werden, während er unter dem Druck immer wieder enttäuschender Erfahrungen die Eigenschaft skeptischer Verschlossenheit entwickeln kann. Die Anlagen sind so das Gegebene, die Eigenschaften stets das Gewordene, bzw. Geformte.

So braucht auch das Erscheinen von sogenannten schlechten Eigenschaften im Charakterbild nicht unbedingt der Ausdruck einer verfehlten Persönlichkeitsanlage zu sein. Es ist vielmehr zu bedenken, daß alles, was hier als negative Eigenschaft auftritt, als ein quantitatives Überwiegen natürlicher Seelenqualitäten zu verstehen ist. Aus dem natürlichen Genußstreben kann so Reizhunger und Genußsucht werden. Der Drang zum Erleben verzerrt sich zu unsteter Abenteuerlust, der Selbsterhaltungstrieb zu rücksichtslosem Egoismus, der Drang nach Anerkennung und Geltung zum kalten Strebertum oder zur hochstaplerischen Geltungssucht, der Drang, den individuellen Wert zu bereichern, zum unstillbaren Machtbedürfnis. Im Grunde also gehen alle diese Eigenschaften von natürlichen Anlagequalitäten aus, die den Menschen befähigen sollen, das Ganze des Lebens zu erfassen und sein individuelles Selbst zu verwirklichen. Eine optimale Entwicklung der Anlagen zu den günstigen Charaktereigenschaften wird dort möglich sein, wo aus einem harmonischen Verhältnis der so unterschiedlichen Anlagen ein harmonisches Umwelterleben die entsprechenden Eigenschaften formen kann. Es wird also im einzelnen zu prüfen sein, ob „schlechte" Eigenschaften die bestimmenden Glieder der Wesensstruktur mit einem entsprechenden „Gerichtetsein" bilden, oder ob ungünstige Konstellationen die natürlichen Tendenzen der Anlage zu „schlechten" Eigenschaften verformten. Sinngemäß gilt dieses auch grundsätzlich für alle Eigenschaften, die sich in die Linien des Charakterbildes nicht einzufügen scheinen.

Die Unterscheidung von umgeprägten, unechten und neurotischen Persönlichkeiten. Damit ergibt sich auch das für die Psychotherapie so wichtige Problem der Persönlichkeitsprägung und der Persönlichkeitsechtheit im Verhältnis zur neurotischen Persönlichkeitsverformung. Man wird also drei Typen beschreiben können.

1. Die geprägte Persönlichkeit, die in konsequent erschöpfender Auswertung gewisser Lebenserfahrungen die als „unzweckmäßig" erkannte Eigenstruktur durch einen kompensatorischen Aufbau stabilisiert. (Man könnte auch von einer durch das Leben überprägten Persönlichkeit sprechen.) Z. B.: Der ursprünglich in vertrauensseliger Hingebung Verströmende kommt durch enttäuschende Erfahrung zu der Gewißheit, daß er die ihm gemäße Resonanz nur selten findet und zensuriert sich darauf bewußt mit Hilfe einer kritischen Verschlossenheit.

2. Die unechte Persönlichkeit, die, ohne Gesinnungen zu heucheln, nicht aus einem Überzeugtsein heraus reagiert, das aus der Tiefe emporkommt, sondern auf Grund einer Überzeugung, die sie mit sich selbst abstimmte. Hier findet man z. B. den gutartigen Opportunisten.

3. Die neurotische Persönlichkeit, die, durch Lebenserfahrungen typisch überfordert, ihre schwache Struktur vor sich selbst verleugnet und sich mit persönlichkeitsunwahren Kompensationen weiterquält.

Ein wesentliches Unterscheidungsmerkmal dieser drei Typen ist die Art der Gefühlsbeteiligung im Erlebensvollzug. Die *geprägte Persönlichkeit* fühlt an und für sich mit einer unmittelbaren Evidenz, wie sie auf Grund eines durchgängigen Ergriffenseins erlebt wird. Sie stimmt dann diese echte Wirklichkeit ihres Erlebens mit der Realität der kritisch erkannten Umweltserfordernisse ab. Die *unechte Persönlichkeit* hingegen erlebt jene Gefühle nur mit dem Charakter eines Verpflichtetseins, das eine Resonanz in der Tiefe der Persönlichkeit sucht. Ihre Haltung wird demnach nicht von einem primären Ergriffensein bestimmt, sondern gleichsam von einer abwägenden Vereinbarung mit sich selbst, die es mit sich bringt, daß sogar wechselnde Standpunkte mit jeweils angemessenen Gefühlstönungen mit Überzeugung erlebt werden. Die *neurotische Persönlichkeit* empfängt lebhafte Impulse ihres originären Gefühls, das sich für die Belange einer jetzt verformten und überschütteten Struktur einsetzen möchte. Da aber diese Persönlichkeit sich vor sich selbst mit Hilfe zudeckender Kompensationen zu behaupten versucht, ergibt sich eine phänomenologisch deutliche Divergenz zwischen den vorherrschenden Gefühlen und ihrem angeblichen Bezug.

Verhalten und Erleben als charakterologisches Merkmal. Für das Verstehen der Persönlichkeitsbeschaffenheit im allgemeinen ist es von Bedeutung, daß jene Prägungszüge, die durch die Umweltsbeziehungen geformt werden, einmal mehr vom Verhalten, in anderen Fällen mehr vom Erleben der Persönlichkeit her bestimmt werden[1]. Natürlich soll diese Unterscheidung nicht einen trennenden, sondern nur einen akzentuierenden Charakter haben, denn seelisches Leben kann sich nur in jenem weitgespannten Kreisbogen vollziehen, in dem „Erleben und Verhalten" als strebendes Suchen und vollziehendes Finden immer von neuem miteinander eng verbunden werden. Die Akzentuierung, die wir vornehmen wollen, bezieht sich darauf, daß einmal das ursprünglich gegebene Verhalten selbst schon die Erlebensmöglichkeiten determinieren, zum andern das Erleben der Welt die Persönlichkeit in ihrem Verhalten prägen kann. So kann einmal das als typische Eigenart gegebene Verhalten eines Menschen so verbindliche Resonanzen erzeugen, daß das ihm Begegnende hierdurch eine Mitgestaltung erfährt, sein Verhalten also sein Erleben bestimmt. Z. B.: Der synton Heitere, dem sich die Welt in Sympathie erschließt und dessen Fehler sogar leicht wiegen, weil in der Resonanz seiner Persönlichkeit das Schwere seinen lastenden Charakter verliert. Oder: Der gemütsarme Pedant, in dessen Atmosphäre die Welt mit der reichen Bewegung ihrer Begegnungen zur ordnungsbedürftigen Materie zusammenschrumpft. Im andern Fall geschieht das Erleben der Welt als ein immer wieder von neuem vollzogener unbefriedigender Kompromiß zwischen den eigenen Strebungszielen, den Wertmaßstäben und den Einschränkungen ihrer Verwirklichung. Es resultieren daraus typische Besonderheiten des Verhaltens, die diesen seelischen Prozeß wiederspiegeln. Hier findet man z. B. die „Selbstunsicheren".

Natürlich ließe sich solch eine Unterscheidung, z. B. mit dem Gesichtspunkt der „Temperamente", charakterologisch noch weitgehend verfeinern. Hier kommt es

[1] WENDT, C.-F.: Sinopsis Del Estado Actual Del Problema De Los Psicopatas. Congr. Internac. Neuropsiquiatr., Bd. I. Santiago de Chile 1953.

jedoch darauf an, zwei allgemeine Strukturmerkmale in ihrer Durchgängigkeit aufzuzeigen, da sie, wenn sie in deutlicher Akzentuierung auftreten, für den psychotherapeutischen Ansatz von Bedeutung sind. So wird man bei neurotischen Störungen im ersten Falle — wo das Verhalten vor dem Erleben prävalierte — von einer Einpassung der Persönlichkeit in die allgemein gültigen Daseinsformen und ihre Gesetze ausgehen, während im zweiten Fall — wo das Verhalten als verstehbare Folge der problematischen Persönlichkeitsstruktur erscheint, das Erleben also das Verhalten schuf — die Aufgabe zunächst lautet, die individuellen Motivationen analytisch zu klären. Da diese Indikationshinweise von Strukturmerkmalen ausgehen, findet man ihre Anwendungsmöglichkeit bei der Psychotherapie von psychopathischen Persönlichkeiten am deutlichsten.

Charaktererhellung und Bestätigung in der Biographie. Die charakterologische Betrachtungsweise, wie wir sie zuvor schilderten, ermöglicht eine Vergegenwärtigung der Persönlichkeitsstruktur, wie sie sich im Hier und Jetzt einer Querschnittsbetrachtung darbietet. Sie gehört daher wegen ihrer, wenn auch nur relativen Objektivität, zu den Ausgangspositionen der psychotherapeutischen Exploration. Hier wird das Verhältnis der erscheinenden Eigenschaften in ihrem gegenseitigen Bezug deutlich, es ergeben sich weiter Ergänzungen und Konterbalancen, die so integriert sind, daß die Berührung an einer Stelle das Ganze in zusammenhängende Bewegung bringt. Diese Bewegung ordnet sich nach dem hierarchischen Prinzip der Struktur als die Entsprechung der Individualität. Während die Struktur in dieser charakterologischen Erfassung ihre wahrscheinliche Ordnung im Querschnitt erkennen läßt, wird ihre Bestätigung erfahrbar mit der Aufzeigung typischer Gesinnungen und Reaktionsweisen, die in der Biographie als das spezifische Eigenverhalten dieser Persönlichkeit imponieren. Hiermit ist gemeint, daß auch bei sehr unterschiedlichen Anlässen die Thematik des individuellen Selbstseins richtungsweisend anklingt. Der objektiv verschiedene Erlebnisinhalt dieser Anlässe wird damit zum greifbaren Ausdruck einer Tendenz, die in diesen gegenständlichen Variationen als Thema erkennbar wird. Die anthropologische Deutung solcher immer wiederkehrenden Verhaltensweisen würde zu dem obenerwähnten „Gerichtetsein" führen. Die Darstellung dieser sich wiederholenden Verhaltensweisen mit Hilfe der phänomenologischen Betrachtung ergibt eine Erhellung der Persönlichkeitsstruktur, in der, charakterologisch ausgedrückt, bestimmte Eigenschaften als zentral erkennbar werden, denen im Erlebensvollzug die andern Eigenschaften in einem jeweils typischen Abhängigkeitsverhältnis sich verstehbar unterordnen. So können, um einfache Beispiele zu wählen, Ehrgeiz oder Altruismus oder Ichschwäche in verschiedenen Lebensarten bei verschiedensten Anlässen mit ebenso unterschiedlicher Auswirkung immer wieder als die Grundaussage der Persönlichkeit erscheinen. (In Biographien bekannter Persönlichkeiten findet man häufig den Versuch, den Schwerpunkt der Struktur schon mit Hilfe von typischen Kindheitserlebnissen darzustellen.) Die Psychotherapie wird im Sinne dieser Überlegungen darauf zu achten haben, ob der Patient jene typische Verhaltensweise in den Schatz selbsterkennender Erfahrung aufgenommen hat oder — um nur eine von vielen Möglichkeiten zu nennen — ob er einer neurotischen Verdrängung folgend sein Erinnerungsmaterial nach persönlichkeitsunwahren Gesichtspunkten ordnend und wertend aufgebaut hat.

Charakter und Triebschichtenstruktur. Die notwendige Ergänzung erhalten diese charakterologischen Gesichtspunkte durch die vorhin behandelte dynamische Strukturbetrachtung, bei der die Persönlichkeit durch die Verknüpfungen gekennzeichnet wird, die sich im Erleben zwischen den angenommenen drei Schichten ihrer Triebe und Strebungen herstellen. Zum Beispiel: die Personen A. und B. werden in der Wüste vom Tode des Verdurstems gerettet. Bei der Stillung des Durstes wird zunächst die Befriedigung vitalster somatischer Bedürfnisse erlebt. Während A. in dieser Befriedigung eine selbstverlorene kreatürliche Geborgenheit empfindet, erlebt B. diese Befriedigung mit einem kreatürlichen Befindlichsein ähnlich dem, das ein hungriges Tier veranlaßt, sein Fressen in Abwehrbereitschaft hastig zu verschlingen. Anschließend erlebt A. die Resonanz seines individuellen Ichs, wobei die Gefühle der Dankbarkeit und Zufriedenheit, die Strebungen des sich selbst suchenden Selbstwertes, der Selbstrechenschaft und des Vergeltenwollens anklingen. B. erlebt das Gefühl der Zufriedenheit mit der egozentrischen Färbung des Triumphierens, an Stelle der Dankbarkeit entstehen Gefühle der sich selbst schmeichelnden Genugtuung und die Strebungen eines Geltungsdranges auf Grund dessen er die Position seines Ichs im Kreise seiner Helfer abzuzeichnen wünscht. Sein Vergeltungsstreben erscheint in der Form der wohlwollenden Auszeichnung, die Selbstrechenschaft wird vom Egoismus geleitet und enthält keinen eigenkritischen bzw. absoluten Wertmaßstab. Darüber heraus erlebt A. seine Rettung mit den Gefühlen unmittelbarer metaphysischer Ergriffenheit im Bewußtsein der mitmenschlichen Verbundenheit. B. empfindet statt dessen das Walten eines unberechenbaren Fatums, dem er mit Glück und Geschick entrinnen konnte.

Persönlichkeitsanalyse und Entwicklungspsychologie. Nun ist der Besitz dieser Schichten, so wie sie im Erleben in differenzierter Korrespondenz ineinandergreifen, nicht als etwas Feststehendes gegeben. Es ist vielmehr zu berücksichtigen, daß 1. das als Selbsterfahrung gegebene Erleben ständig hieran baut und formt und daß 2. die Eigenentwicklung der Persönlichkeit nach Gesetzen erfolgt, die bis zu gewissen Graden allgemeingültig sind. Es sind wohl in jeder Persönlichkeit schon ursprünglich jene Schichten im Sinne der sich verifizierenden Gestaltidee angelegt; es ist jedoch mit der biologischen Entwicklung gekoppelt, wie das Ich der werdenden Persönlichkeit diese Schichten in einem sich steigernden Selbsterleben durchdringt. So ist es auch möglich, mit Hilfe einer Rückschau vom Vollendeten her, in der Primitivrepräsentation des kleinen Kindes den Gestaltcharakter der Persönlichkeit in seinem Aufriß wieder zu erkennen. Es wäre aber ein Trugschluß der Analyse, diese Primitivrepräsentation als den Ausdruck des vollständigen Ganzen zu betrachten, das späterhin angeblich nur als Variation dieser ersten Aussage erscheint.

Es ist daher auf die Bedeutung der verschiedenen Verlaufsformen der biologischen Entwicklung (Entwicklungstypen) für die Psychotherapie hinzuweisen. Hervorzuheben ist weiter, daß sich im Leben vier kritische Phasen entwicklungspsychologisch erkennen lassen, die das Entstehen von Neurosen begünstigen.

1. Der Abschnitt vom 4.—8. Lebensjahr. Hier muß der Übergang vom umsorgten Kleinkind zum bewußt sich einordnenden Familienmitglied vollzogen werden. Die allgemeine Thematik der Neurosen dieses Alters ist das Festhalten an der primitiv-egoistischen Umweltsauffassung des Nestbewohners, in der alles nur im ausschließlichen Selbstbezug erlebt wird. Als Neurosesymptome entstehen

Protesthaltungen wie Bettnässen oder Pavor nocturnos oder psychogene Mechanismen, die ein primitives, resolut forderndes Bedürftigsein zum Inhalt haben.

2. Der Abschnitt vom 12.—18. Lebensjahr, in dem sich die Pubertät vollzieht. Bis zu diesem Zeitpunkt erlebt sich der Mensch noch in einem unbewußten Einschmelzen in seine Erlebensinhalte, mit denen er sich jeweils identisch fühlt. Eine Lokalisation seines noch wechselnden Ichs erfährt er bis dahin im wesentlichen durch die Antriebsstrebungen eines personellen Selbstseins, in dem er sich in seiner individuellen Abgehobenheit gegenüber den anderen Menschen erlebt. So wird auch der Eigenwert im wesentlichen im Erkennen der *allgemein verbindlichen Normen* erfahren. Mit der Pubertät beginnt ein Selbsterleben, das jenseits der mehr sozietären Daseinsprobleme den Menschen vor metaphysische Fragen seines Daseins stellt. Das naive Selbsterleben im Umkreis begrenzter Antriebsstrebungen wird jetzt durch das Suchen nach einer Wirklichkeit ersetzt, an der die Person nur wissend und fühlend Anteil hat, ohne in ihr Besitz ergreifend aufgehen zu können. Der Eigenwert wird jetzt aus der Relation zu diesen neuen Maßstäben mitbestimmt.

Im Vollzug dieser entwicklungsmäßigen Wandlung ergibt sich ein kritisches Nebeneinander von Grundstimmungen, wobei einmal die Welt noch als der gleichwertige Partner naiv vordergründiger Begegnungen erlebt wird und andrerseits als Repräsentant der metaphysischen Wirklichkeit des Lebens erscheint, nach der das subjektive Ideal jetzt ahnend und erkennend hinstreben möchte. So erscheinen nahezu läppisch-heitere Stimmungen neben weltschmerzlichen und naiv-einfältige Überzeugungen neben dem drängenden Suchen nach umfassendem Erleben. Dieses Bewußtwerden eines Ichs, dem das Finden seiner Weltbeziehung aufgegeben ist, wirkt sich weiterhin so aus, daß die Persönlichkeit, die ihr hierzu gegebenen Möglichkeiten in krisenhaftem Drängen zu erkennen versucht. So stehen dann überspannte, jedoch von echtem Schwung getragene Erwartungen neben drückenden Minderwertigkeitsgefühlen, Sehnsüchte, mit andern im Verstehen verbunden zu sein, neben einer ohnmächtigen Scheu diese Kontakte erfüllen zu können.

Die jetzt erwachende Sexualität manifestiert sich zunächst gleichzeitig aus zwei entgegengesetzten Richtungen. Sie wird einmal als lebhafte, jedoch inhaltsarme Genußforderung des Körpers erlebt und erscheint anderseits als ein drängendes Suchen nach Erfüllung in hingebungsvollen, unter Umständen lyrischen Erlebensweisen. Mit dem Gesagten ergibt sich die verschlungene Thematik der Pubertätsneurosen im Generellen. Für den Einzelfall müssen die individuellen Umstände aufgesucht werden, die den störungslosen Vollzug dieser Entwicklungsphase hindern.

3. Die Zeit vom 30.—37. Lebensjahr. Vor diesem Abschnitt bedeutet die Dynamik der Persönlichkeit ein Suchen und Planen, das auf eine Bestätigung im noch Kommenden hinwirkt. Das Dasein strebt bewußt und unbewußt nach einem Verwirklichungsideal, dessen Erfüllung vor ihm in der Zukunft liegt. Das *Jetzt* ist noch eine Exposition, die den Lebensinhalt erreichbar werden lassen soll. Alle Daseinsbewegungen tragen hier deutlich den Charakter des Vor-läufigen, dessen geltender Bedeutungswert durch den Vorgriff in das Zukünftige hergestellt wird. Während so einerseits eine feste Ausrichtung der Persönlichkeit möglich wird, deren Profil sich immer deutlicher konturiert, kann anderseits dieses Gefühl des ständigen „noch nicht" den Strom der eigenen Zeit verfließen lassen, ohne daß rechtzeitig erkannt wird, daß er das immer nur erwartende und erhoffende Ich

inzwischen von seinen Zielen fortbewegt hat. Mit der Vollendung dieses Entwicklungsabschnittes jedoch muß in der Persönlichkeit die Gewißheit entstanden sein, daß die eingeschlagenen Wege in Richtung der erstrebten Daseinsverwirklichung führen.

So ist die Thematik der Neurosen dieses Abschnittes bestimmt von dem Protest gegen die Einsicht, daß die Zeit unerfüllt verstrich, oder aber diese abgelaufene Zeit bietet sogar der sich sträubenden Persönlichkeit den Beweis an, daß zur Erfüllung ihrer Daseinskonzeption ihre Kräfte und Möglichkeiten nicht ausreichten. Man findet diese Neurosen am deutlichsten bei künstlerischen Berufen, bzw. bei solchen Lebensplanungen, deren Erfüllungsmöglichkeiten weitgehend von der Gestaltungskraft der Persönlichkeit abhängen. Jedoch können sie ebenso unabhängig vom Beruf entstehen und pflegen dann mit all den persönlichen Lebenswerten zusammenzuhängen, die mit dem Bemühen, diese Daseinskonzeption zu verwirklichen, angestrebt wurden.

4. Der Abschnitt, der mit den 50er Jahren beginnen und bis zum Einsetzen des endgültigen Altersabbaus dauern kann. Auch bei den hier entstehenden Neurosen erscheint das Verhältnis des lebendigen Daseins zur Zeit als ein genetisch wesentlicher Faktor. Dabei ist zunächst folgende Unterscheidung zu vergegenwärtigen: Der chronologische Verlauf der Zeit gibt den Maßstab für die Begrenzungen des ablaufenden Lebens, wie es sich im meßbaren Zeitraum biologisch erschöpft. Diese Zeit verschleißt gewissermaßen die biologische Substanz des Lebens bis zum Ende, während die innerlich erlebte, die subjektive Zeit als eine fortwährende Anreicherung des seelischen Lebens wirkt. Hier ist das zeitlich Gewesene nicht im abnutzenden Verlust fortgeströmt, sondern setzte sich substanzbildend und formend an die Persönlichkeit an.

Im Altern eines erfüllten Lebens gewinnen diese beiden Prozesse — der Ablauf des biologischen Daseins in der Zeit und das zeitliche Werden des seelischen Lebens — ein günstiges Verhältnis zueinander. Der fortschreitenden Verminderung des biologischen Daseins, mit der seine zeitliche Begrenztheit subjektiv immer deutlicher in Erscheinung tritt, entspricht eine reiche Innenschau in der sich das Gewesene als sinnerfülltes Ganzes ordnet. Die Impulse zum Dasein werden jetzt weniger aus jenem „noch nicht" mit seinem sehnenden Vorgriff in die Zukunft geschöpft, sondern aus einem stetigen Insichberuhen, daß das noch Kommende zu dem Vorhandenen fügt.

Neurosen entstehen in diesem Lebensabschnitt, der der endgültigen Alterung vorausgeht, wenn in der Vollendung der Persönlichkeit diese Schau nicht erreicht werden konnte. Sie enthalten den Protest gegen die drohende Einsicht, daß die vermeintliche Sinnerfüllung des Lebens eine trügerische ist und daß die geschaffenen Lebenswerte nicht adäquat sind. Sie bekunden weiterhin ein ängstliches Drängen nach der noch ausstehenden Vollendung, das als hastiger und unharmonischer Entwurf auf das Leben erscheint, oder auch einen verzweifelt-resignierenden Verzicht, der mit psychogenem körperlichem Versagen motiviert wird. Über allem steht die leere Einsamkeit, der der Enttäuschte durch Selbstflucht zu entkommen sucht. Auch hier, wie bei der vorausgehenden Beschreibung der anderen kritischen Lebensabschnitte, zeigt diese Betrachtung nur die Thematik der Neurose im entwicklungspsychologischen Aspekt, während ihr individuelles Thema mit den anderen psychologischen Methoden aufzusuchen ist.

Die Neurosen, die in den beschriebenen vier Lebensabschnitten auftreten können, erhalten dann bei dem männlichen und bei dem weiblichen Geschlecht ihre typischen Prägungen.

III. Entstehung und Therapie der Neurose im Aspekt des „Verstehens"

Erfahrungsbildung des Neurotikers. Wie wir oben ausführten, ist die Entwicklung der individuellen Anlagen zu persönlichkeitsbildenden Eigenschaften weitgehend davon abhängig, wie das Leben erfahren wurde. Die Erfahrungen selbst, in denen die Persönlichkeit in bestimmten Relationen zur Welt mit dieser verschmolz, liegen in ihr und erscheinen einer individuellen Assoziation folgend im Bewußtsein, sobald ihre Zuständigkeit im Vollzug des Lebens berührt wird. Dabei zeigt sich die Eigentümlichkeit, daß sie synchron mit dem Wachsen der Persönlichkeit ihre Bedeutungsinhalte erweitern, so daß z. B. auch frühe Erfahrungen, wenn sie durch eine gegenwärtig erlebte Situation auf den Plan gerufen werden, als adäquate Orientierung der weitergereiften Persönlichkeit erscheinen. Es reift also nicht nur die Persönlichkeit durch ihre Erfahrungen, sondern auch die Erfahrungen der Persönlichkeit reifen mit ihr mit.

In grober schematischer Vereinfachung könnte man weiter sagen, daß jedem Erfahrensbereich ein bestimmter Sektor der Persönlichkeit entspricht. Alle diese Persönlichkeitsanteile erfahren ihre gemeinsame Weiterentwicklung in dem dynamisch bewegten Ich durch Erlebensinhalte, die zur individuell gestalteten Erfahrung, d. h. eigentlich zur Selbsterfahrung werden. Hierbei bildet die vorhandene Erfahrung den festen Bezug für die Gestaltung und Wertung der neu entstehenden. Beim Neurotiker findet man jedoch, daß ein bestimmter Geschehensablauf seines Erlebens nicht mit der Bildung einer Erfahrung abgeschlossen werden konnte. Es entstand lediglich eine zwiespältige Gefühlsresonanz, die eine echte Entscheidung für eine Erfahrung nicht zuließ. Es konnte also nicht zu einer auswertenden Verarbeitung kommen. Damit aber stockt die Kontinuität der weiteren Erfahrungsbildung in diesem „Persönlichkeitsanteil". Erlebnisse, die nun in seine Zuständigkeit fallen, werden jetzt nicht als Ergänzung eines vorhandenen Standpunktes verarbeitet, sondern bringen nur jene zwiespältige Resonanz von neuem zum Anklingen. Die Weiterentwicklung der Persönlichkeit erfährt damit eine partielle Hemmung, da der betroffene Persönlichkeitsanteil jetzt nicht mehr im aufbauenden Erleben der Erfahrung mit der Gesamtpersönlichkeit kommuniziert. Er hat nun nicht mehr Anteil an dem Entwurf, mit dem die Gesamtpersönlichkeit im gerichteten Verbundensein mit der Welt ihre seelische Wirklichkeit erlebt.

Diese Zusammenhänge spiegeln sich im Verhalten des Neurotikers deutlich wieder. Das Persönlichkeitsbild zeigt gewisse Unebenheiten, die weder charakterologisch noch in der phänomenologischen Repräsentation mit der Gesamtpersönlichkeit aufgehen. Dort, wo die Aussage eines gewissen Persönlichkeitsanteils zu erwarten wäre, erscheinen Kompensationen, die als unzulänglicher Ersatz wirken müssen, da sie aus der Beteiligung und Erfahrung anderer, hier nicht zuständiger Persönlichkeitsareale bezogen wurden. So z.B. kann bei einer typischen Aussage eine vernunftsmäßige Einstellung die „Eigenlogik des Gefühls" ersetzen, oder das Aufklingen eines unvollständigen, aber intensiven Gefühlscharakters wird mit der Herstellung motivierbarer Resonanzen zur bewußten Darstellbarkeit komplettiert.

Natürlich ist dieses Verhalten von dem der eigenwillig geprägten Persönlichkeit zu unterscheiden. Wenn hier Unebenheiten des Profils deutlich werden, so tragen sie dennoch den Zug des Charakterisierenden. In der Gesamtrepräsentation findet man, daß dieser fragliche Persönlichkeitsanteil aus einem Überzeugtsein heraus, gemäß der bewußten Entscheidung der Persönlichkeit, in seiner Zuständigkeit eingeschränkt wurde, ohne aber in der Dynamik des weiterstrebenden Ichs fehlen zu müssen. Es kann so die Verhaltensweise eines persönlichkeitsentsprechenden Voreingenommenseins erscheinen.

Gefühlsbeteiligung des Neurotikers im gegenwärtigen Erleben. Die Persönlichkeitsverformung des Neurotikers ist am deutlichsten zu erkennen an der eigentümlichen Gefühlsbeteiligung, die dann zutage tritt, wenn jener durch die Neurose betroffene Persönlichkeitsanteil im gegenwärtigen Erleben — sei es auch nur durch das sondierende Gespräch — beansprucht wird. Wenn wir die hier erscheinende Gefühlsbeteiligung als eigentümlich bezeichnen, so ist damit nicht jene Persönlichkeitsfärbung gemeint, die durch die individuelle Ansprechbarkeit, die Tiefe des Erlebens oder durch Stimmungsausdruck bzw. -verlauf bedingt ist. Es handelt sich vielmehr um Gefühlsäußerungen, die das unharmonische Mitklingen dieses Persönlichkeitsanteils ausdrücken. So führt diese Gefühlsbeteiligung zu einem bezeichnend unangemessenem Verhalten, das auch bei verschiedenen Gesprächsgegenständen das Gleiche zu sein pflegt, wenn diese mit ihrer Grundthematik in denselben Bereich jener gestörten Erlebnisverarbeitung fallen. Ergibt sich im gegenwärtigen Erleben, sei es auch nur durch das Gespräch, eine sehr nahe Beziehung zwischen Erlebnisbeanspruchung und jener partiell gestörten Persönlichkeitsresonanz, so pflegt es sogar zu einer sichtbaren Intensivierung der bestehenden Neurose-Symptome zu kommen.

Die besondere Charakteristik erhält also jenes Verhalten durch eine Gefühlsbeteiligung, die mit ihrem rätselhaft bedrückenden Anklingen den Patienten zwingen kann, Scheinmotivierungen heranzuziehen, mit deren Hilfe er sich so zu bestätigen versucht, wie er sich bewußt erlebt.

Unbewußtes und Erfahrungsreproduktion. Wir vermeiden es, hier einfach von unbewußten Inhalten zu sprechen, die das bewußte Erleben und Verhalten charakteristisch beeinflussen, da eine solche Definition zu viele Fragen offenläßt. Die Psychoanalyse hat es vermieden, sich mit den Unterscheidungen innerhalb des Unbewußten, so wie sie von der Psychologie vorgenommen worden sind, auseinanderzusetzen und spricht verallgemeinernd dort überall von Unbewußtem, bzw. seinen Auswirkungen, wo die Äußerungen seelischen Lebens offenbar mehr enthalten, als die aktuelle Situation es zu bedingen scheint. Das Problem des Unbewußten soll später erörtert werden. Hier sei nur darauf hingewiesen, daß mit dem üblichen Vorgehen die für die Psychotherapie so wichtige Unterscheidung nicht getroffen wird, ob gewisse Äußerungen des seelischen Lebens zu deuten sind: 1. Als ahnender Vorgriff auf die noch nicht verwirklichte Existenz, deren im Unbewußten liegende Antizipierung im Bewußten nur als richtungsweisendes Drängen erlebt wird, oder ob 2. diese Äußerungen sich auf „Verdrängungen“ beziehen, die im Vergangenen innerhalb der Persönlichkeit stattfanden. Das Unbewußte kann also ebenso der Träger des Zukünftigen wie des Vergangenen sein. Die Psychoanalyse beschäftigt sich im wesentlichen mit dem Unbewußtwerden vergangener Erfahrung. Grundsätzlich wird man hierbei folgende psychologische Zusammenhänge zu berücksichtigen haben.

Erfahrungsinhalte erscheinen durch assoziative Verknüpfung mit dem jeweiligen Bewußtseinsinhalt in bewußter Vergegenwärtigung, wobei die Intensität ihres Erscheinens durch ihren Gefühlscharakter bestimmt wird. *Alle* Assoziationen verlaufen im Unbewußten, während ihre Ergebnisse als psychische Akte im Bewußtsein erscheinen. Aktverbindungen werden im Bewußtsein durch Kombination und kritische Determinierung geschaffen. Es entsteht ein psychischer Akt, wenn der aktuelle Erlebensinhalt der Persönlichkeit solche Assoziationen wachruft, die zu einer bewußten Ichstrebung verschmelzen können. Werden hingegen, wie dieses bei dem Neurotiker der Fall ist, Assoziation wachgerufen, die, trotzdem sie auf Erlebtem beruhen, nur einen „amphoteren" Gefühlscharakter tragen, so wird der psychische Akt im Entstehen mit dieser Gefühlsambivalenz belastet und muß weiterhin, um zu einer bewußten Ichstrebung werden zu können, andere Assoziationsverbindungen aufsuchen. Dieser psychische Akt ist dann gewissermaßen ein Stückwerk aus spontanen, jedoch zwiespältigen Gefühlen und Assoziationen, die entweder aus der Nachbarschaft der eigentlichen Themenrichtung entlehnt wurden oder über einen Impuls zu Gegenvorstellungen in deren Assoziationsbereichen mobilisiert wurden.

Das Unbewußte belastet also den Neurotiker nicht mit seinen verdrängten Inhalten. Es belastet ihn, weil es zu gewissen Themen des Erlebens nicht natürliche, erfahrungsgerechte Assoziationen zur Verfügung stellt, sondern nur zwiespältige Gefühlscharaktere anklingen läßt, die zudem mit unechten Motivierungen versehen werden müssen. Dieser Überlegung entspricht die praktische Erfahrung, daß der Neurotiker eigentlich nicht, wie es in herkömmlicher Formulierung heißt, an der Vergangenheit leidet, sondern er leidet auf Grund seiner Vergangenheit an der Gegenwart, die an charakteristischen Stellen von seinem Erleben nicht richtig erfaßt werden kann.

Belebung und Wiederholung des Konfliktes durch das gegenwärtige Erleben. In der Querschnittsanalyse des Patienten erscheinen diese Reaktionen, die das Erleben der Gegenwart betreffen, zunächst als Verhaltenseigentümlichkeiten. Die hier auftretende Gefühlsspannung steht nicht nur in einem Mißverhältnis zu dem objektiven Erlebnisinhalt, sondern auch zu seiner subjektiven Auswertung wie der Patient sie angeblich vornimmt. Überprüft man diese Anlässe, von denen so jeweils diese unbegründet erscheinende Erschütterung des Persönlichkeitsgleichgewichts ausgeht, so finden sich hier einige spezielle Situationen in der Umweltbeziehung des Patienten, in denen jenes Mißverhältnis am deutlichsten zutage tritt. Auch der Patient ist sich dessen bewußt, daß er hier mit Schwierigkeiten zu kämpfen hat. Nur werden diese Schwierigkeiten von ihm mehr oder weniger plausibel aus der aktuellen Situation heraus zu erklären versucht. Die nähere Analyse zeigt dann, daß all diese Anlässe sich an einen bestimmten Bereich innerhalb der Persönlichkeit wenden und daß besonders durch die zuletzt genannten Konfliktsituationen innerhalb der gegenwärtigen Umweltsbeziehung eigentlich dieser Persönlichkeitsanteil angesprochen wurde. Dieses partielle Versagen bei einem persönlichkeitsentsprechendem Verbundensein mit der Welt beruht, wie wir oben zeigten, darauf, daß ein Anteil der Persönlichkeit im Überfordertwerden in seiner Weiterentwicklung stagnieren mußte und an dem integrierten Aufbau der Persönlichkeit, die sich in wachsender Selbsterfahrung erlebt, nicht mehr teil hatte. Überall, wo im Erleben dieser Persönlichkeitsanteil sprechen müßte, erscheint an Stelle einer voll tönenden Resonanz aus der Tiefe der Persönlichkeit nur jene zwiespältige Gefühlsstimmung, die damals im Überfordertwerden entstand. Man könnte bildlich von einem partiellen Defekt der Persönlichkeit sprechen, der bei besonderer Beanspruchung immer wieder zutage tritt. So finden sich auch im Verhalten des Patienten die Bekundungen dieses Defektes selbst und weiter die Bestrebungen, seine Ausfälle kompensierend zu ergänzen. Da aber die Persönlichkeit die Tendenz hat, sich selbst, so wie sie ursprüglich angelegt ist, im Erleben zu finden, kann ein solches Provisorium nicht genügen. Jeder treffende Anlaß mahnt wieder an das Versäumte und läßt von neuem jene Kräfte im Widerstreit sich begegnen, die schon damals die fruchtbare Synthese zur erlebten Erfahrung nicht finden konnten. So werden alle neuen Erlebnisse, die in jenen Zuständlichkeitsbereich der Persönlichkeit fallen, zu Anspielungen auf ihr damaliges Versagen, und der erneute Versuch ihrer Bewältigung bewirkt nur eine Wiederholung jenes fruchtlosen Streites der damals sich begegnenden Gefühle und Tendenzen, der nun in das gegenwärtige Erlebnis übertragen wird.

Datierung der neurotischen Fehlentwicklung. Die Psychotherapie kommt hiermit zu folgenden Anhaltspunkten: Die schon charakterologisch feststellbare Disharmonie erfährt eine deutliche Darstellung in gewissen Situationen des gegenwärtigen Erlebens, die für den Patienten das Wiedererscheinen der alten Problematik bedeuten. Dabei ist sein Verhalten von denselben Ausdrucksformen beherrscht, in denen damals sein Überfordertsein krisenhaft zum Ausdruck kam. Hieraus ergibt sich ein Hinweis, in welchem Alter die neurotische Fehlentwicklung einsetzte. So z. B. wird ein Zwanzigjähriger, dessen Neurose vor 4 Jahren ihren Anfang nahm, in gegenwärtigen Erlebnissen, die eine analoge Wiederholung jenes grundsätzlichen Selbstkonfliktes heraufbeschwören mit dem Verhalten eines überforderten Sechszehnjährigen reagieren, nicht aber mit der Ausdrucksweise etwa eines Zehnjährigen. Verfolgen wir lediglich analytisch die Vorgeschichte des Patienten, so werden wir stets finden, daß er auch schon früher in ähnlichen Situationen große Schwierigkeiten hatte. Damit wird aber nur eine Persönlichkeitsanlage aufgezeigt, die an bezeichnender Stelle ihre Schwächen hat. Die Fehlentwicklung der Persönlichkeit, die Neurose, setzt erst mit jenem Punkt ein, wo das kritische Erleben nicht mehr zur Selbsterfahrung wurde, sondern als lähmende Überforderung einen Teil der Persönlichkeit im Stillstand verharren ließ. Jene frühen Erinnerungen, die in der Analyse auftauchen, führen also nicht auf das „originäre Trauma", sondern sie sind die typischen Anzeichen einer problematischen Entwicklung, die bis zur Erreichung jenes kritischen Punktes noch ihr Gleichgewicht bewahren konnte. So findet man auch, daß in den damals entstandenen Reaktionen noch die gesamte Persönlichkeit im integrierten Zusammenspiel enthalten ist, wenn auch die Erlebnisverarbeitung mit einer typischen Abwegigkeit vorgenommen wurde. Die Entwicklung kulminiert so zu der sie bedrohenden Störung, wobei ungünstige Umweltkonstellationen beschleunigend wirken und günstige umgekehrt. Ebenso ist auch zu berücksichtigen, daß ein gewisser Reifungsgrad erst erreicht werden mußte, ehe die Probleme, die die Überforderung enthielten, für die Persönlichkeit faßbar wurden. Man wird also die

Analyse des Patienten auf jene Zeitspanne einstellen, in der — wie diese Überlegungen zeigen — die Neurose vermutlich ihren Anfang nahm. Ein noch weiteres systematisches Zurückgreifen in der Analyse hat meist zur Folge, daß dem Patienten die Schwächen seiner Anlage bewußt gemacht werden und er mit dem Verstehen seiner Biographie mutlos wird. Natürlich aber muß der Arzt sich über den entwicklungsmäßigen Längsschnitt des Patienten orientieren und seine Beziehungen zu der Neurose erkennen. Jedoch ist dieses ohne eine systematische Psychoanalyse möglich.

Dynamik der Symptome. In den Ereignissen, mit denen die Neurose ihren Anfang nahm, finden jene eben besprochenen eigentümlichen Verhaltensweisen des Patienten ihre originäre Belegung. Ihre Bedeutung wird durch die Aussagen der Neurose-Symptome in symbolisch verdichteter Form wiederholt. Diese Aussage erfolgt nicht nur durch das Symptombild selbst, sondern auch dadurch, wie das Symptom vorgetragen wird, wie es subjektiv empfunden und anschaulich beschrieben wird und wie seine Intensität wechselt. Sind die Anlässe des Intensitätswechsels in dem Gemeinsamen ihrer Bedeutung erkennbar geworden, so wird es bei einem dahin gerichteten Gespräch zu einem charakteristischen Verhalten der Symptome und ihres Trägers kommen, das als bestätigender Hinweis gilt.

Trauma und Neurosebeginn. Wird also die Analyse nach diesen Gesichtspunkten gelenkt, wobei sich auch stets jenes charakteristische Versagen der Persönlichkeit bei dem Gestalten einer tragenden Umweltbeziehung erkennbar zeigen muß, so werden auch jene Ereignisse, mit denen die Neurose ihren Anfang nahm, mit ihrer inhaltlichen Bedeutung eruierbar. Bei diesem, gleichsam gezielten Vorgehen, ist allerdings zu berücksichtigen, daß die Geschehnisse selbst eigentlich nie unbewußt, sondern nur ihr individueller Bedeutungsinhalt unbewußt war und weiterhin, daß oft ihr Ablauf nicht ein dramatischer war. Das Überspieltwerden einer versagenden Persönlichkeit, die damit in eine Neurose gerät, kann sich auch in aller Stille vollziehen und ebenso kann der Anstoß hierzu nicht nur ein „Trauma", sondern eine inhaltlich verbundene Ereignisfolge sein. Dieses richtet sich weniger nach dem Ausmaß des Erlebnisses als nach der Persönlichkeitsveranlagung. So z. B. findet man diese Art der Neuroseentstehung bei dem Typ jenes gutartigen Egoisten, der temperamentarm und beschränkt sich seine Welt zu sichern suchte, oder den ständig versagenden Selbstunsicheren, der antriebsscheu und schwunglos eines Tages den entscheidenden Kontakt endgültig verloren hat und nun kompensierend eine Neurose aufbaut.

Therapeutische Interpretation des gegenwärtigen Verhaltens und Erlebens. So gelten in dieser Betrachtungsweise die entscheidenden Erlebnisse eigentlich nicht als seelische Traumen. Es scheint eher, als ob diese Ereignisse ihre inhaltliche Gestalt durch den Erlebenden erhalten. Da aber das Seelische des Menschen sich als *Erleben verwirklicht*, muß auch jede Änderung, die sich hier vollzogen hat, mit ihrem Bezug im Erlebten gesehen werden, wenn dieser auch nur als entscheidender Anstoß zu werten ist. Wesentlich ist aber, daß — wie vorhin ausführlich gesagt — die Antriebsstrebungen, die in einem solchen Erlebnis so charakteristisch auftreten, in ihrer ungelösten Disharmonie nicht den Anschluß zu den weiteren Strebungen dieser Persönlichkeit vermitteln konnten, so daß die durch alle Schichten schwingende Resonanz, mit der das Ich sich selbst im Erleben bestätigt, nicht erfolgte. Wie wir sahen, lösen auch alle weiteren Erlebnisse, in denen der Patient dieselbe Grundthematik anklingen spürt, jene Disharmonie der unvollendeten Teilstrebungen von neuem aus. Interpretiert man aus Gründen der therapeutischen Anschaulichkeit diesen Vorgang von der Erlebnisseite her, so kann man dem Patienten zeigen, daß jeder solche Anlaß ihm nur dazu dient, die alte Auseinandersetzung mit all ihren Unvollkommenheiten noch einmal zu versuchen. Der Raum des gegenwärtigen Erlebens wird zur Kulisse des Vergangenen. Menschen, die dem Patienten hier begegnen, erscheinen ihm als die Akteure des vergangenen Spiels. Die nicht abgeschlossene Vergangenheit versucht gleichsam mit jedem sich bietenden Anlaß, sich zu wiederholen, um endlich als erlebte Erfahrung in der Persönlichkeit ruhen zu können.

Da aber diese verfälschenden Voraussetzungen nur für den Patienten bestehen, da nur sein drängendes Gefühl ihn unbewußt so handeln läßt, verschlechtert sich der Kontakt mit seiner Umwelt, die er nicht mehr im adäquaten Erleben erfassen kann. Die Therapie wird ihm also immer wieder auf Grund der Anschaulichkeit seines Verhaltens zeigen können, wie er im Erleben an seiner Wirklichkeit vorbeigeht, um statt dessen dem Vergangenen zu erliegen. Wie oben erwähnt, pflegt auch eine der *tragenden* Beziehungen im Leben des Patienten in dieser Weise verfälscht worden zu sein, weil der Entwurf der Gesamtpersönlichkeit auf das Leben an einer entscheidenden Stelle zerstört wurde. Die Interpretation dieser Verfälschung und das Aufzeigen des wahren Zusammenhanges ist ein wichtiges und auch dankbares Anliegen der Therapie. Mit Hilfe dieser Einsicht wird es also dem Patienten möglich gemacht werden, verfehltes, gegenwärtiges Erleben kritisch sehen zu können und zu korrigieren. Wir gehen dabei von der bildhaften Interpretation der „Übertragung“ aus, um dem Patienten mit Hilfe eines hohen Maßes von Anschaulichkeit, erlebnishaft zu fesseln und seine Gefühlsbeteiligung zu alarmieren. Die methodische Richtschnur ist hierbei, den durch die Neurose geschaffenen Persönlichkeitsdefekt, so wie er charakterologisch sich zeigte, wieder aufzubauen. Meistens ergibt sich dann, daß Antriebsstrebungen, auf Grund derer sich die Person als individuelles Ich in ihrem Bezug zu anderen Menschen erlebt, nicht zum Einklang kamen und daß daher auch die für diese Persönlichkeitsstruktur vorgegebenen Verbindungen zu den Strebungen der anderen Schichten an den jeweils charakteristischen Punkten nicht hergestellt werden können.

Therapeutische Interpretation der Symptome. Auch die *Therapie* der Neurose-Symptome erfolgt nach dem Prinzip, die vorhandene Erlebnisgestaltung als persönlichkeitsfremde Selbsttäuschung zu erhellen. Dabei ist weniger auf die kausale Entstehung des Symptoms abzuheben, als vielmehr darauf, daß seine symbolische Aussage wie ein Leitsatz über dem verfehlten Erleben des Patienten steht und daß die gelegentlich auftretende Intensivierung der Symptome stets eine aus der Situation verständliche Beschwörung dieses Leitsatzes bedeutet. Die therapeutische Gestaltung der Übertragung wird bei der Darstellung der Therapie im einzelnen erörtert werden.

Neurose und Angst. Wir haben vorhin darauf hingewiesen, daß die Gefühlsbeteiligung, mit der das sogenannte Trauma erlebt wird, mit ihrer Reichhaltigkeit und ihrer Intensität über die unmittelbaren Gegebenheiten jener Geschehnisse weit hinauszureichen pflegt, und daß die Zwiespältigkeit dieser Gefühlsregungen in charakteristischer Weise das Überfordertsein eines „Persönlichkeitsanteiles“ bekundet, dessen auch künftiges Versagenmüssen mit diesem Anlaß manifest wurde. Das subjektiv Bedrückende erhält diese nun immer wieder in Ahnungen und Anspielungen aufklingende Gefühlsstimmung durch das Offenbleiben eines Entscheides, dessen Tragweite bis in das Grundsätzliche dieses individuellen Daseins reicht. Damit gibt sich eine Veränderung des *Lebensgefühls* in dem trotz aller Kompensationen die Angst vor einer unausweichlichen Mahnung mitschwingt. Jedoch kann diese Mahnung nicht vergegenwärtigt werden. Die innere Unstimmigkeit wird nur als anonyme Angst erlebt, die das Sichbefinden der Persönlichkeit durchdringt. Der Patient wird damit gewissermaßen in seiner Stellung zu seiner Welt disloziert. Es lockert sich jenes unmittelbare Verbundensein, in dem die Welt sich als ein Ort der Erfüllung, als heimatlicher Besitz zeigt. Der Entwurf, mit dem er sich selbst in seiner Welt wiederfinden möchte, ist ins Stocken gekommen.

Diese Veränderung des Lebensgefühles bringt es mit sich, daß Erlebensinhalte, in denen der Mensch das Dasein als glückliche Offenbarung einer unermeßlichen Wertfülle erleben kann, nur noch als scheues Anklingen erscheinen, das sofort der Verdrängung anheim fällt. So wird dann ein weher Verzicht übertönt von dem Gefühl der Genugtuung, einer Enttäuschung entgangen zu sein, die durch eine trügerische Illusion bewirkt worden wäre.

Trauma und Eutychia. Es findet sich jedoch, daß der Neurotiker vor dem Beginn seiner Persönlichkeitsverformung auch in diesem Sinne individuell vollwertig im Leben reagierte. So hatte auch das Gefühl des glücklichen Erfülltseins mit seinem tiefen Bedeutungswert sein Leben bereichert. Er hatte damit die gelegentliche Bestätigung jenes drängenden Suchens erlebt, in dem der Mensch seinem „Gerichtetsein" folgt. Es handelt sich dabei also nicht um die Gemütsverfassung der wunschlos heiteren Zufriedenheit, die stets nur eine passagere, glückliche Abstimmung des Ichs mit seiner Welt bedeutet, sondern um jenes befreiende Selbstvergessen in dem das Erlebnis selbst nur als wahrnehmbarer *Mittler* der geschauten *Werte* dient. Jedoch wurden auch diese Momente einer ahnenden Selbsterfahrung verdrängt, nachdem die mit dem Beginn der Neurose statuierte Persönlichkeitsverformung jene echte seelische Wirklichkeit nicht mehr bestätigen konnte. In der neurotischen Fehlentwicklung der Persönlichkeit bilden diese Erlebnisse als Ausdruck positiver Daseinserfahrung („Eutychia") die individuelle Entsprechung zu dem Trauma mit seinem negativen Erlebensinhalt[1]. Beiden Erlebensformen gemeinsam ist, daß der äußere Anlaß eine Ichentfaltung entstehen läßt, in der eine tiefgreifende Mobilisierung individueller Strebungen erfolgt. Im ersten Falle kommt es zu einem Zusammenklingen aller Strebungen, das in seiner vollkommenen Harmonie nicht mehr die Akzentuierungen des sich selbst als Person behauptenden Ichs erkennen läßt. Das Ich erfährt jetzt das Dasein wie in einem Vorgriff auf seine kompromißlos glückliche Vollendung. Im zweiten Fall erscheinen die Strebungen des personellen Ichs in nicht vereinbarer Divergenz und lassen eine bis jetzt als vorgegeben empfundene Daseinsverwirklichung als unmöglich erscheinen.

Die Analyse muß sich also auch um die Erhellung der zuerst genannten (gewissermaßen positiven) Verdrängungen bemühen. Diese lassen dann Höhepunkte der individuellen Entwicklung erkennen, mit denen das Gerichtetsein der Persön-

[1] Wendt, C.-F.: Psychisches Trauma und Eutychia. Z. Psychother. u. med. Psychol. 3, 204 (1953).

lichkeit in gleichnishaften Anlässen seine Bestätigung erlebte. Natürlich sind hiermit nicht Höhepunkte im Sinne einer ethischen Norm, sondern im Sinne des individuellen Wertes gemeint. Oft erscheint so die Neurose nicht wie ein Schicksalseinbruch in ein schwaches Persönlichkeitsgefüge, sondern als verständliche Folge einer Persönlichkeitsentwicklung, die durch die Tendenzen ihrer Struktur gefährdet war.

Die Therapie kann nun dem Patienten zeigen, daß in seinem Unbewußten nicht nur ihn bedrückende Inhalte schlummern, sondern, daß er *auch* das Erlebenkönnen des vorbehaltlosen Glücklichseins aus seiner Selbsterfahrung verdrängte. Das Wiederbeleben dieser Erinnerungen und das Erkennen, warum sie ihrer starken Erlebniswerte entkleidet, als trügerisch oder belanglos vergessen werden sollten, pflegt ein unmittelbares Anklingen jener verbannten Gefühlscharaktere zur Folge zu haben. Es kündigt den Wiederbeginn der ursprünglichen Erlebnisfähigkeit an, der für die Synthese der verformten Persönlichkeit von so großer Bedeutung ist. Hier findet der Patient *sich selbst* in seinen Gefühlen wieder, während die Interpretation des Traumas ihm aufgibt, sich *in der Zerrissenheit* seiner Gefühle zu erkennen. Bei der Analyse und Gestaltung seines gegenwärtigen Erlebens wird dann dem Patienten anschaulich interpretiert, daß er auch jene Gefühle, wenn sie in typischen Situationen als echte Resonanz anklingen wollen, verdrängt und mit erzwungenen Gemütsbewegungen anderer Aussage ersetzt.

Wiederaufbau der Persönlichkeit. Zum Entstehen der Neurose ergibt sich also ein vielseitiges Material, das von verschiedenen Gesichtspunkten her mit jeweils entsprechendem methodischen Vorgehen gefördert werden kann. Die therapeutische Anwendung dieses Materials hat den Wiederaufbau der Persönlichkeit zum Ziel, so wie er dem Angelegtsein ihrer Struktur und ihrer Gestaltidee entspricht. Damit ergibt sich auch die Behandlung der anthropologischen Frage, indem die Persönlichkeit mit dem Bewußtwerden ihres Daseins vor dem Hintergrund *ihrer anthropologischen Idee* erscheint. Diese *gegebene* Beziehung ist dann nur zu erhellen, nicht jedoch zu konstruieren. Alle therapeutischen Maßnahmen müssen, da sie dem Wiederaufbau der Persönlichkeit dienen, in einem Kontakt erfolgen, der die *gefühlshafte Beteiligung des Persönlichkeitsganzen* und besonders dort, wo es in seiner Verwirklichung gehemmt wurde, zum Mitschwingen bringt. Der Bedeutungsinhalt des vergangenen und des gegenwärtigen Erlebens wird darum dem Patienten nur so interpretiert, daß die vermittelten Einsichten in ihm stets ein evidentes und erlebnishaftes Selbstbetroffensein auslösen.

Widerstand und Übertragungen. Das Gewahrwerden dieser zwingenden Resonanz löst so zunächst ein krisenhaftes Schwanken im Gefüge der verformten Persönlichkeit aus. Das beharrliche Verlangen, die *vermeintliche* Identität zu bewahren, und die wiedererweckten Strebungen des *wahren* Ich begegnen sich im Widerstreit. So ist der Patient teils im Widerstand unzugänglich, teils in erlebten Einsichten aufgeschlossen. Zu diesem Zeitpunkt pflegen Träume und auch Fehlleistungen mit deutlicher Aussage den Stand der inneren Auseinandersetzung widerzuspiegeln. Ebenso entstehen jetzt in verstärktem Maße Übertragungen mit denen der Patient diese Auseinandersetzung und ihre tiefen Beweggründe mit gleichnishafter Umdeutung seiner gegenwärtigen Umweltsbeziehungen abreagieren möchte. Er sucht hier gewissermaßen die Bestätigung seiner Neurose, indem er, ohne es zu wissen, die ihn bedrängenden Zweifel und die von ihm getroffenen neurotischen Scheinlösungen in sein gegenwärtiges Erleben hereinfälscht.

Nun bedeutet aber nur die unerkannt entstehende und sich festigende Übertragung ein schweres Hindernis in der Behandlung. Wird hingegen ihre Entstehung vorausgesehen, werden Inhalt und Tendenzen rechtzeitig erkannt, so läßt sie sich zum wirksamen Mittel der Therapie formen. Es ist dann nicht nur möglich, die ungünstigen Übertragungen zu unterbinden, sondern es können auch weiterhin therapeutisch brauchbare Übertragungen hervorgerufen und so gelenkt werden, daß ihre Auflösung dem Patienten die Wege seines Ausweichens, sein Verhaftetsein in den sterilen Scheinlösungen seines inneren Zwiespaltes mit überzeugender Anschaulichkeit zeigt.

Spezieller Teil

Die methodische Konzentrierung der Psychotherapie mit Hilfe des „Verstehens"

A. Die „verstehende" Persönlichkeitsanalyse und ihre methodischen Mittel

I. Das Erfassen der Antriebsstruktur mit der Methode des Verstehens

Bei dem Aufriß der Persönlichkeitsanalyse, den wir im vorausgehenden gaben, gingen wir von einer Schichtenstruktur aus, die einer dreiteiligen Triebordnung entspricht. Diese vermag ein Anschauungsbild der seelischen Wirklichkeit zu vermitteln, wenn in der *jeweils individuellen Integration* der Triebschichten das Wesensbedingende der Persönlichkeit gesehen wird, nicht aber wenn eine Schicht oder auch nur eine Triebgruppe in ihr als der lebendige Träger des Seelischen angesehen wird, der mit seiner Dynamik alle anderen Antriebe als zweckbedingte Variationen jenes Grundthemas in Gang setzt. Wie aus dem Aufbau unseres Ansatzes ersichtlich war, wird aber die Analyse der Persönlichkeit nicht allein aus ihrem integrierten Antriebsverhalten hergeleitet, da auch ein solches Vorgehen in seiner Vereinfachung nicht der Wirklichkeit gerecht werden könnte. An bevorzugter Stelle steht die Analyse der individuellen Antriebsstruktur lediglich aus Gründen methodischer Zweckmäßigkeit. Wir folgten hierbei diesen Überlegungen.

1. Das Ganze der Persönlichkeitsanalyse umfaßt die Wesenseigentümlichkeiten eines Menschen, seine Verhaltensweisen, seine Gestaltungsmöglichkeiten im Wirken und ihren Widerspiegel im Erleben. So wird die Persönlichkeitsstruktur zum Schlüssel der Biographie und diese zur Gestalt des entfalteten Lebens. Methodisch kann das Ganze jedoch nur von der Vergegenwärtigung im einzelnen her erfaßt werden. So ist es unumgänglich, an und für Zusammengehöriges zunächst zu trennen, um gleichsam mit künstlich geschaffenen Stufen der kontinuierlichen Bewegung des fließenden Zusammenhanges folgen zu können. Die Analyse des individuellen Antriebverhaltens steht hierbei an bevorzugter Stelle, weil hier die Möglichkeiten und Tendenzen des individuellen Seins sich am deutlichsten abzeichnen. Da das seelische Leben in seiner Gesamtheit auf Verwirklichung ausgerichtet ist, erscheinen seine Äußerungen dort am erkennbarsten, wo das individuelle Streben nach Teilhabe und Auseinandersetzung mit der Welt als Entwurf

erscheint. Die Antriebe in ihrer individuellen Integration beleuchten so einmal die Beschaffenheit der Persönlichkeit selbst und andererseits die Weisen ihrer Verbundenheit mit der Welt im Erleben. Hierbei wird man jedoch berücksichtigen müssen, daß Antriebe in jener Isolation, wie sie die allgemeine Psychologie auf Grund ihrer speziellen Fragestellungen herstellt, im seelischen Leben der Persönlichkeit nicht vorkommen. So sind in der Dynamik jenes Antrieberlebnisses Gefühl und Wille wesenshaft mitenthalten und schließlich sind auch Wahrnehmung, Gedächtnis und Denken als individuelle Qualitäten hemmend oder fördernd, stets aber prägend an seinem Vollzug beteiligt.

Es wäre theoretisch durchaus möglich, die Erfassung der Persönlichkeit von der Analyse ihres Wollens oder ihrer Gefühlszustände her einzuleiten. So könnte man z. B. zunächst prüfen, auf welcher Wahl und Entscheidung das Wollen im Erleben beruht, welche Tendenzen im Abwägen durch den Willen vertreten werden mußten, um dann die Charakterisierung der Persönlichkeit von den Gesichtspunkten der Motivation, der Entscheidung, Planung und Ausführung ihres Wollens her zu beginnen. Ebenso könnte die Persönlichkeitsanalyse auch mit der Erforschung der Gefühlszustände des Patienten beginnen. Die phänomenologische Betrachtung der Gefühle könnte dann zeigen, daß diese einmal mit dem Bewußtsein einer unmittelbaren Ich-Qualität erlebt werden und so die Persönlichkeit und ihre Struktur charakterisieren, und daß die meisten Gefühle durch die Begegnung mit der Welt wachgerufen und thematisch gestimmt werden und damit das individuelle Erleben charakterisieren. Ein solches analytisches Vorgehen würde dann schließlich die Beziehung zu erkennen versuchen, in welcher sich die aufklingenden Gefühle zu den auftretenden Strebungstendenzen setzen, wobei sich dann das individuelle Wertverlangen und seine Realisierungsweisen als ein dynamisches Werden wiederspiegelt. Wie man sieht, führt letzten Endes jede der angewandten Betrachtungsweisen zu einer Schau auf das Ganze der Persönlichkeit hin, jedoch ist keiner dieser Ausgangspunkte, sei es Antrieb oder Wille oder Gefühl, so beschaffen, daß die jeweils beiden Übrigen als von ihm abhängige Folgeerscheinungen verstehbar würden. In jedem dieser Blickpunkte sind vielmehr die zwei anderen wesensbedingend mit enthalten und es entspricht nur der methodischen Notwendigkeit, daß sie nebeneinander und mit Hilfe einer künstlichen, provisorischen Trennung erforscht werden müssen. Wie schon gesagt, ist es praktisch am günstigsten die Analyse der Antriebsstruktur und des Antriebsverhaltens voranzustellen, da hier die originäre Thematik des menschlichen Soseins schon mit objektiven Richtungshinweisen durchklingt und die Analyse so zu lenken vermag.

Der eben skizzierte Exkurs — auf die Darstellung der ähnlich bestehenden Relationen zu Wahrnehmung, Gedächtnis und Denken und ihrer gelegentlich auftretenden Schwerpunktbildung im Ganzen der seelischen Funktionen wurde dabei verzichtet — scheint notwendig, da psychotherapeutische Ansätze, in denen der eine oder der andere dieser Ausgangspunkte mit Scheinschlüssigkeit fälschlich verabsolutiert wird, in großer Zahl vorliegen. Ferner sollte hiermit deutlich gemacht werden, daß unsere Vorschläge zur Persönlichkeitsanalyse und Psychotherapie nicht aus einer in sich geschlossenen psychologischen Theorie entwickelt werden, sondern den Methoden der „verstehenden Psychologie“ folgen. Es läßt sich daher nicht vermeiden, daß die Betrachtung dort den Gesichtspunkt wechselt, wo die Grenzen dieser Blickrichtung jeweils methodisch erreicht sind, und daß der Eindruck des Ganzen der Persönlichkeit so nur aus der Schau über das Sichergänzende entsteht.

2. Das psychologische Verstehen als Methode der Persönlichkeitsanalyse richtet sich seinem Wesen gemäß auf die Erhellung inhaltlicher Zusammenhänge. Nun erscheinen seelische Inhalte nicht als etwas Fixes, sondern als etwas Werdendes. Sie entstehen in der Auseinandersetzung mit den Möglichkeiten des Seins, indem die Persönlichkeit im gestaltenden Eigenverhalten und im geformten Sichangleichen ihre Verwirklichung erstrebt. Als Bestandteile des seelischen Lebens sind so die Inhalte durch ihre Bewegung charakterisiert. Ein Verstehenwollen des seelischen Lebens muß sich daher auf jene Dynamik richten, die das, was wir seelische Funktionen nennen, im fließenden Zusammenspiel als individuelle Verwirklichung integriert. Eine Persönlichkeitsanalyse, die sich auf die Methode des Verstehens stützt, wird also zweckmäßig von den Antrieben ausgehen und sich zu vergegenwärtigen suchen, wie diese im Zusammenspiel des Ganzen das Erleben mit jeweils individueller Bewegung gestalten.

a) Zur Methodik des „Verstehens“ [1]

Verstehen der Phänomene. Hinsichtlich des Methodischen des „Verstehens“ ist noch auf folgende Unterscheidungen aufmerksam zu machen: Das phänomenologische Verstehen beschränkt sich auf das vergegenwärtigende Verstehen seelischer Einzeltatsachen. So z. B. ist der Geltungstrieb oder das Gefühl der Sympathie oder das Wollen in der Entscheidung in unmittelbarer Evidenz verstehbar. Ebenso hat die Wahrnehmung charakteristischer Gesten, der Physiognomik usw. ein unmittelbares Verstehen zur Folge. Dieses Verstehen bezieht sich also nicht auf die Zusammenhänge, sondern auf die Konstatierung von Einzeltatsachen des Seelischen, die nur auf diese Weise als „seelische Realität“ erkannt werden können.

Verstehen des Zusammenhanges. Darüber hinaus ist das Verstehen von Zusammenhängen und ihrer Entstehung im Seelischen der eigentliche Bereich der verstehenden Psychologie. So können z. B. Verhaltensweisen eines Menschen aus seiner Stimmung, Handlungen aus ihrer Motivation, Gefühle aus bevorstehenden Erwartungen verstanden werden. Das Verstehen erfolgt hier aus der Evidenz des Nacherlebenkönnens, wobei alle seelischen Bezüge dieses Erlebens sich herstellen, während aber die Identität des letzten Endes nicht betroffenen, sondern nur nachvollziehenden Ichs gewahrt bleibt und die kritisch wertende Einordnung dieses im Verstehen Erlebten erlaubt.

Verstehen als Ergreifen von Zusammenhängen. Nun ist dieses Verstehen jedoch nicht auf die Vergegenwärtigung jener Zusammenhänge beschränkt, die in ihrer Allgemeinhaftigkeit zu dem Bestand jeden Erlebens schlechthin gehören. In der Persönlichkeitsanalyse und besonders bei der Erhellung einer Neurose stoßen wir auf Zusammenhänge in der Biographie bzw. in der Persönlichkeitsstruktur, die zwar *existent* sind, von der Persönlichkeit jedoch *nicht bemerkt* wurden und nun

[1] Die folgenden Überlegungen gehen von den JASPERS'schen „Verstehensbegriffen“ aus. Ihre Weiterführung im Sinne der psychotherapeutischen Fragestellungen wird versucht. Die Unterscheidung des *Verstehens der Phänomene* und des *Verstehens des Zusammenhanges* als methodische Ausgangsposition ergab sich aus dieser Zielsetzung.

nachträglich zum Gegenstand eines evidenten Erlebens gemacht werden können. (Ebenso können in der nicht zweckbedingten Forschung Zusammenhänge mit Evidenz erlebt und damit verstanden werden, die, da der ihnen gemäße Blickpunkt nicht gefunden wurde, bis dahin zwar existent waren, jedoch unbemerkt bleiben mußten.)

Bewußte und außerbewußte Zusammenhänge. Es erscheint hiermit die für die Psychotherapie so wichtige Frage der *unbewußten Inhalte* und ihrer Bedeutung. Im Sinne des Verstehens, das wir in der Psychotherapie für die Methode der Wahl halten, ist hier folgendes zu unterscheiden: Zusammenhänge im Seelischen einer Persönlichkeit, die mangels der geeigneten Einstellung nicht bemerkt wurden, können erst zum Inhalt des Bewußtseins werden, wenn ihr Verstehen mit dem Charakter des unmittelbaren Erlebens vollzogen worden ist. Sie sind dabei so viel und so wenig unbewußt, wie z. B. das in der Natur existente Zusammenspiel chemischer Kräfte vor seiner Entdeckung durch den Menschen. Echte nichtbewußte Zusammenhänge bestehen dort, wo etwas seinem Wesen nach nicht Erlebbares, sein Erscheinen als gesetzmäßig begründet darstellt. Der hier vorhandene Zusammenhang ist und bleibt nicht bewußt und kann nur mit Hilfe der Kausalität dargestellt werden. So z. B. ist der Zusammenhang von hoher Körpertemperatur und der Wahrnehmung von bedrohlichen Veränderungen im Tapetenmuster nur als kausaler zu begreifen, während der Zusammenhang von schlechtem Gewissen und Umweltverkennung ein „verstehbarer" ist. Die meisten Erscheinungen des Körpers und der Natur werden als Phänomene erlebt, während ihre Einordnung und auch das Verhalten ihnen gegenüber von kausalen Erkenntnissen mitbestimmt wird. Ebenso sind in allen Begegnungen des Lebens verstehbare und kausale Zusammenhänge miteinander verflochten. Wird z. B. ein Mensch von einem anderen geschlagen, so richtet sich das Ausmaß und der Charakter seiner Schmerzäußerung einmal nach der Gewalteinwirkung (kausaler Zusammenhang) und weiter nach seinem persönlichen Betroffensein auf Grund des Geschlagenwerdens (verstehbarer Zusammenhang). Der heftige Schlag, den ein Boxer erhält, läßt ihn die Bedrohung durch die Niederlage erleben, während die ungerechte Ohrfeige, die ein Lehrjunge empfangen hat, mit den Gefühlen der Verbitterung, des Hasses und der Auflehnung erlebt werden mag. Der verstehbare Zusammenhang in den beiden letzten Beispielen ist also ein ganz verschiedener, während der kausale Zusammenhang der gleiche ist. Ursache und Wirkung entsprechen dabei wohl der bestätigten Erfahrung, ohne aber als solche erlebbar zu sein. Auch das evidente Wissen um das unangenehm Schmerzhafte eines Schlages beruht auf der registrierenden Erfahrung, während das Verstehen seiner Motivation in einem von der vernunftmäßigen Erfahrung unabhängigen, evidenten Erleben sich vollziehen kann.

Sowohl Bewußtes wie Außerbewußtes ist erhellbar. Sowohl Außerbewußtes als auch Bewußtes tritt also bestimmend in der menschlichen Existenz auf. Dabei kann das Außerbewußte trotz seines bestimmenden Einflusses nie zum bewußten Erlebensinhalt werden, sondern nur im faktischen Vorhandensein als Kausalität erklärt werden. Mit dem Terminus „bewußt" meinen wir jedoch existente seelische Zusammenhänge, die in einem evidenten Verstehen erlebbar sind. Aufgabe der Psychotherapie ist es, der Persönlichkeit diese ihre seelischen Wirklichkeiten zu eröffnen, besonders, wenn diese unbemerkt waren oder verstehbar abgewiesen (verdrängt) wurden. Es führt jedoch zu Unklarheiten, die den praktischen Erfolg hemmen, wenn bei dem Erhellen dieser existenten seelischen Zusammenhänge in gleicher Weise von Unbewußtem gesprochen wird, wie bei dem Hinweis auf jene echten Kausalitäten, was in der Psychotherapie häufig geschieht. So ist das kausale Erklären des Faktischen, zu dem wir immer wieder vorstoßen, nicht ein Bewußtmachen, da sein wirklicher Zusammenhang für den Menschen unvollziehbar ist und damit nichtbewußt bleibt. Ebenso kann man eigentlich auch nicht bei dem Erhellen von seelisch vorhandenen Zusammenhängen von „Bewußtmachen" sprechen, da so eine qualitative Gleichsetzung mit jenen, das Leben mitbestimmenden, nichtbewußten Tatsachen fälschlich ausgesprochen wird. Den Wert der eben betonten Unterscheidung sehen wir darin, daß eine sich praktisch nur ungünstig auswirkende Vermengung jener „beiden Formen des Unbewußtseins" methodisch vermeidbar ist.

Grenzen des Verständlichen. Nun lassen sich die Kompetenzen des Verstehens und der kausalen Erklärung jedoch nicht so abgrenzen, daß für Seelisches das Verstehen und für Körperliches, so wie es in Naturgesetzen ausdrückbar ist, das kausale Erklären zuständig wäre. Die Formulierung DILTHEYS „die Natur erklären wir, das Seelenleben verstehen wir" bedeutet in diesem Sinne ein Programm und nicht eine Definition. Jedes Verstehen kann im letzten Verfolg nur in der Aufzeigung von Kausalzusammenhängen endigen, oder auch es werden im Verstehen bereits Kausalzusammenhänge als faktische mitgedacht. Mit anderen Worten: jedes Verstehen findet seine Grenzen mit dem Erreichen des Unverständlichen. Dieses Letztere erscheint nun, ohne seinen inneren Zusammenhang dem Verstehen preiszugeben, als Faktum. Das letztliche Beruhen des Verstehbaren auf Faktischem erscheint als empirisch zu konstatierender Kausalzusammenhang, oder das Verstehbare wird mit Hilfe von Analogieschlüssen auf Faktischem verankert. Die Erklärung des Kausalzusammenhanges ist unbeschadet dessen, ob sie zwingend, wahrscheinlich oder nur möglich ist, stets *hypothetisch.* (Z. B.: Das Verhalten eines Insuffizienten in seinen Lebensbegegnungen ist mit all seinen Folgen evident verständlich. Die Tatsache, daß Insuffiziente über ein besonders geartetes seelisches Vermögen verfügen, so daß bereits übliche Lebensumstände geeignet sind, diese Menschen zum Scheitern zu bringen, wird als Auswirkung einer Anlage kausal erklärt.)

Die andere Möglichkeit ist, wie wir sagten, daß das Verstehen nicht in sich geschlossen bis zu einem Kausalnexus vordringt, sondern, daß im Verstehen bereits Kausalzusammenhänge als faktische mitgedacht werden. So z. B. werden im Verstehen eines psychogenen Zustandsbildes etwa auftretende funktionelle Innervationsstörungen deutend in das Verstehen mit einbezogen, obgleich sowohl ihre Entstehung selbst, als auch gerade ihre „Wahl" als Neurose-Symptome nur mit Hilfe der Erklärung gedacht werden kann. Es ist daher auch der genetische Zusammenhang des Zustandsbildes innerhalb des Verstehens eindeutig, während dort, wo kausale Erklärungen weiterhelfen müssen — also Erklärungen des Faktischen —, stets mehrere Möglichkeiten zur Wahl stehen.

(Der Vollständigkeit halber sei noch das „rationale Verstehen" von JASPERS erwähnt, wobei eine beziehungsgerechte Verknüpfung von Unanschaulichem „erlebnishaft" erfolgt und so dem „Verstehen des Begrifflichen" dient. Jedoch läßt sich auch hier zeigen, daß das Begriffliche im Vollzug des Denkaktes eine jeweils wechselnde Transponierung bis in das symbolisch Anschauliche erfährt, um damit von seinem umfassenden, „nicht denkbaren“ Charakter wie durch einen zweckmäßigen Kunstgriff temporär entkleidet, dem echten Verstehen dienen zu können.)

Grenzen und Ziele der Methode des Verstehens. JASPERS weist darauf hin, daß „die psychologische Verstehbarkeit sich in der Mitte zwischen den verstehbaren Objektivitäten und dem Unverständlichen bewegt“. Wie wir sahen, muß das Verstehen in letzter Konsequenz zur Konstatierung einer Kausalität vorstoßen. Hiermit wäre dann die Grenze des evidenten Verstehens oder das „Unverständliche“ erreicht. Eine Sinnerhellung dieses Unverständlichen kann nur mit den Fragestellungen der Philosophie erfolgen. Hier ist das Verstehen dann ein methodisch anderes, das von anderen Grundvoraussetzungen ausgeht. Das Verstehen nimmt hier von den immanenten Ideen seinen Ausgang, die im Geschehen des Erlebnisraums nur ihre greifbare Hypostasierung erfahren. Wie JASPERS sagt, führt die verstehende Psychologie auf der einen Seite zur empirischen Psychologie und auf der anderen Seite zur philosophischen Existenzerhellung. „Verstehende Psychologie kann also keinen Augenblick in sich verharren. Sie wird entweder empirische Psychologie in Begreifen von Phänomen, Ausdruck, Inhalten, außerbewußten Mechanismen — oder sie wird philosophische Existenzerhellung“. Für die verstehende Psychologie als Methode der Psychotherapie ergibt sich damit, daß das Verstehen von Phänomenen und Ausdruckserscheinungen, das Verstehen seelischer Zusammenhänge und ihres Werdens, das Individualpsychologische einerseits bis zum allgemeingültigen Kausalnexus verfolgen läßt und daß anderseits in der so gewonnenen Schau des Individuums seine anthropologische Definition deutbar wird.

Für das Bewußtmachen von Nichtbewußtem in der Psychotherapie ergeben sich damit verbindliche Richtlinien. Seelische Zusammenhänge in der Persönlichkeit, die wegen einer neurotischen Fehlentwicklung verdrängt wurden, können mit jener persönlichen Verbindlichkeit zum Bewußtsein gebracht werden, die das evidente erlebnishafte Verstehen auszeichnet. Das Verstehen des Arztes findet sie in der Biographie und in der Struktur des Patienten teils als verfehlte Erfahrung, teils als verfehlte Antizipation. Das Bewußtmachen dieser Zusammenhänge erweckt also jenes echte Selbstverstehen im Patienten, das der Arzt mit seiner Analyse einfühlend sich erschloß. Das psychologische Verstehen als solches jedoch kann natürlich unendliche Räume erschließen. In seiner Bewegung an den Grenzen aller Verständlichkeit scheint es im Finden unendlicher vieler Zusammenhänge dem Nichtverständlichen sich in der Form der Parabel zu nähern, die nie den Schnittpunkt erreicht. Das Verstehen des einzelnen ist individuell begrenzt. Die Welt des schöpferisch verstehenden Künstlers oder des in Selbstreflektion forschenden Denkers enthält weit mehr Zusammenhänge als die eines durchschnittlichen Erdenbürgers. (Der Arzt, der nur mit einigen psychologischen Theorien sein Verstehen erwarb, wird hier nur einen sehr schmalen Sektor sein eigen nennen.) Sicher ist es so, daß ein vertieftes und umfassendes Verstehen auch Menschen unterschiedlichster Daseinsweise gerecht werden kann, indem aus dem vorhandenen Reichtum der Zusammenhänge selbst die sehr atypischen Strukturen verstehbar werden. Trotzdem wird das Auffinden von Zusammenhängen im evidenten Verstehen dort am zwanglosesten sich ergeben, wo zwei Menschen verwandten Geistes und Wesens sich in der Psychotherapie begegnen.

Die Unsicherheit der Methode des Verstehens. Es ist ein einschränkendes Charakteristikum der Methode des Verstehens, daß sie mit wachsenden Zielen an wissenschaftlicher Eindeutigkeit verliert. Die sichersten Aussagen sind daher innerhalb der Phänomenologie zu machen. Das verstehende Erfassen von seelischen Zusammenhängen fordert dann, je nachdem, in welchem Maße noch phänomenologische Evidenzen erscheinen, das Hinzunehmen des Deutens. Die hiermit entstehende Schwierigkeit liegt darin, daß der deutend Verstehende unter Umständen irgend *einen existenten Zusammenhang* erhält, ohne aber den hier gesuchten *Schlüsselzusammenhang* damit zu treffen. Eine Erscheinungsform kann verschiedene Inhalte bergen, und es bedarf der tiefsten Einfühlung in den andern oder auch der Intuition, um den gemeinten Inhalt zu finden.

Mit dieser Einschränkung werden jedoch die bisher aufgezeigten Richtlinien nicht außer Kurs gesetzt. Es ist vielmehr stets zu unterscheiden, ob die Analyse sich noch in verständlichen Zusammenhängen bewegt oder ob sie bereits die Bereiche der Kausalität erreicht hat. Im ersten Falle sind Deutungen fruchtbar, da sie echte Evidenzen eröffnen. (Dabei kann das Einhalten der richtigen Deutungsrichtung, wie wir im Allgem. Teil C III zeigten, vom Methodischen her unterstützt werden.) Im zweiten Fall sind Deutungen ohne echten therapeutischen Effekt, da das erlebnishafte Verstehen eines Kausalzusammenhanges nicht möglich ist. Hier gegebene Interpretationen erscheinen allenfalls als zwingend *folgerichtig*. Einen Zusammenhang im Seelischen vermögen sie jedoch nicht evident werden zu lassen. Mit dem Einführen eines Kausalnexus kann nur *sein* faktisches Bestehen aufgezeigt und durch Erklärung begreifbar gemacht werden.

Das Verstehen endet im Erklären. In der Psychotherapie wird also die Exploration und die Therapie selbst von der Methode des psychologischen Verstehens getragen. Nun ist aber das psychologische Verstehen nicht mit seinem Gegenstand identisch. Die gefundenen Zusammenhänge schließen sich hier nie lückenlos zum Ganzen des in der Frage erscheinenden Gegenstandes. Sie führen stets auf Tatsächliches, das, dem Verstehen nicht zugänglich, jetzt gleichsam in den Angelpunkten des Zusammenhängenden erscheint. Die offenbare Beziehung dieses Nichtverständlichen zum Verständlichen, deren Vorhandensein eine Idee des Ganzen ermöglicht, kann nur mit Hilfe der Kausalität als Vergegenwärtigung hergestellt werden. Bei der Planung der Psychotherapie müssen also notgedrungen die Grenzen des psychologischen Verstehens überschritten werden.

Die methodische Struktur des Erklärens und die methodische Verbindung des Verstehens mit dem Erklären. Die jetzt hergestellten Verbindungen des Faktischen, Insichberuhenden zu dem im fließenden Zusammenhang Existierenden, also vom Unverständlichen zum Verständlichen können nur in den jeweils einlinigen Bahnen der Kausalität gedacht werden. Jede kausale Erklärung scheint sich daher als eindeutige Schlüssigkeit auszuweisen. Jeder echte Kausalnexus, auf den wir stoßen, läßt letzten Endes aber eine beliebige Anzahl von schlüssigen Erklärungen verschiedener Art zu. Dieser nicht mehr verständliche Zusammenhang ist also nur als *logisches* Abhängigkeitsverhältnis darstellbar, denn es findet hier ja nicht mehr das evidente Erleben eines Zusammenhanges statt, sondern es handelt sich um das Aufsuchen und Erklären eines solchen. Das kausale Schließen, wenn es als psychologisches Erklären auftritt, unterliegt daher folgenden Einschränkungen. 1. Das logische Folgern bedingt die Identifizierung des gefundenen Gesichtspunktes mit dem Ganzen des gemeinten Gegenstandes, der damit in die Ebene des Begreifens von Ursache und Wirkung hypostasiert wird. Das logische Durchdenken von mehreren verschiedenen Gesichtspunkten aus läßt dann den Gegenstand selbst wie mit Hilfe einer zusammengestückten Modellkonstruktion begreiflich werden. Jedoch ist eine Vereinigung der nacheinander bezogenen Gesichtspunkte im erlebenden Verstehen nicht möglich, sondern nur ein vergegenwärtigendes Begreifen, das nach Vollständigkeit strebt, indem es die Resultate der verschiedenen, in sich abgeschlossenen logischen Operationen als Ergänzung nebeneinander stellt. Während die Geisteshaltung des Forschens also auf das Ganze gerichtet ist, werden die geistigen Möglichkeiten des Forschens an der Grenze des Nichtverständlichen auf das Vergegenwärtigen von Teilen mit Hilfe des logischen Schließens bzw. des Erklärens beschränkt.

2. Die kausale Erklärung wird durch den gewählten Gesichtspunkt bestimmt. In diesem Gesichtspunkt sind die Voraussetzungen des Schlusses enthalten. Nur existente Voraussetzungen, d. h. evidente Zusammenhänge stoßen, im logischen Schluß befragt, auf die ihnen zugrunde liegenden Kausalitäten.

Es ergibt sich also eine Vergegenwärtigung der gegebenen Beziehung im Begreiflichen mit Hilfe der erschlossenen Kausalität. Wird hingegen schon ein Nichtverständliches in die Voraussetzungen des Schließens einbezogen, so kann das Ergebnis jene Sicht auf die echte Kausalität verfehlen und ein rein hypothetisches werden.

Für das planende Durchdenken der Psychotherapie ergibt sich also: Das Verstehen der Zusammenhänge im Seelischen des Patienten, führt schließlich auf das Nichtverständliche, welches einmal auf das Faktische (z. B. des biologischen Existierens) hinweist und anderseits auf die Tatsache der menschlichen Existenz mit den offenen Problemen der Daseinsverwirklichung. Mit der Annäherung an diese beiden Grenzpole beginnt die bis dahin individuelle Aussage in das Allgemeingültige überzugehen, um schließlich auf das schlechthin Faktische zu verweisen. Wird nun aber die Psychotherapie mit dem Grundbezug auf eine Triebtheorie oder von der Existenzphilosophie her aufgebaut, so bedeutet dieses eine Verkehrung ihres Grundverhältnisses. Das Nichtverständliche wird als kausal erklärbares Lebensgesetz definiert zugrunde gelegt (Triebtheorien) und die verständlichen Zusammenhänge werden im Sinne dieser Theorie erklärt. Oder das Unverständliche wird vom Philosophischen her gesehen, worauf dann diese Philosophie, die sich des Gegenständlichen eigentlich nur bedient, um das Umgreifende damit zu konzipieren, die Zusammenhänge des individuellen Seelenlebens in *ihrem Sinne* interpretieren und ordnen muß (Existenzialanalyse). Nun hat zwar jede menschliche Daseinsäußerung auch einen philosophischen Aspekt. Das Seelische erscheint aber in diesem Aspekt nicht in seinem „natürlichen" Zusammenhang, in welchem es a priori dem Verstehen zugänglich ist, sondern als anonyme Einzeldeutung des Themas des Menschseins. So sagt Jaspers: „Zur Erhellung des Existenz erwachsen Begriffe, die ihren Sinn verlieren, sofern sie von vermeintlicher psychologischer Erkenntnis wie verfügbare Daseinsweisen behandelt werden und der Relativierung verfallen". Anderseits: Je tiefer und je vielseitiger das psychologische Verstehen in die reiche Fülle der existenten Zusammenhänge eindringt, um so zwangloser werden die *echten* Kausalitäten des Faktischen erscheinen, um die jeweils sinngebende Beziehung im ganzen erkennen zu lassen.

b) Anwendung des „Verstehens“ auf das Antriebgeschehen

Wie oben ausgeführt, findet die Analyse einer Persönlichkeit in dem Verstehen ihres Antriebsverhaltens einen günstigen Ausgangspunkt. Das Zusammenfügen des Verstehbaren zu einer Übersicht über das Ganze des Antriebsgeschehens bedarf zunächst einer Hilfskonstruktion, die die erkannten Triebkräfte ordnet und benennt im Sinne eines statischen Inventarisierens und weiterhin einer Modellvorstellung, die ihr Zusammenspiel als dynamische Funktion veranschaulicht. Die zwangloseste Einteilung, nämlich die Antriebe nach ihren Zielen zu ordnen, ist undurchführbar. Im Erleben erscheinen diese Ziele in so unendlicher Mannigfaltigkeit und Verquickung, daß sich an Stelle einer solchen systematischen Gliederung die Erkenntnis ergibt, daß Antriebe nicht in sich geschlossene, zielgerichtete Funktionen sind, sondern als fließende Kräfte mit jenen Zielen lediglich ihre Bahn im psychologisch Gegenständlichen markieren, während ihr eigentliches Ziel nur als individuelle Daseinsverwirklichung zu beschreiben ist.

Wie auf S. 42 schon aufgeführt wurde, empfiehlt sich die Anwendung einer dreiteiligen Triebordnung, die das Ganze der Daseinsverwirklichung in 3 Themen aufgliedert[1]. So wären die Strebungen der untersten Schicht mit dem Thema der kreatürlich-biologischen Daseinserhaltung und Erfüllung bestimmt. Die Antriebe der zweiten Schicht dienten der Identifizierung eines Ichs mit seinem persönlichen Selbstsein und seiner Realisierung, während in der dritten Schicht die Strebungen nicht mehr aus der Binnenhaftigkeit des Ichs schöpfen, sondern sich auf die Welt der Wertmöglichkeiten als solche richten und mit ihrem Vollzug das Ich über die Grenzen des nur personellen Selbstbezuges hinausführen. Diese „Triebordnung“ mit dem Aufzählen der einzelnen Antriebe auszuführen, erscheint an dieser Stelle nicht notwendig. Die Triebordnungen, wie sie z. B. von JASPERS, KLAGES und LERSCH aufgestellt wurden, entsprechen in ihrem Aufbauprinzip dieser Vorstellung, die wir in ihren Grundzügen schon bei Aristoteles entwickelt finden. Es ist jedoch zu beachten, daß in der Psychotherapie keine dieser Triebordnungen schematisch angewandt werden kann. Eine ganze Reihe von Trieben sind ihrem Wesen nach so umfassend, daß sie sich nicht dem Thema jeweils nur einer Triebschicht unterordnen lassen. So z. B. ist im Sexualtrieb sogar die Gesamtthematik des menschlichen Seins so mitenthalten, daß seine Einordnung im Triebschema immer nur mit Hilfe eines der möglichen Gesichtspunkte erfolgen kann. Es erscheint die Sexualität einmal als Instinkt, einmal als eine höchste Steigerung, mit der das personelle Ich sich zu erleben vermag und weiter als eine Kraft, die die absolut schöpferischen Möglichkeiten des Ichs auf den Plan ruft. Hier von verschiedenen Antrieben zu sprechen, ist phänomenologisch ebenso unrichtig,

---

[1] Auch diese Einteilung ist nicht mehr als eine Hilfskonstruktion. Antriebe sind zwar als *solche* beschreibbar und man kann sie auch im Sinne dieser dreifachen Thematik ordnen. Mit seinem Inkrafttreten im Erleben aber wird jeder Antrieb bereits zum Widerspiegel der ganzen Persönlichkeit. Das evidente Verstehen dieses Sichverwirklichens schöpft dann nicht aus einer Vergegenwärtigung des Verhältnisses, daß elementare Triebkräfte hier miteinander einzugehen scheinen, sondern es ist auf das Wachwerden von Innenzuständen und ihre Auswirkung gerichtet, in denen jenes Ich der ihm vorgegebenen Daseinsentfaltung zustrebt. Das Beschreiben der individuellen Antriebsintegration ist dann also ein Versuch, dieses Verstehen im methodisch Darstellbaren aufzuzeigen.

wie der Versuch, alle Erscheinungsweisen dieses Triebes als Folgeerscheinungen seines somatischen Existierens zu erklären. Es ist ferner zu beachten, daß jede Triebordnung, wenn sie bis ins einzelne zu klären versucht, nach dem Leitfaden einer Hypothese spezifiziert (so z. B. wird die KLAGESsche Triebordnung mit Hilfe der Leitvorstellung bis ins einzelne geführt, daß der „Wille" das ursprünglich in sich beruhende seelische Leben nur zu kompromißhaften Entfaltungen kommen läßt).

In der Psychotherapie wird man also zweckmäßig so vorgehen, daß man die im individuellen Erleben wirksamen Antriebsregungen nicht gemäß ihrer terminologisch sich anbietenden Benennungen im Triebschema einordnet, sondern unter Berücksichtigung ihrer jeweils verstehbaren, thematischen Akzentuierung. Hiermit wird nur auf die Scheinordnung eines festen Kaders verzichtet, in dessen logisch eindeutigem Gefüge das Lebendige bis zum unwirklichen Stagnieren arretiert werden würde. Das eigentliche Ergebnis der „Antriebsanalyse" suchen wir also in der stets individuellen Integration der im Erleben wach werdenden Antriebe zu finden. Das Streben nach einer individuellen Daseinsverwirklichung soll so aus dem kontrapunktischen Zusammenklingen jener drei Themen verstanden werden, die wir als das maßgebliche Einteilungsprinzip einer Triebordnung betrachteten.

Zur ordnenden Vergegenwärtigung dieses Verstehens bieten sich zwei Hilfskonstruktionen an. Sie entsprechen den beiden Tatsachen, daß 1. alle Triebe eine Wertgerichtetheit enthalten und 2. als fließende Bewegung einer dynamischen Kraft wirklich, d. h. erlebbar werden.

1. Alle Triebe werden als das Realisierenwollen eines persönlichen Wertverlangens erlebt, das sich ebenso im Erreichenwollen wie im Vermeidenwollen äußern kann. Triebe, die der unmittelbare Ausdruck biologischer Gegebenheiten sind, wie z. B. Hunger, Durst oder Begattungstrieb, erhalten freilich einen Wertcharakter nur mit dem Ausmaß ihres nicht erfüllten Bedürfnisses; soweit sie saturiert sind, werden sie nicht mehr erlebt. Ihr Vorhandensein, die Gesetze ihres Auftretens sind nicht verstehbar, sondern nur aus dem Faktischen heraus kausal erklärbar. (Ihre Auswirkungen hingegen erscheinen in verstehbaren Zusammenhängen.) Sie erscheinen als eine in sich geschlossene Tatsache und sind gewissermaßen einpolig strukturiert. Demgegenüber scheinen die anderen Triebe eine zweipolige Struktur zu haben. Sie werden als verstehbar erlebt, weil sie als die andere Seite ihres existenten Gegensatzes erscheinen, so z. B. der Drang zur Macht und der Drang, sich hingebend zu unterwerfen; der Drang zur Geltung und der Drang zur Bescheidung; der Drang zum Schaffen und der Drang zum Müßiggehen. Man könnte sich vorstellen, daß es sich bei solch einem Gegensatzpaar im Grunde um „*eine* Tatsache" handelt, deren verschiedene Erscheinungsformen wir jeweils als Zusammenhang verstehen. Mechanistisch betrachtet würde die Verbindung der zwei Pole eines solchen Gegensatzpaares dem HEGELschen „qualitativen Quantum" entsprechen, wobei mit kontinuierlichen Quantitätsänderungen eine andere Qualität entsteht. Jedoch, auch wenn man von solchen Spekulationen absieht, ist es so, daß die Aussagen eines Antriebes aus der Tatsache seines Gegensatzes verständlich werden. Die Intensität seines Dranges entspricht einem subjektiven Wertverlangen, mit dem der bisherige Zustand bedürftig und unerfüllt erscheint. Auf seinen Hintergrund zeichnet sich jetzt der andere Pol des Gegensatzes als Unwert

ab, dem nur mit der Verwirklichung des Antriebes entflohen werden kann. So wird man also in der Persönlichkeitsanalyse darauf achten, in welchen Gegensätzlichkeiten die Antriebsstrebungen des Patienten sich bewegen und weiter, in welchem Verhältnis das hierbei spontan auftretende Wertverlangen zu den subjektiven Wertmaßstäben dieser Persönlichkeit steht.

2. Die Antriebe werden als das fließende Zusammenspiel bewegter Kräfte erlebt. Dieses Zusammenspiel vollzieht sich in verstehbaren Zusammenhängen, so daß eine Strebung weitere Strebungen wachruft, wobei die Abstimmung mit den Realisierungsmöglichkeiten — diese ergeben sich aus der inneren und der äußeren Situation — den Verlauf dieses dynamischen Geschehens bestimmt. Wie wir auf S. 44 zeigten, entsteht dieser sich selbst tragende Aufbau nicht nur innerhalb der Antriebsschichten, gewissermaßen vertikal, sondern er wird in allen seinen Phasen von dem Erleben der Welt mitbestimmt, die als Entsprechung der jeweils wirkenden Triebschicht und ihres Themas als Ort der biologischen Verwirklichung oder des individuellen Selbstseins oder der Daseinsverwirklichung erscheint. Hiermit erhält der Aufbau des Erlebens — um bei diesem Bild zu bleiben — nicht nur die „vertikalen" Strukturen, der sich gegenseitig wachrufenden Antriebe, sondern auch die „horizontalen" Verflechtungen, die sich aus dem Weltbezug der Antriebe ergeben. Eine modellartige Vergegenwärtigung des Ganzen des Erlebens ist so nicht möglich, da die Mannigfaltigkeit der hier vorhandenen Wechselbeziehungen als logischer Aufbau nicht erfaßbar ist. In der ordnenden Vergegenwärtigung, die auf ein Verstehen des dynamischen Zusammenspiels der Antriebe gerichtet ist, scheinen sich die Zusammenhänge zu Kreisen zusammenzuschließen. Die verstehbaren Zusammenhänge beruhen auf Faktischem und enden im Faktischen, wobei das so in Erscheinung gebrachte Faktische einen weiteren Zusammenhang eröffnet, der in den zuerst gefundenen einmündet, ihn zu bestätigen, zu tragen vermag. Z. B. die egoistische Persönlichkeitsanlage eines Menschen erklärt sein Streben nach Macht (Verankerung eines Phänomens im kausal Faktischen). Dieses Machtstreben ist aus seinem Geltungsstreben verständlich; das Geltungsstreben aber entstand verstehbar mit den ihn plagenden Selbstwertzweifeln; diese wiederum sind auf die Beschaffenheit seiner Persönlichkeitsanlage zurückzuführen. (Die verständlichen Zusammenhänge endigen im Faktischen der Anlage mit einer kausalen Beziehung.) Dieser Mensch erlebt seine Anlage als ein Minderwertigsein; die Insuffizienz soll im Streben nach besonderer Leistung überwunden werden; die jedoch nie überwindbare innere Schwäche läßt die Leistung zum Instrument der forcierten Selbstbehauptung, zum Machtstreben werden, womit der Kreis sich wieder geschlossen hat. In den Lötstellen dieses Kreises erscheint jeweils die Anlage als das Faktische. Seine kausale Beziehung ergab sich aus der Verlaufsrichtung der verständlichen Zusammenhänge. So erscheint in der Anlage zunächst der Egoismus und dann die Insuffizienz als kausaler Faktor. Ein echter Zusammenhang zwischen diesen beiden Faktoren, wenn sie, abgesehen von der Vieldeutigkeit des Sprachgebrauches, als „Anlage" betrachtet werden, ist nicht gegeben, sondern wäre nur durch weitere Erklärungen herstellbar. Hierfür aber stehen eine Reihe von sich gegenseitig ausschließenden Erklärungen zur Verfügung, z. B. wer insuffizient ist, wird infolgedessen egoistisch oder: Der Egoist ist in seinem Selbstbezug vom Ganzen des Welterlebens ausgeschlossen; er erlebt infolgedessen sein Anderssein voll Neid und mit dem ewig sich Zurückgesetztfühlen des Minder-

wertigen. Weiterhin kann die mögliche Erklärung auch den hergestellten Zusammenhang zerstören. Die Insuffizienz zum Beispiel ist die Folge eines bis zur Selbstaufgabe entwickelten Altruismus oder umgekehrt.

Kreismodelle sind sowohl innerhalb der seelischen Zusammenhänge selbst, als auch in den Weltbeziehungen der Persönlichkeit darstellbar. So können auch Zusammenhänge zwischen Anlage und Umwelt im Erleben oder zwischen biologischer und geistiger Existenz als kreisförmige Verbundenheit vergegenwärtigt werden. Es ist aber zu beachten, daß der Kreis, durch welche Bereiche er auch immer geführt sein mag, nie das umfassende Verstehen vermittelt, sondern nur als anschauliche Darstellungsform dient, die Beziehungen des Verständlichen zum Nichtverständlichen im Einzelfall aufzuzeigen. Die Zahl der möglichen Kreismodelle ist demnach auch unendlich. In ihrem Aussageverhältnis zueinander ergänzen sie sich nicht zum konzentrischen Aufbau, sondern in unzähligen Überschneidungen.

Im Verstehen von Neurosen ist das Kreismodell besonders anschaulich. Die von der Persönlichkeit verleugneten Zusammenhänge scheinen die ihnen innewohnenden Kräfte in kurzschlußartigen Kreisen zu bewegen. Die unterdrückten Antriebe, die sich nicht verwirklichen dürfen, brechen als Neurosesymptome in körperliche Funktionen ein, um sich mit ihrer Hilfe anzudeuten, worauf diese Störungen die Spannungen der seelischen Disharmonie noch stärker werden lassen, und der circulus vitiosus so von neuem beginnt.

Methodisch betrachtet entstehen diese Kreismodelle als hermeneutische Zirkel, wobei das einzelne in verständlichen Zusammenhängen auf das Ganze zustrebt, dieses nur als kausale Gegebenheit vorfindet und mit deren Einbezug sich wieder in denselben Zusammenhängen findet. Oder es entsteht ein dialleler Zirkel, wobei die Zusammenhänge das Faktische, so als ob es verstehbar wäre, mit enthalten, um es dann im weiteren Verlauf des Kreises als Kausalität zu erreichen. Zum Beispiel: das Herstellen einer Zusammenhangsreihe kann auf dem Verstehen von Ähnlichkeiten bzw. Gegensätzlichkeiten beruhen. Die Zusammenhänge führen dann auf die Tatsache der faktischen Existenz, der Ähnlichkeit und der Gegensätzlichkeit, die jetzt als das kausale Glied in diesem Kreis erscheint. Wird aber im Kreis Verstehbares und Erklärtes mit Bezugnahme auf eine Hypothese im Wechsel aneinandergefügt, so entsteht nicht das Anschauungsbild einer kreisförmigen Verbundenheit, sondern eher das eines Irrgartens, in dem der Voranstrebende in eine vorherbestimmte Kreisbewegung gerät. Anderseits bewirkt auch die theoretisierende Verabsolutierung einer dieser beiden Hilfskonstruktionen des Verstehens — also die Hypostasierung des Seelischen in seinem Phänomen der Gegensätzlichkeit (Lust-, Unlusttheorie) oder die Kreisordnung als die erschöpfende Idee des Ganzen — ein Refraktärwerden gegenüber der Fülle der erlebbaren Zusammenhänge.

II. Analysen der Antriebsstruktur in Beispielen

Im folgenden sollen die verschiedenen Wege methodischer Analyse, die in ihrer Gesamtheit das Bild der Persönlichkeit vermitteln, im einzelnen erläutert werden. Es werden also die verschiedenen Wege der antriebspsychologischen, charakterologischen und allgemeinpsychologischen Persönlichkeitsanalyse nacheinander besprochen, wobei der analytische Ansatz jeweils nur den Gesichtspunkten der darzustellenden Methode folgt. Bei der Bearbeitung des Einzelfalles in der psychotherapeutischen Praxis ergibt sich dann von selbst, welche Methode als die hier aufschlußreichste nun in den Schwerpunkt der Persönlichkeitsanalyse rückt. Dabei aber wird die Gesamtschau über die Persönlichkeit die Ergebnisse der anderen Methoden in ergänzender Ordnung enthalten. Nun kann sich der psychische Befund im Unterschied zum körperlichen nicht an der Norm eines „regelrechten Befundes" orientieren, um mit einer solchen Bezugnahme die vorhandenen Abweichungen zu konstatieren. Selbst auffällige Regelwidrigkeiten, wie sie durch neurotische Symptome dargestellt zu werden scheinen, sind ja nicht die „psychische Veränderung" selbst, sondern nur der zunächst unbekannte Ausdruck einer an sich verständlichen seelischen Fehlentwicklung, einer Störung des individuellen Daseinsvollzuges. Die Kasuistik geht daher von Darstellungen aus, in denen die Verschiedenheit vorgegebener und sich formender Strukturen im Beispiel aufgezeigt wird. Ihr Erkennen schafft die Voraussetzung für das Verstehen von Entwicklungen, die ins Neurotische abgewichen sind. Bei der Analyse der Antriebe, deren individuelle Integration das Persönlichkeitsspezifische maßgeblich formt, geht es darum, den Zusammenhang einer solch typischen Integration in seinem Werden aufzuzeigen. Die Erlebnisschilderung der Patienten sind daher so ausgewählt, daß die Entstehung dieser Integration vom unscheinbaren Erlebnis bis zur beherrschenden Gestaltung des Erlebens deutlich wird. Der folgende Fall soll eine solche Entwicklung schildern, wobei auf die nähere Erörterung der neurotischen Beschwerden, die den Patienten zu uns führten, bewußt verzichtet wird.

„Deutlich kann ich mich darauf besinnen[1], wie ich schon als Kind mit allem, was mich damals umgab, nicht mehr zufrieden sein konnte. Ich mag wohl acht Jahre gewesen sein, als jenes Gefühl von dem eigentlichen Leben ausgesperrt zu sein, mich ergriff. Richtig verstanden habe ich es erst viel später und habe mich dann darauf wie auf einen Kompaß verlassen, wenn ich von dem glänzenden schnellen Strom abzukommen drohte, der zu all jenen Ufern fließt, auf denen das wirkliche Leben zu Hause ist.

Damals freilich, wie ich noch als wohlbehüteter Sprößling des Studienrates M. in der kleinen Industriestadt O. aufwuchs, wußte ich hiervon noch sehr wenig. Es war nur ein Drängen, das mich nie los ließ und das mich dort immer wieder auf bedrückende Enge stoßen ließ. Wenn ich es jetzt betrachte, muß ich allerdings feststellen, daß ich zunächst wirklich bedenklich weit von jenem glänzenden Strom entfernt war. Ich mußte in einem jener trüben Nebenkanäle beginnen, in denen nur das Mühselige des Lebens zu fließen scheint. Wie dieses Gefühl mich hier herausgeleitet hat, kann ich nicht genau sagen. Ich sehe eigentlich nur viele Erinnerungen, die damals so Verschiedenes zu enthalten schienen und jetzt alle mir dasselbe sagen.

Ehe ich acht Jahre war, habe ich hiervon noch kaum etwas verspürt. Alles um mich herum war lieb und vertraut und konnte nicht schöner sein . . . Ich spielte auf dem Fußboden des Eßzimmers, meine Mutter plättete Wäsche auf dem Eßtisch, auf dessen grüner Samtdecke man so herrlich das „Flohspiel" spielen konnte. Aus dem Nebenzimmer, der Studierstube, klang von Zeit zu Zeit das metallische Räuspern

[1] Dieser Bericht des M. und der später folgende des L. sind aus den Selbstschilderungen der Patienten in der Exploration zusammengestellt worden.

des Vaters, das übrigens alle meine Kindheitserinnerungen an ihn wie das Rumoren eines zu ihm gehörigen Uhrwerks begleitete. Es klang, als ob eine müde, rostige Feder plötzlich weiterspringt, und so war es eigentlich auch. Wenn ich zu laut wurde, wies mich Mutter leise zurecht, indem sie auf meine lebhaften Einfälle, die ich dort auf dem Teppich entwickelte, nur noch mit flüsternder Stimme einging. Hierbei zeigte sie mir ein Lächeln, mit dem sie mir damals wunderbar erschien ...

Dann kam jene Zeit, in der mir alles, was mich umgab, immer mehr unvollkommen und eng erschien. Die Eltern, die Bekannten, unser Haus, die Straßen, die ich immer wieder sah, alles schien mir immer verblichener und armseliger zu werden. Nicht, daß die kleine Welt, in der ich damals zu Hause war, sich verändert hätte, ich fühlte anders, ich ahnte das Rauschen des großen Stromes und damit mußten die Wände, die mich freundlich behüten wollten, vor meinen Augen zusammenschrumpfen. Wenn ich aus dem Fenster blickte, sah ich auf ein langgestrecktes, graues, dreistöckiges Mietshaus. Sein Erbauer hatte sich bemüht, die Dürftigkeit dieses billigen Gebäudes durch eine anspruchsvolle Fassade zu verschleiern. Die einzelnen Stockwerke schienen auf schnörkelreichen Gesimsen zu ruhen, und in der Mitte des zweiten Stockwerkes, wo der Dentist L. wohnte, stand in muschelgeschmückter Nische ein steinerner Herkules. Ein nach beiden Seiten sanft abfallendes, mit schwarzer Pappe versehenes Dach beendete jedoch all diese Illusionen mit bescheidener Wirklichkeit. Auf ihm erhoben sich unsymmetrisch und nackt viele kleine Schornsteine und Röhren, die von der mühsamen Atmung dieses Palastes Kunde zu geben schienen. In den Wintertagen, wenn die frühe Dämmerung das nur zu Vertraute ungewiß werden ließ, entstanden hier herrliche Bilder meiner unzufrieden drängenden Fantasie. So wurde das Haus zum schneeweißen Palast, der auf ein südlich blaues Meer herabschaute oder er verwandelte sich in das prunkvolle Gebäude eines weltstädtischen Bahnhofs. Ich hörte die Expreßzüge ankommen, elegante Reisende hasteten umher, um sich wichtig und distinguiert weiteren Anstrengungen ihres beneidenswerten Lebens zu unterziehen. Gelegentlich bediente sich Dentist L. zwecks besserer Einsicht in seinen intimen Arbeitsbereich einer besonders starken Lampe. Ihr Schein pflegte dann aus der Seite des Fensters auf den steinernen Herkules zu fallen und seine Gestalt geheimnisvoll zu verändern. Er schien zu wachsen, seine Gesichtszüge, seine Gebärde wurde edel und majestätisch. Gerade dieser Anblick hat mich immer seltsam berührt, und all diese Ausflüge meiner Fantasie pflegten stets einen starken Eindruck bei mir zu hinterlassen. Noch am Abendbrottisch fühlte ich mich wie weit entfernt von meiner Familie, meine Bewegungen waren dann gemessen, die Worte sparsam und gewählt. Mein Blick schien in weite Fernen zu reichen ...

Im allgemeinen aber sah ich dort drüben nur ein graues, häßliches Haus, von dem der Putz abblätterte und das sich an die hohe, kahle Brandmauer des nächsten Kastens anlehnte. Immer wieder dasselbe mich niederdrückende Bild. Nichts wollte sich verändern, schöner werden, mit mir wachsen. Selbst die Sonne wußte hier nichts anderes zu tun, als zur selben Abendstunde immer wieder denselben Kringel auf die verblichene Tapete meines Zimmers zu zeichnen. An der Eingangstür des grauen Hauses stand meist ein kleines Mädchen und schaute unverwandt und ernst den Vorübergehenden zu. Je nach Jahreszeit und Wetter postierte sie sich vor der Tür oder hinter deren Glasscheibe. Sie war älter als ich, da sie aber eine Zwergin war und zudem geistig zurückblieb, zog ich gewissermaßen an ihr vorbei und fühlte mich bald durch die törichte Beständigkeit, mit der sie ihrer armseligen Neugier nachhing, nur noch gereizt und deprimiert. Ergänzte sie doch das dürftige Bild nur zu gut . . .

Mein Vater war ein rührend guter Mann. Seine studienrätliche Tätigkeit ließ ihm genügend Zeit, sich ausführlich einem privaten Nietzsche-Studium hinzugeben. Von Natur aus sehr bescheiden, hatte er dennoch die Einbildung, der einzig wahre Kenner und Interpret dieses Philosophen zu sein. Ich glaube, daß ihm im Grunde Nietzsches Gedankengänge gar nicht lagen und daß er vergeblich etwas zu verstehen versuchte, das ihm — sowie er nun einmal war — durchaus fremd sein mußte. Aber man findet es ja häufig, daß sich Schriftsteller so paradox auswirken. (?) Ich glaube, daß Nietzsche, wie die meisten ernsthaften Schriftsteller, nur schrieb, weil er mit sich selbst und dem Leben nicht fertig wurde. Warum quält er sich mit so vielen Problemen, die vernünftigerweise gar nicht zu existieren brauchen. Er selbst hatte eben den Schlüssel zum Leben nicht gefunden und versuchte deswegen voller Zorn zu beweisen, daß eigentlich kein Mensch mit dem Leben fertig werden dürfe. So etwas zu lesen ist schon interessant, aber man muß erkennen können, hinter welchem Busch der Autor sitzt.

Die sogenannte Studierstube meines Vaters war eine verglaste kleine Veranda, die derart mit hohen Bücherborden vollgestellt war, daß das Tageslicht nur noch an wenigen Stellen Einlaß fand. Hier saß mein Vater im Winter meist frierend an einem winzigen Schreibtisch und füllte unermüdlich zahllose Manuskriptseiten mit seiner sorgfältigen Handschrift, deren Linien mit einer seltsam weichen Regelmäßigkeit über das Papier liefen. Von der Straße aus sah dieses eigentliche luftige Gemach wie ein verstopfter Vogelkäfig aus, dessen Insasse von Sonne und Freiheit abgesperrt schien. Wenn ich meinen Vater hier besuchte, so fand ich ihn stets in seine Arbeit versunken. Unter seinen buschigen Augenbrauen spähte er durch eine scharfe Brille grimmig auf seine Papiere und in hastig aufgeschlagene Bücher, wobei in regelmäßigen Abständen das metallische Räuspern erklang. Wenn er mich nach einiger Zeit bemerkte, pflegte er dann freundlich und geistesabwesend zu sagen: „Ach, Du bist es, mein Junge“. Er nahm dann die Brille ab und sah mit einem etwas scheuen, guten Blick über mich hin, ähnlich wie ein Erwachender, der sich erstaunt und hilflos findet. Nach kurzer Pause sagte er dann etwa: „Ich glaube, nein ich bin überzeugt und kann es beweisen, daß X in gewissen Punkten seiner Nietzsche-Auffassung absolut fehlgeht. Aber gerade diese Punkte . . .“ Und dann begab sich Vater entschlossen in einen verwirrenden Strudel philosophischer Meinungen. Ich habe damals davon nichts verstanden und hatte immer nur einen etwas peinlichen Eindruck. Es schien, als ob der Vater sich für irgend etwas zu rechtfertigen mühte und damit nie zu Ende kam.

Einmal trat Vater übrigens mit seinen Nietzsche-Thesen vor die Öffentlichkeit, und dieser Tag ist mir heute noch in deutlichster Erinnerung. Nach monatelangen Vorbereitungen hatte er einen Vortrag in dem geselligen Verein „Harmonie“ angekündigt. Hier traf sich die gesellschaftliche Elite in regelmäßigen Zusammenkünften, um Bildung und Geselligkeit zu pflegen. Die Abende begannen mit einem Vortrag, worauf man anschließend in gehobener Unterhaltung beieinander weilte. Da für diese Vorträge nur die geistig Aktiven unseres Städtchens zur Verfügung standen, waren die Programme der „Harmonie“ von einer erstaunlichen Vielseitigkeit. So z. B. erbaute man sich abwechselnd an den Problemen der Tonkunst, der Bienenzucht, der Bevölkerungszunahme, oder auch ein weitgereister Mann wie Apotheker D., vermittelte die ungewöhnlichen Eindrücke seiner Italienreise mit Hilfe selbstaufgenommener Lichtbilder in sehr ausführlicher Erläuterung. In jedem Fall war es eine besondere Auszeichnung, mit einem solchen Vortrag betraut zu werden, denn die so Geehrten waren damit als die Träger geistigen Fortschrittes und gesellschaftlicher Kultur bestätigt. Daß Vater hier über seine Nietzsche-Forschungen sprechen sollte, erfüllte uns mit großem Stolz. Ich war über dieses Ereignis besonders erfreut und befriedigt, da mir hinsichtlich der Wertschätzung meines Vaters in jenem tonangebenden Kreis gelegentlich leise, jedoch unangenehme Zweifel gekommen waren. So konnte es passieren, daß gewisse Prominente den mit etwas hastiger Zuvorkommenheit ausgeführten Gruß meines Vaters mit einer beinahe wohlwollenden Lässigkeit erwiderten, ein peinlich befremdlicher Vorgang, der bei Vater aber nur einige der metallischen Räuspergeräusche zur Folge hatte, die er mit angespannter Miene von sich gab.

Ich mußte übrigens wegen der Kostümierung, mit der ich mein erstes Auftreten in der Gesellschaft wirkungsvoll zu unterstreichen gedachte, zunächst noch mit meiner Mutter einen Strauß ausfechten. Im Kleiderschrank der Eltern ruhte der bereits im Winterschlußverkauf vorteilhaft erstandene blaue Konfirmationsanzug, der, wie es seine Bestimmung gebot, erst von diesem denkwürdigen Tage an meine Garderobe als Festgewand bereichern sollte. Das bis dahin noch für feiertägliche Anlässe zuständige Kleidungsstück war mir stets unsympathisch gewesen. Die Jacke, wenn auch unverkennbar ein Machwerk biederer Hausschneiderei, konnte man noch gelten lassen. Hingegen mußte die Hose die von ihrem Träger so gern gehegten Illusionen eines gehobenen Daseins empfindlich stören. Sie gehörte einst meinem Vater und, schon totgesagt, hatte sie leider dank ihrer unverwüstlichen Qualität mit Hilfe einiger Zurechtstutzungen zu neuem Leben erweckt werden können. Trug ich sie, so hatte ich das nicht angenehme und sogar etwas deprimierende Gefühl, jetzt ständig und dazu in einer höchst intimen Weise von meinem Vater begleitet zu sein. Auch hatte es nicht an gelegentlichen Ansprachen von Mitschülern gefehlt, die die so von dem Respekt gebietenden Katheder heruntergestiegene, wohlbekannte Hose mit vertraulichen Bemerkungen in ihrem Kreis begrüßten. Den Kampf, den Konfirmationsanzug mit dieser Vordatierung tragen zu dürfen, gewann ich schließlich. Meine Mutter konnte sich dem Argument, daß die Bedeutung des Anlasses besondere Maßnahmen rechtfertige, nicht verschließen und so rangierten dann Vater und Nietzsche vor der Konfirmation.

Der Vortragsabend selbst hat mir einen unauslöschlichen Eindruck hinterlassen, weil all das, was bisher für mich nur unklare Ahnung gewesen war, jetzt deutliche Erkenntnis wurde. Ich mußte heraus aus dieser lichtlosen Enge, aus dieser dürftigen Scheinwelt. Den großen glänzenden Strom, dessen herrliches Rauschen ich in meinen Träumereien hörte, mußte es ebenso in Wirklichkeit geben wie dieser trüb dahinfließende Seitenkanal jetzt wirklich war, dem mich ein gleichmütiges Schicksal zunächst ausgeliefert hatte. Und diesen Strom mußte ich erreichen, seine Gesetze mußte ich beherrschen lernen, um mich dann von ihm tragen zu lassen.

Meine Erwartungen waren an jenem Abend zunächst freudig gespannt, als ich mit Vater, Mutter und beiden älteren Schwestern den Vereinssaal der „Harmonie“ betrat. Die Stimmung war sogar ähnlich der, die mich bei meinen suchenden

Träumereien zu begleiten pflegte. Als der distinguierte Sohn eines bedeutenden Gelehrten betrat ich die würdige Stätte seines wissenschaftlichen Triumphes. Aber schon mit dem Beginn des Abends wurde alles in mir anders. Traf man die hier Versammelten, wie mir es bisher gegangen war, einzeln im täglichen Leben unseres Städtchens, so konnten sie allenfalls noch die Illusion des gehobenen Daseins vermitteln. Wie es ihrer Stellung zukam, zeigten sie sich dort unnahbar, wichtig und man verstand auch und respektierte, daß sie sich der durchschnittlichen Umgebung nicht vertraulich mitteilen konnten. Aber hier, wo all diese Einschränkungen nicht mehr bestanden, wo die Feinheit durch die Exklusivität der Zusammenkunft vor Profanierung sicher war, erkannte ich sie in ihrer Gesamtheit als eine unansehnliche Gesellschaft schlichter Bürger, die hier hinter Biergläsern und klobigen Kaffeetassen saßen. Es ergab sich dann auch am Vorstandstisch eine Begrüßung, die ich als schmählich empfand. „Also heute werden wir einmal etwas von der Philosophie zu hören bekommen", hieß es mit unangebrachtem Wohlwollen. Dann wurde für „nachher" die Mitteilung eines Witzes versprochen, der den Unterschied von einem Philosophen und einem Mediziner zum Gegenstand haben sollte und schließlich hieß es „aber lassen Sie den Pegasus mal nicht ganz so hoch fliegen, lieber Doktor, und um neun Uhr beginnt der allgemeine Teil".

Vater tat mir in diesem Augenblick unendlich leid, er ließ das alles mit einem angestrengten Lächeln über sich ergehen und strebte nun mit seinen hastigen, immer etwas zu kurzen Schritten dem Rednerpult zu. Ich kann wirklich ehrlichen Herzens sagen, daß in diesem Augenblick all meine innersten Gefühle bei ihm waren. Jetzt mußte doch das kommen, was ich von diesem Abend erwartet hatte. Wenn auch schon die andern nichts taugten, Vater würde jetzt mit seinen philosophischen Ausführungen die gehobene Atmosphäre schaffen. Hier würde sein Dasein, das sonst in jener mir so wenig gefallenden stillen Beschränkung verlief, in einem bisher verborgenen Glanze aufleuchten. Aber ich erlebte etwas ganz anderes. Vater las dort vorn mit belegter Stimme, scheu und hastig aus seinem Manuskript vor. Was er las klang höchst kompliziert und schien dennoch nicht sehr wesentlich. Bestimmt aber tat sich hier nicht die große Welt des Geistes auf, die Kultur und Lebensform ausstrahlt. Auch jetzt gehe ich — wie es in meiner Gesellschaftsschicht — wenn ich so sagen darf — üblich ist, gern in Vorträge, von denen ich, ebenso wie die anderen Zuhörer, genau genommen nicht sehr viel verstehe. Aber die Atmosphäre, die solch ein Vortrag ausströmt, ist die der überlegenen gepflegten Geistigkeit, und man fühlt sich ja auch in der Gipfelluft der Berge wohl und gehoben, ohne deswegen ihre Zusammensetzung erkennen zu müssen. Hingegen Vater traf sich nicht mit seinem geliebten Nietzsche auf dieser Ebene. Er schien ihn eher auf eine höchst umständliche Weise verstohlen am Rock zu ziehen. Klein und verloren stand er dort vorn und legte mit leise zitternder Hand eine Manuskriptseite nach der anderen neben sich, die er so schnell und geniert vorlas, als ob er selbst an ihre Wichtigkeit nicht mehr glauben konnte. Sogar das unvermeidliche Räuspern hatte nun nicht mehr den gewohnten, beherrschenden Klang, den es zu Hause zu haben pflegte.

An einer Stelle des Vortrages ging Vater, wie er es sich vorgenommen hatte, zur freien Rede über. Es ging um die Auseinandersetzung mit X., den er im Selbstgespräch in der Studierstube so oft widerlegt hatte. Aber nach einem schwungvollen Anfang, der sogar die Zuhörer aufhorchen ließ, verwirrten sich die Fäden seiner komplizierten Beweisführung. Und jetzt, wie er noch mühsam die Ordnung herzustellen versuchte, mußte auch noch jene nervöse Kopfbewegung auftreten, deren gelegentliches Erscheinen wir zu Hause wie in stiller Übereinkunft geflissentlich übersahen, als ob sie nicht dagewesen wäre. Es war ein schnelles Drehen des Kopfes nach der rechten Schulter hin, eigentlich so, wie ein ungelenker Vogel mit seinem Schnabel putzend durch sein Halsgefieder zu streichen versucht. Da Vater, wenn ihn dieses nervöse Übel befiel, sich bemühte, trotzdem seinen Blick geradeaus zu richten, erhielt die peinliche Gebärde damit noch einen kläglichen und erschreckten Ausdruck. (Übrigens litt auch unser Patient an einem Tic, wobei er den Kopf mit einer leichten Linksdrehung ruckartig erhob.) Hier bewirkte ihr Erscheinen das vorzeitige Ende der freien Rede, die eigentlich das Glanzstück des Vortrages werden sollte. Vater flüchtete sich wieder in sein Manuskript und brachte es mit tonloser Stimme in hastiger Lesung zu Ende.

Wohl hat mir mein Vater damals sehr leid getan und ich hätte alles hingeben mögen, wenn ich damit diesen Abend zu dem hätte machen können, was meine Erwartung geträumt hatte. Aber auf der anderen Seite erlebte ich so deutlich eine entscheidende Erkenntnis, daß diese Gefühle daneben verblaßten. Mir wurde jetzt klar, daß dieses alles so wenig für mich bedeutete, so daß es mir nahezu fremd und gleichgültig erschien. Hier würde sich mein Sehnen nach dem wahren Leben niemals erfüllen können. Sei es die Prominenz der Harmonie in ihrer bornierten Erhabenheit, sei es der Vater mit seinen gelehrten Passionen, es war ja nur ein armseliges Spiel der Unzulänglichen in ihrer Beschränktheit. Ich sah jetzt klar, daß hier nur ein Abstellgeleise des Lebens war, auf dem auch die eifrigste Geschäftigkeit nie einen Anschluß an die großen Linien bedeutete. Wie wir abends nach Hause gingen, wußte ich endgültig, daß ich von dem, was hier galt, für mich nichts würde brauchen können, und ich verstand jetzt endlich, was mich immer schon bedrückte. Meine Jugend in O. war seitdem nur eine ungeduldige Erwartung, dieser drittklassigen Enge entrinnen zu können und ein Bemühen, auf das Kommende trotz der mir auferlegten Versäumnisse vorbereitet zu sein . . .

In ganz O. gab es nur eine Stätte, wo jene gehobene Lebensform, die ich als die mir bestimmte erkannt hatte, wie in einer einsamen Zuflucht zu Hause war. Es war das Hotel Continental, das mit seiner unangebracht distinguierten Existenz lediglich die Unbelehrbarkeit seines Besitzers bekundete. Einen praktischen Bedarf hatte es in O. nicht zu erfüllen. Sein Inhaber hatte seinerzeit mit einer gutgehenden Bierbrauerei auch das damals noch bescheidene Provinzhotel geerbt. Nun hatte ihn sein Vater die Bierherstellung, der er von Geburt her verpflichtet war, an mancherlei großen Städten, sogar des Auslandes erlernen lassen. Ich glaube, daß sich infolgedessen bei Herrn St. die fälschliche Ideenverknüpfung gebildet hatte, daß Bierfabrikation und große Welt zusammen gehörten. So entwickelte er nach dem Tode seines Vaters allerlei Pläne, die unser Städtchen zu einem Zentrum des vornehmen Verkehrs machen sollten und ließ vorsorglich das bescheidene Hotel eine diesem Zweck entsprechende glänzende Verwandlung durchmachen. In O. blieb jedoch alles beim alten, und nur das jetzt elegante kleine Hotel legte einsam und trotzig von dem Kulturstreben des Herrn St. Zeugnis ab, ähnlich wie das Banner, das der Kreuzfahrer in den Sand der Wüste pflanzte. Einsam blieb es, denn die anfänglichen Versuche unserer Hautevolee, von dieser Stätte mit geräuschvoller Gemütlichkeit Besitz zu ergreifen, waren an den verwirrend fremdsprachlichen Speisekarten und der hochmütigen Korrektheit des exquisiten Personals bald gescheitert. Dieses Haus, das stets nur wenige, aber exklusive Gäste beherbergte, beschäftigte oft meine nach Erfüllung drängende Phantasie. Hier mußte eine Insel jener Welt sein, der ich mich zugehörig fühlte ... Nach sorgfältigen Erkundungen und Vorbereitungen beschloß ich dort einen Besuch abzustatten. Nun lag es mir nicht etwa daran, hier Bekanntschaften zu suchen. Ich wollte lediglich eine Bestätigung meines inneren Verlangens erfahren, indem ich mich selbst erprobend einmal jene Atmosphäre aufsuchte, von der ich immer nur träumen konnte, wenn der enge Dunstkreis mich zu ersticken drohte, den das Schicksal mir mit seiner allgewaltigen Verständnislosigkeit zunächst zugewiesen hatte. Mein Plan, meiner Welt, von der ich ja noch ausgeschlossen war, einen vorsichtigen Erkundigungsbesuch abzustatten, ließ sich ohne störende Zwischenfälle durchführen. Ich hatte hierfür einen strahlenden Frühsommertag abgewartet, da das Problem, einen eleganten Mantel den diensteifrigen Händen des Personals zu übergeben, als unlösbar vermieden werden mußte. So erschien ich dann in meinem blauen Anzug, dessen etwas einfältige Solidität ich mit Hilfe einer modernen Krawatte vorteilhaft belebt hatte. Meinen Hut trug ich in der Hand, da ich mir nicht ganz schlüssig werden konnte, ob man diesen schon mit dem Betreten der Hotelhalle oder erst beim Vorsprechen an der Rezeption abnehmen sollte. Das letztere erschien mir vollendeter, jedoch etwas gewagt. Ein Paar Handschuhe, die ich meinem Vater stillschweigend entliehen hatte, steckten in der Außentasche des blauen Jacketts, so daß die schon reichlich zerknitterten Fingerlinge nicht sichtbar wurden. So nach bestem Vermögen stilgerecht ausstaffiert fragte ich den Portier nach einem imaginären Herrn Dr. X., mit dem ich hier verabredet sei. Nachdem ich erfahren mußte, daß Herr Dr. X. noch nicht von sich hatte hören lassen, beschloß ich wartend in der Halle Platz zu nehmen. Bei dem herbeieilenden Pagen wurde ein Vermouth bestellt. Nachdem alle gefährlichen Klippen so passiert waren, konnte ich mich meinen Eindrücken hingeben. Natürlich kann sich die Hotelhalle des Hotels Continental in O. nicht im entferntesten mit all jenen kultivierten Stätten messen, die jetzt zu meiner gewohnten Umgebung gehören. Aber trotzdem bleibt jene Stunde für mich eine einmalige Erinnerung. Es war zauberhaft, das bisher nur vorgestellte Klingen der gepflegten Harmonie jetzt in Wirklichkeit zu vernehmen. Zurückgelehnt in den tiefen Sessel überließ ich mich ganz meinen Empfindungen, die mich jetzt natürlich und ungehindert durchströmen konnten. Ich fühlte mich beinahe schläfrig, unwirklich und doch wieder hell wach. Die Nachmittagssonne fiel durch eines der hohen schlanken Fenster herein. Ihr Schein, durch einen roten Store gedämpft, verlor sich in dem spiegelnden Glanz eines Nußbaumschrankes; der große, weiche Teppich mit seinen verschlungenen, bunten Arabesken, auf dem mein Sessel mit anderen bequemen Sitzgelegenheiten stand, schien mich wie in leisem Schweben behutsam zu tragen. Es herrschte eine tiefe Stille, die jedoch nicht bedrückend war, sondern nur die Atmosphäre des kultivierten Lebens noch spürbarer werden ließ. Aus dem angrenzenden kleinen Speisesaal, in den ich durch einen bogenförmigen Durchgang blicken konnte, klangen die diskreten Geräusche des abendlichen Tischdeckens wie feine Musik. Schwere Bestecke klirrten leise, Servietten wurden wie kleine Bischofsmützen gefaltet auf Teller gestellt, vor denen mehrere Weingläser paradierten. Gelegentlich raschelte leise die Zeitung eines alten Herren, der wie ein hierher gehöriges stilvolles Dekorationsstück schon bei meiner Ankunft in einer Ecke der Halle gesessen hatte. Er hatte meine höfliche Verbeugung sehr eindrucksvoll erwidert, indem er das mit einem Haltestock bewehrte Journal bis auf die Knie senkte und mir mit einem steifen Aufrichten des Oberkörpers sein starres, vornehmes Gesicht kurz präsentierte ... Aber es passierte dann eine Kleinigkeit, die mich nicht gerade störte, aber mir dennoch zu denken gab. Während ich mich so in wohligen Träumen dahintragen ließ, wurde plötzlich die Drehtür des Eingangs in stürmische Bewegung gesetzt und ein vielleicht fünfzehnjähriger Junge ging mit lebhaften Schritten, neben sich einen Foxterrier an der Leine führend, durch die Halle. Das heißt, eigentlich wurde sein Tempo durch den kleinen Hund bestimmt, der an seiner gestrafften Leine zerrend, in närrischen Galoppsprüngen vorwärts strebte. Seine unauffällig elegante Kleidung, die unbekümmerte vergnügte Sicherheit, mit der er auftrat, ließen erkennen, daß er hier zu Hause war. Er rief dem würdigen Portier einen freundlichen Gruß zu und traf dann, die breite Treppe hinaufeilend, hier mit einer bedächtig abwärtsgehenden älteren Dame zusammen. Dabei entstand eine kleine Kollision, indem das muntere Tier, bar jeglicher Rücksichtnahme, seine Leine um die Füße dieser Dame zu schlingen drohte. Der Junge entwirrte die Situation mit einer beinahe graziös zu nennenden Höflichkeit. Er bezeigte wohl der alten Dame höchsten Respekt und war um sie bemüht, aber dies geschah mit einer so frischen und anmutigen Natürlichkeit, daß die zunächst Erschreckte sogar mit freundlicher Miene reagierte. Ich war wie gebannt diesem kleinen Zwischenfall gefolgt, der die bisher nahezu feierliche Stille so plötzlich belebt hatte. Der ganze kometengleiche Auftritt dieses Jungen, der wohl ein Jahr jünger sein mochte als ich, wäre mir eine peinliche Unmöglichkeit gewesen, aber hier wurde doch alles überzeugend richtig. Die sichere Beherrschung feinster Spielregeln, die dem von mir Bewunderten offenbar schon von Geburt zu eigen war, erlaubten ihm mit der gehobenen Lebensform sogar in heiterer Vertrautheit umzugehen. Und diese lässig anmutende Beherrschung ließ wie ein geheimes Kennwort die kühle Reserve der Exklusivität zur vorbehaltlosen Gleichschätzung auftauen. Der Portier hatte den Einzug des Jungen, seinen beinahe salopp zugerufenen Gruß mit respektvollem Schmunzeln erwidert, die alte Dame kam nahezu animiert lächelnd in die Halle herabgestiegen, und selbst der distinguierte Zeitungsleser hatte, wie ich feststellte, von allem mit behaglichem Wohlwollen Notiz genommen. Wie weit war ich noch davon entfernt, diesen Schlüssel zu besitzen. Als Statist hier unauffällig am Rande zu stehen, hatte zunächst schon eine Aufgabe bedeutet. ..."

M. hatte später zunächst Jura studiert, dann auf Volkswirtschaft umgesattelt und den Doktorgrad erworben. Bestimmend für seine Entschlüsse war stets der drängende Wunsch, seine Ambitionen zu verwirklichen. Er heiratete dann die einzige Tochter eines Lederfabrikanten und übernahm nach dessen Tode die Fabrik, die er erfolgreich leitete. Bei der Wahl seiner Frau, mit der er in durchaus glücklicher Ehe lebte, war er, wie er erklärte, ebenso der Stimme seines Herzens wie der der Vernunft gefolgt. „Wer glücklich werden will, darf eben in die Wahl seiner Neigungen nicht solche Menschen einbeziehen, denen das Schicksal unfreundlicherweise wesentliche Voraussetzungen des Glückes versagt hat, indem es sie mittellos und ohne Bedeutung ins Leben stellte. Eine wertvolle Frau zu finden, die allen Wünschen des Herzens entspricht, ist ebenso auf der Sonnenseite wie auf der Schattenseite des Lebens möglich. Nur ist die Wahl auf der Sonnenseite hinsichtlich des gemeinsamen Glückes wesentlich verläßlicher." Die Frage, wie seine beruflichen Fähigkeiten und Neigungen seiner jetzigen Tätigkeit entsprächen, beantwortet er großzügig und selbstbewußt, jedoch nicht ohne Überzeugungskraft. Er meinte: „Um die Leitung eines Unternehmens bestreiten zu können, gibt es zwei Möglichkeiten. Die erste heißt diese Branche von der Pike an zu erlernen, und man wird dann meistenfalls nur so etwas wie ein ordentlicher Prokurist seines Betriebes. Die andere Möglichkeit ist die bessere und steht von Natur nur wenigen zur Verfügung. Hier geht es um das Erkennen der entscheidenden kaufmännischen Gesichtspunkte und um die Durchführung der richtigen Einfälle, und da sind sich eigentlich alle Branchen gleich. Ich habe dafür gesorgt, daß ich gute Prokuristen habe und bin, wie mein Erfolg zeigt, imstande, jenen zweiten Weg zu gehen."

Um sein Elternhaus und seine beiden Schwestern hatte er sich wenig gekümmert. Es war eine leidenschaftslose, echte Gleichgültigkeit, wie sie dort entsteht, wo Menschen und Dinge als uninteressant und bedeutungslos verblaßt sind. Eine kleine Begebenheit lediglich, die M. erzählte, bedeutete eine nachträgliche genußvolle Abwertung seines alten Milieus in O., aber auch hier handelte es sich weniger um die Abreaktion eines tiefen Ressentiments als um eine hochmütige Belustigung. Wir geben dieses anspruchslose aber charakteristische Ereignis wider, um bei der Analyse des M. darauf zurückzukommen.

„Ich hatte zur Regelung einer Familienangelegenheit einen kurzen Besuch in O. abzustatten und ging, da ich mich sehr langweilte, am Abend schließlich in das Lokal zur Post. Während ich mich dort mit einem natürlich, schlecht temperierten, mäßigen Rheinwein plagen mußte, versuchte ich mich einigermaßen mit der Beobachtung des Honoratioren-Stammtisches, der in der anderen Ecke des Lokals tagte, zu unterhalten. Mein Gott, hier hatte sich wirklich nichts geändert. Einige mir nicht bekannte Gestalten, die inzwischen dazugekommen waren, schienen ganz aus demselben Stoff gemacht, als ob die bewährten alten Muster durch Nachbestellungen ergänzt worden wären. Hier herrschte noch dieselbe beschränkte Wichtigtuerei, dieselbe bornierte Selbstzufriedenheit, die sich unfein geräuschvoll breitmacht. Dazu gehörte auch das Bild des Kellners, der sich die Serviette unter der Achsel an dem nächsten Pfeiler räkelte, um hingerissen und mit einfältigem Lächeln der erlauchten Unterhaltung zu lauschen. Schließlich ärgerte mich das anmaßende, krachende Lachen, mit dem Herr R. seine Redereien zu begleiten liebte, und ich beschloß, ihm einen kleinen Denkzettel zu erteilen. Ich ging nun zu dem Stammtisch hin — bis jetzt hatte ich ihn völlig ignoriert — und musterte die Anwesenden zunächst der Reihe nach interessiert und freundlich, wie wenn sie eigens für mich dort hingesetzt worden wären. Als hiermit ein verlegenes Schweigen eintrat, wandte ich mich zu Herrn R. und redete ihn, jetzt ein gewinnendes Lächeln zeigend, leise und höflich an. (Ich weiß, daß das Lächeln als Mittel des Umgangs eine Kunst ist, die beherrscht sein will. Damit ist natürlich nicht das billige Lächeln gemeint, mit dem z. B. der Handelsvertreter um Vertraulichkeit wirbt, sondern jenes freie Lächeln, das das Abzeichen des von Natur Überlegenen ist, der in seiner gehobenen Sicherheit die inferiore Beengtheit zur Verlegenheit bringt.) Als ich so lächelnd Herrn R. nach den ersten Worten mit sparsamer Bewegung die Hand bot, erhob er sich linkisch und stand dann vor mir, meine wohlwollend interessierten Fragen geniert beantwortend, wobei er sinnlos an Schlips und Weste nestelte. Ehe er noch dazu kommen konnte, sich einigermaßen zu erholen, entließ ich ihn, um ihn ‚nicht länger seinen Freunden vorzuenthalten‘. Im Fortgehen verbeugte ich mich leicht gegen den Stammtisch, wobei ich mit einem unhörbaren Grußwort die Lippen bewegte. Ich habe diese Art der Verbeugung bei Furtwängler gesehen, der so höchst eindrucksvoll für Beifall zu danken pflegte. An meinem Tisch stellte ich mit Befriedigung fest, daß die Tafelrunde eine geraume Weile brauchte, um wieder auf ihre übliche Temperatur zu kommen. ...“

Bei der Analyse des Antriebsverhaltens des M. können wir von einer Besprechung der nur somatisch-sinnlichen Triebsteuerung absehen. Gewiß gibt es viele Menschen, bei denen die Impulse, das Dasein sinnhaft zu ergreifen, als vitaler Kern das Gleichmaß aller andern Strebungen zu tragen vermögen. (So z. B. der Pallieter Timmermanns.) Andererseits kann auch eine breit angelegte somatisch-sinnliche Triebschicht die optimale Entfaltung einer undeutlich gerichteten Persönlichkeit behindern (Pierre Besuchow in Tolstois Krieg und Frieden) und schließlich ist es auch möglich, daß die verborgene Disharmonie eines Menschen mit dem gelegentlichen, aber unwiderstehlichen Hervorbrechen ablehnenswerter Triebwünsche zum Ausdruck kommt (z. B. Steplan Trofimowitsch in Dostojewskijs Dämonen).

Die Persönlichkeit des M. wird in dieser „untersten“ elementaren Triebschicht nicht durch diese Triebe charakterisiert, die als solche nur der *Erhaltung* des biologischen Daseins dienen, sondern durch jene Triebstrebungen, die die *biologische Entfaltung* im kreatürlichen Eigenverhalten bewirken. Eine anschauliche Darstellung dieser Strebungen selbst fällt schwer, da ihre individualpsychologische Bedeutung erst dort deutlich wird, wo sie in die Strebungen des personellen Ichs (also der zweiten Schicht) einströmen, um diese anzureichern oder zur Gegensätzlichkeit herauszufordern. Ihre ursprüngliche Tendenz, nämlich der biologischen *Daseinsentfaltung* zu dienen, wird man ungefähr folgendermaßen beschreiben können.

Das Ausmaß, mit dem eine Persönlichkeit sich in ihrem mit eigener Aktivität zu gestaltenden Lebensraum entfaltet, hängt zunächst von der Stärke jenes Antriebes ab, der als Tätigkeitsdrang einen vorgegebenen Lebensrhythmus zu erfüllen versucht. In diesem Antrieb ist jedoch noch nicht ein Programm der Persönlichkeit selbst enthalten, sondern nur die ihr ursprünglich gemäße Funktionsweise. So kann ein stark ausgeprägter Tätigkeitsdrang, wenn er harmonischen Ichstrebungen zur Verfügung steht, zum wesentlichen Strukturmerkmal einer aktiven Persönlichkeit gehören. Innerhalb einer ungünstigen Strukturkonstellation jedoch wird er vielleicht nur ein impulsives und nicht konsequentes Verhalten bewirken, in dem sein Tätigkeitsverlangen die für den Inhalt verantwortlichen Strebungen gleichsam mit sich fortreißt.

Nun ist die funktionale Seite des biologischen Daseins nicht mit der Entfaltung des Tätigkeitsdranges erschöpft. Während dieser das biologische Dasein mit einem Zugriff in den Lebensraum zu verwirklichen sucht, wecken andererseits die

Forderungen und Möglichkeiten des *gegebenen* Milieus Antriebe, die dann ihrerseits — nach Lust und Unlust wertend — eine als günstig empfundene Auswahl zu verwirklichen anstreben. Bekanntlich ist diese Wechselwirkung zwischen Umwelt und Lebensträger nicht wie ein Reflex denkbar, bei dem die ausgelöste Reaktion nur die Beantwortung des empfangenen Reizes bedeutet. Mit jedem Anstoß aus der Umwelt wird vielmehr ein Eigenverhalten in Gang gesetzt, dessen damit wirksam werdende Tendenzen sich so zu einer individuellen Erlebensweise erfüllen wollen. Während sich freilich bei dem primitiv animalischen Lebewesen diese Antriebe nur in artgemäß regelhafter Gleichförmigkeit in Kraft setzen, werden im menschlichen Dasein bereits in der Anlage dieser Triebstrebungen Unterschiede deutlich, die die Individualität der Persönlichkeit mitbedingen. Als Funktion getrennt steht also in dieser Schicht neben dem gewissermaßen nach auswärts gerichteten Trieb, Aktivität zu entfalten, der Antrieb, die Möglichkeiten des Eigenverhaltens zu erschließen und weiterhin als Innenzustände zu erleben. Die Verifizierung dieser beiden Triebe führt dann notgedrungen zu dem Wachwerden jener Triebstrebungen, die das individuelle Ich profilieren, wobei sich jeweils die für die Persönlichkeit charakteristischen Integrationen herstellen.

Wir haben kurz skizziert, welche Rolle der elementare Tätigkeitsdrang in der Persönlichkeitsstruktur spielen kann und beschreiben — nun im Zusammenhang mit der Analyse des M. — seine funktionale Ergänzung, den Drang, sich in der Erweckung von Innenzuständen zu erleben und das Eigenverhalten zu verifizieren. Wie schon erwähnt, handelt es sich hier um einen Trieb, der zunächst nur das Leben um seiner selbst willen meint, der dann aber, so wie er jeweils anlagemäßig beschaffen ist, zu den Grundlagen des individuellen Ichs gehört, das sich mit dem Leben auseinandersetzen muß.

Aus den Berichten des M., die seine frühe Kindheit betreffen, kann man ersehen, daß sein Drang, sich tätig zu entfalten und sich hierbei in einer ihm gemäßen Weise zu erleben, zunächst einer harmonischen Entwicklung entsprach. Er erinnert sich gern an das Erwachen seiner Betätigungslust, die er im kindlichen Spiel entfaltete und seine Wünsche, sich selbst zu erleben, die Eigenresonanz zum Klingen zu bringen, finden kompromißlose Erfüllung. Er fühlte sich bei seiner Mutter geborgen und glücklich, der Vater schien der bewunderte, alles vermögende Beherrscher seiner kleinen Welt zu sein und das Elternhaus wurde als der natürliche Mittelpunkt dieser Geborgenheit empfunden. Dann aber — wie M. angibt, schon mit acht Jahren — beginnt sich der Lebensdrang in einem Ausmaß zu regen, das durch die gegebenen Umweltsverhältnisse nicht mehr befriedigt wird. M. möchte sich in Innenzuständen erleben, die im Ablauf seines Daseins von außen her keine Ansprache erfahren, wobei die Themen seines Lebensdranges noch nicht in klarer Formulierung erscheinen. Bis dahin hatte M. eine Gestimmtheit der Zufriedenheit erlebt, die davon Kunde gibt, daß das Antriebsverlangen sich in bestimmten adäquaten Innenzuständen zu erleben, erfüllt ist. Hier kann man noch nicht davon sprechen, daß damit auch die Ansprüche der Persönlichkeit befriedigt waren. Letzteres würde gleichzeitig auch noch die Saturierung jener Triebe bedeuten, auf Grund derer das individuelle Ich sich in seiner Unterschiedlichkeit von den anderen Menschen erlebt, wobei dann diese kritisch vergleichende Abstimmung einem befriedigenden Ergebnis zustrebt. Bei M. waren in diesem Zustand zunächst nur die Wünsche seines lebendigen Daseins als Erfüllung eines darauf gerichteten naiven Verlangens erlebt worden. Die nun folgende Unzufriedenheit läßt M. das Erleben von Innenzuständen vermissen, die eine Steigerung seines Lebensgenusses bedeuten sollen. Es ist jedoch noch nicht ein Genießen, das der Sache gilt, sondern ein Verlangen, das nur Genießenwollen um seiner selbst willen nach der Stärke seines Dranges als erregende Funktion auszukosten. Damit aber werden die gegebenen Lebensumstände unter den Wertmaßstab gestellt. Das Vorhandene verblaßt als zu dürftig und gering, die Phantasie erweitert und verschönt die zu eng erscheinende Umwelt, um einem Erlebnisdrang, der dem Selbstgenießen dienen soll, Raum zu verschaffen. So läßt M. dann für sich eine Welt entstehen, deren erträumte Erlebnisse seinen Innenzustand mit neuen Variationen erregend bereichern.

Es ist nun weiter zu analysieren, welche Integration der bei M. vorherrschende Antrieb, sich in Innenzuständen zu erleben und das Eigenverhalten zu verifizieren, zu den weiteren Schichten seiner Persönlichkeit fand. Um die Wirksamkeit dieses Antriebes im allgemeinen deutlich zu machen, sollen zunächst jedoch zwei extrem verschiedene Integrationsmöglichkeiten dargestellt werden.

1. Das Wirken dieses Antriebes kann im idealen Falle zu den gestaltenden Kräften eines Aufbaues der Persönlichkeit gehören, in dem das Ich über die Bezirke des nur personellen Selbstseins hinausgehoben wird, um sich mit einem Bezug auf das Ganze des Daseins zu vollenden. Die Integration der wirksamen Antriebe würde dann ungefähr die folgende sein. Die zunächst nur funktionalen Antriebsstrebungen, sich in Tätigkeit zu entfalten und die Möglichkeiten des Eigenverhaltens zu erwecken, gewinnen Anschluß an die Strebungen der Person, die so in Gang gekommen, für ein hohes Niveau des personellen Ich eintreten, worauf dann die Persönlichkeit mit den von hier aus einsetzenden Strebungen nach absoluten Lebenswerten harmonisch ergänzt wird. Der Reichtum einer biologischen Entfaltung würde so mit den Strebungen einer fruchtbaren Ichdifferenziertheit korrespondieren und die Potenzen dieses Ichs würden im über sich hinauswachsenden, hingebenden und schaffenden Streben den Daseinsentwurf vollständig werden lassen.

2. In einem ungünstigen Fall, wo es nicht zu einer solch optimalen Integration der Antriebe kommt, wo also nicht die Antriebe der einen Schicht die Antriebe der weiteren Schichten zu fruchtbarster Entwicklung und Aktivität zu verpflichten vermögen, wäre folgende Konstellation denkbar. Die gebieterisch lebhaften Strebungen dieser nur funktionalen Schicht vermögen nicht jene Resonanzen in den anderen Schichten zu finden, die die Transponierung ihres ursprünglichen Themas vollziehen und bleiben daher im Ablauf des gesamten Antriebgeschehens dominant. Die Strebungen nach den persönlichen Werten und weiter die auf die Sinnwerte gerichteten Strebungen klingen zwar an, aber sie dienen jetzt nur der Durchführung jenes ersten Themas, das nun die Persönlichkeit auszufüllen scheint. So wird die Daseinsweise eines solchen Menschen von seinem Drang, alle Möglichkeiten seiner Innenzustände mit Hilfe des Erlebens zu provozieren, bestimmt. Da es sich dabei nur um die Erweckung und den Ausbau der gewissermaßen in diesem Menschen ruhend vorhandenen Funktionen handelt, wird der Selbstgenuß zum Maßstab und Inhalt seiner Daseinsgestaltung. Die Funktion wird nicht zum Mittler eines echten Inhaltes, sondern sie wird um ihrer selbst willen gepflegt. So ist die Tendenz dieses Erlebens, wenn dabei auch immer wieder neue Innen-

zustände variiert werden, lediglich, die Möglichkeiten des Innenlebens wie ein erregendes Stimulans auszukosten. Es kann damit schließlich der Typ des genießenden Abenteurers entstehen, der die Reize der Welt sucht, um sich in der stets nur flüchtigen Entzündung seiner Fähigkeiten des Empfindens und des Reagierens zu erleben. Die *Antriebsstrebungen der Person* dienen jetzt nur noch dazu, diesen Ablauf mit individueller Note zu steuern. Die *Selbstbehauptung* wird zum betonten *Egoismus*, da der Reizhunger ein Für-sich-haben-wollen alles wertvoll Erscheinenden bedingt. Der *Geltungsdrang* erfährt unangemessene Steigerungen, da er sich nicht an echten Leistungen orientieren kann, sondern nur auf jene Fülle von immer wieder variierten Erlebnisresonanzen angewiesen ist, die in ihrer Mannigfaltigkeit hier zum fälschlichen Gradmesser des Selbstwertes gemacht werden. Damit kann auch der *Selbstwert* nie eine ruhende Bestätigung finden, da er immer nur mit jenen flüchtigen Entzündungen der seelischen Funktionen vorübergehend erfüllt scheint. *Die Antriebe, die den Menschen über sich hinausführen*, dienen aber dann nur noch dazu, das Genießen und das Erleben innerer Sensationen als Sinnwerte des Daseins schlechthin anzustreben. So werden schließlich auch *Wahrnehmung* und *Empfindung* nur darauf gerichtet, das Außergewöhnliche um seiner Reizkraft willen zu entdecken, und das Nichtausschöpfen der immer wieder gesuchten Erlebnisse läßt trotzdem die Persönlichkeit im inneren Unbeteiligtsein verarmen. Die Vielseitigkeit der Zuwendungen entspricht nicht einem lebendigen Interesse, sondern dem vergeblichen Bemühen, die tatsächliche Leere immer wieder auszufüllen. Das *Gedächtnis* ist ein Katalog abgebrauchter Illusionen. Das *Denken* dient nicht dem Streben nach Erkenntnis, sondern wird als unproduktive Geistreichelei zum Selbstzweck. Die *Gefühle*, die diese Persönlichkeit aufflackern läßt, ohne von ihnen erfaßt zu werden, enden in der Wertungsweise des Zynismus. Damit kann eine scheinbar überlegene Haltung entstehen, die tatsächlich nur der Ausdruck der inneren Unfruchtbarkeit ist, wobei mit den erkannten, jedoch nicht erreichbaren Werten achtungslos jongliert wird.

Wir hatten dargestellt, wie der Trieb, sich in der Erweckung von Innenzuständen und im Eigenverhalten zu erleben, schon im Alter von neun Jahren in Ms. Entwicklung richtungweisend auftrat. Es wurde dann das Wesen dieses Triebes näher beschrieben und wir haben zwei Integrationsmöglichkeiten skizziert, wobei einmal dieser Trieb in seiner starken Ausprägung sich zu einer harmonischen Ergänzung der Persönlichkeit einfügte, während er im anderen Fall eine nicht harmonische Persönlichkeitsstruktur charakteristisch mitformte. Es soll nun im folgenden aufgezeigt werden, welche Rolle dieser Antrieb bei M. weiterhin spielte und welche Integrationen der Antriebe bei ihm als Charakteristikum seiner Persönlichkeit entstanden.

M. erlebte also zunächst, daß die Welt, in der er sich bis dahin glücklich und geborgen fühlte, immer dürftiger zu werden schien. Die Innenzustände, die ihn bisher auszufüllen vermochten, reichten nicht mehr aus, eine Daseinslust zu befriedigen, deren Drängen er gebieterisch in sich fühlt. Hier zeigt sich nun schon, daß M. nicht dahin strebt, sein Erleben, dem die natürlichen Themen eines jugendlichen Daseins zur Verfügung standen, zu vertiefen, indem er aus dem zunächst nur naiven Genießen den Weg einschlägt, der bis zu dem Erleben von Bedeutung und Sinn führt. Sein Drang führt ihn vielmehr dazu, den Innenzustand nicht in der Tiefe, sondern in der Breite des Erlebens anzureichern. Damit werden auch die Bindungen, die ihn mit seinem in diesem Sinne nicht ergiebigen Milieu verknüpfen, lockerer. Hier sieht er schließlich nur noch ausgekostete Möglichkeiten, die er gleichgültig zurücklassen kann wie ein ausgedientes Kleidungsstück. Er scheint ein Sieb in der Hand zu halten, in dem nur das Glänzende, Erregende haften bleiben will und so läßt er die Werte seiner Jugend, die sich in den zarten Nuancen eines bescheidenen Kolorits abzeichnen, ohne Achtung zu Boden fallen. Die Phantasie läßt ihn neue Möglichkeiten des Sichbefindens in der Illusion vorkosten, und M. distanzierte am Abendbrottisch seine Familie mit hochmütiger Gebärde, nachdem er diese neuen erstrebten Möglichkeiten in sich anklingen fühlte. Schließlich erlebt er seine Jugend nur noch als ein verwunschenes Schattendasein, dessen Mißgeschick er zu korrigieren entschlossen ist. Jene Kraft, die der Heranwachsende aus der Konstellation des ihn umgebenden Milieus in jedem Fall schöpfen kann, wird bei M. kaum wirksam. Weder erweckt sie sich im fruchtbaren Protest noch läßt sie jene Bande entstehen, die wie Wurzeln immer tiefer in den eigentlichen Grund einzudringen vermögen. Hier ist nur noch ein Abwerten und Ablehnen des Gebotenen, das sich nach den Wertmaßstäben jenes bei ihm vorherrschenden Dranges richtet.

Lediglich die innere Bindung, die M. zu seinem Vater spürt, läßt zunächst die Möglichkeit einer echten Vertiefung des Erlebens offen. Aber auch diese Bindung läßt nur schwache Eigenresonanzen anklingen und sie verliert ihre Bedeutung, nachdem M. sie mit der Wertskala seines Lebensdranges gemessen hat. Anläßlich des Nietzsche-Vortrages verspürt er zunächst seine Verbundenheit mit dem Vater in dem Aufwallen einer echten Gemütsbeteiligung. Antriebsregungen der hingebenden, der solidarischen Teilhabe und die Gefühle des Schmerzes im mitleidenden Betroffensein wollen sich andeuten. Dann jedoch findet die Integration seiner Antriebe endgültig andere Wege. M. erlebt nur noch, daß jene Veranstaltung in der „Harmonie" nicht seine Erwartungen erfüllen konnte, die auf eine Bereicherung mit glänzenden neuen Eindrücken hinzielten. Seine Beurteilung der Situation ist dabei bis zu einem gewissen Grade durchaus richtig, nur entgeht ihm die tiefe Bedeutung, die dieses Ereignis für ihn barg. Das so wenig gelungene Auftreten seines Vaters läßt ihm nicht dessen persönliche Problematik deutlich werden und ihn mitfühlend verstehen, sondern er findet hier nur den typischen Ausdruck öder Zweitrangigkeit, die der Beschränktheit des glanzlosen Milieus entspricht. Der Vater und die Gesellschaft der „Harmonie" fallen so schließlich unter *ein* Urteil, das von dem enttäuschten Drang, das Wohlbefinden im Erleben von neuen Innenzuständen auszukosten, diktiert wird.

Weiterhin zeigt sich auch, daß dieser elementare Drang, der in M. so mächtig ist, innerhalb der Strebungen des personellen Ichs jenen Antrieb erweckt und anreichert, der für die Erfüllung der Forderungen eintritt, die die Persönlichkeit befriedigt wissen will, um sich mit ihrer Umwelt im Gleichgewicht fühlen zu können. Es handelt sich dabei also nicht um Forderungen des biologischen Existenzminimums, sondern um die Gewährung einer Resonanz, die mit der Auswirkung und Berücksichtigung der Individualität der Persönlichkeit in ihrer Umgebung entsteht. Es ist der Drang des Menschen, sich mit seinen Ichstrebungen von der Umgebung als Individualität verstanden und bestätigt zu finden. Er bedeutet als solcher noch nicht das Streben nach Geltung, Macht oder das Streben, den Eigenwert mit gesteigerten Selbstanforderungen zu heben oder andererseits die lastende Gewißheit eines zu geringen Eigenwertes nach außen hin kaschieren zu wollen. Hier geht es lediglich um das Streben, die Gegebenheit der eigenen Individualität im Widerspiegel der Umwelt zu erleben und damit die Grundlagen der individuellen Kommunikation herzustellen. *Das Ich legitimiert sich so nach außen mit seinen natürlichen Ansprüchen als individuelles Einzelwesen und erlebt mit den erzeugten Resonanzen seine gleichsam reale Bestätigung.*

Jener zuvor besprochene Drang M.'s, sich im Anklingen seiner Funktionen zu genießen, erweckt auch diesen Drang, das Ich mit Hilfe der individuellen Kommunikation zu erleben, zu einem Forderungsprogramm, das unter den ihm gegebenen Umständen nicht erfüllt werden kann. So muß sein *eigentliches Wesen* zunächst *anonym* bleiben, da die Suche nach Entfaltung in realen Betätigungsmöglichkeiten vergeblich ist. Mit der Pubertät werden die Kontakte zu Eltern und Freunden immer spärlicher. Er wird *einsam*, da seine *Strebungen, sich als Person zu legitimieren*, in seiner Umwelt *keine Resonanz* finden können. Da er aber, ohne jemals von einem Für und Wider ergriffen zu werden, zu einer kühlen Abschätzung und Verurteilung seines Milieus kam, bleiben ihm jene Irritierungen erspart, die einen Jugendlichen in ähnlicher Lage wohl zu deprimieren, aber auch zu korrigieren vermögen, wenn er unklar und unzulänglich solche Ansprüche vorzutragen versucht. M. findet hier eine konsequente Haltung, die in ihrer einfachen Logik der Ausdruck seiner einseitigen, aber in sich geschlossenen Antriebssteuerung ist. Mit dem Gewahrwerden des *eigenen Anspruchs* wird jetzt sein *Geltungsstreben* aktiviert. Sein Programm, das auf Erfüllung drängt, bedingt die Einnahme eines möglichst hohen Platzes in der gesellschaftlichen Rangordnung. Da sein Streben aber nicht danach geht, Werte zu erringen oder zu schaffen, sondern Werte zu genießen, geht es ihm nur darum, eine solche Position um ihrer Erlebnismöglichkeiten willen zu erringen.

Der Trieb, sich selbst zu genießen, entfachte also den Antrieb, das Ich mit seinen nun deutlicher formulierten Ansprüchen zu verwirklichen. Diese Ansprüche erfahren nun eine Bereicherung bzw. spezielle Be-inhaltung durch den Drang nach Geltung, der, um achtungsvolle Bewunderung erfahren zu können, aktiviert wird. Das im Grunde wertarme Ich verlangt nach einer Werterhöhung durch das Urteil der Mitwelt. An Stelle einer natürlichen Verbundenheit, die nicht erfüllt werden könnte, muß hier die Distanz des Respektes treten, mit deren Hilfe die Inhaltslosigkeit der Geltungswünsche verborgen werden kann. Die Erfolge dieses Geltungsstrebens dienen der nie vollendbaren Ich-Bestätigung im Selbstgenuß.

Im Entstehen dieser Antriebsintegration zunächst noch unsicher, überprüft sich M., indem er mit seinem Ausflug in das Hotel C. sich versuchsweise einmal in die Kulissen jener Welt stellt, die zu erobern es ihn drängt. Er findet seine sehnsüchtigen Erwartungen bestätigt und genießt sich kindlich glücklich im Vorgriff auf eine Daseinsform, die er als die ihm gemäße empfindet. Mit wachen Augen erkennt er am Beispiel jenes Jünglings mit dem Foxterrier, daß die beste Darstellung dieser Lebensweise in leger aristokratischer Haltung vollzogen wird und beschließt, die ihm von Natur nicht gegebene Verhaltensweise nachzulernen.

All diesen miteinander wirkenden Strebungen bleibt M. jedoch nicht steuerlos ausgeliefert. Zu ihnen tritt richtungweisend ein *Selbstwertstreben*, das die Kräfte der dahinströmenden Wünsche unter die Kontrolle einer Ich-Verwirklichung stellt, die die ihr vorgegebenen Möglichkeiten zu erkennen vermag. Der Antrieb des

Selbstwertstrebens als solcher erfaßt mit seiner Thematik sowohl Fragen des personellen Ichs als auch Fragen, die auf das Ganze der Daseinsverwirklichung zielen. Er schließt gewissermaßen die „Zweite Schicht“ der Antriebe ab, um an die „Dritte“ anzuknüpfen. Die anderen Antriebe des personalen Selbstseins treten zunächst nur als fordernde Tendenzen auf, um dann ihren Bedeutungswert und so auch ihre Gestalt damit zu erhalten, welche Resonanz sie in der Umwelt erzeugen. Das personale Ich wird gewissermaßen vermittels seiner Resonanzen lokalisiert und über sich selber orientiert. Die eigene Unterschiedlichkeit wird erst mit dem Reflektiertwerden jener Antriebe durch die Umwelt eine bewußte. Im Selbstwertstreben hingegen wird ein individuelles Gerichtetsein erlebt, das nach Erfüllung drängt. Hier wird der Eigenwert nicht mehr von der Umwelt her bestimmt, sondern eine Konzeption des Eigenwertes versucht sich gegenüber der Umwelt zu verwirklichen. So ist das Selbstwertstreben einmal die letzte zusammenfassende Konsequenz der Strebungen des nur individuellen Ichs (Zweite Schicht), um weiterhin die Exposition für die Strebungen der Daseinsverwirklichung (Dritte Schicht) abzugeben. Bei dem Typ des genießenden Abenteurers, den wir vorhin im Beispiel skizzierten, findet das Selbstwertstreben keinen in sich beruhenden Halt. Es kann infolgedessen nur Fiktionen zum Resultat haben, die mit den erzeugten Umweltresonanzen flüchtig entstehen und nur als ein zwar berauschendes, jedoch immer erneuerungs- und variationsbedürftiges Klangbild empfunden werden können. Die Antriebsstrebungen des M. befanden sich jedoch in einem wesentlich günstigeren Verhältnis. In seinem Selbstwertstreben wurden die Möglichkeiten seiner Persönlichkeit als Maß mitberücksichtigt und das Streben selbst leitete ihn so, daß die Umgebung mit ihrer Resonanz von einem gewissen Punkt an nur zum passenden Hintergrund einer Persönlichkeitskontur wurde, wie er sie von sich selber verlangte. M. verfügt auf diese Weise sogar über einen durchaus sicher ruhenden Selbstwert. Wenn man seine Antriebsstruktur betrachtet, so mutet sie wie eine unangemessen primitive, jedoch geschickte Konstruktion an, die ihren Zweck erfüllt, jedoch ohne den Sinn zu erreichen — ähnlich, wie wenn an die Stelle einer kunstvoll tragenden Gewölbemauerung ein einfaches Stahlgerüst gesetzt worden wäre.

Dieses Selbstwertstreben M.'s findet seine feste Stütze in den *Strebungen des Egoismus und den Machtstrebungen.* Die egoistische Strebung als solche regt sich im vergleichenden Betrachten mit anderen, und man wertet sie als natürliche Ich-Strebung, als gesunden Egoismus, wenn das Für-sich-haben-wollen unter den gegebenen Umständen als berechtigter Anspruch dieser Persönlichkeit erscheint (hiermit ist also der Egoismus nicht als Eigenschaft, sondern als Antriebsstrebung im Erleben gemeint). M. erstrebt aber innerhalb seiner Wunschrichtungen ein maximales Für-sich-haben-wollen, um sich durch ein Mehr an Besitz von den anderen im Genuß distanzieren zu können. Ebenso vertreten seine Machtstrebungen nicht einen echten Führungsanspruch, sondern sie stehen für die Sicherung dieser sich selbst genießenden äußeren Überlegenheit.

Die Strebungen, die das personale Ich über sich hinaus zu führen vermögen (Dritte Schicht), dienen bei M. ebenfalls nur dazu, den wie mit einer richtigen Kalkulation gefundenen Selbstwert zu stabilisieren. Sein Streben nach mitmenschlicher Verbundenheit beschränkt sich darauf, die Zugehörigkeit zu einer bestimmten Gesellschaftsklasse als äußerliche Beziehung zu pflegen. Die Neigung zu seiner Frau enthält deren gesellschaftliche Stellung und gute wirtschaftliche Situiertheit als Vorbedingung. Das Problem des menschlichen Daseins sieht er in der Schau eines primitiven Hedonismus. Anderslautende Weltanschauungen entspringen seiner Meinung nach nur einem Unvermögen, das Leben zweckhaft richtig anfassen zu können. Eine schließlich dennoch verbleibende leichte Ungewißheit wird von M. mit einer überlauten Betonung seines Selbstbewußtseins beschwichtigt, um nur gelegentlich in abergläubisch fatalistischen Meinungen durchzudringen.

Dieses Antriebsverhalten des M., das sich schon in seiner frühen Jugend nahezu geradlinig entwickelte, pflegt im Erleben mit wenigen Variationen immer denselben Ablauf zu nehmen. Der Drang, sich im Erleben bestimmter Innenzustände zu genießen, entfacht das Streben, das Ich in individueller Abgewogenheit gegenüber der Umgebung zu lokalisieren. Die Erfüllung dieser Wünsche ruft ein Geltungsstreben wach. Die Verwirklichung dieses Programms erfolgt mit Hilfe eines Selbwertstrebens, das die vorhandenen, aber nur einseitigen Möglichkeiten der Gesamtpersönlichkeit konsequent berücksichtigt. Dieser Antriebsentwurf wird mit Strebungen des Egoismus und mit Machtstrebungen konsolidiert. Die Strebungen nach den Sinnwerten klingen zwar an, sie dienen jedoch nicht ihrer eigentlichen Bedeutung, sondern der Stabilisierung des Selbstwertes, der nur aus Strebungszielen der personalen Selbstbehauptung geformt wurde. Dieses Ineinandergreifen der Antriebsstrebungen charakterisiert das Erleben des M., wobei die hier im einzelnen dargestellten Strebungsanteile zum Ganzen des Erlebens zusammenfließen. Von welchen Einzelstrebungen her dieser Modus in Gang gesetzt wird, hängt jeweils von dem Thema des Erlebnisses ab, das so bestimmt, von welchem Punkt aus die individuelle Verflechtung dieses Antriebsgeschehens in Gang gesetzt wird. Wie aber auch immer der äußere Anlaß beschaffen sein mag, ob er die Thematik des biologischen Daseins oder die der menschlichen Erfüllung anschlägt, ob er Geringfügiges oder Entscheidendes enthält — stets wird das Zusammenwirken der Antriebsstrebungen in der individuell spezifischen Verknüpfung hervorgerufen werden.

So z. B. ist die typische Antriebsverknüpfung des M. auch bei jener nebensächlichen kleinen Begebenheit am Stammtisch erkennbar. Hier wurde das Erlebnis selbst durch das Angesprochenwerden des Geltungs- und des Vergeltungsstrebens in Gang gebracht. Zunächst befindet sich M. in einem recht neutralen Zustand des Genießenwollens. Aber das bescheidene bürgerliche Lokal und der genossene mäßige Wein vermögen nicht den gewünschten Zustand zu stimulieren. Das Gefühl der gelangweilten Unzufriedenheit und die Gegebenheit der in seinem Sinne unzulänglichen Situation läßt die treuen Garanten seines hier nicht estimierten und damit nicht erfüllten Selbstwertes wach werden. Es regen sich die Strebungen des Geltenwollens und der Vergeltung, nachdem die Strebungen, sich im individuellen Anspruch bestätigt finden zu wollen, nicht erfüllt wurden. M. demütigt die Stammtischrunde mit Hilfe jener sorgfältig einstudierten Verhaltensweise, die für ihn die Erscheinungsform seines Daseinsideals bedeutet. Mit dem so verwirklichten Geltungsanspruch wird auch die Genugtuung einer Vergeltung erlebt, bei der M. seine als deprimierend empfundene Jugendzeit in O. mit in Rechnung bringt. Der erfolgreiche Auftritt befriedigt auch sein Machtstreben, das ja nicht auf einem echten Führungsanspruch beruht, sondern auf dem Verlangen, das Ich in gehörigem Abstand respektiert zu wissen. Die Strebungen nach mitmenschlicher Verbundenheit erscheinen hier sozusagen mit negativem Vorzeichen. M. drängt es dazu, seine Nichtverbundenheit mit diesem bescheidenen Milieu zu dokumentieren, um mit seiner schroffen Distanzierung den an und für sich geringen Wert seiner inhaltlich dürftigen menschlichen Bindungen möglichst deutlich zu unterstreichen.

Die Gefühlsverbindungen, die jedes Antriebsverhalten als charakteristische Bestandteile begleiten, wurden bisher, um die Darstellung nicht unübersichtlich zu machen, nicht erwähnt. Natürlich sind die einzelnen Antriebsstrebungen im Erleben ohne Gefühlsbeteiligungen nicht denkbar, denn sie bilden in der individuellen Integration der Antriebe dasjenige Element, das das Antriebsgeschehen zur Erlebniseinheit werden läßt. Außerdem aber wird man in der Analyse der individuellen Antriebsintegration beobachten können, daß jene unterschiedliche Thematik, mit deren Hilfe wir die Antriebe in drei Schichten ordneten, ebenfalls in der Phänomenologie der Gefühle erkennbar ist.

Während die Triebe des nur biologischen Daseins von ebenso anonymen Gefühlsregungen wie Lust, Unlust, Erschrecken, Wut begleitet sind, werden die Strebungen des personalen Ichs mit Gefühlen erlebt, in denen mitmenschliche Bezugnahmen enthalten sind. So wandelt sich bei M. mit dem Erwachen seiner individuellen Antriebsstrebungen das Gefühl der Zufriedenheit in das der Unzufriedenheit, als er erlebt, daß seine Umwelt nicht geeignet ist, die Entwicklung seines Ichs mit der Bildung einer entsprechenden Resonanz zu verwirklichen. Die Strebungen seines Egoismus und weiter seines Geltungsdranges werden von den Gefühlen des Neides und des ersehnten Triumphes in Spannung gehalten. Das Selbstwertstreben geht von einer Konstatierung des Sich-minderwertig-fühlen aus, um sich im Gefühl der Genugtuung zu vollenden. Die Unvollkommenheit jener Strebungen, die auf die Sinnwerte des Daseins gerichtet sind, drückt sich auch in dem Charakter der sie begleitenden Gefühle aus. Die Gefühle der Achtung und verabscheuenden Verachtung entspringen nicht jenem unmittelbaren Empfinden, das aus der Evidenz der absoluten Wertordnung seinen Ursprung nimmt, sondern sie empfangen ihren Inhalt aus der einseitigen subjektiven Wertordnung des personalen Selbstbezuges. Das Gefühl der Sympathie hat bei M. nicht die Verbundenheit im gemeinschaftlichen Sinnwert zum Gegenstand, sondern es bekundet die Akzeptierung des in seinem Sinne gleichwertigen Menschen, der letzten Endes von ihm doch noch bewundert wird. Das Selbstgefühl, auf dem seine Persönlichkeit ruht, wird von dem Bewußtsein beherrscht, mit verläßlicher Zielsicherheit des Denkens und Handelns die Wünsche an das Leben befriedigen zu können. Jedoch entsteht hiermit nicht eine optimistisch sorglose Haltung, sondern eine empfindsame Wachheit, die mit genauen Selbstkontrollen argwöhnt. Als Ausweis des behaupteten Selbstwertes dienen die Attitüden der Vornehmheit. Nun wird die echte Vornehmheit jedoch nicht als ein Sich-so-fühlen erlebt, sondern sie wird, da sie nur der unmittelbare Ausdruck des natürlich Gegebenen ist, als Urteil der Umwelt bemerkt. M. jedoch erlernte diese Haltung, um sich ihrer mit praktischem Erfolg bedienen zu können. Er stabilisiert damit sein Selbstwertgefühl und genießt sich in den so künstlich erzeugten Resonanzen.

Das Bemerkenswerte an diesen Gefühlszusammenhängen bei M. ist, daß sie entsprechend der robusten Einseitigkeit seiner Antriebsstruktur in einer Geradlinigkeit funktionieren, die eigentlich nie durch das Auftreten voneinander widerstrebenden Gefühlstendenzen gefährdet ist. In den meisten Fällen wird man jedoch finden, daß gerade der „Widerstreit der Gefühle" in der Antriebsdynamik eine entscheidende Rolle spielt. So können z. B. Gefühlsstrebungen der personalen Selbstbehauptung mit der Stärke von negativ zu bewertenden Tendenzen erlebt werden. Gefühle des Neides, der Schadenfreude, Affekte des Sich-verletzt-fühlens und des Vernichten-wollens können so die Persönlichkeit zunächst wie mit einer Einengung erfassen. Aber ebenso wie dann die hierzu gehörigen dranghaft auftretenden Antriebe in die anderslautenden Strebungen dieser Persönlichkeit einschmelzen, die so in der Unruhe ihres Gleichgewichtes die Lebendigkeit ihres menschlichen Daseins erlebt — ebenso vermögen solche Gefühle ihre Wandlung zu erfahren. Und gerade je intensiver das Gefühl ist, das von der gefährdeten Selbstbehauptung Kunde gibt und für sie streiten möchte, um so tiefer kann danach jenseits der Grenzen der Person der letztlich hier bedrohte Sinnwert mit den dazugehörigen Gefühlen empfunden und erfaßt werden.

In der Biographie des M. ist ein solcher Widerstreit der Antriebe und Gefühle nur einmal zu finden, und wir erwähnten ihn bereits im Zusammenhang mit seiner Antriebsanalyse. Er erlebte das mißlungene Auftreten seines Vaters in der „Harmonie" und fühlte sich in seiner Erlebnisfähigkeit lebhaft angesprochen, ohne jedoch die Tiefe jenes Erlebnisses zu erreichen. Es entstand zunächst ein Gefühl des Mitleides und ein gefühlshafter Drang, den Gegenstand der Liebe und Verehrung mit eigener Hingabe schützen zu wollen. Eine Identität im Sich-verletztfühlen wollte anklingen. Dann jedoch überwiegt das Gefühl der Enttäuschung, das schließlich mit dem Gefühl der Verachtung der Unzulänglichkeit des Vaters endigt. Späterhin aber entstehen nur noch jene im Grunde unergiebigen Gefühlsketten, deren Impulse er in weiser Ökonomie für sich zu nutzen versteht.

Während das Antriebsverhalten einer Persönlichkeit in der Regel dadurch charakterisiert ist, daß bestimmte Strebungen der verschiedenen Schichten zu der individuellen Gestalt dieses Erlebens zusammenfließen, begegnet man in der Psychotherapie doch immer wieder jenen Ausnahmefällen, deren individuelle Antriebsstruktur gerade dadurch gekennzeichnet ist, daß eine echte Integration der Strebungen im Erleben nicht zustande kommt. Als ein Beispiel dieses Typus soll die Antriebsanalyse des L. im folgenden besprochen werden. Es wird hiermit also der besondere Fall beschrieben, daß die mannigfachen Strebungen der einzelnen Schichten im Erleben wohl anklingen, jedoch anstatt in Integration zu verschmelzen in eigentümliche Autonomie nebeneinander zur Auswirkung kommen.

Natürlich ist hiermit nicht gemeint, daß all jene Antriebsstrukturen, die ein kompromißhaftes oder auch disharmonisches Erleben des Daseins bewirken, auf diese Formel zu bringen wären. Die vielen möglichen Variationen der Struktur sollen an dieser Stelle nicht näher besprochen werden. So z. B. können die Antriebsstrebungen einer Schicht Strebungen der anderen Schichten zum korrigierenden Widerspruch oder als Kompensation erwecken, oder die Impulse eines in sich geschlossenen Antrieberlebens werden durch den Verstand und durch das bewußte Wollen im Sinne des Gesamtentwurfes dieser Persönlichkeit zensuriert. Stets aber wird sich so eine Antriebsstruktur im Erleben ergeben, die mit ihren Impulsen und Gegenimpulsen ein typisches Gefüge aufweist, in welchem sich die Antriebsströmungen und Tendenzen zu einem individuellen Integrationsmodus zusammenfinden. Im Fall L. jedoch wird das Persönlichkeitsbild durch ein Nebeneinander von Antriebsstrebungen charakterisiert, die, ohne eine Integration finden zu können, nur ein kontrastreiches Mosaik zu bilden scheinen. Die Gesamterscheinung dieses Mosaikes ist freilich psychologisch überzeugend, da das phänomenologisch sichtbar Werdende sich stets durch die Ursprünglichkeit seiner Erscheinungen als natürlich und existent auszuweisen vermag.

Es folgen nun Erlebnisschilderungen des L. in einzelnen Auszügen.

„Ich weiß jetzt, daß ich meinem Vater sehr viel zu verdanken habe. Manchmal glaube ich sogar, daß ich ihn liebe und verehre, aber vielleicht ist es nur jenes voraussetzungslose Verbundensein, das durch das gleiche Blut bewirkt ist und das nicht davon abhängig ist, daß das Gefühl der Liebe in uns erweckt wurde. Als heranwachsendes Kind empfand ich ihn fremd und bedrückend. Ihn mir anders zu wünschen, ist mir dennoch nie in den Sinn gekommen. Die kühle Geschlossenheit seines Wesens, die Achtung, die ihm überall entgegengebracht wurde, ließen eine Atmosphäre entstehen, die mich wie auch jeden anderen Menschen widerspruchslos in ihren Bann zwang. Daß hierin eine Distanz enthalten war, die es zu verbieten schien, ihn als Mensch zu berühren, mag mit dem Geschick zusammenhängen, das ihm widerfahren war.

Mein Vater hatte in seiner Eigenschaft als hoher Regierungsbeamter gegenüber mächtigeren Einflüssen seinen Standpunkt mit der Konsequenz seiner Überzeugung zu vertreten versucht. Als trotzdem geschah, was geschehen sollte, reichte er seinen Abschied ein, ohne auf Kompromisse, bzw. auf den Vorschlag einer sehr ehrenvollen Versetzung einzugehen. Da meine Eltern wirtschaftlich unabhängig waren, hatten ihre äußeren Lebensgewohnheiten danach keinerlei Einschränkungen erfahren. Wir wohnten nach Aufgabe der Dienstwohnung in dem Vorort N., wo derselbe umfangreiche gesellige Verkehr auch weiterhin gepflegt wurde. Mein Vater hatte sich dann mit einer großen historischen Arbeit beschäftigt und verstand sein Schicksal mit Ausgeglichenheit zu tragen. Es entsprach sogar seiner Denkungsart, daß er den Staat, in dem er die höchste Autorität sah, letzten Endes nicht verurteilen konnte. Er sah sich selbst wohl seinem Gewissen verantwortlich, verbot es aber seinem Gewissen, über den Staat zu richten, den er unbeschadet der Unzulänglichkeit seiner einzelnen Repräsentanten für eine über jeder Kritik stehende Institution hielt. Durch seine maßvolle Noblesse beschränkt, konnte er nicht mit leidenschaftlichem Gefühl seinem Schicksal begegnen, sondern mußte es in melancholisch starrer Vornehmheit hinnehmen. So wurde ihm die Einsamkeit des tragisch Leidenden zu eigen, der in seiner strengen Selbstdisziplin etwas Unnahbares erhalten hat.

Man kann trotzdem nicht sagen, daß mein Vater von diesem Konflikt so ergriffen wurde, daß er abseitsstehend für andere kein Verstehen mehr hätte aufbringen können. Er blieb immer mit dem Leben verbunden, aber so, daß entsprechend der gradlinigen Geschlossenheit seines Wesens, alles was man gut und richtig nennen kann, bei ihm Anklang fand und erwidert wurde. Den Maßstab hierfür trug er fest und unverrückbar in sich. Um ihn zu erreichen brauchte er nicht den mühevollen Weg zu gehen, auf dem Zweifel, Versuchung und drückende Selbsterkenntnis sich uns so oft entgegenstellen. Damit erschien er auch vor mir in einer vollendeten Lauterkeit, deren Perfektion ich einerseits bewundern mußte, anderseits war sie mir so nichtssagend unverständlich wie das glatte Resultat einer schwierigen Aufgabe, dessen Zustandekommen man nicht kennen lernte.

Über meine Mutter ist in diesem Zusammenhang wenig zu sagen. Sie ging völlig in dieser, meines Vaters Lebensgestaltung, auf, die sie ohne Selbständigkeit mit erfüllte, so daß seine Persönlichkeit und jenes Lebensideal bei ihr zu einem Daseinsinhalt verschmolzen waren. Ich stelle mir gelegentlich die Frage, ob eine bedingungslos erfüllte, naive Liebe den Menschen in dem glücklichen Zustand nichtwissender Unreife verharren lassen kann oder ob solch eine Verbundenheit die höchste Stufe einer Entwicklung darstellt, die sich schließlich in der absoluten Hingabe vollendet. Jedoch wie es hier auch gewesen sein mochte, ob meine Mutter die Gefilde der Selbstaufgabe erreicht hatte oder ob ihre Haltung nur einer naiven Genügsamkeit entsprach — ich konnte bei ihr nur jene Art des Verständnisses vorfinden mit dem sie in meinem Vater aufging ...

Ich selbst bin mir stets in einer eigentümlichen Weise, teils fremd, teils vertraut gewesen. Während andere Menschen von ihren Empfindungen ergriffen, ganz sie selbst werden, habe ich zu mir allmählich ein Verhältnis finden müssen. Dabei ist es aber nicht so, daß das, was in mir in Bewegung kommt, zu schwach, zu farblos wäre, um mich erfüllen zu können. Viele und sehr verschiedene Gefühle können mich vorwärts treiben, in mir wach werden, aber ich konnte in keinem der Zustände, die sie auslösten, so aufgehen, als ob ich mich wirklich gefunden hätte. Was mich so bewegt, ist mir nicht etwa beziehungslos fremd gewesen. Ich kann mich in all diesen Zuständen wiedererkennen, aber es ist nur wie ein Vertrautwerden, das immer eine gewisse Entfernung enthält. Schon als Kind habe ich mich bei Anlässen die mich bewegten, wie ein verständnisvoller Zuschauer gefühlt, der kritisch beobachten muß, wie das, was vor sich geht, in wohlbekannter Entsprechung verläuft, nur mit dem merkwürdigen Unterschied, daß dieser Zuschauer sich selbst gleichzeitig auch handeln und empfinden sah.

... Ich erinnere mich an meinen 12. Geburtstag. Meine Eltern waren liebevoll und etwas gerührt, weil der Kalender sie hierzu angehalten hatte. Vor meinem Gabentisch stehend empfand ich deutlich, wie ihre Zuneigung auf mich einströmte. Die zwölf Lebenslichter spiegelten sich in den kunstvollen Aufbauten meiner Lieblingstorte und ich empfand es als besonders rührend, daß meine Eltern sich wieder bemüht hatten, die mir zugedachten Geschenke so vorteilhaft wie eine kunstvolle Schaufensterdekoration aufzubauen. Ich sah mich freudig und dankbar bewegt und empfand gleichzeitig, daß dieses Gefühl für einige Sekunden noch nicht dadurch beeinträchtigt werden durfte, daß ich mich mit der Entdeckung der einzelnen Geschenke freute ... Mein vier Jahre älterer Bruder gratulierte mir mit rauher Stimme angestrengt-korrekt, als ob er eine ältere Respektsperson vor sich hätte. Der feierliche Zwang, unter dem er stand, ließ seinen Händedruck schmerzhaft-kräftig ausfallen und es unterlief ihm sogar die Andeutung einer Verbeugung. Wie der Brauch es vorsah, küßten wir uns dann auf die Wange und die festliche Gehobenheit unserer Umgangsform, die sonst durchaus rauhbeinig war, erhielt ihre Bestätigung mit dem Hintergrund der flackernden zwölf Kerzen und der liebevoll-besorgt auf uns blickenden Eltern. Bei alledem fühlte ich mich eigentümlich leer. Ich konnte meine Gefühle wahrnehmen, aber ich wartete vergeblich darauf, von ihnen ergriffen zu werden. Freude, Liebe und Dankbarkeit erschienen in mir wie von einer sicheren und geschmackvollen Regie bewegt im richtigen Augenblick, an der richtigen Stelle. Gedanken und Gefühle, die hier nicht angebracht gewesen wären, schienen von dieser Regie sanft und bestimmt von der

Szene verwiesen zu werden, und ich konnte nur feststellen, daß so alles richtig in mir vorging. Jedoch aufgehen in diesen Gefühlen, getragen werden von ihnen wie von einer mächtigen Woge, das blieb mir versagt.

... Ich glaube, daß all das Schöne und Gute, das meine Eltern mir nahe brachten, mich wirklich ansprach. Wertvoller Besitz, den ich damals erwarb, bestätigt sich jetzt oft in den Erinnerungen, die ich an mein Elternhaus habe. Aber ich kann nie sagen, hier wurde mein Ich geboren, hier erwachte ich zu mir selbst. Stets war ich nur der Gegenstand von Empfindungen, die ich zwar eindringlichst erlebte, aber dennoch nur als zu mir gehörig einordnen konnte, manchmal freudig bewegt, manchmal nur erstaunt, oft aber auch unangenehm befremdet. Zwischen dem, was ich bewußt bin und all dem, was mich bewegt, scheint ein trennendes Glas zu sein, hinter dem ich urteilend und bewertend das, was meine Seele ergreift, sehe. Hinter diesem Glas ist aber kein eigenes Leben, sondern nur dieses duldende oder verlangende Empfangen jener Vorgänge. Ich muß mich auch damit abfinden, daß diese Vorgänge oft das Widerspruchvollste von mir verlangen können. Vielleicht ist auch die Unvereinbarkeit ihrer so weit voneinander entfernt liegenden Ziele daran schuld, daß ich nirgends mich selbst finden kann.

Ich glaube, daß ich von Natur eher etwas übertrieben zartfühlend und zurückhaltend bin und erlebe dennoch, daß mich gelegentlich ein häßlicher Drang unwiderstehlich ergreift, zu zerstören und wehe zu tun ... Er hat mich schon als Kind heimgesucht, so z. B. wie ich dreizehn Jahre alt war, besuchte ich gelegentlich einen sogenannten Freund, dessen Wesen mich ebenso anzog wie abstieß. Er war ein typisches Kleinleutekind, ungeschlacht und frühreif in seinem Äußeren und von einem ordinären Wesen, dessen Auswüchse seine sehr ordentlichen Eltern nach Kräften zu bändigen versuchten. Ich fühlte mich in eigentümlicher Weise an ihm interessiert, da er sein rohes und auch hinterhältiges Herrschertum, mit dem er unsere Schulklasse unterjochte, nie gegen mich kehrte, sondern in täppischer Weise um meine Freundschaft bemüht war. Es reizte mich, hinter die Kulissen dieses gefürchteten Tyrannen sehen zu können, der seine Macht mit seinen Fäusten und seiner primitiven Bosheit aufrecht erhielt. Eigentlich blieb er mir stets widerwärtig und ich kostete nur das prickelnde Vergnügen aus, in das lächerlich-ungefährliche Innere einer unüberwindlich erscheinenden Schreckensmaschine vordringen zu können ... Bei einem Besuch bei ihm hatten wir uns bei irgend einer törichten Spielerei die Hände mit Tinte besudelt. Als wir etwas ernüchtert daran dachten, dieses Mißgeschick wieder in Ordnung zu bringen, wurde ich plötzlich unwiderstehlich von einem häßlichen Drang erfaßt, das Geschehene schlimm und unangenehm zu machen, um meinen „Freund" und alles, was mit ihm zusammenhing, mit roher Rücksichtslosigkeit zu treffen. Mit frechen, übermütigen Worten, die wie von selbst von meinen Lippen kamen, griff ich nach dem weißen Ziervorhang der guten Stube, in der wir uns aufhielten, und ich spüre noch jenes eklige Behagen und seine merkwürdige Erregung, die mich fortriß, als ich meine tintigen Hände mit der sauberen, vom vielen Waschen schon etwas mürben Gardine abrieb. Dann forderte ich mit zynischer Großzügigkeit meinen Freund H. auf, das gleiche zu tun, um den Triumph meiner demütigenden Zerstörungslust voll auskosten zu können. Er sollte an dieser häßlichen Nichtachtung, die ihn und sein Elternhaus betraf, sich selber mitbeteiligen. Zunächst hatte ihn mein Tun erschrocken. Dann aber schien er von der Sicherheit meiner großsprecherischen, höhnischen Zureden wie hypnotisiert und beschmutzte ebenfalls die Gardine mit seinen bläulich triefenden Fingern. Man sah förmlich, wie jetzt die Gedanken in seinem Tölpelkopf flugs zu arbeiten begannen. Er legte sich offenbar einen Plan zurecht, wie er die Untat auf eines seiner zahlreichen Geschwister abwälzen könne, und damit gewann sein zunächst bestürztes Gesicht wieder den gewohnten mürrisch verschlagenen Ausdruck.

Auch als wir dann gemeinsam fortgingen, spürte ich noch jenes prickelnde Behagen, das die so plötzlich entstandene gemeine Regung begleitet hatte. Als wir durch den stets dunklen und mit allerlei Hausrat verstellten, engen Flur gingen, öffnete die Mutter meines Freundes die Küchentür, um mich, den sie hier besonders gern sah, zu begrüßen. Von einer Wolke nahrhafter Gerüche umgeben, lächelte sie mir eifrig und freundlich zu, die Hand an der Küchenschürze abwischend. In meiner merkwürdig gehobenen Stimmung machte es mir Spaß, daß sie die Tintenflecken an meinen Händen gar nicht bemerken konnte, da ich jetzt mit einer mir sonst fremden, kecken Liebenswürdigkeit auftrat, mit der ihre höfliche Einfalt ganz in Anspruch genommen wurde . . . „Vergiß nicht die Milch für Brüderchen zuholen, Heini“ rief sie uns nach, als wir die Wohnung verließen, was H., sichtlich noch mit der Herstellung seines inneren Gleichgewichtes beschäftigt, nur mit einem unterwürfigen Geknurr verlegen beantwortete.

. . . Wir hatten zu Hause eine schwarze Schäferhündin, die ich sehr liebte und die mit dem sicheren Instinkt, den Tiere für unsere Gefühle haben, mit rührender Anhänglichkeit mir zugetan war. Viele Jahre war sie mein treuester Freund und in ihren klugen Augen glaubte ich lesen zu können, daß sie verstand, wenn ich froh war und wenn ich mich traurig fühlte. Manchmal kam eine unverständlich wilde Lust über mich, gerade diesem Tier wehe zu tun. Ich holte ihre Leine und versprach sie zum Spazierengehen mitzunehmen, was bei ihr immer einen Zustand nahezu unbändiger Freude auslöste. Nun ließ ich sie vor der Terrassentür zum Garten warten und beobachtete sie dabei durch ein anderes Fenster. Sie stand mit gespitzten Ohren vor dieser Tür, jeden noch so leisen Laut in Innern des Hauses mit aufmerksamen Kopfbewegungen aufnehmend. Die freudige Erwartung ließ sie von Zeit zu Zeit wie zu der Andeutung eines ungeduldigen Sprunges ansetzen. War es so, daß der unglückliche Zustand, in den ich meinen Hund jetzt versetzen wollte, meine Gefühle für ihn nur noch tiefer ergreifen sollte? Während ich das Unheil für ihn kommen sah, tat mein Herz langsame, laute Schläge, mein Atem wurde tiefer und schließlich sah ich mich handeln, mir selbst fremd und doch hingerissen von einem Gefühl, das mich wie eine zügellose Befreiung mit sich riß. Ich öffnete das Fenster und fuhr das Tier mit drohenden, harten Worten heftig an, als ob es sich etwas sehr Ungehöriges hätte zuschulden kommen lassen, worauf es sich ängstlich und um Verzeihung heischend niederlegte. Dann ließ ich den Hund durch die Terrassentür wieder hereinkommen und jagte ihn heftig scheltend auf sein Lager . . . Wenige Minuten später saß ich bei ihm und liebkoste ihn, manchmal unter Tränen. Nicht, daß ich mein Benehmen wirklich bereut hätte. Ich hatte es zu deutlich ausgekostet und die Zuneigung, die ich zu meinem Hund fühlte, fand nie einen so starken Ausdruck wie jetzt, nachdem dieses geschehen war. Aber wo ich eigentlich stand, konnte ich nicht erfahren. Ich erlebte diese meine Wünsche und Gefühle und konnte nur feststellen, daß es so war, ohne mich selbst wirklich finden zu können.“

Immer mit den Auswirkungen seiner Disharmonie beschäftigt und unter ihnen leidend hatte L. sich dann zu einem anspruchsvollen Einzelgänger entwickelt. Er wurde Teilhaber eines sehr gut renommierten Rechtsanwaltsbüros. Trotz seiner kontaktschwachen Selbstversunkenheit und seinem exzentrischen Lebensstil, in den er sich flüchtete, war ihm der äußere Erfolg nicht versagt. Es gelangen ihm gleichsam nebenbei überdurchschnittliche Leistungen, zu denen er sich sporadisch aufraffte, wobei er trotzdem mit sich und der Welt in derselben Weise uneins blieb. Seine innere Unausgeglichenheit zeigte sich auch in lebhaften vegetativen Störungen, zu denen er konstitutionell veranlagt war. Diese körperlichen Indispositionen gaben dann seinen Verstimmungen weitere Nahrung.

„Ich habe den Eindruck, daß sogar mein Körper von diesem unseligen Nebeneinander meines Inneren, in dem ich wie zuschauend treiben muß, in Mitleidenschaft gezogen wird. Oft fühle ich mich schwach und elend, ohne daß hierfür eine Krankheit verantwortlich zu machen wäre. Ich spüre eine nahezu schmerzhafte Spannung in meinen Eingeweiden, das Herz scheint unregelmäßig und mühsam zu schlagen, mein Gesicht wird bleich und jede kleine Anstrengung läßt den Schweiß austreten. Es ist am besten, wenn ich in diesem Zustand allein bleibe in der ruhigen Atmosphäre meines Zimmers und initiativelos resignierend zur Kenntnis nehme, daß ich auf Grund einer fehlerhaften Konstruktion eine natürliche Verbundenheit mit dem Leben weder im Körperlichen noch im Seelischen bestreiten kann. Es scheint mir dann natürlich, daß all meine doch nur künstlichen Bemühungen gelegentlich erlahmen müssen und daß ich in dieser plötzlichen Leere sinnlos öde und einsam unter mir selbst zu leiden habe.

Muß ich aber in dieser Verfassung unter Menschen gehen, so pflegt mich eine heftige Abneigung gegen alles zu ergreifen. Es ist, als ob mein quälender körperlicher Zustand mich empfindsam gemacht habe für Wahrnehmungen, die nur deutlich erscheinen können, wenn man das gewohnte und natürliche Bild in der verzerrten Perspektive eines unrichtigen Blickpunktes sieht. Das Verbundensein mit der Natur hört auf, Wälder, Berge, das Spiel der Sonnenstrahlen, das Rauschen eines Flusses erscheint mir jetzt wie das gutgemeinte Arrangement eines naturschutzbeflissenen Verschönerungsvereins. Die Menschen aber, die mir begegnen, werden zu bösen Karikaturen ihrer selbst. Zwei behäbige Bürgerfrauen, die mit ihren Einkaufstaschen einen behaglichen Schwatz an der Straßenecke halten, erscheinen mir als die Verkörperung einer törichten Beschränktheit, die in ahnungsloser Selbstzufriedenheit im Geschehen dieser Welt nie vor einem Rätsel, nie vor einer Frage steht, die die eigene Kompetenz nicht spielend zu lösen vermöchte. Im Vorbeigehen höre ich umfassende Urteile über das Versagen der Weltordnung und überzeugte Feststellungen der eigenen Vortrefflichkeit. Herr X., der seinem Aussehen nach wahrscheinlich eine einflußreiche Stelle bei einem Gericht bekleidet, stolziert als die Verkörperung einer unantastbaren Ordnung einher, die in Wahrheit eine illusionäre Montage ist. Ihre Konstruktionen dienen ihm als Leiter, auf der er — natürlich stets mit angemessener Haltung — seine Karriere zu erturnen bemüht ist. Alle diese Karikaturen belästigen mich und ich würde sie am liebsten mit höhnischem Haß angreifen.

Im Laufe der Zeit aber habe ich gelernt, mit mir selbst umzugehen. Ich erliege nicht mehr dem Negativen dieser Zustände, sondern ich lasse sie an mir vorbeiziehen. So losgelöst von der enttäuschten Hoffnung, mein Ich im Dasein wie in einem natürlich gegebenen Einklang erleben zu können, habe ich dann erfahren, daß mein Verstehen für das Wesen der Dinge sich vertiefte. Ich glaube sogar, daß jene Beschwerden des Körpers, die mich wie eine ständige Krankheit quälen, zu den Voraussetzungen gehören, bis zu den tiefen Zusammenhängen vordringen zu können. Der gesunde Mensch, der mit sich und der Welt naiv im selbstverständlichen Gleichklang dahinlebt, wird nicht dazu angehalten, danach zu forschen, wie diese harmonische Bewegung bewirkt werden konnte. Das natürlich Gegebene verlangt nicht nach der grübelnden Bestätigung. Der körperlich Leidende hingegen, der sich von solch natürlichen Vollzügen in seinem Leben ausgeschlossen sieht, muß diese Naivität verlieren. Da er nicht mehr mit dem Leben verschmolzen ist, treibt es ihn dazu, unter Leiden all das verstehen zu wollen, an dem er selbst nicht mehr unmittelbaren Anteil hat. So wird schließlich das Ich, das nur die glückliche Erfüllung für sich selbst fordert, überwunden und es entsteht ein Erleben, das in jene kühlen Tiefen einzudringen vermag, die mit dem Drängen nach nur persönlichen Wünschen und Zielen nie erreicht werden können."

Eine gelegentlich sich regende Spontaneität seiner Empfindungen schien L. gewaltsam abzubremsen, aus Furcht, die so gefundenen Werte doch nicht festhalten zu können.

„Es hat wenige Stunden in meinem Leben gegeben, in denen ich mich von den immer in mir vorhandenen Regungen der Hingabe, des Mitgefühls, der ehrfürchtigen Erkenntnis wie von einem Zustand ergreifen lassen konnte, in dem alles in mir aufzugehen schien. Im Nebeneinander der vielfältigen Möglichkeiten war plötzlich, aber nur vorübergehend, ein absolut gültiger Maßstab entstanden. So z. B. kann ich mich an die Rolle erinnern, die es mich antrieb, in der drohenden Ehetragödie meines Freundes E. zu spielen. Er war ein etwas einfältiger, freundlicher Mann, der mit all seinem Denken und Fühlen in der Sorge um seine Frau und seine beiden kleinen Kinder aufging. Dieser Lebensinhalt erfüllte ihn so restlos, daß alles, was das Leben auch bringen mochte, von ihm nur in bezug auf seine Familie wahrgenommen wurde. Die damit verbundene Enge seines Horizontes wurde durch die bezwingende Herzlichkeit und Güte wettgemacht, mit der er sein inselhaftes Dasein lebte. Seine Frau, von Natur unbeständig und etwas oberflächlich, hatte nie begriffen, daß ihr mit dieser Ehe das Schicksal in freundlichster Form begegnet war. In einer kindlichen Selbstbezogenheit glaubte sie, daß die aufopfernde Zuneigung ihres Mannes der selbstverständliche Tribut an ihre unwiderstehliche Persönlichkeit wäre. Trotz ihrer Jahre und vielleicht auch infolge der nur bewundernden kritiklosen Hinnahme ihres Wesens war sie noch nicht zu dem Bewußtsein eines reifen Menschen erwacht. Sie verliebte sich infolgedessen eines Tages mit den leidenschaftlichen Gefühlen eines Backfisches, jedoch leider auch mit der selbständigen Initiative ihrer 34 Jahre in einen Mann, von dem sie erstmalig in ihrem Leben verstanden zu werden glaubte.

Ich konnte dann das sich schon abzeichnende endgültige Zerwürfnis verhindern. Es gelang mir, weil ich im Gewahrwerden dieser drohenden Konsequenzen von einem Gefühl der Sympathie und der Liebe zu diesen beiden Menschen ergriffen wurde, das alle die mir so wohl bekannten zwiespältigen Stimmen meines Inneren übertönte. Ich empfand plötzlich mit jener Deutlichkeit, die nur die Gestalt des absolut Wahren ist, daß jene freundliche kleine Insel, die unterzugehen drohte, ein Ort war, an dem die so schwer erreichbaren Werte des Daseins eine Stätte gefunden hatten. Mir war es, als ob ich sie dort aufleuchten sähe, sie waren Wirklichkeit und ich hatte plötzlich an ihnen teil, als ich sah, wie dieses, das letzten Endes nur als eine Idee, als ein Wissen um eine spendende Kraft erfahrbar werden kann, zu vergehen drohte. Aber dann, wie meine beiden Freunde sich wieder gefunden hatten, klang alles wieder in mir ab. Ich stand wieder neben meinen Empfindungen und war über den Ausdruck erstaunt, den sie gefunden hatten. Sie mochten wohl gut und richtig gewesen sein, aber meinen Freund, der mir sein Herz voller Dankbarkeit öffnete, sah ich jetzt wie berauscht von einer wissenden Stärke, die er, der friedlich Beschränkte, in Wahrheit nie besaß. Seine Frau hatte ich besser und weiser werden lassen, als sie es überhaupt sein konnte. Ich mochte an das Erlebte nicht mehr glauben, denn jenes Gefühl, in dem ich so ganz aufgegangen, von dem ich so sicher geführt worden war, hatte mich wieder verlassen.“

Die Analyse des Antriebsverhaltens des L. geht von einer Darstellung der mangelfaften Integration seiner Antriebsstrebungen im Erleben aus, da gerade diese Besonderheit sein Persönlichkeitsbild deutlich macht. So kann man feststellen, daß L. von den Antrieben, die den Erfordernissen des nur kreatürlichen Daseins dienen, in gegebenen Situationen zwar erfaßt wird, jedoch vermag er im Erleben nicht so in ihnen aufzugehen, daß dadurch der tragende Grund zu einer Konzeption des gesamten Erlebens seiner Persönlichkeit geschaffen werden könnte. Er verspürt wohl einen echten Tätigkeitsdrang. Nun muß aber der Trieb, sich zu betätigen und zu entfalten, von dem starken Gefühl getragen werden, das Leben um seiner selbst willen zu meinen. Das Ich wird in diesem Betätigungsdrang gewahr, daß es in seinem Erdendasein verwurzelt ist, und erlebt nun seine tätige Entfaltung in einer urtümlichen Lebenslust, die noch nicht nach dem Sinn des Tuns oder nach zu vollbringenden Leistungen fragt. Diese unmittelbare Lust am Dasein ist also als eine Voraussetzung gegeben, mit deren Erfüllung erst der Sinn der menschlichen Existenz erlebbar und ergründbar werden kann. Wäre der Mensch nicht mit dieser Voraussetzung in sein Dasein gestellt, würde er hier nicht den Entwurf seiner menschlichen Existenz als unleugbare Realität erleben, so könnte auch im weiteren Vollzug des Erlebens die Problematik dieser seiner menschlichen Existenz nicht als erkennbare und verbindliche Aufgabe vor ihm erscheinen.

L. erlebt diesen *Antrieb, sich in Tätigkeit zu entfalten*, aber dessen thematische Entsprechung, die Entstehung einer Daseinslust bleibt ihm versagt. Er beobachtet sich in diesen dranghaften Tätigkeitsvollzügen, die die voraussetzungslose Erfüllung der irdischen Existenz zum Gegenstand haben und fühlt sich damit in Bahnen bewegt, deren Ziele ihm wohl begreifbar, aber nicht erlebbar werden. Jene urtümliche Kraft, die als Daseinslust die Persönlichkeit so mit ihrem Dasein verhaftet, daß auch die Aufgaben dieser Existenz zur erlebnishaften Verbindlichkeit werden können, trägt ihn nicht vorwärts. So beginnt er, der hier nur passiv und reflektierend Bewegte, dort nach dem Sinn zu fragen, wo es sich um die im Grunde unverstehbaren Vorbedingungen handelt.

Ehe nun die Schilderung der Antriebe der verschiedenen Schichten und ihrer mangelhaften Integration bei L. fortgesetzt wird, soll zunächst in einem kurzen Exkurs dargestellt werden, wie auf Grund einer solch mangelhaften Integration eine Wahrnehmung der Umwelt entstehen kann, die auch ihrerseits einen harmonischen Vollzug des Erlebens beeinträchtigt. Diese Einschaltung erfolgt, um die weiteren Ergebnisse der Analyse anschaulicher werden zu lassen. Hierbei ist nun davon auszugehen, daß auch die Umwelt von dem Thema des jeweiligen Erlebens mitgeformt wird, so, daß entsprechende Erlebnisrichtung, Wahrnehmung und Empfindung aus der Fülle des zunächst nur sächlich Vorhandenen die Elemente der speziellen Resonanzen auszuwählen und zum lebendigen Erlebnisraum zu gestalten vermögen. Je nachdem, ob die Themen des biologischen Daseins oder des individuellen Selbstseins oder des über sich Hinausseins angeschlagen wurden, scheint die Welt objektiv einer ständigen Veränderung unterzogen zu werden, während sie im Subjektiven als die gleichbleibende Stätte des Begehrens und der Erfüllung erlebt wird. In den Bedürfnissen des biologischen Daseins erscheint die Welt als die Natur, die den Menschen zu bergen aber auch zu bedrohen vermag. Handelt es sich um die Ansprüche des individuellen Ichs, so wird die Welt zur Bühne des Triumphes oder der Niederlage, der sicheren Selbstgewißheit oder der quälenden Insuffizienz. Im Ringen um die Werte, die nur jenseits des personellen Ichs erreichbar sind, begibt sich die Umwelt ihrer erdhaften Realität und wird zur metaphorischen Darstellung der Ideen.

Die *Integration der Antriebe*, die den Menschen im Erleben über die Stufen dieser wechselnden Aspekte führt, ohne daß er sie bewußt wahrnimmt, läßt alle diese *unterschiedlichen psychischen Vorgänge zu einer Einheit werden*, so daß die Persönlichkeit im Hier und Jetzt ihres Erlebensvollzuges von dem Bewußtsein getragen werden kann, mit sich und den Erscheinungsformen der Umwelt im gleichbleibenden Kontakt der natürlichen Begegnung zu sein.

So ist es verständlich, daß L., der die Kräfte seiner Antriebe in sich wirken spürt, ohne von ihnen getragen zu werden, auch nur halb beteiligt die Welt teils in fremdartiger Zerrissenheit, teils in unpersönlicher Ferne erlebt. Er fühlt Antriebe und Gefühle in sich entstehen, er erlebt ihre Resonanz in seiner Umgebung und er bemerkt auch, daß die Welt in seiner Wahrnehmung sich gemäß dem erklungenen Thema formt. Aber er konstatiert die seelischen Regungen und ihre Auswirkungen wie jemand, der auf eine Bewegung reagiert, der er passiv ausgesetzt wird. So lassen seine Wahrnehmungen und Empfindungen an seinem Geburtstag die Welt in sorgender Liebe und Freundlichkeit erstrahlen, während er sich aber dabei ähnlich wie ein fremder Zuschauer fühlt, der mit Verständnis, aber ohne innere Beteiligung das Schauspiel seiner Wahrnehmungen verfolgt. In der sadistischen Regung dem Hund gegenüber fühlt er sich seinem Triebe so ausgeliefert, daß die Umwelt vollständig zur Kulisse seines dranghaften Tuns wird, um aber im gleichen Moment erschreckt und verständnislos diese Veränderung seiner Welt mitzuerleben. Die Hilfe, die er seinem Freund leistet, läßt im Vollzug des Erlebens das hierzu gehörige Bild der Welt in seinem Erlebnisraum entstehen. Aber gleich darauf muß er an der Echtheit und Ursprünglichkeit der Kräfte zweifeln, die ihn bewegten und er beeilt sich, die wahrgenommenen Eindrücke vom Standpunkt des neutralen Beobachters her zu korrigieren.

Diese kurze Schilderung soll zeigen, daß sich bei L. gerade in bedeutungsvollen Situationen der eigentümliche Zustand ergibt, daß das Umweltbild, so wie es in seiner Wahrnehmung erscheint, nicht zum Realisierungsfeld eines Innenzustandes wird, der so zur Vollständigkeit und zur Erfüllung kommt. Ebenso wie die auftretenden Triebe und Strebungen nicht zu einer Integration seines Ichs im Erleben zusammenschmelzen können, ebenso steht er ohne echte innere

Verbundenheit kritisch und zaudernd vor den Eindrücken seiner Umweltswahrnehmung, die als Entsprechung der aufklingenden Strebungen aus dem Material der Umwelt, aus den Erscheinungen der Umgebung sinngerecht sich formen wollen.

Wir hatten zuvor ausgeführt, daß der *Drang, sich in Tätigkeit zu entfalten* bei L. eine morbid anmutende Beschränkung erfahren hat, so daß dieses Streben nicht in der Erreichung einer um ihrer selbst willen begehrten Daseinslust aufgehen kann. Während im „idealen Falle" der Mensch die Bedingungen seines erdhaften Daseins mit urtümlicher Strebungskraft zu erfüllen vermag und so eine feste Position erhält, vor der die Fragen nach Sinn und Inhalt seines Daseins als verbindliche Aufgaben seiner Existenz vor ihm erscheinen, wird L. von jenen urtümlichen primären Regungen nicht erfaßt, sondern begleitet schon ihr Auftreten mit einer zweifelnden Frage nach dem Sinn. So bleiben auch die differenzierten Strebungen der weiteren Schichten in merkwürdiger Isolation stehen, da die Integration der Antriebe, auf der der Zusammenschluß der Persönlichkeit beruht, nicht zustande kommt. Da nun die Triebe der einzelnen Schichten im Erleben nicht in natürlichen Kommunikationen zu den Trieben der anderen Schichten aufgehen können, kommt es also dazu, daß die einzelnen Strebungen, die nicht durch den Plan eines gemeinschaftlichen Wirkens geformt werden können, sich in übertriebenen Einzeldifferenzierungen ausleben. Ebenso wie bei L. finden wir in vielen ähnlichen Fällen eine Kompliziertheit der Persönlichkeit dadurch vorgetäuscht, daß die Triebe der einzelnen Schichten, die sich nicht zu einer gemeinsamen Antriebsgestalt zusammenfinden können, in autonomer Weise in der Persönlichkeit gewissermaßen zu wuchern beginnen.

So kommt es bei dem im Grund passiven L. zur Ausbildung eines heftigen *Agressionstriebes*, dem er sich von Zeit zu Zeit mit Erschrecken ausgeliefert fühlt. Einen Agressionstrieb als solchen, als Bestandteil einer „Triebordnung" beschreiben zu wollen, ist eigentlich nicht notwendig. Man kann davon ausgehen, daß der Mensch schon von frühsten Entwicklungsstadien an die lebensnotwendigen Kommunikationen mit der Welt mit Hilfe von „Agression und Hingabe" vollziehen muß. Die so auftretenden Strebungen sind die gegebenen Mittel der Existenzverwirklichung, und ihr Zuviel oder Zuwenig im Sinne der Wertung ergibt sich mit den Forderungen, die dieser Existenz zuzubilligen sind. So können in metaphorischer Auslegung schon die vorindividuellen, lediglich das Dasein erhaltenden Triebe als Ausdruck von Agression und Hingabe aufgefaßt werden. Jeder biologische Akt, jede Tendenz der körperlichen Entfaltung bedeutet einen Zugriff, einen Vorstoß auf das noch nicht Besessene, und enthält weiterhin auch jene Hingabe, mit der wirksame Bindungen geschaffen werden. Auch im Bereich der individuellen Strebungen kann man das Für-sich-fordern der Selbstbehauptung, die Tendenzen des Egoismus oder der Anspruchsforderung als Agressionen auffassen. Ob man hier nur von einem Walten des natürlichen Nehmens und Gebens oder ob man schon von Agression und selbstzerstörerischer Hingabe sprechen kann, wird davon abhängen, ob die zutage tretenden Tendenzen persönlichkeitsgerecht sind oder nicht. Eine solche persönlichkeitsgerechte Entwicklung dieser Tendenzen im Erleben kann aber nur erfolgen, wenn eine Integration der einzelnen Triebschichten besteht, wenn also die Themen des biologischen Daseins, der individuellen Existenz und der lebendigen Teilhabe am absoluten Wert und Sinn in jener Verknüpfung miteinander erscheinen, die für die Verwirklichung dieses menschlichen Daseins gestaltgebend ist.

Die Erlebnisstruktur des L. ist aber durch die mangelhafte Ausprägung dieses Zusammenhanges charakterisiert. Jene Triebe, in denen das Ich im tätigen Verlangen sein lebendiges Dasein zu verifizieren vermag, entstehen bei ihm, ohne in einem Gesamtstreben der Persönlichkeit aufzugehen. *Der Drang, in naiver Bewegungslust sich im Leben zu entfalten, wird* durch skeptische Reflexionen unterdrückt und setzt sich dann gelegentlich als zerstörerische Agression durch. *Der Drang, die Welt in mannigfaltigen Berührungen aufzusuchen,* um mit den empfangenen Reizen Innenzustände zu erleben, mit denen die vorgegebenen Daseinsmöglichkeiten des Ich erweckt werden, erfährt durch abwertend-selbstquälerische Tendenzen eine Beschränkung. Auch dieser Drang findet schließlich unharmonisch autonome Ausdrucksformen, indem er gelegentlich die Erregung des sadistisch-masochistischen Erlebens aufklingen läßt.

In den *Strebungen,* mit denen das *individuelle Selbst* sich konstituiert, bleibt L. ebenso erlebnisschwach und unsicher. Im Egoismus wird er selbstsüchtig und zeigt sich dabei agressiv, launenhaft und rücksichtslos. *Der Drang, den individuellen Anspruch erfüllt zu sehen,* wirkt sich unklar und zwiespältig aus. Da L. zu seinen Mitmenschen kein stabiles Verhältnis finden kann, verfügt er auch nicht über ein sicheres Gefühl für die Position, die sich aus der Legitimität seiner individuellen Ansprüche gegenüber der Umwelt ergeben müßte. So zeigt sich bei ihm teils die ressentimentvolle Arroganz, die die Waffe des Zurückgesetzten ist, teils die schmerzliche Sehnsucht des leidenden Außenseiters. In ähnlicher Unvollkommenheit erscheint sein *Streben, den Eigenwert zu finden* und zu vollenden. Hier treten Tendenzen des Geltungsbedürfnisses und solche, den echten Selbstwert finden zu wollen, nicht vereinbar nebeneinander auf. Da L. nicht einen Schwerpunkt in sich finden kann, in welchem all seine Strebungen vor der unbestechlichen Instanz eines Gewissens Rang und Ordnung finden, verlangt es ihn immer wieder danach, die Bestätigung seines Eigenwertes in der Resonanz seiner Mitwelt zu erfahren, womit der Wunsch nach Geltung mit allen seinen Konsequenzen erscheint. Anderseits ist er aber so stark von dem Bewußtsein durchdrungen, über eine seelische Substanz zu verfügen, die soviel hochwertiger und differenzierter ist, wie die seiner Mitmenschen, daß sich hieraus das Gefühl eines besonderen Selbstwertes ergibt, der, ohne sich durch Leistungen ausweisen zu müssen, jenseits üblicher Wertungen und Maßstäbe steht.

Die Strebungen, die jenseits der persönlichen Behauptungen auf die Werte des Daseins zielen, klingen bei L. an, aber sie erscheinen ohne echte Ich-Verhaftung. Sie wirken wie das Resultat eines wissenden Einblickes, nicht aber wie die Frucht eines persönlichen Erlebens. Ihr Auftreten erfolgt auch nicht in einem Erlebniszusammenhang, der von einer hierhin führenden Erlebnisstruktur getragen wird. Es ist eher so, als ob diese Antriebe freischwebend im Raum der seelischen Kräfte erscheinen, und da sie nicht mit einer erlebnishaften Bestätigung aus den Antriebsstrebungen der anderen Schichten hervorgegangen sind, erhalten sie von diesen nur einen verzerrten Widerhall, mit dem sie schließlich unwirklich werden müssen.

Dieser *mangelhaften Integration der Antriebe* im Erleben entspricht das Verhalten des *Gefühles* bei L. Ebenso wie die einzelnen Antriebe, anstatt im Erleben ineinander zu verschmelzen, sich in unvereinbarer Autonomie nebeneinander stellen, werden die sie begleitenden Gefühle als beherrschende, jedoch widerspruchsvolle Gestimmtheiten erlebt. Sie schließen sich im Erleben nicht zu jenem bewegten Ablauf zusammen, an dessen Ende ein *Selbstgefühl* entsteht, in dem sich das Ich als der konsequente Träger dieses Erlebens wiederfindet. Die Stimmungen des L. sind daher durch das beherrschende Auftreten solcher Gefühle charakterisiert, die ihrem Wesen nach eigentlich nur der Ausdruck eines vorübergehenden Gemütszustandes sind, der für die fruchtbare Weiterverarbeitung des Erlebnisses Spannung und Gefälle zu schaffen vermag. So befindet sich L. oft im Zustand der Unzufriedenheit und des mißmutigen Niedergeschlagenseins. Während die echte Traurigkeit ihre Gestimmtheit mit dem Ausgeschlossensein von den erkannten, aber nicht erreichbaren Werten erhält, hat. L. in seiner Verstimmung das Gefühl für das Existieren der Werte verloren und bleibt leer und vereinsamt. Hiermit wieder entstehen feindselige und aggressive Stimmungen und weiterhin wird trotz intensiver Selbstbeschäftigung das Gefühl der quälenden Langeweile erlebt. Die Langeweile ist phänomenologisch dadurch gekennzeichnet, daß der Gegenstand des Erlebens in keine innere Beziehung gebracht werden kann, während gleichzeitig ein Bedürfnis vorhanden ist, einen neuen Innenzustand zu erleben. So erscheint die Langeweile im Erleben charakteristischerweise dort, wo die Thematik einer Schicht erschöpfend erlebt worden ist und der Übergang in die Fragestellungen der nächsten Schichten nicht gefunden werden kann, oder nicht herstellbar ist. (Es ergibt sich z. B. die Langeweile, wenn im Erleben das Thema des biologischen Daseins erschöpfend behandelt wurde und die Umstände die Weiterführung dieses Erlebnisses in die Bereiche des individuellen Seins nicht zulassen. Oder die Beschäftigung mit der eigenen Person wird trotz immer neuer Variationen langweilig, wenn es nicht gelingt, im Grunde der Erlebnisse die überpersonellen Daseinswerte aufzusuchen.) In L's. Stimmungen erscheint immer wieder die Langeweile, da ja die Integration seiner Antriebsstrebungen zum vollständigen Erleben gestört ist.

Eine weitere Beeinträchtigung erfahren seine Stimmungen durch das Fehlen jenes Hoffnungsgefühls, mit dessen Hilfe der Mensch ein gegenwärtig noch ungestilltes Wertverlangen befriedigend in die Zukunft projizieren kann. Hier ist L. von dem Gefühl der Resignation beherrscht, das mit jener Wertleere entsteht, die mit dem Fortschreiten der Zeit nur das Weiterbestehen der inneren Öde und Armut erwarten kann.

Das quälende Bewußtsein, das Leben in einem vergeblichen Verharren hinnehmen zu müssen, wirkt sich als Störung bis zu jenen *somatischen Funktionen* aus, die den vorwärtsstrebenden Vollzug des Daseins mit anonymer Selbstverständlichkeit zu begleiten vermögen. Für L. bedeutet das Gewahrwerden ihrer fehlerhaften Regulation eine weitere Beeinträchtigung seines Lebenswillens.

Nachdem L. nicht von der schwingenden Dynamik eines integrierten Antriebserlebens getragen wird, beschränken sich seine emotionalen Höhepunkte auf vereinzelte Sensationen, die jeweils als die unharmonische Auswirkung eines autonom wuchernden Antriebes entstehen. So wird er, der Passive, gelegentlich von zerstörerischen Aggressionstendenzen fortgerissen oder er erlebt das gebieterische Auftreten von sadistisch-masochistischen Antrieben. In diesen letzteren finden sich zwei urtümliche Antriebe zu einem rätselhaft gemeinsamen Wirken zusammen.

Aggression und Hingabe verschmelzen zu einer unverständlichen Synthese, deren seelische Realität jedoch durch den starken Gefühlscharakter, mit dem sie erlebt werden, erwiesen wird.

Zum Grundsätzlichen der sadistisch-masochistischen Triebregung kann auf die Arbeiten GEBSATTELS[1] hingewiesen werden, dessen Betrachtungsweise dem hier Verstehenwollenden weite Perspektiven eröffnet. Letzten Endes entsprechen auch GEBSATTELS Ergebnisse dem von uns gewählten Blickpunkt: Nichtintegrierte Antriebe walten autonom und suchen sich schließlich nur noch um ihrer selbst willen zu erfüllen. Lediglich noch als Funktion bestehend drängen sie danach, sich durch immer penetrantere Variationen ihrer Erscheinungsform zu vervollkommnen und werden damit ebenso unersättlich und monströs wie sie inhaltlich unschöpferisch geworden sind.

Zu den *Gefühlscharakteren*, die diese eben besprochenen Antriebe bei L. begleiten, ist noch zu sagen, daß hier nicht verschiedenartige Gefühlstendenzen im Erleben des Antriebes zu einem Ausgleich kommen, so wie aus dem Zusammenwirken von heterogenen Elementen eine neue Verbindung entstehen kann. Ein solcher Effekt kann bei jener Konstellation entstehen, die man den Widerstreit der Gefühle im Vollzug eines Erlebnisses zu nennen pflegt. So kann z. B. aus Habenwollen und Zugutekommenlassenwollen der wehmütige Verzicht als neuer Gefühlston entstehen. Hier bei L. aber handelt es sich phänomenologisch um eine echte Ambivalenz, wie sie von BLEULER definiert wurde. In der Begegnung der Gefühle entsteht nicht eine Mischung aus Zwischentönen oder ein neuer Wert, ähnlich wie die Mischung der blauen und der gelben Farbe das Grün erscheinen läßt. In einer Weise, die auch mit der Logik nicht vereinbar ist, begleitet das Gefühl einmal die Bahnen dieses morbiden Erlebens mit der Gelöstheit einer ungestümen Befreiung, während im gleichen Augenblick Verurteilung oder sogar Verabscheuung mit starkem Gefühlscharakter erlebt wird. Damit bewirken gerade diese zwiespältigen Emotionen bei L. eine Intensität des Erlebens, zu der er sonst nicht fähig ist. Im übrigen erreicht sein Erleben nicht jene Tiefe, in der der Mensch vor die Entscheidung gestellt ist, entweder in der Bejahung aufzugehen oder sich von dem Erlebnis mit einem Protest abzuwenden, der sämtliche Kräfte des fühlenden und wollenden Ichs auf den Plan gerufen hat. L. jedoch kommt bei den Begegnungen mit dem Leben, die seine Strebungen zu einem fruchtbaren Zusammenspiel aufrufen könnten, nicht über eine zaudernde Haltung heraus, in derer nur das Anklingen seiner Strebungen wie ein neutraler Beobachter erlebt, ohnevon ihnen geführt sich in der Tiefe dieses Erlebens selbst finden zu können.

So wird die Beschreibung der Antriebsstruktur des L. vom Negativen her, d. h. von der Darstellung des ihm nicht Gegebenen ausgehend, am deutlichsten. Jene Antriebsformen aber, die mit ihren unmittelbaren Gefühlsäußerungen so über ihn Gewalt zu gewinnen vermögen, daß er von ihnen wie von einem Strom mitgerissen wird, können ihn nicht zur fruchtbaren Tiefe führen. Sie bedeuten nur das entfesselte Spiel mißgestalteter Funktionen, die seine Persönlichkeit ergreifen, ohne sie erfüllen zu können.

---

[1] GEBSATTEL, V. E. v.: Daseinsanalytische und anthropologische Auslegung der sexuellen Perversionen. Z. Sexualforsch. **1**, 128 (1950). – Geschlechtsleib und Geschlechtstrieb. Psyche **6**, 615 (1952/53).

III. Charakterologie, „Verstehen" und Persönlichkeitsanalyse

Wenn wir im folgenden die Charakterologie als eines der Hilfsmittel der Persönlichkeitsanalyse in der Psychotherapie beschreiben wollen, so ist es zunächst notwendig, einige begriffliche Abgrenzungen vorzunehmen, da das Wesen und die Kompetenz der Charakterologie in sehr verschiedener Weise aufgefaßt worden sind. Schon die Bezeichnung „Charakter" wird nicht nur im Sprachgebrauch, sondern auch in der Wissenschaft mit sehr unterschiedlicher Bedeutung verwendet. Ebenso hat sich auch eine einheitliche Methode der Charakterforschung nicht entwickeln können. So sagt JASPERS: „Charakterologie ist bis heute keine klare, eindeutige Forschungsrichtung, keine Methode, sondern ein Konglomerat in dem neben wissenschaftlichen durchweg andere Interessen wirksam sind."

Definitionen des Begriffes Charakter, die man noch als allgemeingültig betrachten kann, pflegen recht vager Natur zu sein. Man versteht im allgemeinen unter Charakter die besondere Eigenart, auf Grund derer sich ein Mensch gegenüber dem anderen als Individuum abhebt. Die Erkennung und Beschreibung dieser Eigenart wäre also die Aufgabe der Charakterologie. Die vollständige *Erkennung* dieser Eigenart würde bedeuten, daß das Erscheinungsbild als verständliche Folge von Wirkungen erkannt werden kann, also, daß die Eigenart Ausdruck eines verständlichen Zusammenhanges ist. Die *Beschreibung* der Eigenart könnte eine erschöpfende sein, wenn die Ausdrucksformen, die diese Eigenart im Erleben findet, eine zwar variationsreiche, jedoch im Grunde gleichbleibende Aussage darstellen würden.

Beide Forderungen können von der Charakterologie nicht erfüllt werden.

1. Im Verstehen der Zusammenhänge im Charakter stoßen wir sehr bald auf die Tatsache, daß vieles, was als individuelle Eigenart erscheint, auf das Vorhandensein bestimmter Anlagen zurückzuführen ist. Die biologische Existenz, die faktisch und daher nicht mehr verständlich ist, muß also als Bindeglied in die Kette der verständlichen Zusammenhänge immer wieder eingefügt werden. Das verstehende Erkennen der Eigenart muß sich also immer wieder mit Konstatierungen weiterhelfen, die das Herstellen eines durchgehenden Verstehens ausschließen. Daß nun dieselben Anlagen in der Aszendenz dieses Individuums vorkommen können, erklärt lediglich ihr Auftreten, ohne es deshalb verständlicher werden zu lassen.

Aber auch die Konstatierung solcher Anlagen führt innerhalb der Charakterologie nicht zu eindeutigen Ergebnissen. Es ist im Erscheinungsbild nicht erkennbar, in welchem Umfange, also mit welcher Quantität eine Anlagequalität im Charakter wirksam ist. An der Ausbildung einer vorherrschenden Eigenschaft finden wir einmal Umwelteinflüsse beteiligt und weiterhin hat die Persönlichkeit selbst auch die Möglichkeit, die Ausprägung von Anlagequalitäten in bewußter Entscheidung zu fördern oder zu verhindern.

Mit dieser eben genannten Möglichkeit erscheinen auch die Schwierigkeiten, die sich bei dem Versuch, einer erschöpfenden Beschreibung der Eigenart ergeben, einer Beschreibung also, die den Charakter eines Menschen im Widerspiegel seines Erlebens aufzeigen möchte.

2. Auch in den Einzelsituationen des Erlebens bleibt es der Persönlichkeit letzten Endes freigestellt, sich zum Für oder Wider zu entscheiden. Gewiß wird sie hierbei von ihrem Charakter geführt, jedoch diktiert der Charakter die

Entscheidung nicht wie eine Autorität, sondern unter seiner Auswirkung formt sich die Situation zur typischen Alternative, in der das Ich die letzte Entscheidung fällt. Wäre es anders, so müßte die menschliche Existenz vorherbestimmbar sein wie der Lauf eines Gestirnes. So aber kann die Beschreibung der Eigenart vom Erleben her notgedrungen nicht zu einem endgültigen Ergebnis führen. In der Phänomenologie des Verhaltens eines Menschen wird zwar immer wieder das für ihn Typische erscheinen, nicht jedoch die gleichbleibende Realisierung eines Charakters.

Die Denkmöglichkeiten, die sich innerhalb der beiden eben genannten Punkte ergeben, haben zu unterschiedlichen Auffassungen des Charakterbegriffes geführt. Die Begrenzung, die das Verstehen erfährt, indem es auf Tatsachen der biologischen Existenz stößt, deren Verschiedenartigkeit nur noch erklärbar ist, gab Veranlassung, den *erworbenen* Charakter von dem *ursprünglichen* Charakter zu unterscheiden. Mit dem ersten Begriff werden die verständlichen Zusammenhänge des Charakters gemeint, mit dem zweiten werden die nichtverständlichen Zusammenhänge erfaßt und als Gegebenheit erklärt. Daß dieser Gesichtspunkt in einer praktischen Charakterologie nicht durchführbar ist, wurde unter Punkt 1 erläutert. Zum Grundsätzlichen ist noch zu sagen, daß dieser Gesichtspunkt eine kategoriale Unterscheidung enthält, die jedoch in ergänzender Vermischung angewendet wird.

Die Unbestimmbarkeit des Charakters, die sich mit der Möglichkeit der freien Entscheidung im Erleben (Punkt 2) ergibt, legte es nahe, den Charakter als die *potentielle Möglichkeit* der Persönlichkeit aufzufassen. So sagt Goethe: „Charakter im großen und kleinen ist, daß der Mensch demjenigen eine stete Folge gibt, dessen er sich fähig fühlt." Hier steht das Ich der freien Entscheidung gewissermaßen neben seinem „Charakter", der ihm nur die Perspektiven der Entscheidung eröffnet. Diese Entscheidung selbst aber wird maßgeblich von Willensimpulsen beeinflußt, die für die Verwirklichung einer konsequenten Grundhaltung eintreten wollen. Dabei ist jedoch zu beachten, daß Willensimpulse nicht nur als Ausdruck jener bewußten Strebungen erlebt werden, die nach einer klaren Abwägung des Für und Wider ein Ziel erreichen wollen, mit den sich das Ich identifizieren möchte. Mit diesen Strebungen, die ein klar erkanntes Ziel realisieren wollen, ringen im Vollzug des Erlebens auch Tendenzen des Angetriebenseins, des *dranghaften Wollens*, das sich um seiner Selbst willen motiviert.

Damit stößt die weitere Begriffsbestimmung des Charakters in dieser Schau 1. auf die individuelle Verschiedenartigkeit der Grundhaltung (bewußtes Streben mit seinen Zielen), 2. auf die Uneinheitlichkeit des Willensvorganges (Wollen zur Erreichung eines bewußt erstrebten Zieles und dranghaftes Wollen, um seiner Selbst willen). Diese Diskrepanzen pflegen dann mit Hilfe der philosophischen Betrachtungsweise auf einen Nenner gebracht zu werden, d.h. man bezieht nun die menschliche Existenz auf das ethische Daseinsideal und bezeichnet als „Charakter" diejenigen Kräfte und jenes Wollen des Menschen, aus dessen Vorhandensein heraus er sein individuelles Dasein mit all den Schwierigkeiten, die in ihm selbst liegen oder auch aus der Umwelt entstehen, im Sinne der ethischen Norm gestalten könnte. So kommt diese Begriffsbestimmung schließlich dazu, von guten, schlechten und schwachen Charakteren oder auch von charaktervollen Menschen zu sprechen. Der Charakter wird so letzten Endes mit Hilfe des Charakters bestimmt. Seine analysierende Beschreibung bezieht sich so auf genormte Werturteile. Der ideale Charakter, von dem hierbei ausgegangen wird, ist der sich selbst treue Charakter, der willensmäßig seine ethisch fundierten Grundsätze realisiert. Er weist sich aus durch die konsequente Verfolgung seiner unveränderlichen Maximen.

In dieser Sicht aber hat sich das Charakterproblem weit von einer psychologischen Fragestellung entfernt, die danach fragt, wie das Zustandekommen der menschlichen Eigenart zu verstehen ist bzw. wie das, was für die Eigenart wesensbedingend ist, als etwas Verstehbares dargelegt werden kann. Die größte Anschaulichkeit erreicht hier ein *phänomenologisches Vorgehen*, das sich bemüht, die Charaktere so in der Schilderung zu erfassen, wie sie als Persönlichkeiten mit der Evidenz ihres lebendigen Vorhandenseins erlebt werden. Die Aufgabe, die damit der Charakterologie erwächst, wäre in jedem Einzelfall eine neue und eine andere, da jede menschliche Existenz individuell verschieden angelegt ist, und ebenso sind die Möglichkeiten des einzelnen, sich mit seinem Lebensschicksal auseinanderzusetzen und hiervon wieder geformt zu werden, in ihrer Mannigfaltigkeit unbestimmbar. Das Gleichartige der Menschen erscheint nur streckenweise als bestimmte Parallele oder als Ähnlichkeit, um dann wieder der einmaligen Individualität folgend anderslautende Vergleichbarkeiten aufzuweisen.

Nun bleibt aber die phänomenologische Charakterbeschreibung auf die Konstatierung und Auswertung solcher Vergleichbarkeiten angewiesen, da nur vermittels eines ordnenden Bezuges die individuelle Abgehobenheit des einzelnen gegenüber den andern darstellbar wird. Die Charakterologie hat sich daher bemüht, Typenreihen aufzustellen, denen der einzelne als ungefähre Entsprechung oder als typische Variation zugeordnet werden kann. Natürlich werden diese Typen in völliger Entsprechung im Einzelfall so gut wie nie erreicht werden. Sie sind Fiktionen, die durch Unterstreichung des Wesentlichen und durch lebhafte Kontrastierungen eine Reihe von Erscheinungsbildern zu einer typischen Aussage vereinfachen. Im charakterologischen Schema dienen sie als feste Orientierungspunkte, nach denen die Fülle des Erscheinenden verständlich geordnet werden kann. Die Beschreibung einer Persönlichkeit im Sinne eines solchen Schemas kann also nicht bedeuten, daß der ihr zugrundeliegende Typus aufgezeigt wird, sondern es ist eher der Versuch, das, was in diesem Menschen als wesenhaft gesehen wird, überdeutlich herauszustellen, ähnlich wie eine gute Karikatur das individuelle Porträt deutlich macht, indem sie unter bewußter Vernachlässigung der vorhandenen Proportionen das Besondere bis zum Ausdruck des rein Typischen vergrößert. Nun gibt es auch in der Karikatur — um bei diesem Beispiel zu bleiben — dann verschiedene Auffassungsmöglichkeiten, wenn die Eigenart nicht so bestimmt geprägt ist oder wenn sehr heterogene Wesenszüge sich nicht im Typischen vereinen lassen wollen. Ebenso kann die Zuordnung zum charakterologischen Typus etwas Gewaltsames erhalten, wenn das Wesenshafte des Erscheinungsbildes darin liegt, daß es wohl vielgestaltig, jedoch wenig akzentuiert erscheint. Hier muß die Beschreibung dann Zwischenfälle zu den einzelnen Typen konstruieren, in denen das Erscheinungsbild als eine Mischung z. B. zweier differenter Typen erklärte. Nun verlieren die Typen aber ihre überzeugende Erscheinung, sobald etwas an ihrer Substanz geändert wird, und besonders ein Resultat ihrer angeblichen Vermischung ist nicht mehr evident, sondern nur noch möglich. Ähnlich braucht z. B. eine graue Färbung, die wir bemerken, nicht unbedingt aus einer Mischung von Schwarz mit Weiß hervorgegangen zu sein, sondern sie kann auch von sich aus schon bestanden haben. Aber auch wenn tatsächlich eine solche Vermischung vorliegen sollte, würde man nicht die Verbindung des typischen Weiß mit dem typischen Schwarz konstatieren, sondern das typische Grau, das durch Eigenschaften charakterisiert ist, die bei den beiden anderen Farben nicht vorkommen. Die Feststellung eines charakterologischen Zwischentypus wird also weitgehend von der Deutung abhängig sein.

KLAGES[1] hat mit großzügigen Fragestellungen eine noch präzisere Charakterbestimmung innerhalb der von ihm geschaffenen Charakterologie angestrebt. Er unterscheidet von den Triebfedern, die gewissermaßen die ursprüngliche Substanz der Persönlichkeit sind, die strukturellen Elemente des Charakters, die als „Temperament" (Ansprechbarkeit des Gefühls im Erleben), „Lebensstimmung" (Zumutesein in bezug auf sich selbst und die Welt) und „Willensvorgänge" (Qualitäten des Willensvollzuges) phänomenologisch erfaßbar werden. Die Substanz und die strukturellen Elemente des Charakters, die sich in ständiger Begegnung auseinandersetzen, lassen so das Ganze des Charakters entstehen. Seine Beschaffenheit wird mit Kenntnis und Würdigung der einzelnen Faktoren dieses Kräftespiels erkennbar. Nun wäre aber mit diesem Vorgehen, wenn es sich auf die nur phänomenologische Beschreibung der drei Strukturelemente beschränkte, eine bestimmte Aussage über den Charakter auch nicht möglich, da Temperament, Lebensstimmung und Wille in starken Überschneidungen erscheinen können, die erst erklärlich werden, wenn man sich diese drei Elemente in einem Abhängigkeitsverhältnis voneinander denkt. So hat KLAGES auch seine bis zu diesem Punkt phänomenologisch orientierte Charakteranalyse mit einer spekulativen Vorstellung ergänzt, deren Einbezug nun die sonst nicht möglichen näheren Deutungen der Persönlichkeitsbeschaffenheit erlaubt. Er faßt innerhalb der „Struktur" den Willen (des Geistes) als eine zugrunde liegende Kraft auf, die sich dann mit den ursprünglichen Trieben, die nur das Leben um seiner selbst willen verwirklichen wollen, auseinandersetzt. Dieses dualistische Verhältnis, in dem auf der einen Seite (Triebfedern) der Lebensdrang und auf der anderen Seite (Struktur) der Wille (des Geistes) als bewegende Kraft erscheint, ist nun die *philosophisch* begründete Position KLAGES, von der aus weitere *psychologische* Schlüsse auf die Beschaffenheit des Charakters gezogen werden. Es ergibt sich so eine Charakterologie von hoher Anschaulichkeit, die aber, indem sie methodische Grenzen verschmelzen läßt, nicht mehr psychologische Überzeugung vermittelt, sondern ein Überzeugtsein im Sinne jener metaphysischen Willenslehre voraussetzt.

Alle Definitionen, die im Charakterbegriff das Ganze des menschlichen Seins zu erfassen versuchen, müssen ihre anschauliche Geschlossenheit mit dem Zugrundelegen einer Hypothese erkaufen, mit deren Hilfe das evident Verständliche und das a priori nicht Verständliche zu einem *denkbaren* Zusammenhang aneinandergefügt werden. Wie wir sagten, tritt dieses Nichtverständliche einmal als das Faktische der biologischen Existenz in Erscheinung und weiter als die Unbestimmbarkeit des Charakters aus seinem Werden und in seiner Verhaltenskonsequenz. Diese letztere beruht auf der Freiheit der Entscheidung, auf Grund derer sowohl die Ausprägung des Charakters maßgeblich geformt, als auch die

---

[1] KLAGES, L.: Der Geist als Widersacher der Seele. Leipzig 1933.

Verifizierung der Persönlichkeit im Erleben selbst bestimmt wird. Gegenüber den meisten Charaktertheorien ist es ein Vorzug der KLAGESschen Hypothese, daß die Problematik des letzten Punktes mitberücksichtigt wird. So ist nach KLAGES der Charakter nicht ein fester Kern der Persönlichkeit, sondern die ständig sich ändernde Reaktion, die sich mit der Begegnung der Triebfedern (Lebensdrang) und dem Willen (des Geistes) ergibt und das Dasein wie einen Prozeß verlaufen läßt, in dem Lebensdrang und Erkenntnis miteinander ringen.

Im Unterschied zu den hypothetisch fundierten Charakterologien läßt KRETSCHMER nicht das Unverständliche der biologischen Existenz mit Hilfe einer philosophischen Erklärung zum Bindeglied der verständlichen Zusammenhänge werden. Hier wird das äußere Erscheinungsbild der biologischen Existenz erforscht und als Verschiedenheit der Konstitution empirisch beschrieben. Die bekannten Ergebnisse KRETSCHMERS zeigen, daß zwischen körperlicher Konstitution und seelischer Beschaffenheit weitgehende Entsprechungen bestehen, so daß von einer psychophysischen Konstitution gesprochen werden kann. Bestimmte Zusammenhänge im Seelischen kommen — wie KRETSCHMERS Ergebnisse zeigen — bei bestimmten körperlichen Erscheinungsformen vor, ähnlich, als ob sie nur in diesem Gehäuse zu Hause sein könnten, womit sich also typische Gesamtbilder ergeben.

Seelisches und Körperliches, Verständliches und Faktisches sind im Erscheinen so aneinander gebunden, daß eine Relationsregel empirisch erkennbar wird. Die Ergebnisse dieser Forschung konstatieren und ordnen das wirklich Erscheinende, wodurch in der Charakterologie Objektivierungen möglich werden, die jenen Charaktertheorien, die das noch Erkennbare zugunsten umfassender metaphysischer Betrachtungen vernachlässigen, versagt bleiben. Mit diesem Ansatz wird auch eine weitgehende Annäherung an jene stets offenbleibenden Fragen möglich, die — wie wir oben zeigten — die Bestimmung des Charakters zum echten Problem werden lassen und zwar 1. die Abhängigkeit des Charakters von den nicht mehr verständlichen Gegebenheiten der biologischen Existenz und 2. die Möglichkeiten der freien Entscheidung, die durch den erforschbaren Charakter präzisiert, jedoch nicht bestimmt wird.

Zu 1. Das tatsächliche Existieren einer „psychophysischen Konstitution“, die Häufigkeit ihres Vorkommens als „charakteristischer Typus“ bewirkt ein auf Erfahrung beruhendes Urteilen, das unabhängig von theoretischen Schlüssen bestimmte seelische Eigenschaften als Entsprechung der körperlichen Erscheinung erwartet. So pflegt man bei dem gedrungenen, behäbigen Habitus (Pykniker) ein natürliches, ausgeglichenes Wesen vorauszusetzen, das mit ernstem oder heiterem Temperament der aufgeschlossenen Teilhabe fähig ist (cyclothymer oder syntoner Charakter). Anderseits vermutet man in der Erscheinung des eckig Schmalwüchsigen (Leptosomer) ein egozentrisch-empfindliches Wesen, das in sich gespannt den unmittelbaren Rapport des Gemütes oft nicht findet (schizothymer Charakter) und weiter finden wir in der bedächtigwuchtigen Art des Athletischen sein schwerflüssiges Temperament (viscöser Charakter) bestätigt. Diese uns so evidenten Zusammenhänge sind wohl letzten Endes nur Gegebenheiten, die ebensogut auch anders sein könnten. Anderseits aber sind die Ausdrucksweisen der verschiedenen Typen bis zur Physiognomie und Gestik so unmittelbar und eindeutig ansprechend, daß man hier von einem Verstehen reden kann, das Seelisches im Körperlichen zu erfassen vermag, wenn dieses Verstehen auch nur das Vorkommen von verschiedenen „Typen" nebeneinander zu bestätigen vermag, ohne in das Wesen dieser Ordnung eindringen zu können. Das Faktische der Konstitution wird also in seiner empirischen Gesetzmäßigkeit erfaßt, wobei sein Bestehen selbst nicht mit Hypothesen erklärt wird, die eine alles erfassende Betrachtungsweise nur auf Kosten der erkennbaren Wirklichkeit vermitteln können. Gerade dieses Offenbleiben des theoretischen Ansatzes, dort wo das Verständliche an das Nichtverständliche stößt, ermöglicht der methodisch vorgehenden Forschung KRETSCHMERS in der psychosomatischen Repräsentation des Charakters den Charakter selbst näher zu ergründen.

Zu 2. Hier kann KRETSCHMER auf Grund seiner phänomenologisch orientierten Konstitutionslehre aufzeigen, daß die Möglichkeiten der freien Entscheidung sehr oft durch die entwicklungsmäßige Verifizierung der individuellen Konstitutionsgestalt maßgeblich beeinflußt werden. So stellt er fest: „Keimkonstant ist nicht lebenskonstant". Das Versiegen bisheriger oder Erscheinen neuer Anlagequalitäten kann also die Persönlichkeit vor Entscheidungssituationen stellen, die durch den Vollzug ihrer psychophysischen Konstitutionsentwicklung heraufbeschworen wurden. So reagiert der Mensch nicht nur mit Hilfe seiner Anlagen, sondern auch auf das Versiegen oder Erscheinen von Anlagen, das dem Gesetz seiner Konstitution folgt. Damit können die Konstellationen, die zu solchen Situationen der Entscheidung führen, verständlich werden und ebenso auch die in diesen Situationen wirksamen Kräfte.

Im Unterschied zu den Charakterologien, denen die umfassende Fragestellung nach der individuellen Erscheinungsform des menschlichen Seins zugrunde liegt, kann die Charakterologie, wenn sie als eines der Hilfsmittel der praktischen Persönlichkeitsanalyse angewendet wird, davon ausgehen, die erkennbaren Eigenschaften so wie sie sich zum Gesamtbild der Persönlichkeit vereinigen, festzustellen. Dieses bedeutet zunächst eine Beschreibung der im Erscheinungsbild vertretenen Eigenschaften und weiter den Versuch, in den unterschiedlichen Erscheinungsweisen das eigenschaftsmäßig Gleichbedeutende aufzufinden und ebenso das Verhältnis und die Abhängigkeit der Eigenschaften voneinander logisch zu erkennen, wobei jedoch das Resultat der phänomenologischen Nachprüfung nicht widersprechen darf.

Es ist eine Tatsache, daß jede Fragestellung der Psychologie, besonders aber die der Charakterologie die gesamte Problematik des menschlichen Seins erscheinen läßt, wenn sie mit erschöpfender Konsequenz durchdacht wird. Nun gehen aber die Bedürfnisse der praktischen Psychotherapie nicht dahin, Grundprobleme der Psychologie als solche zu erhellen, sondern die Ergebnisse psychologischer Forschung zum Verstehen des Einzelfalles anzuwenden. Wir haben aus diesem Grunde vorgeschlagen, zur Erhebung des psychischen Befundes die verschiedenen Forschungsmöglichkeiten der Psychologie, so wie sie durch Methodik und Einzelfragestellung voneinander abgegrenzt sind, im ergänzenden Wechsel zu benutzen. Hierbei zeigt sich natürlich, daß diese methodisch notwendige Trennung eine zweckbedingt-künstliche ist, da im Grunde kein Gegenstand, keine Fragestellung der Psychologie für sich isoliert denkbar ist. So ist eine lebensnahe Beschreibung des Charakters ohne die Berücksichtigung seiner Antriebsstruktur, seines Entwicklungsganges oder seines Formalbestandes (Bestandes an Funktionen) im Sinne der allgemeinen Psychologie nicht möglich. Ebenso wäre die entwicklungspsychologische Betrachtung einer Persönlichkeit unanschaulich, wenn sie nicht das Besondere ihrer Anlagen mitberücksichtigte.

1. Wenn wir nun im psychischen Befund dem genannten Vorgehen folgen wollen, so ergibt sich für die Charakterologie, die hier also ergänzend neben den anderen Wegen der Persönlichkeitsforschung stehen soll, die Aufgabe, die Persönlichkeit im Hier und Jetzt ihrer Erscheinung auf Grund ihrer Eigenschaften zu beschreiben. Da es sich um eine phänomenologische Erfassung der Eigenschaften handelt, gehört hierzu auch die Verwertung des gestischen und mimischen Ausdrucks mit dem sich das Erscheinen der Eigenschaften vollzieht. Diese Charakterbeschreibung wird also mit ihrem methodisch bewußt begrenzten Vorgehen von der Repräsentation der Persönlichkeit im Querschnitt ausgehen, um von den so gefundenen Positionen her seine Entstehung zu betrachten, während auf den anderen Wegen der Analyse die deutende Erforschung des Längsschnittes die Erscheinung des Querschnittes zu entschlüsseln bestrebt ist. Die Ergebnisse dieser Charakterologie bedeuten dann neben einer nur eindrucksmäßigen Orientierung eine Ergänzung bzw. Bestätigung des Persönlichkeitsbildes, wie es mit den anderen Methoden des psychischen Befundes gewonnen wird, oder mit anderen Worten: während sonst das Bemühen der Persönlichkeitsanalyse darauf gerichtet ist, den „Charakter" gerade in der fließenden Entwicklung seines dynamischen Werdens zu verstehen, will diese Charakterbeschreibung die Aussagen der gegenwärtigen Erscheinung konstatieren, um damit die überzeugende Wirklichkeit der Erscheinung zum Kriterium ihrer vermuteten Entstehung zu machen.

2. Der Verfolg dieser Eigenschaftsbeobachtung im Querschnitt führt dann zu der Feststellung, daß Leistung und Verhalten einer Persönlichkeit, also die Art und Weise ihrer Lebensgestaltung, deutlich von der individuellen Ausprägung jener Fähigkeiten mitgeformt werden, die man generell als die „seelisch-geistigen Funktionen" zu bezeichnen pflegt. Das Erscheinen dieses Gesichtspunktes verweist dann auf Fragestellungen und Ergebnisse der allgemeinen Psychologie.

Zu 1. Die Beschreibung einer Persönlichkeit auf Grund ihrer Eigenschaften, so wie sie eindrucksshaft auf uns wirken, würde zunächst ein nur sehr ungeordnetes Bild ergeben. Verantwortlich hierfür ist zunächst einmal die Vieldeutigkeit des Sprachgebrauches, der mit einer Eigenschaftsbenennung sowohl das Begriffliche einer Eigenschaft selbst, als auch nur ihre besondere Erscheinungsform in einem Menschen meinen kann. So z. B. kann die Bezeichnung „großmütig" bedeuten, daß der Betreffende als eine weitgehende Entsprechung dieses begrifflichen Ideals erscheint. Seine Großmütigkeit enthält dann auch Verantwortungsbewußtsein, Pflichttreue, Gerechtigkeit und Generosität. Als hervorstechender Einzelzug eines individuellen Charakters kann die „Großmütigkeit" jedoch auch bedeuten, daß dieser Mensch mit einer quasi edlen Leichtsinnigkeit zwar verantwortungswillig, jedoch wenig verantwortungsbewußt ist. So kann der erste sogar gelegentlich kleinlich erscheinen, wenn sein hoher Maßstab ihm eine Rechenschaftsablegung vor sich bis in das Kleinste abfordert, während der zweite nie kleinlich wirken wird. Anderseits können bei dem zweiten Eigenschaften wie leichtsinnig oder verschwenderisch auftreten, die bei dem ersten nicht denkbar sind. Es steht also einmal der Mensch für die Eigenschaft, die er in ihrer begrifflichen Vollkommenheit zu verkörpern scheint, und im anderen Fall ist es der Mensch selbst, der die Eigenschaft mit kontrastreichen Ergänzungen zu beherbergen scheint, wobei sie nur noch einen Teil ihrer an und für sich umfassenden Konzeption enthält.

Die Charakterologie als Eigenschaftsbeschreibung hat hier methodische Klarheit zu schaffen versucht, indem sie zwischen Eigenschaften des *Wesens*, des *Verhaltens* und der *Leistung* (K. BÜHLER) unterscheidet. Hiermit ist natürlich nicht gemeint, daß die Fülle der im Sprachgebrauch üblichen Eigenschaftsbenennungen im Sinne dieser Dreiteilung unterscheidbar wäre. Es kommt vielmehr darauf an, ob der mit einem Eigenschaftswort gekennzeichnete Eindruck das Wesen dieses Menschen meint, seine typische Verhaltensweise oder seine effektive Verwirklichungsart. Es kann z. B. in der Reihenfolge dieser Einteilung ein Mensch als gutmütig, liebenswürdig und beständig, und ein anderer als unbeständig, gutmütig und untüchtig charakterisiert werden. Natürlich wird man im Unterschied zu dem eben gewählten Beispiel nach Möglichkeit anstreben, die Feinheit des Sprachausdruckes im Sinne dieser Einteilung auszuschöpfen, um jede dieser drei Sphären entsprechend ihrer Thematik zu behandeln. Letztlich ist diese Trennung aber doch nicht durchführbar, da das Wesen aus dem Verhalten verstanden wird und umgekehrt, während die Leistung zwar objektiv beurteilt, schließlich aber doch als Wesensausdruck verstehend erfaßt wird. (So z. B. kann die objektive Bewertung einer Leistungseigenschaft tüchtig und fleißig lauten, während die Hinzunahme des Hintergrundes dieser Leistung, also des Wesens des betreffenden Menschen seine Leistungseigenschaft als zuverlässig erkennbar macht.) Das Wesentliche dieser ordnenden Dreiteilung ist also, daß die charakterologische Beschreibung zum Ausdruck bringt in welchem Sinne sie eine Eigenschaftsbenennung braucht, wobei es in einzelnen Vergegenwärtigungen auch möglich ist, eine bestimmte Wesenseigenschaft im Verhaltens- und im Leistungsausdruck näher zu bestimmen.

(Zum Beispiel	ehrgeizig	schroff	selbständig erfolgreich
oder	ehrgeizig	konziliant	anpassungsfähig erfolgreich.)

Eine weitere Ordnung der Eigenschaften zum Charakterbild ist von LERSCH vorgeschlagen worden. LERSCH geht dabei von der Überlegung aus, daß die Charakterzüge, so wie sie im einzelnen abhebbar sind, tatsächlich in einem Integrationszusammenhang stehen, den sie lebendig erfüllen. Die Struktur dieses Zusammenhanges (also der Aufbau des Charakters) kann nur so beschaffen sein, daß Eigenschaften, die zueinander im Verhältnis der „inneren Verwandtschaft", stehen, miteinander sich tragen und sich ergänzen. So z. B. sind Strebertum und Hartherzigkeit verwandt, während Strebertum und Mitleidsfähigkeit sich im Charakter nahezu ausschließen. LERSCH unterscheidet so zwischen Eigenschaften, die zueinander diffug oder affin sind. Daß im Charakter Eigenschaften widerspruchsvoll erscheinen können, ist aus ihrer Stellung innerhalb der Struktur zu erklären. Hier muß zwischen relativ zentralen und relativ peripheren Eigenschaften unterschieden werden. So z. B. kann bei zwei Menschen, die einen ehrgeizigen Eindruck machen, bei dem einen der Ehrgeiz an zentraler Stelle stehen, während er bei dem anderen die periphere Eigenschaft ist, die den in der Struktur zentral stehenden Erkenntnisdrang ergänzt. Damit kann bei dem ersten das dem Ehrgeiz affine Strebertum vorkommen und bei dem zweiten die zu dem Ehrgeiz diffuge Gutmütigkeit, oder: Das Erscheinen von aufgeschlossener Freundlichkeit,

Unverbindlichkeit und Gemütskälte in einem Persönlichkeitsbild ist strukturell erklärbar, wenn man die Gemütskälte an zentrale Stelle setzt und die beiden anderen Eigenschaften als abhängig hiervon versteht.

Diese Überlegungen versuchen also die Struktur des Charakters zu erhellen, indem die erscheinenden Eigenschaften wie nach einer Hierarchie geordnet in ihrem gegenseitigen Verhältnis verständlich gemacht werden. Praktisch undurchführbar wird dieses System, wenn es bis zum Kern der Persönlichkeit, ihrer Grundsubstanz vorzudringen versucht, hingegen kann es bei der Vergegenwärtigung einzelner Zusammenhänge sehr viel Anschaulichkeit vermitteln. Wie schon erwähnt wurde, bedeutet auch eine Charakterologie, die sich auf die Beschreibung und das verstehende Ordnen der erscheinenden Eigenschaften beschränkt, nur die Ergänzung der Persönlichkeitsanalyse von einem bestimmten Gesichtspunkt her. Der Charakter im eigentlichen Sinne ist nur aus dem Ganzen des Erlebens verständlich, indem Person und Welt untrennbar verschmolzen sind. Mit der Feststellung von Eigenschaften jedoch wird schon notgedrungen eine künstliche Trennung vorgenommen, die entweder den Bezug auf den Erlebnisträger selbst oder seine Welt meint. So z. B. kann die Eigenschaft Güte als Grundhaltung vorhanden sein oder aber im Zusammenhang mit einem Strebungsziel entwickelt werden. Das Sich-minderwertig-fühlen kann das eigene Selbst meinen oder das Verzagen vor einer Konstellation des Schicksals. So gesehen wären die Eigenschaften entweder die Aussage über ein Grundvermögen, das den in sich ruhenden Innenzustand bewirkt oder aber die fixierten Abbilder jener Strebungstendenzen, mit denen sich das individuelle Dasein als Ganzes verwirklicht. Die Feststellung der Eigenschaften jedenfalls kann diesen Unterschieden nicht Rechnung tragen. Es fehlt hier gewissermaßen der Oberbegriff, der im *Ganzen* enthalten ist, ohne jedoch methodisch erfaßbar zu sein.

Zu einer weiteren Vervollständigung der charakterologischen Analyse können jene Kriterien der Persönlichkeit herangezogen werden, die sich aus der Wechselbeziehung von *Erleben* und *Verhalten* ergeben. Dieser Gesichtspunkt wurde auf Seite 49 näher beschrieben. Wiederholt sei hier nur, daß die Prägung einer Persönlichkeit einmal dadurch entstanden sein kann, daß die besondere Weise, in der dieser Mensch die Welt *erlebt*, ein *Weltverhalten entstehen ließ*, indem das Ursprüngliche so umgeformt wurde, wie es diese Erfahrung lehrte. Zweitens kann umgekehrt das *natürlich gegebene Verhalten* mit zwingender Resonanz das *Erleben maßgeblich gestalten*, wodurch ebenfalls die Prägung der Persönlichkeit beeinflußt wird. Die charakterologische Anwendung dieses Gesichtspunktes ermöglicht ein weiteres Eindringen in den Strukturzusammenhang der erscheinenden Eigenschaften. In extremster Abzeichnung spiegeln sich jedoch die eben genannten beiden Wirkungsweisen in den Eigenschaftsbeziehungen des *Neurotikers* wieder. So z. B. kann der Insuffiziente, der die Welt in vertrauensseliger Offenbarung seiner Weichheit erleben möchte, das Verhalten des mißtrauisch Verschlossenen entwickeln und anderseits kann der geltungssüchtige Egozentriker mit seinem von Natur gegebenen Verhalten seine Erlebnismöglichkeiten so verengen, daß echte Zuwendungen nicht mehr erfahrbar werden. In beiden Fällen wird eine neurotische Fehlentwicklung so auch von der Eigenschaftsstruktur her verstehbar.

Ebenfalls charakterologisch erkennbar finden sich im Erscheinungsbild des Neurotikers stets jene Haltungen des überbetonten Vermeiden- oder Erreichenwollens, die auch mit der Vergrößerung der entsprechenden Eigenschaften im Charakter ihren Ausdruck erhalten. Damit erhält das *Charakterbild des Neurotikers* seine *typische Unausgeglichenheit.* Die erscheinenden Eigenschaften wirken nicht wie ausgeglichene Verzweigungen einer tragenden Struktur, sondern wie ein disharmonisches Wachstum, dessen Tendenzen um Ausgleich und Balance einer defekthaft unvollkommenen Struktur bemüht sind. Die unmotiviert anmutenden Haltungen des Vermeiden- oder Erreichenwollens disproportionieren im Charakterbild die entsprechenden Eigenschaften, mit denen so die neurotische Persönlichkeit in diesen Haltungen aufzugehen vermag. Steigert sich die Entwicklung über die Möglichkeiten einer solch relativen Kompensation hinaus, so kommen zu der neurotischen Haltung und Charakterdeformierung psychopathologische Symptome hinzu. (Die Haltungen des Vermeidenwollens können sich dann z. B. in Komplexen äußern, wobei immer wieder bestimmte Zusammenhänge mit stärkster Affektbesetzung in neutralen Erlebnissituationen aktualisiert werden, die objektiv daher bezuglos erscheinen müssen. Die Haltungen des Erreichenwollens können z. B. als überwertige Idee oder auch als überwertiger Gefühlsausdruck erscheinen. In weiterer Steigerung wird das Erscheinungsbild noch durch Phobien und spezielle Symptomaussagen im Sinne des Erreichen- und Vermeidenwollens ergänzt.) Symptome, Haltungen und überbetonte Eigenschaften scheinen so in einem verständlichen Zusammenhang zu stehen, dessen vergebliche Tendenz sich in fruchtlosen Steigerungen erschöpft. Diese Überlegung will nicht die Entstehung von Neurosen erklären, sondern sie versucht, den Neurotiker von seinem Charakterbild her zu interpretieren, in welchem das Besondere seiner Eigenschaftsbeziehungen deutlich erscheint.

Wir hatten oben ausgeführt, daß die „Entscheidung“ zwar durch die Struktur des Charakters präzisiert wird, letzten Endes vom Charakter aber nicht bestimmt ist. Es ist nun darauf hinzuweisen, daß im Unterschied zum „normalen Charakter“ die Entscheidung des Neurotikers durch bestimmte Determinationen beschränkt wird. Vom Blickpunkt der Charakterologie her, stellt sich das Nichterfaßbare „der Entscheidung“ als das Gewissen dar. Es ist jenes gefühlshafte Wissen um den sittlichen Wert des eigenen Tuns, das in seiner individuellen Ausprägung den absoluten Postulaten der Ethik mehr oder weniger gerecht werden kann. Eine in diesem Sinne wertende Betrachtung der Persönlichkeit pflegt daher deren Gewissensqualität zu beurteilen und spricht so von gewissenhaften oder gewissenlosen Charakteren. Die Wirkungsweise des Gewissens im Individuum wird dann also wie eine Charaktereigenschaft beschrieben. Nun ist es wohl eine unbestreitbare Tatsache, daß das Gewissen erlebbar ist, anderseits ist aber eine phänomenologische Beschreibung, die über das Wirken des Gewissens sein Wesen psychologisch erkennen ließe, nicht möglich. Die evidenten Gewissenserlebnisse können nur metaphorisch anschaulich geschildert werden. (So z. B. das Gewissen schlägt, die Stimme des Gewissens ruft, Gewissensbisse mahnen usw.) All diese Beschreibungen geben nur davon Kunde, daß hier eine Kraft des Ich am Werke ist, die in ihrer unfaßbaren Ursprünglichkeit auf das Metaphysische hindeutet. (So bezeichnen die Scholastiker das Gewissen als das von Gott eingepflanzte Vernunfturteil, und nach KANT repräsentiert das Gewissen als „Vernunft“ die Idee des Göttlichen, vor der der Mensch sein Tun wie vor einem „inneren Gerichtshof“ rechtfertigen muß, wobei er sich in einem „doppelten Selbst“ erlebt.)

In der charakterologischen Fragestellung erscheint also das Problem der „Entscheidung" als das Problem des „Gewissens", wobei ebenso die Grenze des Verständlichen nur von einem anderen Aspekt her erreicht wird. Wenn wir vorhin in allgemeiner Formulierung sagten, daß die Entscheidungsfreiheit des Neurotikers eingeengt sei, so ist hiermit gemeint, daß die freie Entfaltung seines individuellen Gewissens in verstehbarer Weise behindert ist. Wie wir im Allgemeinen Teil C III ausführten, setzt die psychische Fehlentwicklung, die sich letzten Endes als Neurose äußert, damit ein, daß eine Persönlichkeit unter typischen Umständen in ihrem Entscheidungsvermögen überfordert wurde. Je nach Persönlichkeitsveranlagung und Umweltswirkung kann diese Fehlentwicklung mit dem typischen Trauma bzw. dem Gewahrwerden der aus eigener Entscheidungskraft nicht mehr gestaltbaren Lebenskonstellation ihren Ausgang nehmen. Ein Wesentliches dieser Fehlentwicklung ist, daß jene Seite der Persönlichkeit, die damals in der Entscheidung überfordert wurde, ihre Zuständigkeiten im weiteren Erleben nicht mehr erfüllen konnte, da der Rückgriff auf eine echte Erfahrung, in der das Ich sich zu sich selbst bekannte, nicht möglich ist, oder mit anderen Worten, das vor sich selbst verantwortliche Gewissen verharrte ratlos und untätig in einer Entscheidung, deren ausstehendes Resultat durch die verfälschenden Begründungen der Neurose ersetzt wurde. Dort, wo das weitere Erleben nun auf der Säule der sich tragenden oder sich korrigierend ergänzenden Erfahrungen aufbauen möchte, wie sie im Fall der getroffenen Entscheidung entstanden wären, kann hier nur derselbe Gewissenskonflikt, dem seinerzeit ausgewichen werden mußte, von neuem aktiviert werden. Jedes neue Erleben, das in die Zuständigkeit jener in ihrer Entwicklung gleichsam gelähmten Seite der Persönlichkeit gehört, wird nun zur Anspielung auf das damals Versäumte, und die damals verlorene Freiheit der Entscheidung wird jetzt zur neurotischen Voreingenommenheit, die in weiteren Entscheidungen immer wieder in derselben typischen Weise versagen muß. Das Gewissen als Richtschnur des Tuns kommt jetzt nicht mehr zur freien Entfaltung, sondern wird statt dessen mit der Aktualisierung seines alten Versagens nun von neuem belastet. Damit erscheint in dem Verhalten des Neurotikers in typischen Entscheidungssituationen nicht der Ausdruck seines ursprünglich eigenen Wesens, das hier im Bestehen oder Nichtbestehen vor dem Gewissen seine schicksalsmäßige Weiterentwicklung erfährt, sondern wir sehen stattdessen ein nahezu vorherbestimmbares Verhalten, das auf der erworbenen Unfreiheit beruht. Diese eigentümliche Verhaltensweise des Neurotikers in gewissen typischen Situationen, die von der Persönlichkeit selbst mit Überbetonung gewisser Eigenschaften scheinbar motiviert zu werden pflegt, läßt so auch aus dem charakterologischen Querschnittsbild diagnostische Schlüsse auf die Neurose ziehen. Im Sinne der eben behandelten Fragestellung würde es dann weiter eine Aufgabe der Therapie sein, das Gewissen der Persönlichkeit aus seiner frustanen Fixierung an die nicht bewältigte Entscheidung der Vergangenheit zu befreien.

IV. Seelisch-geistige Funktionen im Persönlichkeitsbild

Eine der wesentlichsten Aufgaben der Psychotherapie ist es, zu verstehen, welche seelischen Vorgänge sich bei einem Menschen in bestimmten Situationen abgespielt haben. Es war in diesem Kapitel zunächst davon die Rede, daß die Beschaffenheit des „Charakters" hierfür wichtige Hinweise zu geben vermag. Die

Analyse des biographischen Materials aber zeigt die Entwicklung der Persönlichkeit zu ihrem gegenwärtigen Charakterbild, wobei Entwicklungsanalyse und Charaktereindruck sich wechselseitig zu dem Verstehen der Persönlichkeit ergänzen. Nun ist aber bei der Auswertung der biographischen Analyse noch einer besonderen Bedingtheit der individuellen Erlebnisgewinnung Rechnung zu tragen, die ebenfalls zu der Eigenheit des Charakters gehört. Die Art und Weise, wie ein Erlebnis zum inhaltlichen Erleben wird, ist von der individuellen Arbeitsweise jener seelischen Fähigkeiten mitbestimmt, die man im Sprachgebrauch der allgemeinen Psychologie „die seelisch-geistigen Funktionen" zu nennen pflegt. Die Charakteranalyse muß daher den Bestand und die Wirkungsweise dieser Fähigkeiten mit Hilfe normativer Gesichtspunkte zu erkennen versuchen, um bei der Beurteilung des biographischen Materials entscheiden zu können, in welchem Maße die besondere Färbung eines Erinnerungsbildes auf inhaltlicher Bedeutung beruht oder nur der Ausdruck einer Erlebnisgewinnung ist, die der formalseelischen Leistungsweise dieses Menschen entspricht. (So z.B. können eindringlich lebhafte Erinnerungsbilder einmal das Vorliegen inhaltlich wichtiger Beziehungen bedeuten, sie können aber in einem anderen Fall ebensogut nur die Wirkungsweise eines Gedächtnisses bekunden, das aus einer bildhaft reichen Assoziationsfähigkeit schöpft.) Diese der Psychologie so geläufigen Fragestellungen auch in der Psychotherapie zu beachten, ist lohnend, da ja hier das vergangene Erleben als die Aussage des erfahrenen Lebensschicksals gilt und so bewertet wird, wie es den Eingang in die Persönlichkeit fand und von ihr mitgeteilt wird.

Die Beobachtung wird sich also darauf richten, wie die Persönlichkeit durch die individuelle Ausprägung der Funktionen der Wahrnehmung, des Gedächtnisses, des Denkens usw. mitcharakterisiert wird, bzw. in welcher Akzentuierung und Integration diese Funktionen im Erleben in Kraft treten. Eine unmittelbare Anwendung der Ergebnisse, die die allgemeine Psychologie in der Erforschung der einzelnen „Funktionen" gewonnen hat, ist natürlich nicht möglich, da die Fragestellung dort ja nicht lautete, wie die Individualität im Denken, Fühlen, Wollen usw. zu erklären ist, sondern wie diese Funktionen als solche beschaffen sind, welches ihre natürlichen Leistungsmöglichkeiten und welches ihre Kompetenzen und Grenzen sind. Bekanntlich aber führte die Erforschung der „differentiellen Psychologie" schon zu dem Ergebnis, daß bereits in der „funktionalen Ausstattung" des Menschen und in ihrer Wirkungsweise charakteristische Unterschiede erkennbar sind, die ihrerseits das Erleben der Persönlichkeit mitbestimmen. Gleichartigkeiten dieser Unterschiede führten dann wieder dazu, charakteristische Typen aufzustellen, wobei der Gesichtspunkt, nach dem diese Typologien geordnet waren, sich aus der jeweils zugrunde gelegten allgemein-psychologischen Fragestellung ergab. So liegt auch der Wert dieser Typologien für die Persönlichkeitsanalyse der Psychotherapie darin, daß sie trotz ihres theoretischen Anspruchs aus Ausschließlichkeit nebeneinander bestehen können. Ihre Ergebnisse vermitteln stets dort die lebensnahe Anschaulichkeit, wo die zur Theorie verallgemeinerten Verhältnisse im Speziellen vorliegen.

Aus der Fülle der vorliegenden Ergebnisse und Meinungen können hier nur unsystematisch einige herausgegriffen werden, mit deren Beachtung eine Vervollständigung der Persönlichkeitsanalyse erreicht werden kann. So z. B. die Typologie der Brüder JAENSCH, die von dem unterschiedlichen Modus der Wahrnehmung ausgeht, wobei die Wahrnehmung als das Bindeglied zwischen Psychischem und Physischem in den Mittelpunkt des seelischen Geschehens gestellt wird. Die von JAENSCH so genannten Eidetiker[1] verfügen über *optisch orientierte Gedächtnisleistungen*, die mit ihren anschaulichen Detailqualitäten gewissermaßen wie wiederholte Wahrnehmungen aus dem konkreten Raum geschöpft zu werden scheinen. Diese Anschauungsbilder können nun entweder der Persönlichkeit als gefühlsreich-lebendiges Gedächtnismaterial zur Verfügung stehen (B-Typ), oder aber sie werden ungerufen in der Persönlichkeit lebendig, die sie als fremd oder gar beängstigend empfindet (T-Typ). In seinem Gesamtwesen ist auch der B-Typ harmonisch; von seinen Ideen und Zielen scheint er getragen zu werden, während der T-Typ unfrei und überkonzentriert zum Gegenstand seiner Vorsätze wird. Die Typen werden als integriert und desintegriert bezeichnet, und das Prinzip der Eidetik wird dann zur Grundlage einer generellen Typologie, in der die nicht eidetisch Veranlagten als Annäherungsformen erscheinen.

Bedeutsam für die Persönlichkeitsanalyse ist der experimentell belegte Teil dieser Theorie, in dem gezeigt werden konnte, daß es tatsächlich Menschen gibt, deren Wahrnehmungsvermögen Eindrücke mit höchster Anschaulichkeit optisch im Gedächtnis fixiert. Jedoch sind diese Eindrücke nicht eine photographiemäßig treue Bewahrung des objektiv Gegenständlichen der Wahrnehmung, sondern sie bedeuten die Gewinnung eines subjektiven Erlebniswertes, der von einer empfindsamen Wahrnehmung in intuiver Gestaltung erfaßt wurde, ähnlich wie der Blick des Malers in dem Gegenständlichen seines künstlerischen Vorwurfes die eigene Aussage findet. So liegt auch in den Gedächtnisbildern der Eidetiker die bildhafte Bestätigung erlebter Innenzustände und weiter der anschauliche Ausdruck der in der Persönlichkeit damals wirksamen Strebungen. In jenen Anschauungsbildern aber, die aus dem Gedächtnis des Eidetikers (T-Typ) eigenmächtig aufsteigen und ihn befremden oder auch quälen, wird man oft Erlebniszeugnisse finden können, denen ein nicht bewältigter Inhalt zugrunde liegt.

Eine eidetische Veranlagung bedeutet auch, daß der Betreffende über ein *anschauliches Vorstellungsvermögen* und weiterhin über ein *anschauliches Denken verfügt.* Auch in diesen beiden Funktionen spielt dann das Wahrnehmungshafte eine wesentliche Rolle. In einem analytischen Gespräch, das bei dem Patienten assoziative Zusammenhänge fördern soll, findet man oft, daß der eidetisch Veranlagte in entscheidenden Momenten Schwierigkeiten hat, spontane „Einfälle" zu produzieren. Hier empfiehlt es sich, dem Patienten aufzugeben, sich zunächst den letzten Einfall bildhaft vorzustellen und ihn dann auch aufzufordern, diese lebendig deutliche Vorstellung mit Hilfe einer anderen völlig zu verdrängen, die sich bei der Durchführung dieser Absicht spontan anbietet. Läßt man dann anschließend den Patienten diese beiden Vorstellungsbilder schildern, so pflegt in ihrer Beziehung der gesuchte assoziative Zusammenhang deutbar zu sein. Voraussetzung hierfür ist natürlich, daß das Gespräch mit einer äußerlich unverfänglichen Annäherung an hier bedeutsame Themen bei dem Patienten eine Spannung erzeugen konnte, die sich als unbestimmte Ergriffenheit entweder in zustimmender oder in abwehrender Haltung äußert.

[1] Ursprünglich geht die Schilderung der eidetischen Phänomene auf UBRANTSCHITSCH zurück. — JAENSCH, E. R.: Die Eidetik, 3. Aufl. Leipzig 1933.

Ganz andere Verhältnisse findet man, wenn das Erfassen von Zusammenhängen mit Hilfe des sogenannten *unanschaulichen Denkens* den Schwerpunkt der Erlebnisverarbeitung und -gestaltung in einer Persönlichkeit bildet. Im Unterschied zum Eidetiker scheint sich der so Veranlagte von dem unmittelbar Gegenständlichen seiner Eindrücke frei zu machen. Dabei besteht die Tendenz, die Eindrücke in ihrer Quintessenz festzuhalten und sie im abstrahierenden Vorgehen auf nahezu begriffliche Resultate zu reduzieren. Als Charakterzug läßt diese Eigenheit diese Menschen zunächst eigentümlich unpersönlich, dabei aber geschlossen konturiert erscheinen. Das tiefere Eindringen in das Ursprüngliche ihrer Erlebniswelt wird jedoch möglich, wenn jene Erlebnisse zum Gegenstand des erforschenden Gesprächs gemacht werden, mit denen die individuelle Begriffswelt dieses Menschen entstand. Allerdings wird man hier nicht auf solche Zusammenhänge stoßen, die eine unmittelbar intuitive Umsetzung eines gefühlsstarken Erlebniseindruckes bedeuten. Das begrifflich fundierte Weltbild entstand jedoch auch erlebnishaft, und zwar mit dem Auftreten jener psychischen Phänomene, die HUSSERL als signitive Akte bezeichnete. Wie BÜHLER[1] experimentell nachwies, treten diese Evidenzen mit erlebnishaft eindringlicher Deutlichkeit auf, ohne daß hierbei eine Anschauungsgrundlage miterlebt wird. Natürlich ist letzten Endes alles begrifflich Gewordene als Niederschlag des Erfahrenen zu verstehen. Bei jenen Menschen aber, die aus dem unanschaulichen Denken heraus die Ausrichtung ihrer Persönlichkeit finden, scheint es so zu sein, daß der abstrakte Gehalt der registrierten Eindrücke durch einen intuitiven Akt im gegebenen Moment zur individuellen Begriffsauffassung vereinigt wird.

Die Persönlichkeitsanalyse wird sich also bemühen, Evidenzerlebnisse dieser Art in dem Gedächtnismaterial des Patienten aufzufinden, um das Besondere aus der erlebten Begriffsbildung, und nicht wie sonst, aus der erlebten Anschauung zu verstehen. Da es sich ja stets nicht um eine normative, sondern um eine individuelle Begriffswelt handelt, führt auch dieser Weg zu der gesuchten individuellen Beziehung, wie sie dieser Mensch zu seiner Welt fand. Es wird also diese Weltbeziehung analytisch so aufgesucht, wie sie vermittels der anlagemäßig gegebenen Funktion hergestellt werden mußte.

Wir stellten dem Eidetiker den aus dem unanschaulichen Denken Schöpfenden gegenüber, um zu zeigen, wie stark die Leistungsweise einer Persönlichkeit von dem Angelegtsein ihrer seelisch-geistigen Funktionen mitbestimmt werden kann. Natürlich wird man der Bedeutsamkeit dieser Anlagen auch auf allen anderen Gebieten der seelisch-geistigen Funktionen Rechnung tragen müssen. So ist, um noch ein anderes Beispiel zu nennen, die Gedächtnisleistung und damit auch die Gedächtnisqualität von dem Typus der Aufmerksamkeit mit abhängig. Hier kann man einerseits eine Aufmerksamkeitsverteilung finden, die unter Vernachlässigung von Einzelheiten das Bemerkte zu großzügigen Zusammenhängen formt und anderseits eine Aufmerksamkeitsleistung, die das Bemerkte sorgfältig in seinen Einzelheiten registriert, wobei eine verläßliche, jedoch eng begrenzte Auffassung zustande kommt. (VOLLMER[2] hat diese Aufmerksamkeitsunterschiede im Zusammenhang mit den KRETSCHMERschen Typen untersucht.)

[1] BÜHLER, K.: Tatsachen und Probleme zu einer Psychologie der Denkvorgänge. Mitt. I. Arch. Psychol. 9, 297 (1907).

[2] In KROH, O., Experimentelle Beiträge zur Typenkunde, Bd. 1. Leipzig 1929.

In der biographischen Exploration pflegt der erste Typus sein Material in Form von anschaulichen Ganzheiten anzubieten, während der zweite sein Erleben mit Hilfe überdeutlicher Einzelbilder rekonstruiert. Auch hier wird die diagnostische Bewertung des Dargebotenen zu berücksichtigen haben, in welchem Maße die nur *formal* bedingte Erlebnisform zum Ausdruck kommt. Letzten Endes zeigen auch die verschiedenen „Funktionstypologien“, daß in der Integration der seelisch-geistigen Funktionen individuelle Unterschiede bestehen, indem das Zusammenspiel der Funktionen sich nach der bevorzugt angelegten richtet. Bei der Persönlichkeitsanalyse wird man diesen Ergebnissen Rechnung tragen, indem man sie als die Darstellung typischer Akzentuierungen auffaßt.

In naher Beziehung zu den Fragestellungen der Psychotherapie steht die seinerzeit von Ach[1] auf experimenteller Grundlage entwickelte Theorie der Objektion. Mit Objektionsfähigkeit bezeichnet Ach „die Eigenschaft eines Menschen, rascher oder langsamer den Prozeß der Objektion zu vollziehen, d. h. innere Erlebnisweise, Verhaltungsweisen und dergleichen in entsprechender Gestaltung auf die Dinge zu verlegen oder auch eine Umgestaltung solcher Tatbestände, z. B. eine Verschiebung der Objektionsgefühle von der Qualität des Angenehmen in die des Unangenehmen zu vollziehen“. Oder vereinfacht ausgedrückt: Gegenstände und Umstände werden vom Gedächtnis her mit den Gefühlsqualitäten belegt, mit denen sie seinerzeit in einem eindrucksvollen Erlebnis verbunden waren. In diesem Zusammenhang interessiert weniger die hypothetische Erklärung, die Ach dem Phänomen der Objektion gab. (Er sah hierin einen „Entlastungstrieb“ des Menschen, mit dessen Hilfe er sein Bewußtsein für weitere Aufgaben bzw. Eindrücke frei macht. Die Inhalte werden mit den Gegenständlichkeiten ihres äußeren Auftretens und mit dem Gefühlscharakter, der dieses Erleben begleitete, verbunden und können so als Gedächtnismaterial abgelegt werden, das sich gewissermaßen automatisch aktualisiert, wenn dieselben Gegenständlichkeiten im späteren Erleben bemerkt werden. Ach unterscheidet dann zwischen zwei Typen, von denen der eine, durch eine ausgeprägte Objektionsfähigkeit entlastet, freie Zuwendungen findet, während der gering Objektionsfähige, der Belastete, sich immer wieder mit den Inhalten beschäftigen muß, auch wenn sie nicht aktuell sind. Hieraus resultiert dann ein unfreies, skrupelhaftes oder spitzfindig-pedantisches Wesen.) Im Unterschied zu der grundsätzlich typologischen Unterscheidung, die Ach an Hand der Objektion trifft, glauben wir, daß die Objektion — wenn auch als Fähigkeit individuell verschieden ausgeprägt — ein typischer Modus der Erfahrungsbildung schlechthin ist. Das Inhaltliche des Erlebens kann nur mit dem Erleben seiner gegenständlichen Beziehung oder auch nur seiner gegenständlichen Kulisse erfahren werden. So wird auch die letztlich abstrakte Quintessenz eines Erlebens nur auf Grund seiner konkreten Umstände zugänglich. Würde das Wiedererscheinen von gewissen äußeren Umständen oder ihnen ähnlichen nicht mit dem Aufklingen des entsprechenden Gefühlscharakters den damit seinerzeit erlebten Inhalt erwecken, so wäre ein reaktionshaftes Verhalten, wie es aus der Erfahrung entsteht, nicht denkbar. Aber auch das nichtspontane, das reflektierende Erleben erhält seine Orientierung aus dem Auftreten von Bekanntheits- oder Ähnlichkeitscharakteren, die ihrerseits das hierzu gehörige Erfahrungsmaterial

[1] Ach, N. u. a.: Finale Qualität und Objektion. Leipzig 1932.

aktualisieren. Wird nun beim Neurotiker durch das gegenwärtige Erleben das Vergangene dort berührt, wo seine überforderte Entscheidungskraft nicht die Bildung einer echten Erfahrung ermöglichte, so reagiert er nun von neuem in jener unvollkommenen Weise, die ihn damals scheitern ließ. Oder, um es im Sinne der Objektion auszudrücken: während der frei entfaltete Mensch mit Hilfe der Objektion aus seinen Erfahrungen schöpft, um sie im gegenwärtigen Erleben aufbauend zu vervollständigen, wird der Neurotiker auf Grund der Objektion in charakteristischen Erlebnissituationen bei seinen nicht bewältigten Erfahrungen festgehalten.

Zum Abschluß dieser Betrachtungen, die der Beteiligung der „seelisch-geistigen Funktionen" am Zustandekommen des Charakterbildes galten, seien noch einige Ergebnisse der älteren Psychologie erwähnt, die sich aus der Beschäftigung mit der Frage ergaben, wie das Ausdrucksverhalten des Menschen beim Kontakt der Begegnung im Seelischen entsteht. Das Wesentliche dieser Meinungen wird durch die Theorien der Einfühlung (LIPPS[1]) der Analogie (sie wird auf J. ST. MILL zurückgeführt) und der Rudimente (WUNDT[2] u. a.) wiedergegeben. Es scheint so, daß jede dieser Theorien spezielle Erlebnis- bzw. Reaktionsweisen anschaulich macht, während das Problem als solches nur beschrieben werden kann. So ist die LIPPSsche Theorie wohl für den Sensiblen zutreffend, der in seiner differenzierten Ansprechbarkeit die Gemütsbewegung des anderen so miterlebt, als ob es die eigene wäre. Die Analogie-Theorie, die die Meinung vertritt, daß man den fremden Ausdruck verstehe, da man seine Bedeutung aus eigener Erlebniserfahrung kenne, wird am besten jenen Menschen gerecht, die in sachlicher Abschätzung das egozentrische Ich als Mittelpunkt und Wertmaßstab alles Erlebens empfinden. Die Rudimententheorie nimmt an, daß die Ausdrucksbewegung, die wir bei dem anderen erleben, das Rudiment derselben Bewegung bei uns erzeugt, wodurch auch derselbe Gefühlszustand zum Anklingen gebracht wird, und so im Eigenerleben verstehbar wird. In dieser Weise reagieren vornehmlich jene Menschen, die mit einem Überschuß von Spontaneität von der Lebhaftigkeit ihrer Eindrücke zum Miterleben mitgerissen werden.

B. Die Exploration und Therapie der Neurose auf Grund der verstehbaren Zusammenhänge

I. Exploration

a) Das Vorgehen bei der Persönlichkeitsanalyse

Wir hatten in dem vorhergehenden Kapitel aufgezeigt, daß das Erfassen der Struktur einer Persönlichkeit eine wesentliche Voraussetzung zum Verstehen ihrer Neurose bedeutet. Zu dieser Persönlichkeitsanalyse werden also die verschiedenen Fragestellungen der Psychologie mit dem ihnen entsprechenden methodischen Vorgehen eingesetzt. Wir kommen so zu der Analyse der Antriebsstruktur und der Gefühle, zu einer Beschreibung des Charakters (d. h. der Eigenschaften und

---

[1] LIPPS, TH.: Leitfaden der Psychologie, 3. Aufl. Leipzig 1909.
[2] WUNDT, W.: Grundzüge der physiol. Psychologie 4. Aufl. Leipzig 1893.

ihres inneren Abhängigkeitsverhältnisses), zu einer kritischen Würdigung der Entwicklung, die sich an den Ergebnissen der Entwicklungspsychologie orientiert, und zu einer Beurteilung der individuellen Leistungsweise der seelisch-geistigen Funktionen, die sich nach den Gesichtspunkten der allgemeinen Psychologie richtet. Hiermit wird es erleichtert, in der Mannigfaltigkeit der individuellen Verhaltens- und Erlebnisweise die Ausdrucksformen einer neurotischen Fehlentwicklung neben denen der strukturgerechten Entwicklung zu erkennen. Ebenso schafft eine solche Persönlichkeitsanalyse die Voraussetzungen für das Verstehen der Neuroseentstehung selbst, von dem Versagen in Entscheidungen bis zu dessen Kompensation in den neurotischen Symptomen. Die scharfen Grenzen, die den von Symptomen geplagten „kranken Neurotiker" vom „Gesunden" zu trennen scheinen, verlieren in dieser Betrachtungsweise ihre grundsätzliche Bedeutung. Nicht das Unverstehbare (im Sinne der verstehenden Psychologie) der Krankheit, sondern das Zusammenwirken von verständlichen Zusammenhängen hat hier die Daseinsweise eines Menschen geändert. Wenn wir dennoch oft den Neurotiker in Gegensatz zu dem Gesunden stellen, so geschieht dieses nur aus didaktischen Gründen und ist akzentuierend und nicht trennend gemeint.

Situationsgestaltung und Kontakt in der ersten Exploration. Im folgenden soll das praktische Vorgehen bei der Persönlichkeitsanalyse besprochen werden. Die nach den oben aufgezeichneten Gesichtspunkten gelenkte Exploration wird zunächst mit Hilfe eines unverfänglichen, beinahe unverbindlich wirkenden Zwiegespräches geführt. Zuerst überlassen wir es dem Patienten, die Situation zu gestalten, um damit sein Verhalten in einer für ihn schwierigen Lage kennenzulernen. Für viele Menschen stellt es einen sehr schweren Entschluß dar, zum Arzt zu gehen und ihn wegen einer nervösen Störung um Rat und Hilfe zu bitten. Andere wieder haben mit oft überwältigend anmutendem Vertrauen die neutrale Person des Arztes gewählt, um sich in rückhaltlosen Bekenntnissen von Gefühlszuständen zu entlasten, die die Eigenverantwortung nicht mehr tragen möchte, und andere schließlich bringen seelische Beschwerden und Leiden so vor, als ob es sich um Störungen der dem Fachmann geläufigen interessanten Seelenmechanik handeln müsse. In jedem Fall erleben wir so eine charakteristische Darstellung der Persönlichkeit, die sich einer außergewöhnlichen Aufgabe — nämlich, die legitime Kompetenz im eigenen Seelischen hilfesuchend aufzugeben — unterziehen muß. So sehen wir, um bei den genannten Beispielen zu bleiben, im ersten Falle, wie der Patient mühsam eine konventionelle Gestaltung der Situation aufbringt, wobei er mit zwiespältigen Gefühlen darauf wartet, daß die Fragen des Arztes in persönliche Bezirke vordringen, deren Preisgabe er seinerseits vermeiden möchte, um sie andererseits doch zu wünschen. Im zweiten Beispiel wird die Situation dadurch bestimmt, daß der Patient seine Persönlichkeit aufzugeben scheint, indem er jetzt all das, was er sonst noch zu halten und zu ordnen versucht, in schmerzhafter, aber befreiender Selbstentblößung vor dem Arzt auszubreiten bestrebt ist. (Dieses hemmungslose Ausbreiten von Innenzuständen, die sich nicht mehr ordnen lassen wollen, wird man auch weiterhin bei jenen Persönlichkeiten finden, die im Unterschied zum Durchschnitt von einer vielseitigen und überlebhaften Antriebdynamik beherrscht werden und dadurch immer wieder in Umweltschwierigkeiten geraten. Hier bedeutet das rückhaltslose Selbstbekenntnis noch nicht das krisenhafte Zerfallensein mit sich selbst, sondern den Wunsch, bei dem Arzt jenes Verständnis finden zu können, das sich mit der Umwelt so oft nicht herstellen lassen will.) In dem dritten Beispiel aber wird die Situationsgestaltung von dem Patienten mit Hilfe einer Offenheit bestritten, die weniger als Vertrauensbeweis beeindruckt. Hier ist eine hemmungslos wirkende Unbefangenheit der Ausdruck einer robusten Primitivität des Gemütes, dem meist auch die echte Wärme mangelt.

So erhalten wir dadurch, daß wir dem Patienten die Situationsgestaltung der ersten Begegnung überlassen, einen charakteristischen, wenn auch noch nicht im einzelnen faßbaren Eindruck seiner Persönlichkeit. In dem Bestreben, mit dem Patienten möglichst schnell einen echten Kontakt zu finden, wird in der nervenärztlichen Praxis bei der ersten Fühlungnahme gern eine konträr andere Haltung bevorzugt. Hierbei bemüht sich der Arzt vielmehr, dem Patienten die Schwierigkeit der ersten Begegnung abzunehmen, indem er teils aus der Erfahrung und Intuition schöpfend, im wesentlichen aber mit dem Einsatz seiner erprobten individuellen Kontaktfähigkeit die Situation vom ersten Augenblick an von sich aus gestaltet.

Damit wird zwar dem Patienten erleichtert, Vertrauen zu fassen, andererseits aber besteht so die Gefahr, daß dieses besondere Entgegenkommen nur einen Teil der widerspruchsvoll vielseitigen Persönlichkeit des Patienten aufschließt. Er pflegt zwar so das Gefühl zu haben, endlich einmal verstanden zu werden, tatsächlich jedoch sind die Schwierigkeiten, auf die er bei sich und bei dem Umgang mit der Welt stößt, aus jenen anderen Seiten seiner Persönlichkeit zu verstehen, deren problematisches Vorhandensein durch die hilfreiche Haltung des Arztes überbrückt wurde. So kann es geschehen, daß entscheidende Züge der Persönlichkeitsstruktur mit dieser ersten Begegnung zunächst in Verborgenheit geraten. Sie müssen dann später im Laufe der Behandlung mit einiger Mühe eruiert werden, da der Patient so einen Weg gefunden hatte, im Zusammensein mit diesem Arzt sich seinen inneren Widersprüchen und Zweifeln temporär zu entziehen, indem er hier nur jenen Teil des Wesens zum Ausdruck bringt, dessen Angesprochenwerden er als so wohltuend empfinden kann.

So z. B.: Eine offensichtlich insuffiziente, in Selbstzweifeln befangene ängstliche Persönlichkeit wurde in der ersten Exploration mit einem Verständnis angesprochen, das ihre offenbaren und wahrscheinlichen Schwierigkeiten umfaßte. Der Patient schien sich in diesem Verstehen wie erlöst zu fühlen und übertrug ein großes Vertrauen. In späteren Explorationen zeigte sich dann, daß er in eine Scheindarstellung geflüchtet war, die nur einen Teil seines Wesens enthielt. Indem er, in dem Gefühl verstanden zu werden, an dieser Selbstdarstellung festzuhalten versuchte, glaubte er, sich so glücklich und geborgen fühlen zu können, wie es ihm in Wahrheit versagt war. Das Kennenlernen seiner Antriebsstruktur zeigte dann aber, daß sein Sichverletztfühlen nicht nur der Empfindsamkeit einer zu zarten Persönlichkeit entsprang, sondern, daß hier auch ein selbstverborgener Geltungsdrang zum Ausdruck kam. Seine Angst bezog sich weniger auf die Unübersehbarkeit des eigenen Schicksals, sondern sie enthielt den Argwohn, daß die Anderen seine zwar nicht überzeugend wirkenden, aber um so drängender empfundenen Persönlichkeitsansprüche gleichgültig und mißachtend übergehen könnten. So konnte er auch nicht die Zufriedenheit finden, da er den Triumph suchte. In der Tiefe seines Wesens stritt die Tendenz, mit Güte und echtem Gefühl teilhaben zu können mit der Befürchtung, als Mindertauglicher ausgeschlossen werden zu können. Die Aussprache in der ärztlichen Sprechstunde kam dem positiven Teil seines Wesens entgegen und er flüchtete in dieses Teilverstehen, um sich wenigstens in diesen Stunden von seinem tiefen Konflikt gewissermaßen dispensieren zu können.

Will man ein solches Verhalten noch in seinen Einzelbezügen verstehen, so wird man oft finden, daß schon hier vom Patienten „Übertragungen" vorgenommen werden. Jede Art der Situationsgestaltung, mit der sich der Arzt bei dem Patienten einführt, jede auf besondere Einfühlung abgestimmte Haltung bei der ersten Begegnung kann der Anlaß zu der konsequenten Entwicklung einer „Übertragung" sein. Da wir aber die Übertragung als Mittel der Therapie einsetzen, muß die Situation so lange neutral gehalten werden bis die Persönlichkeitsstruktur erforscht ist, so daß dann ein Übertragungsverhalten als solches erkannt und gesteuert werden kann.

Wenn wir hinsichtlich der Situationsgestaltung in der ersten Exploration diese Einschränkungen vorschlagen, so ist damit natürlich nicht gemeint, daß an die Stelle einer natürlichen, vertrauensspendenden Haltung die kühle, sezierende Beobachtung treten soll. Auch mit diesen Einschränkungen ist es möglich, dem Patienten mit der Haltung eines ärztlichen Interesses zu begegnen, das sich in seiner wahren Sachlichkeit nicht mit Hilfe stimmungshafter Anregungen auszuweisen braucht.

Jene andere ärztliche Haltung, die schon mit dem Beginn der Behandlung bemüht ist, dem Patienten die Situation mit allen Mitteln zu erleichtern und um sein Vertrauen zu werben, birgt noch einen weiteren Nachteil. Die möglichst schnelle Herstellung eines solchen Kontaktes hängt davon ab, inwieweit die persönliche Wirksamkeit des Arztes, die ja hier ausgespielt wird, geeignet ist, gerade in diesem Fall die gewünschte Resonanz zu erzeugen. Trotz des Bestrebens, sich in den anderen intuitiv einzufühlen, wird ja dieses Vorgehen doch im wesentlichen von der eigenen Individualität und ihren Maßstäben bestimmt. So wird ein positiver Erfolg dieser Haltung bei dem im Grunde Wesensverwandten oder wesensverwandt Erscheinenden zu erwarten sein, während derjenige, der in seiner Eigenart von diesem intuitiven Einfühlungsvermögen nicht erfaßt werden kann, schon auf Grund seiner Reaktionen als fernstehend oder als persönlich enttäuschend empfunden zu werden pflegt. Es kann sich damit sogar in die vermeintlich sachliche Beurteilung des Patienten ein negativer Wertakzent einschleichen, da ja das Bemühen des Arztes, sein Bestes anzubieten, ein vergebliches war. Das Wissen um die Art der eigenen Wirksamkeit, ihre Möglichkeiten und ihre Einschränkungen muß hier in bewußter Selbstkontrolle eingesetzt werden. Aber wenn auch so das Bestreben auf Objektivität gerichtet wird, so bleibt dennoch stets das Seelische, das der Welt der eigenen Zusammenhänge nahesteht, leichter verständlich als das Andersartige und dieses wird sogar nur im Widerstreben nachvollziehbar sein, wenn die hier erscheinenden Zusammenhänge nicht zu jener Bedeutung zusammenklingen, die sich dem Verstehenwollenden evident zu offenbaren scheinen.

Die Exploration als verbindliches Zwiegespräch. Nicht nur bei der ersten Exploration, sondern auch bei allen weiteren diagnostischen und therapeutischen Sitzungen bevorzugen wir im Unterschied zu den Vorschriften der alten Psychoanalyse den direkten Kontakt des unmittelbaren Gespräches, bei dem Arzt und Patient sich gegenübersitzen. Die Verbindlichkeit von Rede und Gegenrede, die sich hiermit ergibt, soll dazu dienen, die Persönlichkeit des Patienten in der Besonderheit ihres Eigenverhaltens zu zeigen, so wie es in einer bedeutungsvollen Situation zum Erscheinen gebracht wird. Die Vielseitigkeit einer Individualität, das Charakteristische ihres Verhaltens in Mitteilung oder Behauptung bedarf des bewußt erlebten Anlasses, um ihre typische Kommunikationsweise in Erscheinung treten zu lassen. Weiterhin wird so der Patient den Arzt in der Verantwortung des Vertrauens erleben, das er ihm schenkt und ebenso werden die Einsichten, die er in sich selbst gewinnt, die Verbindlichkeit des Erlebnishaften gewinnen, wenn sie im Rapport mit einer bestimmten Persönlichkeit entstanden waren. Daß FREUD gerade dieses Moment vermeiden wollte, ist aus dem Entwicklungsgang der von ihm geschaffenen Methode zu verstehen.

Die psychoanalytische Exploration und ihre historische Entwicklung. Man muß sich hierzu in das Gedächtnis rufen, daß FREUD die ersten seelischen Behandlungen von Neurosen zu einer Zeit durchführte, als die wissenschaftliche Meinung noch den Standpunkt vertrat, daß jene Zustandsbilder, die wir jetzt als psychogen erkennen, der Ausdruck einer somatischen Schädigung sein müßten. Es war jene glanzvolle Epoche der naturwissenschaftlichen Forschung, die in der Geschichte der Medizin mit Namen wie ERB, FOREL, MEYNERT, NISSL, OPPENHEIM u. a. verknüpft ist. Bisher vereinzelt stehende klinische Beobachtungen konnten jetzt als zusammengehörige Symptombilder erkannt werden und die pathologische Anatomie konnte oft dort naturwissenschaftliche Kausalität aufzeigen, wo bisher das Fragen nach Entstehungsursachen vergeblich gewesen war. Es ist natürlich, daß jene Zeit, die ihre Forschungsrichtung durch den Gewinn deutlicher Resultate so reich belohnt sah, die noch ausstehenden Ergebnisse in derselben Richtung und mit denselben Methoden suchte. Auch nachdem sich für jene Lähmungserscheinungen, die wir als psychogen erkennen, kein pathologisch-anatomisches Substrat finden ließ, erklärte man sie mit der Annahme, daß ihnen leichte Schädigungen der entsprechenden nervösen Elemente zugrunde lägen. Diese Beeinträchtigungen seien aber so flüchtiger Natur, daß sie keine pathologisch-anatomisch nachweisbaren Schäden hinterließen. Ebenso bewegten sich die Vorstellungen der Kliniker in materialistischen Bahnen. Sogar einer ihrer überragendsten Vertreter, W. ERB, gibt für die Behandlung psychogener Lähmungen ein genau beschriebenes Behandlungsverfahren an, das sich gegen die vermeintlichen körperlichen Ursachen des Leidens wendet.

Angesichts dieser so erfolgreich und überzeugend arbeitenden naturwissenschaftlichen Forschungsrichtung konnte FREUD zu seinen Einsichten über die Psychogenie zunächst auch nur auf Grund solcher Fälle gelangen, bei denen die seelische Entstehung durch einen relativ schnellen psychotherapeutischen Erfolg, dessen Begründung nahezu eindeutig logisch anmutet, beweiskräftig wurde. Wir würden die meisten jener Fälle, von denen die Psychoanalyse ihren Ausgang nahm, jetzt als „abnorme Erlebnisreaktionen" bezeichnen, die mit Symptomen, die sich auf die Darstellung des überwältigenden Erlebnisses bezogen, weiterklangen. In der Weiterführung jener Vorstellungen, die CHARCOT und JANET über das Unbewußte im Seelischen entwickelt hatten, war FREUD dann zu der Ansicht gekommen, daß bei der Neurose ein nichtabreagiertes Trauma vom Unbewußten in körperliche Symptome umgesetzt sei. Dementsprechend versuchte er die Neurose dadurch zu behandeln, daß er das Trauma mit Hilfe der Hypnose im „Unbewußten" aufsuchte und es von dem Patienten abreagieren ließ. Seelische Energien, die nicht als Affekte ausgelebt worden waren und darum in körperlichen Störungen weiterwirkten, wurden so zu einer nachträglichen freien Entfaltung gebracht, womit die von körperlichen Störungen beherrschte Neurose sich auflöste. Der Satz von der Erhaltung der Energie wurde damit auf das Seelische angewendet.

Zu Beginn der Psychoanalyse wurden also zunächst sehr direkte Explorationen bevorzugt, die unter Zuhilfenahme der Hypnose auf die Eruierung eines schädigenden Einflusses, des Traumas gerichtet waren. Freud hat sich dann von diesem Wege gänzlich abgewandt und schließlich die Methode der freien Assoziation entwickelt, bei der der Patient auf einem Divan ruht, während der Arzt am Kopfende Platz nimmt, um so, ohne als Persönlichkeit in Erscheinung zu treten, behutsam die Exploration zu leiten. Die Gründe, die Freud zu diesem Vorgehen bestimmten, waren folgende: Einmal gelang es sehr oft nicht, den Patienten in den für Exploration und Therapie notwendigen hypnotischen Zustand zu versetzen, und anderseits aber auch waren manche Patienten nicht von ihren Neurosen befreit, obschon die klärende Aussprache in der Hypnose stattgefunden hatte. Es schien so, als ob jene Mitteilungen aus dem Unbewußten von dem Bewußten, daß ja in der Hypnose ausgeschaltet worden war, nicht akzeptiert wurden. Freud änderte daher seine Technik und versuchte zunächst, jene seelische Prozedur bei wachem Bewußtsein zu vollziehen. Er gab nun seinen Patienten die Suggestion, sie könnten sich jetzt jenes Teils ihrer Vergangenheit entsinnen, der das Schlüsselereignis für das jetzige Leiden enthielte.

Nachdem dieses Vorgehen nur in den wenigsten Fällen den gewünschten Erfolg brachte, entwickelte Freud dann die Methode der freien Assoziation. Hierbei soll sich der entspannt ruhende Patient seinen Einfällen überlassen, so wie sich von selbst aneinanderreihen wollen. Der unauffällig dabeisitzende Arzt lenkt diesen Strom der scheinbar ziellosen Gedanken, indem er durch gelegentliche Anregungen das Erscheinende vollständiger werden läßt oder weitere Ideenverknüpfungen anbahnt. Der Patient mußte hierbei nur die „analytische Grundregel" beachten, welche besagt, daß bei diesen spontanen Einfällen nichts von der Mitteilung ausgeschlossen werden dürfe, auch wenn es dem Patienten unangenehm, unsinnig oder unwichtig erscheine. Freud versuchte so, eine allmähliche Decouvrierung des Unbewußten zu erreichen, das durch Assoziationsrichtung und Inhalt sich äußern konnte, nachdem die Kontrollen der bewußten Persönlichkeit bis zu einem gewissen Grade ausgeschaltet waren. Der entscheidende Wechsel im methodischen Ansatz besteht also darin, daß die ursprünglich versuchte direkte Exploration der Neurose durch eine besonders geartete Exploration der Persönlichkeit ersetzt wurde. An die Stelle der operationsähnlichen Befreiung der Seele von einem lastenden Trauma trat damit die seelische Analyse. Mit Hilfe der Methode der freien Assoziation gewann Freud jenes große Erfahrungsmaterial aus dem er deutend und folgernd die Theorien der Psychoanalyse ableitete. Die Psychoanalyse war damit weniger eine Analyse der seelischen Vorgänge selbst, als vielmehr ihre Deutung in einer vorher bestimmten Richtung. Die Auswertung dieses Beobachtungsmaterials hatte zu der Ansicht geführt, daß die ursprüngliche Anlage des

Menschen in der notwendigen Angleichung an die Normforderungen der zivilisierten menschlichen Gesellschaft mancherlei schwerwiegende Einschränkungen erfahren müsse. Jedoch wird in der Begegnung mit der Umwelt immer wieder das Wachwerden jener unterdrückten Persönlichkeitsstrebungen erlebt, denen FREUD auf Grund seiner Libidotheorie eine zentrale Bedeutung zumaß. Wenn nun diese Erlebnisse jene triebhaften Strebungen in einer überwältigenden Weise auf den Plan rufen, so wird hiermit eine Situation geschaffen, in der die Persönlichkeit in ihrer bewußten Ausrichtung nicht mehr Herr ihrer selbst sein kann. Das hier erlebte Gegeneinanderwogen nicht mehr beherrschbarer innerer Strömungen wird aus dem Bewußtsein verdrängt und wirkt in symbolhafter enger Verknüpfung mit seinen äußeren Umständen als Trauma, mit dem die Neurose ihren Ausgangspunkt findet.

Die assoziativen Gespräche, die FREUD mit seinen Patienten führte, reichten oft bis in die Erlebnisse der frühen Kindheit, in der dann bedrückende und unverarbeitete Eindrücke sich fanden, die als die Entstehungsursachen der Neurose gedeutet wurden. Diese Deutungen erfolgten mit Hilfe der Theorien über die kindliche Sexualität und ihre Entwicklung, die Libido usw. Die ausführliche Analyse der Persönlichkeit richtete sich darauf, all ihre Eigentümlichkeiten und weiterhin ihre neurotischen Symptome im Sinne der psychoanalytischen Theorien zu erklären. Die individuellen Ausdrucksformen einer Persönlichkeit wurden damit auf den Nenner des Allgemeingültigen gebracht, das in den Aussagen der psychoanalytischen Theorie gefunden zu sein schien. Diese Exploration zielte also darauf, nicht das *Individuelle* als solches *zu verstehen*, sondern das *Individuelle* mit Hilfe der Deutung *im Allgemeingültigen aufzulösen*. Die Theorie der Psychoanalyse ist bekanntlich später von FREUD selbst wesentlich vertieft worden. Dabei wurde aber die Grundkonzeption festgehalten, so daß auch der methodische Ansatz der praktischen Psychoanalyse — wenn auch in vielen Einzelheiten verfeinert — im Prinzip derselbe blieb.

Persönlichkeitsstruktur und neurotische Strukturverformung. Im Unterschied zu dem methodischen Vorgehen der Psychoanalyse, das, wie wir sagten, nicht darauf zielt, das Individuelle als solches festzuhalten, sondern es mit Hilfe der Deutung im Allgemeingültigen aufzulösen, versuchen wir, die individuelle Struktur in ihrer Eigengesetzlichkeit zu erfassen, wobei die entsprechenden Fragestellungen der Psychologie mit der Methode des Verstehens angewendet werden. Es würde sich dann z. B. bei einer ausgeglichenen Persönlichkeit im Idealfall ein Bild ergeben in dem sich die Resultate der Antriebs-, der Eigenschaftsanalyse und der weiteren psychologischen Vergegenwärtigungen in unmittelbar verstehbaren Zusammenhängen ergänzen oder sich bestätigen. Begegnen wir nun einer „umgeprägten Persönlichkeit" — einem Menschen also, der gewisse spontane Aussagen seiner Individualität auf Grund bestimmter Umweltsforderungen zu unterdrücken lernte — so müßte auch hier das Verstehen, das sich der genannten Methoden bedient, die Struktur im Zusammenhang finden. Ebenfalls wird eine zwiespältige Persönlichkeit, die wir so erforschen, in ihrem „Sosein" verständlich erscheinen. Bei einem Neurotiker hingegen wird sich eine jeweils charakteristische Lücke in der Persönlichkeitsstruktur finden lassen, die mit entsprechenden Unstimmigkeiten innerhalb des Antriebs und auch des Eigenschaftsverhaltens zum Ausdruck kommt. Diese Unstimmigkeiten entstanden ja mit dem vergeblichen Bemühen, das nicht als echte Erfahrung Bewältigte dennoch in der Persönlichkeit zu beherrschen, sei es mit Hilfe einer hier nicht zuständigen Kompensation oder sei es mit Hilfe der ohnmächtigen Wiederholung einer unzureichenden Reaktion. Da aber das Leben mit seinen Kommunikationsforderungen stets die ganze Persönlichkeit in Schwingung versetzt, kann dieses partielle Nicht-Vollziehenkönnen nicht verborgen bleiben, sondern tritt als eine Disharmonie in Erscheinung, die auf eine Behinderung der freien Entfaltung hinweist. Hier muß dann das Verstehen, das zunächst nur auf die Konstatierung stößt, eine zu erwartende Zusammengehörigkeit nicht vorzufinden, in tiefere Zusammenhänge vordringen. Im Unterschied zu den unmittelbar gegebenen Zusammenhängen im Seelischen vereinigen sich in diesen Zusammenhängen nicht die Eigentümlichkeiten der Persönlichkeit zum Ganzen, sondern sie erschließen das Verstehen für die Läsion dieses Persönlichkeitsganzen. In grober Vereinfachung könnte man also über das Ziel dieser Explorationsweise sagen: Die individuelle Struktur wird im methodisch-psychologischen Vorgehen vergegenwärtigt. Dort, wo an Stelle des zu erwartenden Zusammenhanges das Unvermögen, dieses Eigene zu vollziehen, erscheint, wird das Verstehen auf das Erkennen der Neurose gerichtet, die die Entfaltung dieser Persönlichkeitsstruktur durch eine Hemmung an charakteristischer Stelle deformierte.

Es läßt sich gegen diese vereinfachende und auch idealisierende Formel wohl einwenden, daß die Persönlichkeitsstruktur überhaupt nur etwas Gedachtes ist, und daß die hier geforderte „regelrechte" Entwicklung immer nur eine der unendlichen Möglichkeiten darstellt. Die Neurose könnte dann in solch einer Auffassung zum Persönlichkeitsganzen dieses Menschen gehören. Da es aber das Bestreben der Psychotherapie ist, Neurosen aufzulösen, müssen wir in Kauf nehmen, daß unsere therapeutischen Intentionen von einem Willen zur Durchdringung und zur Gestaltung getragen werden, der vor der Verantwortung letzter Fragen sich als unvollkommen erweist. Aber auch dieses Problem wiegt leichter, wenn die Verantwortung sich auf das noch im Methodischen Faßbare stützt, anstatt sich in das Zwielicht der Transzendenz zu flüchten.

Ebenso können sich Bedenken melden, ob Intuition und Einfühlung, die letzten Endes doch die Grundlage des Verstehens sind, durch solche methodische Ordnungen nicht nur eine Scheinobjektivierung erfahren, die den Vollzug des echten Verstehens eher behindert. Jedoch, wie wir darlegten, soll durch dieses Vorgehen das Intuitive des Verstehens nicht etwa „bestimmt" werden, sondern wir versuchen nur, dem Verstehen Ansatzmöglichkeiten in größter Weite zu eröffnen. Mit einem Vergleich könnte man auch zu dieser Frage sagen: einem Musiker kann es möglich sein, eine Komposition rein intuitiv mit dem ihr wesensgerechten Ausdruck zu erfassen; doch werden sich seine Verständnismöglichkeiten für die Musik vertiefen und erweitern, wenn er in Aufbau und Eigenart der musikalischen Komposition methodisch einzudringen vermag.

b) Motorischer Ausdruck und Persönlichkeitsanalyse

Im praktischen Vorgehen versucht diese Exploration also, zunächst die Persönlichkeit in den charakteristischen Weisen ihrer Selbstdarstellung und ihrer Reaktionen zu erfassen, um dann die durch die Neurose bedingten Disharmonien erkennen zu können. Die ersten Explorationen versuchen den Patienten so anzusprechen, daß er mit all den menschlichen Zügen erscheint, die sein lebendiges Persönlichkeitsganzes formen. Natürlich schöpft das Verstehen, das wir hier anstreben, nicht nur aus dem, was der Patient in solch einem Gespräch sagt, sondern ebenso aus seinem dabei gezeigten Verhalten. Die Beschaffenheit der inneren Beteiligung an dem Gesagten erfahren wir auf Grund des dabei aufgewendeten motorischen Ausdrucks und darüber hinaus können wir, indem wir die motorischen Ausdrucksweisen eines Menschen erleben, auch zu einem unmittelbaren intuitiven Verstehen seines Persönlichkeitsganzen kommen. Die Persönlichkeitsdiagnose muß sich also auch auf die Analyse des motorischen Ausdrucks stützen. Das naive, jedem Menschen geläufige Verstehen jener Ausdrucksphänomene läßt sich durch die Vergegenwärtigung der vorhandenen Möglichkeiten und ihre bewußte Beachtung vertiefen.

Einschränkend ist hier allerdings zu bemerken, daß in der theoriegebundenen Psychoanalyse das Problem des motorischen Ausdrucks keine echte Eigenbedeutung hat, da hier das Individuelle mit allen seinen Erscheinungsweisen nur als die verschlüsselte Ausdrucksform jenes seelischen Grundgeschehens gilt, wie es durch die Theorie behauptet wird. Bedient sich die Psychotherapie jedoch nicht einer Theorie, in der alles Erscheinende bereits in der Bedeutung seines Ausdrucks festgelegt ist, sondern versucht sie aus der Fülle der verstehbaren Zusammenhänge zu schöpfen, so steht der motorische Ausdruck mit in jenen Zusammenhangsreihen, mit denen ein verstehendes Erfassen der Persönlichkeit möglich ist. Die statische und die dynamische Persönlichkeitsanalyse, wie wir sie beschrieben, berühren sich hier im Methodischen. Denn sowohl das *Eigenschaftsverhalten* wie auch das *Inkrafttreten der Antriebe* wird durch den motorischen Ausdruck mitcharakterisiert.

Individuellen motorischen Ausdruck im Sinne der verstehenden Psychologie finden wir in zwei Erscheinungsformen: 1. Die motorischen Begleiterscheinungen der seelischen Vorgänge selbst. Also jene unwillkürlichen Bewegungen, in denen sich das seelische Geschehen unmittelbar wiederspiegelt. 2. Der motorische Persönlichkeitsausdruck, wie er durch die Konstitution geformt wird.

Individueller motorischer Ausdruck und psychosomatische Motorik. Von diesen beiden Formen des motorischen Persönlichkeitsausdrucks ist zunächst die Motorik der psychosomatischen Korrelationen abzugrenzen, da sie nicht zu den Ausdrucksphänomenen gehört, mit denen sich die Persönlichkeit als Individuum charakterisiert. Es ist üblich geworden, von der empirisch gesicherten Bedeutung gewisser psychosomatischer Reaktionen, wie Herzklopfen, Erbrechen usw. ausgehend, abnorme Leistungen des vegetativen Nervensystems, wie sie bis zur körperlichen Krankheit führen können, als *motorischen Persönlichkeitsausdruck* zu werten. Wir erfahren, daß aus der Deutung solcher Zustände das ganze Persönlichkeitsbild erläutert wird.

Unsere Bedenken gegen diese Auffassung entsprechen dem Standpunkt, den wir auf S. 30 im Zusammenhang einer anderen Fragestellung ausführlich erläutert haben. An dieser Stelle können wir uns daher auf folgende Einwendungen beschränken.

1. Eine vegetative Reaktion ist als solche keine individuelle Ausdrucksbewegung, sondern eine typische körperliche Folgeerscheinung gewisser seelischer Regungen überhaupt. Versucht man den Sinn einer solchen Reaktion zu verstehen, so stößt man auf die Gegebenheit des biologischen Daseins mit seinen Tatsachen. Ein seelischer Zusammenhang ist hier nicht erfahrbar.

2. Es ist wohl unbestreitbar, daß ein Teil der vegetativen Erkrankungen als Neurosen aufzufassen ist. Bei der Entstehung solcher Neurosen ist das Inhaltliche gewisser nicht bewältigter Situationen verdrängt worden, während die dabei unterdrückten Gemütsbewegungen als Dauerimpulse des Vegetativen im Körperlichen erscheinen. Sie bedeuten wie alle psychosomatischen Reaktionen Strebungen des vorindividuellen Daseins und können infolgedessen nicht einen individuellen motorischen Ausdruck der Persönlichkeit darstellen. Wir können zwar so unterdrückte Regungen des Zornes, des Ekels oder der Furcht erkennen, jedoch sagt diese motorische Erscheinungsform nichts darüber aus, auf Grund welcher seelischer Zusammenhänge sich dieses Individuum seiner elementaren Gefühlsregungen bedienen wollte. Wenn aber aus solchen Befunden mehr herausgelesen wird, so geschieht dieses entweder gemäß den Postulaten einer Theorie oder es werden die Bezirke des individuellen Verstehens mit einbezogen.

Konstitutionsgeformter motorischer Ausdruck. Die beiden individuellen motorischen Ausdrucksweisen, die wir vorhin aufzählten, können folgendermaßen skizziert werden. Wir verstehen in der Mimik den erlebten seelischen Vorgang selbst, wir fühlen uns von seiner reinen Antriebsgestalt angesprochen. Im konstitutionsbedingten motorischen Ausdruck dagegen verstehen wir stets das Ganze der Persönlichkeit auf Grund einer ihrer charakteristischen Ausdrucksweisen. Ausgesprochene Konstitutionstypen können so im Bewegungsausdruck mit Evidenz ein gleichnishaftes Bild ihres Charakters vermitteln. Dabei wird der ausdruckshafte Bewegungsablauf zwar von den anatomischen Möglichkeiten dieses Körperbaus mitbestimmt. Er hat aber darüber hinaus eine unmittelbare Anschaulichkeit des Inhaltlichen, deren Erfassung über das nur erfahrungsbedingte Verstehen hinausgeht. Versuchen wir jedoch diesen motorischen Ausdruck durch Analyse seiner Einzelheiten zu belegen, so scheint das Gewonnene wieder zu zerfließen. So hat auch die methodische Forschung auf diesem Gebiet zwei sehr verschiedene Wege eingeschlagen. Auf der einen Seite versuchte SHELDON die Elemente dieser psychosomatischen Beziehung zu eruieren und hat damit die Unbestimmbarkeit der Intuition durch die Endlosigkeit der mathematischen Konstruktionsmöglichkeiten ersetzt. Auf der anderen Seite hat KRETSCHMER das Evidente dieser Beziehung dem bewußten Verstehen näher gerückt, indem er typische Ganzheiten als psychophysische Konstitutionstypen herausarbeitete.

Bei der Persönlichkeitsanalyse wird man also beachten müssen, daß motorische Ausdrucksweisen, die einer typischen Konstitution, also einer gestalthaft geprägten Physiognomik entspringen, stets nur als die Bestätigung dieses Persönlichkeitsganzen verstanden werden können. Sie vermögen jedoch nicht den schlüssigen Hinweis auf das noch Unbekannte, das noch zu Ergründende in einem Charakter wiederzugeben. Es ist hier sogar möglich, daß gegensätzlich verschiedene Deutungen eines einzelnen konstitutionstypischen motorischen Ausdruckes in gleicher Weise überzeugend sind, wenn sie sich von einem Verstehen des Gestaltganzen herleiten. Dieser Widersinn ist nur scheinbar, da alles Verstehen sich in Antinomien vollzieht. So z. B. ist in dem Ausdruck des Schmerzes das wissende Verlangen nach der Freude enthalten oder in der Heiterkeit das Befreitsein von lastender Enge. Die Deutung aber muß, um Überzeugung vermitteln zu können, das Gemeinte dialektisch unterstreichen.

Die motorischen Begleiterscheinungen der seelischen Vorgänge selbst. Als reine mimische Bewegung jedoch erscheint der motorische Ausdruck nicht mehr als die Einzelbestätigung jenes evidenten Verstehens der Gesamtpersönlichkeit, sondern es gibt Kunde von dem aktuellen seelischen Geschehen selbst. Seelische Vorgänge können so, ohne durch Selbstkritik oder durch die sprachliche Mitteilung zensuriert zu sein, sich dem Verstehen offenbaren. Hiermit ist also nicht die Mimik und Pantomimik gemeint, wie sie der reflektierenden Selbstdarstellung der Persönlichkeit dienen kann, sondern die Ausdrucksmotorik der Gemütsbewegung selbst. Die Voraussetzungen, unter denen diese für die Persönlichkeitsanalyse so aufschlußreiche Spontanmotorik auftritt, können folgendermaßen geschildert werden. Die experimentelle Psychologie hat gezeigt, daß jeder Wechsel der inneren Ausrichtung, wie er bei der „Einstellung" auf eine neue Aufgabe entsteht, von charakteristischen Bewegungen der Ausdrucksmotorik, besonders aber des Minenspiels begleitet ist. Auch in den Bereichen des individuellen Erlebens erfolgen Einstellungswechsel mit solchen motorischen Begleiterscheinungen, wenn sich im Vollzuge eines Erlebens der vorhandene Innenzustand in einen anderen wandelt.

Am offenkundigsten ist solch ein Einstellungswechsel bei aktuellen Reaktionen, wobei das als Reiz wirkende Erlebnis den bestehenden Innenzustand unmittelbar wandelt, oder bei der Einfühlung, wobei die Inhalte eines fremden Erlebens mit einem solchen Einstellungswechsel zu den eigenen gemacht werden oder bei der gewollten Konzentration auf einen bestimmten Erlebnisgegenstand, wobei dieser Einstellungswechsel sich auf Grund eines Willensaktes vollzieht. Alle diese Einstellungswechsel sind von einer spontanen Ausdrucksmotorik begleitet, in der der innere Vorgang wie in einer plötzlich aufgeklungenen Resonanz deutlich wird. Nun aber erfolgen Einstellungswechsel nicht nur auf Grund äußerer Konstellationen, sondern ebenso auch im spontanen Vollzug des inneren Erlebens. Ein Erleben nimmt zwar mit dem Ausgesprochensein bestimmter Strebungen seinen Ausgang, wobei die so inkrafttretenden Strebungen dem Thema dieses Erlebnisses entsprechen. In seinem weiteren inneren Vollzug aber werden gemäß der individuellen Integration weitere Strebungen und Antriebe wachgerufen, die aus allen Schichten anklingen und mit ihrem Inkrafttreten als wechselnde Innenzustände erlebt werden. Je intensiver nun dieser erlebnishafte Wechsel des Innenzustandes ist, um so deutlicher wird der motorische Ausdruck, der mit dem Vollzug der neuen Einstellung entsteht.

Nun wird der Einstellungswechsel selbst nicht als ein thematisches Erkennen der neu erwachenden Strebungstendenz erlebt, sondern als das Aufklingen eines Gefühlszustandes, der hierauf hinweist. Dieses Gefühl nun ist bei seinem spontanen Entstehen von jener unwillkürlichen Motorik begleitet, die seinen Inhalt verstehbar zum Ausdruck bringt. So z. B. mag im inneren Vollzug eines Erlebens, in dem zunächst die Antriebe der an allem verzweifelnden Selbstvernichtung herrschten, ein Einstellungswechsel erfolgen, der sich mit dem Aufklingen eines Haßgefühls einleitet. Dieses erscheint dann im motorischen Ausdruck mit der Darstellung des mitleidlosen Vernichtenwollens. In dem so eingeleiteten neuen Innenzustand wird diese Persönlichkeit dann von zielgerichteten Aggressionstrieben erfüllt. Oder bei einer andersgearteten Persönlichkeit mag an diesem Punkt der Erlebnisverarbeitung stattdessen das Gefühl der Resignation aufklingen, das im motorischen Ausdruck als der Verzicht nach dem Erlöschen der Hoffnung dargestellt wird. In der nun sich vollziehenden Neueinstellung erscheinen Auflehnungs- und Vernichtungswünsche als Unwert, und die Strebungen richten sich auf das Erringen einer überpersönlichen Erlebnisteilhabe.

Es ist also so, daß nur das im Einstellungswechsel aufklingende Gefühl über eine reine Selbstdarstellung im motorischen Ausdruck verfügt. Die motorischen Begleiterscheinungen der Antriebe oder auch des Willens dagegen enthalten schon so viel Zweckgerichtetes, daß man hier weniger von einem motorischen Eigenausdruck, als von einem Verwirklichungsansatz im Handeln sprechen kann.

Für die Persönlichkeitsanalyse ergeben diese Überlegungen also: Der Eigenschaftscharakter und die Antriebsstruktur werden durch den motorischen Ausdruck erhellt, der mit jedem Einstellungswechsel erscheint. Einstellungswechsel entstehen im inneren Erlebnisvollzug dadurch, daß Triebe und Strebungen der individuellen Antriebsstruktur gemäß wachgerufen werden, wobei neue Innenzustände wechselnd erlebt werden. Der Wechsel eines solchen Innenzustandes vollzieht sich mit dem Aufklingen eines Gefühlscharakters, der nun im motorischen Ausdruck eine unmittelbare Darstellung findet.

Die Analyse des motorischen Ausdrucks in Beispielen (Fall G.). Im folgenden sollen die eben besprochenen Gesichtspunkte an einem Beispiel aufgezeigt werden. Herr G. (42 J.) hatte uns wegen eines anhaltenden Verstimmungszustandes, der von Schlaflosigkeit und Empfindungen körperlichen Unbehagens begleitet wurde, aufgesucht. Es ließ sich aus dem Erscheinungsbild erkennen, daß hier nicht eine endogene Depression vorlag, sondern daß dieser Zustand, wenn er sich auch mit Initiativeverlust und müden Selbstwertzweifeln äußerte, reaktiv entstanden war. Die folgenden Explorationen bemühten sich um ein verstehendes Erfassen seiner Persönlichkeit. Entsprechend der oben erläuterten Methode der Persönlichkeitsanalyse versuchten wir zunächst G's. Antriebsstruktur im Querschnitt und dann im Längsschnitt ihrer Entwicklung zu verstehen, wobei also der Leitfaden dieser Explorationen nicht der systematische Verfolg der vorgetragenen Beschwerden und der Lebensgeschichte war, sondern wir versuchten, die Persönlichkeitsstruktur zu finden, wobei die Chronik mit einem scheinbar unsystematischen Vorgehen zunächst nur zur objektivierenden oder illustrierenden Bestätigung der erscheinenden Gesichtspunkte herangezogen wurde. Da diese in der gegenständlichen Themenbehandlung unsystematisch scheinende Aussprache tatsächlich aber den Assoziationswegen eines inneren Zusammenhanges folgt, ergibt es sich, daß die hierfür herangezogenen Gesprächsgegenstände von dem Patienten mit einer vielsagenden affektiven Beteiligung aufgenommen werden. Diese pflegt aber nicht so eindeutig in Erscheinung zu treten, wenn der Patient über sich und sein Leben nur so berichtet, wie es einer bewußten Selbstrechenschaft entspricht, in der er sein Leben vor sich zu ordnen versucht. Wie aus dem Gesagten über den individuellen motorischen Ausdruck hervorging, ist die Auswertung des psychomotorischen Verhaltens für die Persönlichkeitsanalyse zu diesem Zeitpunkt der Exploration besonders aufschlußreich.

Die in solchen Gesprächen begonnene Analyse der Persönlichkeitsstruktur des G. hatte zunächst ein etwas kontrastreiches Bild ergeben. Im äußeren Auftreten wirkte er sicher und verbindlich, wie es gut zu der gehobenen Stellung paßte, die er als Vorstandsmitglied einer bekannten größeren Firma einnahm. Diese Sicherheit kam ohne jede geräuschvolle Betonung zum Ausdruck. Im Gespräch verfügte G.

über eine gepflegte klare Darstellungsweise, die in ihrer Prägnanz schließlich etwas Kühles und Unpersönliches entstehen lassen wollte. In solchen Momenten kommentierte G., wie aus einer intuitiven Situationserfassung heraus, die kühle Sachlichkeit einer zutreffenden Formulierung durch eine mit Dialektfärbung gesagte plastische Bemerkung, die so unvermutet, wie sie gemacht wurde, mit einem gewissen Charme erschien. Seine sonst recht verschlossenen Gesichtszüge zeigten jetzt ein freies Lächeln, mit dem er zwischen sich und seinem Zuhörer eine Vertrautheit herstellte, die ein Verstehen des Gemeinten und eine freundliche gemeinsame Amüsiertheit über diese naiv unvollkommene und dennoch so treffende Ausdrucksweise enthielt.

In seinem Eigenschaftsbild schien der Ehrgeiz beherrschend zu sein, wobei das Verhalten durch eine maßvolle Verschlossenheit bestimmt wurde. Die Großzügigkeit, die man bei ihm bemerken konnte, beruhte weniger auf einer impulsiven Gutmütigkeit als auf einem sicheren Gefühl für die großen Abmessungen, in denen eine sachlich fundierte Toleranz mit dem Aussehen der Gutmütigkeit erscheinen kann. Die Persönlichkeitseigenschaften, die sich mit seinen effektiven Leistungen aussprachen, blieben zunächst undeutlich. Einerseits waren Ehrgeiz und der Wunsch, sich mit einer Fülle von Macht und Einfluß zu verwirklichen, unverkennbar, ebenso aber erschien er gütig und einsam, wenn man bemerkte, wie er jenseits seiner persönlichen Selbstdarstellungen mit seinem Ehrgeizstreben auch für echte Werte empfänglich war.

Die Schilderung von Erlebnisweisen und die Reaktionen im Gespräch ließen in groben Umrissen folgende Antriebsstruktur erkennen. Zunächst wurden die Antriebe eines vielseitigen initiativereichen Tätigkeitsdranges deutlich, der unmittelbar einen starken Geltungsdrang zum Mitklingen brachte. Die so mit lebhafter Tätigkeit gestalteten Erlebnisgegenstände lösten bei G. dann nicht jene kontemplativen Innenzustände aus, mit denen das Erlebte in ein individuelles Geschehen einschmilzt, wobei diese inneren Strömungen als Selbstbesinnung wirksam werden, sondern er reagierte so, als ob das Begegnende etwas unfertig Wanderndes sei, das durch seine einfallsreiche Tatkraft die richtige Wendung und Gestalt bekommen müsse. Hiermit aktivierte sich sein Geltungsstreben, da sein Tun von einem Verlangen nach der Bestätigung seines höheren Eigenwertes gelenkt wurde. Die Erlebnisse waren wie ein unbestimmtes Rohmaterial, das er erst zu formen wußte. Das so Erreichte wurde dann zu einer persönlichen Dekoration, auf Grund derer er Anerkennung, Bewunderung und Respekt bei seiner Umwelt fordern konnte. Eigene Qualität und Selbstkritik ließen hierbei nicht das Zerrbild der anmaßenden Überheblichkeit entstehen, sondern das Geltungsbedürfnis endigte in einem echten Machtstreben, in dem G. durch die weiten Möglichkeiten seiner Führungseigenschaften fasziniert wurde. In Kleinigkeiten wie in großen Dingen reagierte er mit der Moral des noch gutartigen Despoten. Man darf sich ihm wohl anvertrauen; da er aber jeden Widerspruch als den Keim der Bedrohung empfinden muß, stößt er rücksichtslos jeden aus dem Boot, der ihn in seiner Steuerkunst korrigieren möchte. Es war auch typisch, daß Erlebnisse, die so nicht aufgehen wollten, bei G. einen Vergeltungsdrang wachriefen, mit dessen Hilfe er sie dann zum Abschluß brachte. Traf er — meist auf Grund dieses seines Verhaltens — in einer Lage schließlich auf offenen Widerstand, so glaubte er, eine Herabsetzung des Eigenwertes zu erleiden, die er dadurch ausgleichen wollte, daß er den anderen mit einer mindestens ebenso großen Schädigung zu treffen versuchte. Im eigenen Denken des G. fand das Wirken all dieser Antriebe natürlich andere Motivationen. Was wir als Geltungs- und Machtstrebungen beschrieben, waren für ihn die natürlichen Ansprüche, die sich aus seinem Leistungsvermögen ergaben. In dem unwiderstehlichen Drang, vergelten zu müssen, wenn er sich getroffen fühlte, glaubte er, einem ihm innewohnenden starken Gerechtigkeitsgefühl zu folgen. Dieses Gerechtigkeitsgefühl sprach allerdings nicht mehr, wenn auch an ihm einmal vergolten wurde. Dann waren es stets Haß, Mißgunst oder eine ohnmächtige Gekränktheit, die er bei dem anderen als Motiv vermutete.

Dieses waren die Strebungen, die einander wachrufend bei kleinen oder großen Anlässen die Reaktionen und Handlungen Gs. bestimmten. Sie bewegten ihn in einer bestimmten Richtung wie eine unaufhaltsam ziehende Strömung. Trotzdem hatte man den Eindruck, daß G. nur im tätigen Vollzug von ihnen ganz erfüllt wurde. Wo ihn das praktische Leben beanspruchte, antwortete er wie automatisch mit dem Inkrafttreten dieser Folge von Antrieben. Wenn er aber nur mit sich selber zu sprechen schien, losgelöst von den Wertmaßstäben der anderen — befreit von der Last, den Beweis der Selbstbehauptung ständig von neuem wiederholen zu müssen — so zeigten sich in der Stimmung einer schmerzlich einsamen Resignation Ansätze zu Strebungen, die nach dem Sinn und der Erfüllung seines Daseins fragen wollten. Hier zeigte G. dann auch eine Gütigkeit der Gesinnung, die sich in seinen Handlungsweisen im allgemeinen nicht auswies.

Wir gehen im folgenden auf ein Gespräch ein, in dem seine Antriebsstruktur mit dem Erfassen des motorischen Ausdrucks besonders deutlich wurde. In der Exploration, die — wie oben geschildert — bestimmte Züge der Persönlichkeit im Anschlagen verschiedener Themen deutlich zu machen versuchte, kam es zu einem Anklingen dieser zuletzt erwähnten Strebungen. Die Unterhaltung wurde nun auf einen Abschnitt in der Jugendzeit des G. gelenkt, der von ihm bis jetzt in eines wohl für ihn sehr typischen, aber doch einseitigen Weise erwähnt worden war. Hier ist zu ergänzen, daß G. als Sohn eines Schriftsetzers in einer mittleren Stadt Süddeutschlands aufgewachsen war, wo er die höhere Schule besucht hatte. Er machte dann in einer Großstadt die kaufmännische Lehre durch, wobei er sich gleichzeitig in verschiedenen Abendkursen weiterbildete. Im Beruf kam er dann auf Grund seiner ehrgeizigen Tüchtigkeit schnell vorwärts und erreichte in verhältnismäßig jungen Jahren jene leitende Stellung. Sein Vater, der früh verstorben, nur den Beginn seiner erfolgreichen Laufbahn erleben konnte, hatte ihn bis dahin mit treuer Fürsorge umgeben und beraten. In Anerkennung der väterlichen Erziehung sagte G. einmal halb im Scherz: Es wäre häufig so, daß gerade Buchdrucker und Lokomotivführer ihren Söhnen mit bewußter Sorgfalt die Chancen gäben, etwas besonderes zu werden. Vielleicht hinge dieses mit der Weite dieser Berufe zusammen, die jene aber nur aus der Perspektive der dienenden Ordentlichkeit erleben dürften. Diese Bemerkung schien für das Verhältnis zu seinem Vater charakteristisch. Neben der Dankbarkeit schwingt dabei ein gewisses Über-der-Sache-stehen mit, das ohne Vorbehalt oder Ressentiments mit einem freundlichen aber unpersönlichen Humor zum Ausdruck gebracht wird. In diesem Gespräch, von dem wir berichten wollen, kam G. auf gewisse Erlebnisse, deren von lebhaften, aber widerstreitenden Affekten begleitende Schilderung das Verhältnis zum Vater in einem anderen Licht erscheinen ließ. Was er jetzt erzählte, kann man jedoch nicht als die Aufdeckung „unbewußten“ Erinnerungsmaterials bezeichnen. Das Faktische dieser Begebenheit war stets seinem Gedächtnis zur Verfügung gewesen, es hatte aber bisher die Wertung einer geringfügigen Bedeutung erfahren. Nicht bewußt war also bis zu dieser Aussprache die inhaltliche Bedeutung dieser Erlebnisse, nicht aber ihr tatsächlicher Hergang.

G. erzählte nun, daß er während seiner Ausbildungszeit die Nachricht von einer schweren Erkrankung seines Vaters erhielt. Er reiste nach Hause und fand ihn im Krankenhaus vor, wo er das letzte Stadium eines Speiseröhrenkrebses qualvoll erduldete. Diese Schilderung erfolgte zunächst mit jener taktvoll distanzierten Sachlichkeit, mit der tragische Ereignisse, die einer innerlich verarbeiteten Vergangenheit angehören, berührt zu werden pflegen. Dann wurde G., wie durch die Konstellation des bisher geführten Gespräches unwiderstehlich gelenkt, plötzlich von den Einzelheiten jener Eindrücke erfaßt, die jetzt mit plastischer Erscheinungskraft sich in seine innere Wahrnehmung zu drängen schienen. Er sah den Vater erschreckend ausgezehrt und vom Tode gezeichnet, wie er mit mühsamer Anstrengung die Freude über den Anblick seines Sohnes zum Ausdruck zu bringen versuchte. Der Vater schien ihm fremd und seine verzweifelten Bemühungen, die durch die Gefühle der Liebe zu seinem Sohn in ihrer erschreckenden Unvollkommenheit geadelt wurden, empfand er lediglich als unangenehm und beinahe wie abstoßend. Das Befremdliche dieses so plötzlich auftauchenden Erinnerungsbildes versuchte G. zunächst vor sich durch allgemeine Betrachtungen über das Grauen, das der Tod einzuflößen vermag, zu erklären und zu rechtfertigen, dann erschien in seinem Mienenspiel plötzlich eine Gebärde des Abscheus, die sich in einem Abwendenwollen ausdrückt, das eine peinliche Furcht vor der Berührung enthält. Es war wie ein körperlicher Protest, von dem, was ihn hier bewegen wollte, nicht erfaßt zu werden. Anschließend blickte G. stumm mit dem Ausdruck einer beinahe zornigen Unwilligkeit vor sich hin. Als er sich dann mir wieder zuwandte, geschah es mit einer flüchtigen Gebärde der Verachtung. Es war eine Geste des Sichabwendens, in der das Bewußtwerden eines überlegenen Eigenwertes zum Ausdruck kommt, mit dem das innerlich Begegnende als ebenso minder wie fremd empfunden wird. Diese Geste zeigte einen Einstellungswechsel an, mit dem nun die Strebungen des Geltungs- und des Machttriebes in Kraft traten. Während G. noch kurz zuvor von den elementaren Regungen eines erschreckten Abscheus erfaßt schien, für die er sich Erklärungen zu geben versuchte, setzte er sich jetzt mit Hilfe seiner gebieterisch auftretenden selbstsüchtigen Tendenzen mit seinem inneren Erlebnis auseinander. Es drängte ihn nun auszusprechen, daß er dieses Gefühl der beziehungslosen Fremdheit bei jener Szene am Krankenbett empfinden mußte, da hier all das, was sein Inneres wirklich zu erfüllen vermochte, nicht angesprochen wurde. Das ihn beherrschende Streben, im Leben vorwärts zu kommen, Ansehen, Einfluß und Macht zu gewinnen, konnte in diesem Erlebnis keinen Gegenstand finden. Die erbärmliche Lage des Vaters und die Unvollkommenheit eines Daseins, das G. durch die Erfolge seiner beruflichen Laufbahn mit zäher Mühe überwunden hatte, schienen in symbolhafter Entsprechung zu verschmelzen und ließen ihn sich abwenden. Nachdem dieses Bekenntnis in der inneren Haltung der aufklärenden Rechtfertigung erfolgt war, schien G. sich mit der plötzlich erscheinenden Geste des Triumphes von allem Bedrückenden dieser inneren Auseinandersetzung zu befreien. In dem hiermit eingeleiteten Einstellungswechsel waren jetzt die

Antriebe des Ehrgeizes vorherrschend. Mit jener mimischen Darstellung des Stolz-sich-Erhebens, die den Triumph bedeutet, sprach G. von jenem unermüdlichen Vorwärtsstreben, mit dem das Leben gemeistert sein wolle und dem Verzichten, ja der menschlichen Vereinsamung, der der Mensch sich ausliefern müsse, wenn er die Idee einer größtmöglichen Leistung verwirklichen wolle. Er reihte dann, den äußeren Gesprächsstoff oft vernachlässigend in unruhigem Redefluß teils persönliches, teils allgemeingültiges aneinander, wobei er aber stets von dem inneren Zusammenhang des ursprünglichen Themas geleitet wurde. Während seine Mitteilungen schließlich im Nachdenklichwerden versiegten, erschien jetzt unerwartet eine Gebärde des Sichverbergensollens, die mit einem schnellen seitlichen Senken des Gesichtes, daß dann wie schützend von der Hand bedeckt wurde, dargestellt wurde. Es war die sprechende Geste der Reue, der Scham, in der der Mensch in jähem Verlust der Selbstachtung sich selbst auslöschen möchte, weil er von falschem Streben geleitet, sein Selbst verfehlt hatte. Der so im motorischen Ausdruck sich ankündigende Einstellungswechsel ließ nun jene Antriebe in G. wach werden, die G. bei den tätigen Vollzügen seines Daseins auszuschließen pflegte. Was wir im Charakterbild bereits als eine merkwürdige peripher stehende Gütigkeit festgestellt hatten, wurde jetzt als eine Strebung zur menschlichen Teilhabe deutlich. Wie G. nun im Ganzen seiner Persönlichkeit ergriffen und zum Schwingen gebracht war, schienen sich die bisher in seiner Persönlichkeitsstruktur bemerkten Lücken zu schließen, und sein bis dahin zwiespältig oder auch befremdlich einseitig anmutendes Wesen war dem Verstehen erschlossen. Was er jetzt über sich sagte, war nur zu einem Teil die Revision jenes Erlebnisses, von dem das Gespräch seinen Ausgang genommen hatte. Es war nicht die Abreaktion eines „Traumas", das bis dahin die Seele geschädigt hatte, sondern das Aufgehen einer inneren Zwiespältigkeit im Selbstverstehen, das mit dem krisenhaften Wiedererscheinen eines in typischer Weise verfehlten Erlebnisses, in Gang gebracht wurde.

In ungestümem Vorwärtsdrängen seiner schaffensfreudigen Vitalität war G. im Beginn seiner Entwicklung von jenen Antrieben des tätigen Gestaltenwollens getragen worden. Es hatten sich damit steigende Ansprüche an das eigene Niveau ergeben. Eine immer umfänglicher werdende Selbstbehauptung verwirklichte sich mit Hilfe der Geltungs- und Machttriebe. Sie legitimierten sich mit Hilfe des Ehrgeizes, dessen letzte Wurzeln — seien sie nur das Ich der Person, seien sie der Inhalt, der absolute Wert, der mit der Bewältigung höchster Aufgaben gesucht wird — dem persönlichen Empfinden und auch der kritischen Selbstrechenschaft oft verborgen bleiben. In dem Kreislauf dieser sich gegenseitig steigernden Antriebe war G. in einer lebhaften Entwicklung vorwärtsbewegt worden und jene anderen Strebungen in ihm, die ihn über sein nur persönliches Selbst hinausrufen wollten, waren als gelegentlich aufklingende Gefühlstöne der Güte oder auch der einsamen Resignation vom Mitwirken an den Vorzügen seines Daseins ausgeschlossen worden. Ein Vollständigwerden seiner Erlebensweise erlebte G., als das Gespräch das Ungleiche in seiner Struktur so berührt hatte, daß er mit dem Erkennen verfehlter Inhalte seiner Vergangenheit die Hinderungen seiner echten Wesensentfaltung im Selbstverstehen sprengen konnte.

Wie wir vorhin zeigten, wurden die Vorgänge, die G. in dieser inneren Bewegung erlebte, mit ihrem motorischen Ausdruck für das Mitverstehen deutlich gemacht. Eine zunächst neutral-reservierte Haltung wurde mit dem spontanen Ausdruck des Abscheus zunächst durch die vitalen Antriebe der Unlust, des Vermeidenwollens verdrängt. Mit dem motorischen Ausdruck der Verachtung vollzog sich dann ein Einstellungswechsel, in dem G. von seinen Macht- und Geltungstrieben beherrscht wurde. Die Gebärde des Triumphes zeigte dann eine Einstellung an, in der er nun von den ihm so viel bedeutenden Strebungen des Ehrgeizes erfüllt wurde. Die spontan erscheinende Pantomimik der Selbstverachtung und Reue erschloß nun schließlich eine Neueinstellung, in der G. das lebendige Mitwirken jener Strebungen erlebte, die bisher die Vorzüge seines Daseins nicht mit bestimmen durften.

Das Erleben — in diesem Fall wurde es mit Hilfe der Exploration in Gang gesetzt — ließ also die Antriebe in ihrer individuellen Integration in Kraft treten. Die hiermit wechselnden Innenzustände wurden als „Einstellungen" durch das spontane Erscheinen eines motorischen Ausdrucks eingeleitet, der mit der Darstellung einer Gemütsbewegung die Persönlichkeit in ihrer Individualität mitcharakterisiert. Im motorischen Ausdrucksverhalten finden wir also sinnvolle Ergänzungen der Antriebs- und Eigenschaftsstruktur, mit denen das Verstehen der Gesamtpersönlichkeit sich vervollständigen kann. Zeigen sich nun Unstimmigkeiten zwischen dem spontanen Ausdrucksverhalten und der vermeintlichen Struktur, so ist zu eruieren, ob diese die Anzeichen einer „überprägten" Persönlichkeit sind, die es durch besondere Lebenserfahrungen lernte, ihre wahre Eigentümlichkeit zu unterdrücken bzw. zu korrigieren, oder ob diese Disharmonie in bezeichnender Weise von einer Neurose kundgibt.

Auf die Schilderung konstitutionstypischer Ausdrucksweisen im Beispiel können wir verzichten. Sie ergeben sich aus KRETSCHMERS meisterhaften Typenschilderungen, und die charakteristischen Ausdrucksbewegungen des Pyknikers oder des Leptosomen sind hier dem darauf gerichteten Verstehen deutlich gemacht worden. Wir beschränken uns darauf, jetzt eine Persönlichkeit zu beschreiben, die mit dem Reichtum ihrer konstitutionsgeformten Ausdrucksweisen den Eindruck bedeutungsvollen Einzelaussagen erwecken konnte, während es sich tatsächlich nur um jene Darstellung der Gesamtpersönlichkeit auf Grund einzelner typischer motorischer Verhaltensweisen handelte, wie wir sie oben ausführlich beschrieben haben.

Fall v. O. Herr v. O. ist ein lebhafter Pykniker, der die typischen Charakterzüge dieser Konstitution mit einem beinahe hypomanischen Temperament in sich vereint. Sein Verhalten ist von einer lebhaften Ausdrucksmotorik begleitet, die in jedem Einzelzug seine Gesamtpersönlichkeit wiederzuspiegeln scheint. Er gehört zu jenen Menschen, die man schon aus der Ferne am Rhythmus ihres Bewegungsablaufes zu erkennen vermag. Dabei ist dieser innere Rhythmus, der so deutlich erkennbar zum Ausdruck gebracht wird, nie ein gleichförmiger. Alles was Herrn v. O. begegnet, scheint bei ihm lebhafte Gemütsbewegungen auszulösen, und sein Verhalten ist eine ständig wechselnde Darstellung seines jeweiligen Befindens. Bedeutsames, aber ebenso auch Unwichtiges scheint erst in der Resonanz, die es bei ihm findet, seine eigentliche Gestalt zu erhalten. So z. B. empfindet man die schwüle Hitze eines Augusttages plötzlich mit beklemmender Deutlichkeit, wenn v. O. mit anscheinend abrupt verlöschender Spannkraft in einen Sessel sinkt und mit aufwärts gerichtetem anklagendem Blick den Atem von sich bläst, wobei die bis zur Schulterhöhe erhobenen kleinen Hände Fächelbewegungen mit der Schnelligkeit eines Trommelwirbels ausführen. Die eindringliche Anschaulichkeit seines Ausdrucksspiels, das jeden Anlaß virtuos aufnimmt, scheint zu bewirken, daß die Gegenstände des Erlebens nicht mehr als solche erscheinen, sondern so, wie sie durch v.O's. Reaktionen gewertet und akzentuiert worden sind. Seinen Umgang gestaltet er mit leichter Hand, da in seinem Verhalten das Suggestive einer zwar höchst subjektiven, jedoch überzeugenden Darstellung wirksam ist. Aber alle diese so gültig erscheinenden Darstellungen sind von seiner Hand geschrieben und er versteht es, mit temperamentvollen Zügen über die schwierigen Formulierungen hinwegzugleiten. Gerade diese oft amüsante Anschaulichkeit seines motorischen Ausdrucksvermögens vermag den Eindruck zu erwecken, daß die Lebhaftigkeit des Erlebens den Erlebnisgegenstand in seiner Tiefe auszuschöpfen vermag. Tatsächlich aber ist es lediglich die überzeugende Selbstdarstellung einer Persönlichkeit, die trotz ihrer glücklichen Geschlossenheit über nur recht beschränkte Kompetenzen verfügt.

Im gesellschaftlichen Leben, in dem Herr v. O. gern und mit großem Erfolg mitwirkt, liebt er es diese seine Rolle bis an die Grenzen des noch Vertretbaren auszuspielen, ohne daß seine bedenklichen Steigerungen hier jemals Zweifel erregt hätten. Hier schätzt man ihn ohne Einschränkung ebenso als geistige Autorität, wie als den verständnisvollen Partner feiner Vertraulichkeit. Kam es gelegentlich in diesem Kreise dazu, daß er jemand anderen die Wortführung überlassen mußte, so wußte er die Rolle des Zuhörers so eindringlich zu gestalten, daß er dennoch der Mittelpunkt der Begebenheit war. Man konnte bei solch einer Gelegenheit sehen, wie er zunächst den Rauch seiner Zigarette so heftig und entschlossen einsog, als ob er eine ungemein wichtige und gefährliche Prozedur vollziehen müsse. Dann plötzlich hoben sich die Falten der Stirn, so daß die weitgeöffneten Augen unter einem Gewirr von Halbkreisen zu stehen schienen, die Zigarette wurde mit vorsichtig beschwörenden Gebärden erhoben und jetzt sagte v. O. den Erzähler durchdringend fixierend leise, aber gut artikuliert „Sehr richtig, mein Lieber!". Und mit diesem Einwurf schien das Gesagte überhaupt erst Gewicht bekommen zu haben, ja es war so, als ob Herr v. O. hiermit überhaupt erst die entscheidende Feststellung in diesem Gespräch gemacht hatte, die allen anderen und sogar dem Sprecher selbst bisher verborgen geblieben war. Ebenso konnte er in unnachahmlicher Weise eine ihm nicht behagende Ausführung in schweigender Duldung mitanhören, wobei er das leicht erhobene Kinn mit der hohlen Hand vorsichtig liebkoste und mit einem leidenden Ausdruck in die Ferne blickte. Auch hier geschah das Merkwürdige, daß sein armer Widersacher, was er auch sagen mochte, zum Verfechter einer offenbar irrigen Meinung gemacht wurde.

Legte nun ein Gespräch ihm nahe, ein Urteil zu fällen, das einer Verurteilung gleichgekommen wäre, so pflegte er sich einer solchen Stellungnahme, die ihm in seiner weltmännisch-toleranten Bonhommie peinlich gewesen wäre, mit vielsagendem Gebärdenspiel zu entziehen. So z. B.: In der entstandenen Gesprächsstille, in der alle Augen sich auf ihn gerichtet hatten, begann er mit gerunzelter Stirn in scheinbarer Versunkenheit, die zu einer Reihe gekrümmter Nägel der linken Hand auf dem rechten Jackettärmel zu polieren. Dann betrachtete er kritisch das Ergebnis dieses Tuns, nachdem er die Hand mit einer überraschenden Dirigentengebärde weit von sich gestreckt hatte. Eine Anwandlung von Kurzsichtigkeit schien ihn jetzt zu zwingen, die Musterung seiner gepflegten Nägel aus nächster Nähe fortzusetzen, denn die Hand wurde in schneller Drehung mit unwilliger Miene dem forschenden Blick genähert. Nun plötzlich entspannten sich seine Züge, die Hand sank unbeachtet herab und mit der Andeutung eines Lächelns richtete er unter halb gesenkten Augenlidern einen geheimnisvollen seitlichen Blick auf seinen Gesprächspartner.

Damit war — wie so oft bei ihm — alles und nichts gesagt. Im Grunde genommen hatte er sich damit nur als eine verbindliche Persönlichkeit ausgewiesen, die überzeugend darzustellen vermag, daß auch die Waage der persönlichen Meinungen durch die Toleranz im Gleichgewicht gehalten werden kann. Dabei entsprach diese Haltung bei Herrn v. O. nicht etwa einer intriganten Vorsicht, sondern lediglich seinem harmlos-konzilianten Wesen. Problematische Tiefen existierten in ihm nicht, und die Harmonie seiner keineswegs tiefgründigen Persönlichkeitsstruktur ließ ihn an solchen Problemen vorbeigehen, die in seiner einfachen Lebensformel nicht enthalten waren.

Trotzdem aber war er nicht der reine Tor, dem die Aneignung ausreichender Lebenserfahrung versagt blieb. In seiner Weise kam er mit den Bösen im Guten aus, und die Schwierigen vergaßen die von ihnen gefundenen schwierigen Aspekte unter der suggestiven Kraft, mit der seine freundlich-simplen Auffassungen sich darstellten. Sein Auftreten war mit all seinen lebhaften motorischen Äußerungen ein so überzeugendes Argument für seine Daseinsweise, daß der Inhalt seiner Meinungen durch den Eindruck seiner Gesamtpersönlichkeit ersetzt zu werden schien. In dieser sprechenden Darstellung seiner Gesamtpersönlichkeit schien sogar das Unwichtige seiner Meinungen Gewicht zu erhalten. Wenn auch seine beruflichen Erfolge ohne den Griff in die Tiefe zustande kamen, so waren sie dennoch recht ansehnlich, da er ja das Risiko, einen großen Schaden anzurichten, gar nicht eingehen konnte. Für das öffentliche Leben, in dem er eine einflußreiche und repräsentative Stelle erfolgreich bekleidete, war er wie geschaffen.

c) Die Ergänzung der Analyse der Persönlichkeitsstruktur aus der Biographie

Wir hatten zuvor ausgeführt, daß die Persönlichkeitsstruktur und weiterhin ihre neurosebedingten Verformungen und Hemmungen mit Hilfe einer hierauf abgestimmten Gesprächsführung vergegenwärtigt wird, deren Ergebnisse durch die Analyse des motorischen Verhaltens ergänzt werden. In diesem Gespräch verfolgen wir also nicht die Lebensgeschichte des Patienten in ihrem biographischen Zusammenhang oder die allmähliche Entstehung seiner Beschwerden, sondern wir versuchen die Struktur mit ihren Mängeln zu verstehen, indem wir die Konturen des Persönlichkeitsbildes durch den Bericht charakterisierender Erlebnisweisen deutlich werden lassen. Die erscheinenden Persönlichkeitseigenheiten sind die Anknüpfungspunkte dieses Gespräches, und in seiner Weiterführung versuchen wir solche Eigenschaften anzusprechen, die die bereits erkenntliche Struktur sinnvoll ergänzen würden.

Hierfür ein einfaches Beispiel: Frau L. wirkte im ersten Kontakt phlegmatisch und gutmütig. Daß dieses Phlegma als Initiativeschwäche ein wesensbeherrschender Zug war, wurde deutlich, als das Gespräch auf die Umstände ihrer Verlobung gelenkt wurde. Der ihr damals zugeführte Mann schien gut und recht, aber so wie sie berichtete, hätte es auch ebensogut ein anderer sein können. Ihre Gutmütigkeit hatte keine echte Eigendynamik, denn wie der Wechsel des Gesprächsthemas dann ergab, hatte sie, als die Berufswahl ihres ältesten Sohnes in der Familie diskutiert wurde, nicht dessen Wünsche unterstützt, die sie als berechtigt erkannt hatte, sondern sich „gutmütig" den eigenwilligen Anordnungen ihres Mannes gefügt. Entgegen ihrer eigentlichen Überzeugung war sie hier indolent geblieben, während ihre Reaktion mit den Anzeichen einer versöhnlichen Gutmütigkeit erschien. Dieses Fehlen einer vitalen Erlebensgestaltung legte es nahe, die Auswirkungen des Erlebensdranges in einer bestimmten Richtung zu vermuten. Das vorsichtig hierhin gelenkte Gespräch ergab, daß Frau L. es sehr liebte, von den Schicksalen und Verhältnissen anderer Leute mit unangebrachtem Interesse ausführlich Kenntnis zu nehmen, wobei sie die unverbindlichen Gefühlsregungen des Zuschauers genoß. Der Pflege dieser Neigung dienten die Neugier und ein indiskretes Mitteilungsbedürfnis, das man Klatschsucht zu nennen pflegt. Die häufige Verbindung dieser Eigenschaft mit einer versteckten Bosheit, die so ihre in den persönlichen Bezirken nicht geständnisfähigen Strebungen wirksam abreagieren kann, war bei Frau L. nicht zu finden. Wenn sich alles zum Guten wendete, war es ihr recht und wenn dieses nicht geschah, genoß sie Gefühlsregungen, die sie im Eigenerleben vermied, mit dem angenehmen Schauder des Nichtbeteiligtseins. Das dahin gelenkte Gespräch zeigte auch weiterhin, daß Frau L. in ihren freundlichen Berichten gar nicht zu unterscheiden wußte, wo sie nur das Sprachrohr ihres Mannes war und wo sie Persönlichkeitseigenes zum Ausdruck brachte, und daß sie das tatsächlich vorhandene Mißverhältnis zwischen diesen beiden Lebensrichtungen, die sie so naiv und geläufig verband, nicht bemerkte.

Diese Art der Gesprächsführung versucht also, den Zusammenhängen in der Struktur zu folgen, die mit dem Anschlagen entsprechender Themen zum Schwingen gebracht werden. Es ist bezeichnend, daß die Patienten durch das äußerlich Unstete dieser Unterhaltung nicht befremdet werden, da sie von der unmittelbaren Ansprache, die ja ihre Persönlichkeit so erfährt, erfaßt werden. Was mit dem einen Thema vielleicht nur als unbestimmte Gefühlsregung erweckt wurde, findet mit dem nächsten Gesprächsgegenstand seine Weiterführung als anschaulicher Inhalt. Sie erleben so ihre typischen Reaktionen auf Grund einer gelenkten Assoziation.

d) Zur Technik der freien Assoziation

Oft ist es notwendig, die Ergebnisse dieser Exploration und ebenso späterhin die Analyse spezieller Verhältnisse mit Hilfe der „freien Assoziation" zu ergänzen und weiter zu führen. Ebenso benutzen wir dieses Verfahren bei der Bearbeitung spezieller Fragen im weiteren Verlauf der Behandlung. Die Technik der freien Assoziation gilt mit Recht als eine Kunst, da eine methodisch genaue Beschreibung, wie man hier zu verfahren hat, nicht zu geben ist. Es ist möglich, daß derselbe Patient bei dem einen Arzt sehr brauchbar assoziiert, während er bei dem anderen gänzlich versagt. Wesentlich für ein günstiges Ergebnis ist jedenfalls die innere Verfassung, in die der Patient durch die Behandlung versetzt wurde. Eine Aufgeschlossenheit, eine innere Bewegtheit, in der das sonst Unterdrückte oder auch nur Nichtbeachtete strömen will, ist hier meist wertvoller als die Unterstützung durch besondere Kunstgriffe. Die Unmöglichkeit, die freie Assoziation, so wie sie am reichhaltigsten arbeitet, methodisch darzustellen, hat dazu geführt, dieses Verfahren mit unklaren Erklärungen und Vorschlägen zu versehen, die praktisch ohne jeden Wert sind.

Wir referieren im folgenden kurz einige Tatsachen und Überlegungen, die uns für die Anwendung der Assoziation in der Psychotherapie wesentlich erscheinen. Zunächst: die Frage nach dem Wesen der Assoziation kann nicht befriedigend beantwortet werden, obschon das Wirken von Assoziationen im seelischen Leben eine bedeutende Rolle spielt. Die Antworten, die die Psychologie auf die Frage versucht hat: „Wie kommen Assoziationen zustande?", sind jeweils nur für einen Teil der empirisch bekannten Assoziationsformen zutreffend oder sie erklären im Endeffekt die Assoziation mit sich selbst. Aus dem Selbsterleben ist diese Frage nicht zu beantworten, da alle Assoziationen — also nicht nur die der Psychoanalyse — unbewußt sind. Bewußt wird nur ihr Ergebnis als spontaner Einfall (im Wortsinn) erlebt. Die Tatsache, daß dieser unbewußte Mechanismus sinnvoll arbeitet, gab die Möglichkeit, verschiedene Formen der Assoziation zu unterscheiden, da die *Bezüge* dieser Zusammenhangsbildung jeweils verstehbar sind. Bekanntlich pflegt man so z. B. einfache Assoziationen, Ähnlichkeitsassoziationen und komplexe Assoziationen zu unterscheiden. Ist dieses unbewußte Wirken aber so verändert, daß wir — sei es im Selbsterleben, sei es im Nachempfinden — seine Resultate in ihren Bezügen nicht mehr verstehen können, so kann dieses Unverständliche beschrieben werden, z. B. als Inkohärenz oder als Perseveration. Das Wesen der Assoziationen ist somit weder aus ihren Funktionen noch aus ihren Störungen verstehbar, da sie sich unbewußt vollziehen. Man kann also nicht mit Hilfe einer besonderen psychotherapeutischen Technik bewußte Assoziationen in unbewußte übergehen lassen oder Erklärungen des Vorgangs der Assoziation zum Verstehen der Neurose heranziehen (sogenannte bewußte Assoziationen sind stets Kombinationen, die ohne Mitwirkung der Intuition im logischen Vergegenwärtigen entwickelt werden. Erklärungen des Assoziationsganges aber, die mit angeblichen Feststellungen das Unbewußte mit einbeziehen, sind unzulässige Anleihen an die Tatsache, daß es Assoziationen gibt und daß diese sinnvoll sind).

Für die praktische Psychotherapie scheint mir die von Jaspers getroffene Einteilung der Assoziationen bedeutsam. Während die Psychologie im allgemeinen die Assoziationen nach der Art ihrer Bezüge einteilt, unterscheidet Jaspers sie gewissermaßen nach ihrem Erlebenswert. Er findet einmal so jene Verbindungen, wie sie allen Menschen als Niederschlag der persönlich-neutralen Lebenserfahrung zur Verfügung stehen (objektive Zusammenhänge) und weiter jene Verbindungen, die auf Grund persönlich erlebnishafter Erfahrung erworben wurden (subjektive Zusammenhänge). Natürlich ist diese Unterscheidung an den Vorgängen des seelischen Lebens nicht prinzipiell durchführbar, sondern sie ist nur richtungsweisend zu denken. In der Wirklichkeit finden wir beide Formen miteinander vorkommend, und die Erlebnisrichtung bewirkt, ob jene Assoziationen vorherrschen, die uns zu einer objektiven Verarbeitung befähigen, oder jene, die das subjektive Erleben anreichern.

Für die freie Assoziation in der Psychotherapie ergibt die Anwendung dieses Gesichtspunktes folgendes: Die Assoziationen des Patienten sollen sich zunächst in objektiven Zusammenhängen bewegen. Wenn nun das vorausgehende Gespräch in dem Patienten bestimmte subjektive Zusammenhänge anregte, so ist zu erwarten, daß in die objektiven Assoziationsreihen — die natürlich ohne Konzentration auf eine Zielvorstellung entwickelt werden sollen — sich subjektive Zusammenhänge in Andeutungen einmischen. Da die ja vorher geschaffene Einstellung sich an die subjektiven Zusammenhänge gewendet hatte, versuchen diese jetzt sich durchzusetzen, was um so leichter geschehen kann, da die nun gestellte Aufgabe, nämlich sich in objektiven Zusammenhängen zu ergehen, kein Ziel enthält, wie es mit dem Einsatz des Willens verfolgt werden kann. Erlauben wir aber dem Patienten, sich völlig seinen Einfällen zu überlassen, so kann es geschehen, daß er sofort in die Bahnen subjektiver Zusammenhänge gerät, in denen er jetzt nicht anders assoziiert, als er es in einem bewußt geführten Gespräch auch zu tun pflegte. Anderseits ist es so auch möglich, daß gerade dieses Gestimmtsein auf das Subjektive sich so auswirkt, daß die problematischen Zusammenhänge nicht erscheinen wollen und die freie Assoziation überhaupt nicht in Gang kommt. In den objektiven Zusammenhängen aber wird sich die subjektive Aussage ähnlich wiederspiegeln, wie in dem Bild eines neutralen Landschaftssujet's die Aussage des in subjektiven Innenzuständen bewegten Malers zum Ausdruck kommen kann.

Zur Deutung der Assoziationen und ihrer therapeutischen Anwendung ist noch folgendes zu sagen. Beim physiologischen Ablauf des täglichen Erlebens werden die im Bewußten erscheinenden Ergebnisse der unbewußten Assoziationen in bewußten Akten vereinigt. Dabei können so zwei aufeinanderfolgende Assoziationen zu einem Akt vereinigt werden, oder die Assoziationsreihe muß erst bis zu einem gewissen Punkt ablaufen, worauf dann z. B. das zweite und das sechste Glied zu einem Akt vereinigt werden können. Ergeht sich nun der tatsächlich auf Subjektives eingestellte Patient in jenen ziellosen objektiven Zusammenhangsreihen, so wird in diesen Reihen von Zeit zu Zeit ein subjektiver Zusammenhang durchschimmern. Fügen wir die hierfür charakteristischen Glieder aneinander, so wird es für uns möglich sein, den psychischen Akt zu vollziehen, den der Patient unterließ. Das heißt, wir entnehmen der objektiven Assoziationsreihe den subjektiven Zusammenhang, den wir im Verstehen als einen solchen zusammenfügen können. Haben sich im Verlauf der freien Assoziation solche Resultate ergeben, so kann man den weiteren Verlauf dadurch lenken, daß man nun dem Patienten objektive Zusammenhänge zur Weiterführung in der Assoziation anbietet, die das eben erfahrene Ergebnis in Form einer gleichnishaften Anspielung enthalten. Haben die Assoziationen in dieser Weise immer mehr die Gestalt der subjektiven Aussage bekommen, so ist es oft möglich, dem Patienten charakteristische Glieder seiner Assoziationsreihen in der Reihenfolge ihres subjektiven Zusammenhanges anzubieten, so daß er jetzt die bisher ausstehenden psychischen Akte im evidenten Selbstverstehen vollziehen kann.

Hinsichtlich der Methode der freien Assoziation ist noch ein weiterer Gesichtspunkt zu erwähnen. Es handelt sich dabei um die Unterscheidung zweier verschiedener Assoziationsweisen der komplexen Assoziation, wie sie durch die funktionale Veranlagung gegeben sind. Hier ist zu berücksichtigen: der eine Typ, den wir meinen, assoziiert mehr auf Grund „gestalthafter" Verbindungen. Er findet sie, indem er Gegenstände, die er einmal wahrnehmungsmäßig erlebte, auf Grund ihrer gestaltcharakterisierenden Einzelheiten mit ähnlichen Gestalten verbindet. Der andere Typ assoziiert vermittels einer sinnhaften Beziehungsknüpfung, indem im Sinn einmal Erkanntes durch ähnliche Sinnbedeutungen assoziiert wird. Man wird also bei den Assoziationsreihen, die der erste Typ liefert, die subjektive Bedeutung in den erscheinenden Gestaltformen suchen, während man bei dem zweiten Typ das Subjektive in den erkennbaren Sinnanalogien finden wird. Ebenso soll man bei der Lenkung der freien Assoziation diesen Anlagen mit einer entsprechenden Selbsteinstellung Rechnung tragen.

e) Die phänomenologisch orientierte Exploration der Neurose

Wir hatten oben gesagt, daß die Exploration, nachdem sie gewisse typische Disharmonien in der Persönlichkeitsstruktur entdecken konnte, sich nun dem Verstehen der Neurose selbst zuwendet. Das Gespräch geht dabei von den verständlichen Strukturzusammenhängen aus, wie sie in der Persönlichkeitsanalyse gefunden wurden, und stößt bei dem Versuch, sie weiterzuführen auf solche Persönlichkeitsäußerungen, deren eigentliche Tendenz in nicht verstehbarem Widerspruch zu der behaupteten Selbstdarstellung und zu dem erkennbaren Bau ihrer Struktur steht. Hierin ergeben sich eine Reihe von Anhaltspunkten für das Verstehen der Neurose.

Das Erscheinen der Integrationslücke. Diese als widerspruchsvoll erkennbaren Strebungstendenzen sind nicht als der Ausdruck der menschlichen Unvollkommenheit schlechthin verstehbar, die nur in wechselndem Für und Wider um den Vollzug des Daseins zu ringen vermag, sondern sie bewirken in der Selbstverborgenheit ihrer Bedeutung, daß dieser Mensch nicht mehr fähig ist, den wahren Aspekt seines Daseins zu finden. Während selbst eine schwierig veranlagte Persönlichkeit mit all ihren Widersprüchen und Disharmonien als in sich geschlossene Gestalt, als psychische Komposition erscheint, stößt hier das Verstehen auf Lücken des Zusammenhanges, bei denen eine unzureichende Überbrückung die unterbrochene Integration zu ersetzen versucht. Die Struktur scheint hier wie durch eine andere, *autonome* Zusammenhangsbildung gesprengt. Wir können so erkennen, wo das Gefüge dieser Persönlichkeit lädiert und verformt wurde, und wir erkennen in der Verformung selbst Antriebe und Tendenzen, die in fruchtlosen Reaktionsversuchen an einem verborgenen Inhalt ansetzen, ähnlich wie die Wirbel im Wasser von einer Untiefe Kunde geben.

Hierfür ein Beispiel. Frau R. (34 J.) kam zu uns, nachdem im Verlaufe verschiedener ärztlicher Behandlungen die von ihr geklagten Herzbeschwerden schließlich als psychogen erkannt worden waren. Während der Unterhaltung fiel ein gelegentliches ticartiges Verziehen der Stirn und des Mundes auf, womit jeweils ein mimischer Ausdruck des Unwillens und der Verachtung unmotiviert erschien. Sie meinte, daß diese Bewegung durch das Gewahrwerden des plötzlich sich verändernden Herzschlages bewirkt werde. Frau R. war seit 8 Jahren mit einem Kaufmann verheiratet, und nachdem eine jetzt siebenjährige Tochter gekommen war, schien die Ehe nun kinderlos zu bleiben. Vor ihrer Ehe hatte sie ein kleines Geschäft mit Antiquitäten und kunstgewerblichen Arbeiten geführt, das sie gemeinsam mit einer Freundin mit bemerkenswertem Mut und Tatkraft aus bescheidenen Anfängen aufgebaut hatte. Ihr Äußeres war gepflegt und angenehm, und im Auftreten zeigte sich jene unbefangene Sicherheit und Unbefangenheit, mit der ein in sich beruhendes Selbstwertgefühl sich ausweist. Im Gespräch gewann man den Eindruck einer vielseitigen Persönlichkeit, die mit starker Initiative und einer etwas eigenwilligen Gestaltungskraft im Leben steht. Es war jedoch nicht jene schwungvolle Egozentrizität, die unbelastet von irgend welchen Bedenken, wie sie im Einfühlen in andere entstehen können, alle Probleme zwar einseitig, aber doch überzeugend anzugreifen weiß. Wo diese Naturen naiv wirken, da sie die kritische Selbstwertung nur impulsiv, aber nicht reflektierend erleben, verfügte Frau R. über einen echten Wirklichkeitssinn, mit dem sie auch das Expansive ihres Wesens erkannte. Dabei konnte sie dann ein humorvoll überlegenes Wohlwollen mit sich selber zeigen. Sie verstand es auch, mit ihrer kontrollierten Spontaneität eine etwas undeutliche, jedoch faszinierende Wirkung zu erzielen, indem sie gelegentlich eine ihrer originellen Meinungen mit kühnen Einfällen übersteigerte, bis das Gesagte zur gelungenen Karikatur eines an sich möglichen Standpunktes wurde. Solche Aufführungen, in denen sie auch von den dupierten Schwerfälligen bewundert wurde, beruhten nicht auf einen Mangel an wirklichem Ernst, sondern auf einer Freude am Wagen, das hier ein Spielerisches war. Im Grunde empfand Frau R. verantwortungsbewußt und warmherzig.

Ihr einfallsreicher Unternehmungsgeist erprobte sich auch gern und erfolgreich an sehr realen Aufgaben, aber diese waren nie letzter Zweck, sondern nur ein Weg, den die selbständige Aktivität und Gestaltungskraft nahm.

Soweit entsprachen die erscheinenden Eigenschaften und Strebungen einer verstehbar integrierten Persönlichkeitsstruktur. Ein lebhafter Drang, tätig zu sein und dabei ein Streben, die eigene Vielseitigkeit mit vielen Zuwendungen zur Welt zur lebendigen Vollständigkeit zu erwecken, mündete in Ichstrebungen ein, mit denen ohne forcierte Geltungswünsche ein angemessenes Niveau der Ansprüche erreicht wurde. Diese Ichdarstellung erstarrte nicht im Selbstzweck, sondern die Antriebskräfte wurden jenseits einer legitimen Selbstbehauptung als Strebungen der Teilhabe und Hingabe an die Werte des Seins wirksam. Dort wo die selbstkritische Reflexion auf das Problemhafte, auf die offenen Fragen dieses Seins stieß, deutete sich ein Wissen um die Unzulänglichkeit an, das sich nach außen hin in einer bestimmten humorvollen Gestimmtheit wiederspiegeln konnte. Wir meinen damit nicht die humorvolle Heiterkeit, mit der eine im Inneren herrschende freundlich-harmonische Stimmung in die Welt projiziert wird und auch nicht den Humor, der das als Witz pointiert, was die Erkenntnis als unaussprechbar schwer fand, sondern jene Haltung, die damit entsteht, daß die Idee der Vollkommenheit aus der Perspektive der Unzulänglichkeit bejahend erlebt wird.

Was nun bei der Persönlichkeitsanalyse als das in der Struktur nicht Verständliche auffiel, war das folgende. Hinsichtlich der Einstellung auf Zukünftiges hätte man hier eine vom Selbstvertrauen getragene, in sich beruhende Zuversicht erwarten können. Eine solche Haltung wäre allerdings nicht durch einen sorglosen Optimismus charakterisiert, mit dem die Gunst des Schicksals für die eigene Person einfach vorausgesetzt wird. Gemeint ist vielmehr jene zuversichtliche Hinnahme der Tatsache des Schicksalwaltens, mit der das Ich trotz des Bewußtseins eines kraftvollen Gestaltungswillens das eigene Schicksal für unbestimmbar erkennt. Damit wird aber das Ungewisse der Zukunft nicht als lastende Drohung empfunden, sondern es wird zum Gegenstand jener Strebungen erhoben, die im Suchen und Erkennen des Sinns den Inhalt des Daseins — auch in seinen unbestimmbar wechselnden Forderungsansprüchen — zu finden vermögen.

An Stelle dieser zu erwartenden Haltung zeigte sich bei Frau R. in entsprechenden Gesprächszusammenhängen eine nahezu selbstunsichere ängstliche Haltung, die man als Schicksalsfurcht verstehen konnte. Wie sehr diese Seite der Persönlichkeit der bis dahin erkennbaren Struktur widersprach, konnte man mit dem

Anschlagen spezieller Gesprächsthemen deutlich machen. Brachte man so die Unterhaltung auf bestehende oder mögliche Schwierigkeiten der Situation, wie sie im Lebenskreis der Frau R. denkbar waren, so reagierte sie zunächst unbeirrt und kraftvoll mit sicheren Einstellungen. Es war so, als ob die begegnende Schwierigkeit ihr Selbstgefühl auf den Plan rief, mit dem sich dann der Wille zur Gestaltung aktivierte. Der Vorgriff in die Zukunft, der mit den jetzt erwachenden Strebungen erfolgte, schien maßvoll ausgewogen und sicher. Nachdem das Aktuelle so befriedigend geordnet war, blieb nun, gewissermaßen im Raum einer nur noch theoretisierenden Selbstrechenschaft, ein Rest zurück. Das eben in einem persönlichkeitsgerechten Vorgehen eigentlich schon Abgeschlossene wurde jetzt zum Gleichnis grundsätzlicher Fragen und diese waren als Schicksalsfurcht verstehbar. Die konsequente Verarbeitung der aktuellen Inhalte erfuhr damit keine Beeinträchtigung, aber wenn es zur letzten prinzipiellen Auswertung solch eines Erlebens kam, wurde im nicht nachvollziehbaren Übergang aus der bis dahin ausgewogen sicheren Persönlichkeit ein ängstlich zaudernder, unsicher Mensch. Hierüber konnte auch nicht hinwegtäuschen, daß Frau R. vor sich selbst diesen Haltungswandel einigermaßen zu erklären verstand. Sie meinte dann, daß ja doch jeder konsequente Verfolg eines Gedankens ins „Bodenlose" führen müsse, wobei ihr aber nicht bewußt wurde, daß nicht die Konsequenz, sondern gerade ein Inkonsequenz ihrer inneren Richtung sie jäh den Boden verlieren ließ.

Die Anwendung des eben besprochenen Gesichtspunktes dient also der Vergegenwärtigung der „Integrationslücke" in der Persönlichkeitsstruktur, womit ein Ansatz zum Verstehen der Neurose, die ja diese Strukturbehinderung verursachte, gegeben ist. Mit Hilfe des zweiten Gesichtspunktes versuchen wir, das so Gefundene phänomenologisch deutlicher werden zu lassen. Es geht dabei um folgendes.

Das Deutlichmachen der Integrationslücke und ihr Verstehen. Wenn wir uns im Gespräch jetzt so an den Patienten wenden, daß gerade die Seite seiner Persönlichkeit angesprochen wird, die — wie wir feststellten — sich nicht in der Verstehbarkeit der gegebenen Strukturzusammenhänge äußert, so können wir bemerken, daß seine Äußerungen hier mit einer Gefühlsbeteiligung erfolgen, die über den Gesprächsanlaß hinausgeht oder sogar ihm inhaltlich nicht adäquat ist. Wir provozieren also im Gespräch diese „Integrationslücke", um sie deutlich werden zu lassen, und wir können ihrem Verstehen näher kommen, wenn wir die jetzt zutage tretende Gemütsbewegung ausdrucksmäßig erfassen.

Bei Frau R. ergab dieses Vorgehen folgendes. Wir hatten nun in der Unterhaltung immer wieder solche Gegenstände gewählt, die es der Patientin nahelegten, ein ihrer Wesensart entsprechendes entschlossenes Urteil zu fällen. Das Gespräch wurde dann jeweils konsequent auf das Grundsätzliche dieses Themas gelenkt. So z. B. sprachen wir über eine kleine Begebenheit, die sich zwischen ihr und ihrer siebenjährigen Tochter zugetragen hatte. Frau R. erzählte mit mütterlicher Wärme, und die freundlich entschiedene Stellungnahme, die sie genommen hatte, war mitfühlbar und überzeugend in Inhalt und Ausdruck. Als dann das Gespräch auf Grundsätzliches in der Kindererziehung gelenkt wurde, wandelte sich ihre Haltung von jener lebensbejahenden Zuversicht zu einer ängstlichen Selbstunsicherheit. Sie verlief sich jetzt in der Frage „was kann man seinem Kinde wirklich geben, nachdem auch das beste Bemühen das, was die Zukunft einst fordern wird, doch nicht zu finden vermag". Hier argumentierte sie jetzt einseitig mit pessimistischen Gedankengängen, die völlig durchstimmt waren von der Gewißheit, daß der Mensch im Dasein sich nicht behaupten könne, und zeigte damit eine Einstellung, die mit ihrem Wesen nicht vereinbar schien. Es war so, als ob tief verborgene Gefühle der Sorge und der Befürchtung endlich einen Anlaß gefunden hatten, um wie mit einer Überwältigung die Persönlichkeit ergreifen zu können. Während man Frau R. sonst in dem sicheren Bewußtsein erlebte, die Werte in der Zukunft noch reicher und vollständiger werden zu sehen, schien jetzt bei ihr alles bedroht und nur von flüchtigem Bestand. Dennoch erreichte sie in diesen Betrachtungen nicht jene Resignation, die dem echten Pessimisten schließlich einen relativen Halt und innere Ruhe zu geben vermag. Sie verblieb in einer verzagten Stimmung, in der sie ihre Argumente nicht wie aus einer Erkenntnis, sondern wie in der ohnmächtig protestierenden Ablehnung einer anderen Meinung vorbrachte. — Diesen Punkt konnte man bei den verschiedensten Gesprächsgegenständen erreichen. Zunächst zeigten sich bei der Erörterung des aktuellen Gesprächsstoffes persönlichkeitsgerechte Reaktionen, mit denen das Thema restlos erfaßt zu werden schien. Dann folgte Frau R. mit eigentümlicher Bereitschaft unserer Gesprächslenkung auf Grundsätzliches, um hier durch jenen Haltungswechsel zu überraschen. Die „Erwartungsgefühle" der Befürchtung und der Sorge waren jetzt die unverkennbaren Äußerungen einer ängstlichen Stimmung, die nach Gesprächsinhalt und Verlauf nicht motiviert war.

Phänomenologische Hinweise für die Datierung der Neuroseentstehung. Wir pflegen, wenn eine Exploration dieses Stadium erreicht hat, sorgfältig darauf zu achten, ob diese nicht adäquaten Gefühlsregungen, so wie sie jetzt erscheinen, dem Reifungszustand entsprechen, den diese Persönlichkeit erreicht hat oder ob sie im Ausdruck und Darstellung an eine frühere Epoche ihrer Entwicklung erinnern. Ist das erste der Fall, so versuchen wir, in diesen nicht adäquaten Gefühlsregungen das unzulängliche Bemühen zu verstehen, mit dem dieser Mensch die Lücke in seiner Struktur zu überbrücken versucht. Ist auch das zweite der Fall, so erhalten wir damit einen Anhaltspunkt für die Bestimmung des Lebensalters, in dem die Neurose entstand. Wir versuchten ja mit dieser Gesprächsführung, die Persönlichkeit dort zum Schwingen zu bringen, wo wir in der Analyse jene Lücke in der Integration gefunden hatten. Hier vermag der Patient aber nur mit jenen Ausweichreaktionen zu antworten, die er damals, als seine Struktur einer Belastung nicht standhielt — also mit dem Entstehen der Neurose — prägte. Diese Reaktionsweisen sind auch weiterhin von den typischen Gefühlsäußerungen begleitet, in denen sich nicht nur die damals versuchte unzureichende Einstellung, sondern auch der damals altersmäßig erreichte Reifezustand der Persönlichkeit wiederspiegelt. Die Gefühlsregungen und ihre Ausdrucksweise, die bei der Ansprache der „Integrationslücke" miterscheint, sind also in ihrer Ausdrucksform für das Lebensalter, in dem die Neurose begann, charakteristisch.

Der Gefühlsausdruck, der bei Frau R. in der oben beschriebenen Situation zutage trat, ließ der phänomenologischen Beobachtung die unterdrückten, aber lebhaften Gefühle des Gekränktseins, des Trotzes und des Verzagtseins erkennbar werden. Man konnte jetzt bei Frau R. jene eigentümliche Gereiztheit beobachten, die sich nicht mit überzeugter Aggression entladen kann, weil das Kränkende einen Selbstzweifel am Eigenwert ausgelöst hatte. Was sie zuinnerst bewegte, schien ihr die Stimmung zu verderben. Diese gereizte Gekränktheit war wie das ohnmächtige Abwehren eines Getroffenseins, durch das der bis dahin selbstverständliche Besitz eines bestimmten Ichs als Selbstillusion zweifelhaft zu werden droht. Im äußeren Ausdruck dieser Gefühle erschien ein beleidigtes, schmollendes Sichabwenden, das dennoch eine naive Bitte nach dem Widerruf der Kränkung mitenthielt und so zur zwiespältigen Äußerung einer unsicheren Meinung wurde. Im Weiterklingen dieses Innenzustandes wurden dann die Gefühle des Trotzes erkennbar, eines Eigensinnes, der das eigentliche Strebungsziel verloren hat und nur noch die Selbstbehauptung um jeden Preis an seine Stelle setzt. Aus dem Sichabkehren wurde ein feindliches Sich-in-Positur-bringen, wobei die Hand mit nervösen Bewegungen, wie zu einem vergeblichen Zugriff, geöffnet und dann wieder wie zu einer verzweifelten Verteidigung zur Faust geballt wurde. In einem weiteren Wechsel des Innenzustandes drückte sich schließlich die Stimmung der Verzagtheit und das Ungeborgensein deutlich aus.

Wir erlebten also, daß Frau R. in jenen Situationen, in denen wir den nicht im Strukturzusammenhang verstehbaren Teil ihrer Persönlichkeit ansprachen, von Gefühlen der teils verzagten, teils trotzigen Gekränktheit ergriffen wurde. Sie konnte zwar diesen nicht verständlichen Wechsel der inneren Haltung mit Hilfe möglicher Konstruktionen vor sich selbst und nach außen hin plausibel erklären, er blieb aber für die *phänomenologische* Beobachtung dennoch deutlich erkennbar bestehen. Unabhängig davon, daß diese Motivationsversuche nicht dem verständlichen seelischen Zusammenhang entsprachen, war ihre Äußerungsform selbst dem Persönlichkeitsganzen inadäquat. Ließ man diese Gefühlsäußerungen nur für sich selbst sprechen, so wirkte sie wie die Verhaltensweise eines dreizehn- bis vierzehnjährigen Mädchens, das in seinen noch unzulänglichen Einsichten überfordert, teils mit ohnmächtigem Trotz, teils mit hilfloser Verzagtheit reagiert. Man konnte daraus schließen, daß die Störung der Persönlichkeitsentwicklung — also der Beginn der Neurose — in diesem Lebensalter einsetzte, womit sich ein Hinweis für die biographische Exploration der Neurose ergab. (Es ist in diesem Zusammenhang auf die „Retardierungen" KRETSCHMERS hinzuweisen, die bei gewissen Neurosen sogar als Entwicklungshemmung der psycho-physischen Konstitution erkennbar sind. Auch hier kann man den Beginn der Neurose auf jenes Lebensalter datieren, in dem die jetzt als „Retardierung" auffälligen Persönlichkeitszüge noch zu den adäquaten Lebensäußerungen gehörten.)

Spontane Äußerungen des Patienten, die auf den Neurosezusammenhang hinweisen. Sehr oft zeigen sich diese diagnostisch so wichtigen Gefühlsäußerungen mit so unmittelbarer Deutlichkeit, daß es nicht notwendig ist, sie erst auf Grund psychologischer Vergegenwärtigungen herauszuarbeiten. Wir können häufig erleben, daß schon in den ersten Sitzungen die nach den oben gezeigten Gesichtspunkten geführte Unterhaltung den Patienten so stark anspricht, daß er im Versuch der Selbstdarstellung in einen Konflikt widerstreitender Gefühle gerät, in dem sich jene in der Vergangenheit geprägten unvollkommenen Ausweichreaktionen und das Bestreben, das Eigene in Vollständigkeit zu vollziehen, offen begegnen. Hier bewirkt das so gelenkte Gespräch dann ein deutliches Erscheinen der durch die Neurose bedingten Strukturverformung, das der Patient sonst, wenn die Gestaltung und Darstellung seines Erlebens ihm selbst überlassen ist, zu vermeiden weiß. Die starke innere Spannung, die damit entsteht, daß der

Patient sich so wieder in jenem ratlosen Stillstand der inneren Vollzüge erleben muß, den eine nicht bewältigte Vergangenheit bewirkte, kann sogar zu Äußerungen führen, in denen die tiefsten Motivierungen der Neurose enthalten sind. Natürlich ist es uns oft noch nicht möglich, solch einen Hinweis schon zu erkennen und in seiner vollen Bedeutung zu verstehen. Das Wissen aber darum, daß dieser Hinweis an irgendeiner Stelle kommen kann, läßt für jene Äußerungen hellhörig werden, die solche Bedeutung ahnen lassen. Nachträglich im Besitz des vollen Wissens über die Neurose, erscheint uns diese damals so unverfänglich klingende Bemerkung, wie die treffende summarische Überschrift der ganzen Krankheitsgeschichte. Es ist so, als ob der Patient in der besonderen Beanspruchung solch eines Gespräches, in diesem Appell, der das Verborgene anruft, an irgend einer Stelle Worte finden muß, deren tiefer Doppelsinn ihm ebensowenig bewußt ist wie eine typische Fehlleistung oder der Symbolgehalt seiner körperlichen Krankheitssymptome.

Zum Beispiel sagte ein junger, wissenschaftlich arbeitender Chemiker in seiner ersten Exploration, in der sich jene besondere Atmosphäre herstellen ließ: „Ich fühle keinen Boden unter mir". Er wollte damit seine gegenwärtige Verfassung andeuten, in der ihn eine nervöse Zerfahrenheit hinderte, seine beruflichen Arbeiten richtig zu planen und auszuführen. Er könne keinen Gedanken mehr richtig zu Ende denken, und auch beim experimentellen Arbeiten mißglücke alles, weil er eben gefaßte Vorsätze sofort wieder vergesse oder Wichtiges unberücksichtigt ließe. So müsse er an seinen Fähigkeiten überhaupt zweifeln und sehe sich vor einer Katastrophe. Im Laufe der Behandlung stellte sich dann heraus, daß der Patient seit einiger Zeit merken mußte, daß seine Frau sich ihm zunehmend entfremdete. Es war eine undramatische Entfremdung ohne grundsätzliche Meinungsverschiedenheiten und Konfliktspannungen, die in ihrer leidenschaftslosen Kälte und Gleichgültigkeit um so tödlicher wirkte. Der Patient hatte bereits Proben einer überdurchschnittlichen Begabung gegeben, dennoch blieb er unsicher und anlehnungsbedürftig in einer eigentümlichen Mischung von ehrgeizigem Geltungsstreben und geringem Selbstvertrauen. Die Kraft zu seinen Leistungen hatte er bisher aus dem gläubigen Zutrauen seiner Frau, ihrer verstehend mütterlichen Fürsorge gewonnen. Nach dem Verlust dieses Haltes konnte er tatsächlich „keinen Boden mehr unter sich fühlen".

Auch in einer von dritter Seite mitgeteilten Erstexploration ist, wenn sie mit dieser suchenden Intensität geführt wurde, das unbewußte Bekenntnis zu finden, selbst wenn die Auswertung der Exploration diese Äußerung in der von uns geschilderten Bedeutung nicht registrierte. So teilt HELEN DEUTSCH[1] in ihrer „Psychology of Women" folgenden Fall mit: Ein sechzehnjähriges Mädchen tritt als Sängerin in einem Nachtklub auf, wobei ihre Mutter sie als Anstandsdame begleitete. Ärztlichen Rat suchte sie wegen einer Reihe von neurotischen Störungen, die den Beginn einer psychischen Fehlentwicklung vermuten ließen. In der ersten Exploration schildert sie ihre berufliche Tätigkeit und beschwert sich darüber, daß ihre Mutter ihr Vorhaltungen mache, sie soll doch auf dem Podium freundlich lächeln, beim Gesang bestimmte Gesten machen und ähnliches mehr. Sie erklärte, daß sie diese Ratschläge ablehne und sagt unwillig: „Schließlich bin doch ich es, die auf dem Podium steht und nicht sie".

---

[1] DEUTSCH, H.: The Psychology of Women. Vol. 1. 2. New York 1945.

Die Analyse von Tochter und Mutter ergab, daß die letztere nach einer freudlosen Jugend ihren jetzigen Mann sehr jung und nach den Gesichtspunkten der Versorgung geheiratet hatte. Nachdem der Druck unmittelbarer Wirtschaftssorgen so von ihr genommen war, erwachte in späteren Jahren ein Bedauern, die eigentlichen Freuden des Lebens nicht genossen zu haben. Jetzt identifizierte sie sich mit ihrer Tochter, und all die Ratschläge, die sie ihr gab, bedeuteten nicht den mütterlichen Rat, sondern Regieanweisungen, die sich auf die nachgeholte Inszenierung ihrer damals versäumten Jugend bezogen. Diese Tendenz, gepaart mit Neid bzw. Eifersuchtsneigungen, die immer wieder durch die Erkenntnis der wirklichen Situation genährt wurden, schufen eine zwiespältige Haltung, welche die einer gesunden Erziehung bedürfenden Tochter in eine psychische Fehlentwicklung mit neurotischen Manifestationen zwang. Mit jenem Ausspruch, „schließlich bin doch ich es, die auf dem Podium steht und nicht sie", den die Tochter in der ersten Exploration machte, gab diese unbewußt eine sehr treffende Überschrift des ganzen Problemzusammenhanges.

f) Die Entstehung der neurotischen Fehlentwicklung als verstehbarer Zusammenhang in der Biographie

Wir setzen im folgenden die Erörterung der für die Exploration wichtigen Gesichtspunkte fort, deren praktische Anwendung dann wieder an dem Beispiel R. aufgezeigt werden soll. Wir hatten zuvor die Auswirkungen der Neurose in der Persönlichkeitsstruktur kennenzulernen versucht, und dann diese Auswirkungen mit Hilfe einer dahin zielenden Ansprache der Persönlichkeit zur deutlichen Darstellung gebracht. Die Ausdrucksform der dabei auftretenden Gefühlsregungen erlaubte nun einen Schluß auf das Entstehungsalter der Neurose, da wir — von unserer Kenntnis der Persönlichkeit ausgehend — dieses zunächst inhaltlich und ausdrucksmäßig inadäquat erscheinende Gefühlsverhalten als den angemessenen Gefühlsausdruck einer bestimmten schon zurückliegenden Epoche dieser Entwicklung verstehen können. Die Exploration versucht jetzt die speziellen Inhalte der Neurose zu ergründen, wobei die bisher erzielten Ergebnisse sich mit entsprechenden biographischen Hergängen zu verständlichen Zusammenhängen zusammenfinden sollen.

Bekanntlich werden ja in den Darstellungen, die der Patient von sich selber gibt, die Zusammenhänge der Neurose kaum deutlich, da er sich in einer scheinbaren Geschlossenheit erlebt und gibt, in der ihm von seiner Neurose lediglich die Symptomäußerungen bewußt werden. Während die Psychoanalyse die Neurose zu finden versucht, indem sie an die Stelle der bewußten Selbstdarstellung des Patienten das analytische Aufrollen seiner Biographie treten läßt, versuchen wir die Störung dieser Persönlichkeit verständlich werden zu lassen, indem wir die Verformung der Struktur auf die Biographie beziehen und dort nun die lebendige Illustrierung der einzeln gefundenen Anhaltspunkte suchen. Wir bemühen uns so ebenfalls um ein Vermeiden der zensurierten Selbstdarstellung und um ein Sichtbarmachen der echten Zusammenhänge, die hinter den Scheinzusammenhängen, in denen der Patient sich selbst zu erleben glaubt, verborgen liegen.

Hierfür lenken wir nun die Exploration auf jenen Lebensabschnitt, in dem wir auf Grund der bisher erzielten Ergebnisse die Entstehung der Neurose vermuten können. Dabei zielt die Exploration weniger auf die Erforschung eines bestimmten

„Traumas", als auf das Herausarbeiten grundsätzlicher Entscheidungssituationen, die mit entsprechenden Anlässen damals verfehlt wurden. Die Lenkung dieses Gespräches erfolgt nach den Gesichtspunkten, die sich bei der Analyse dieser Persönlichkeitsstruktur und ihrer Verformung ergeben hatten. Die so zutage geförderten biographischen Einzelheiten sollen nun die Störungen in dem Zusammenhang der Struktur und die unzulänglichen Versuche, diese Störungen auszugleichen, verstehbar werden lassen. Wir versuchen weiter, dieses Verstehen evident zu machen, indem wir Entscheidungssituationen analogen Inhalts in anderen Abschnitten der Biographie aufsuchen und sie in der Erzählung wiedererstehen lassen.

Hierbei sind zwei Gesichtspunkte besonders zu beachten. Einmal: Traf diese Suche, zu verstehen, die richtigen Zusammenhänge, so bemerken wir, daß die Wiederbelebung dieser inhaltlichen Analogien bei dem Patienten jene starken, aber inadäquaten Gefühlsbewegungen auslösen, die auch die Integrationslücke seiner Struktur mitcharakterisierten. Das Intensivwerden dieser inadäquaten Gemütsbeteiligung und auch das Ausweichen in Scheinzusammenhänge, deren Motivation konstruiert und unecht wirkt, gibt uns während dieses Gesprächs einen Hinweis, daß wir uns dem wirklichen Zusammenhang nähern. Dieser Zusammenhang wird so also immer deutlicher und plastischer herausgearbeitet. Der Patient pflegt dabei ein forderndes oder auch ablehnendes dramatisches Bewegtsein zu empfinden, dessen Richtung er wohl spürt, ohne aber sein Ziel klar erfassen zu können. Unbewußt sind also nicht die Bedeutungsanlässe als einzelne Ereignisse, sondern der Bedeutungsinhalt, der in Wirklichkeit diese Einzelereignisse als tiefer Zusammenhang verbindet. (Zu diesem Zeitpunkt empfiehlt es sich, dem Patienten aufzugeben, auf seine Träume zu achten, da diese Situation das Auftreten von „Schlüsselträumen" zu provozieren pflegt. Die große Weite der immer vorhandenen Traummöglichkeiten und ihre so schwer erkennbare thematische Verflechtung im Träumen selbst kann jetzt eine Konzentration durch den in der Exploration erweckten Innenzustand erhalten, so daß manchmal sogar ein *unmittelbares* Verstehen des mitgeteilten Traumes möglich wird.)

Die Ereignisse, mit denen die Neurose ihren Anfang nahm, können sich so schließlich darstellen: Entweder als ein charakteristisches Schlüsselereignis oder als eine komplette Situation, die die charakteristische Überforderung enthielt, oder als eine Entwicklung, die auf ihrem Kulminationspunkt anläßlich eines typischen Ereignisses in die Neurose führte.

Der andere Gesichtspunkt, auf den wir eben hinwiesen, ist folgender. Wenn wir die Biographie auf das Vorkommen dieser typischen Entscheidungssituationen durchprüfen, so werden wir feststellen, daß dem Patienten auch schon vor dem Beginn seiner Neurose diese für ihn typischen Entscheidungssituationen im Leben begegneten. Wir werden jedoch finden, daß der Patient diese Situationen zwar nicht befriedigend gestalten konnte; aber er versagte nicht in ihnen hinsichtlich der inneren Selbstentscheidung. Es entstanden so zwar *unvollkommene*, aber *bewußte* Erfahrungsbildungen. Wenn nun die Verarbeitung dieses besonderen Themas erst in einem bestimmten Zeitpunkt die Persönlichkeit so erschütterte, daß damit eine Neurose entstand, so kann dieses verschiedene Gründe haben. Meist mußte erst ein angemessener Reifezustand erreicht sein, damit die schicksalshafte Begegnung in ihrer vollständigen inhaltlichen Bedeutung vor die

Persönlichkeit treten konnte. Oft ist es auch so, daß eine ungünstige Gesamtkonstellation erst bis zu diesem Zeitpunkt herangereift war und die Entscheidung, die zunächst nur etwas wie beiläufig Erscheinendes zu berücksichtigen brauchte, nun schließlich vor Prinzipielles gestellt wurde. Diese Vergegenwärtigung der Neuroseentstehung und die Datierung ihres Inkrafttretens geschieht also zunächst aus diagnostischen Gründen. Wie halten es jedoch aus therapeutischen Erwägungen für nicht tunlich, all diese „alten Erfahrungen mit dem einschlägigen Thema" durch ausführliche Analysen im Bewußtsein des Patienten zu mobilisieren. Die Gründe hierfür werden im nächsten Kapitel besprochen.

Bei Frau Christa R. ergab die Anwendung der eben besprochenen Gesichtspunkte in der Exploration folgendes. Wir lenkten jetzt das Gespräch auf jenen Lebensabschnitt, in dem Frau R. zwölf bis vierzehn Jahre alt war, und veranlaßten sie, von den Erlebnissen jener Zeit zu erzählen. Dieses Gespräch war zunächst recht unergiebig. Die Patientin meinte, daß diese Zeit, die ohne besondere Ereignisse verlaufen sei, wenig Erinnerungen hinterlassen habe. Sie sei damals wie die meisten Mädchen in jenem Alter ein dummes Ding gewesen, das mit sich noch nichts anzufangen wußte und in der Familie eben so mitgelaufen sei. Diese formal höflichen Antworten wurden in der ablehnend und unsicher gereizten Stimmung gegeben, die wir oben beschrieben haben. Frau R. wechselte dann plötzlich das Thema und kam spontan auf Kindheitserinnerungen zu sprechen, die vor dieser Zeit lagen. Hierbei war sie wieder warm aufgeschlossen und vorbehaltlos in der Zuwendung. Sie erzählte jetzt in lockerer Reihenfolge einige freundliche Begebenheiten aus ihrer Kindheit, die, anspruchslos im Hergang, durch die dabei erlebten kindlichen Gemütsbewegungen ihren Erinnerungswert erhalten hatten. Die Inhalte, die diese Assoziationen anschaulich illustrierend entstehen ließen, waren im wesentlichen: Die angenehme Geborgenheit des Kindes in der häuslichen Atmosphäre und ein selbstverständliches naives Bewußtsein, ohne Einschränkungen akzeptiert und geliebt zu werden. Es entstand damit das Bild einer unbeschwerten Kindheit, die Christa in einem harmonischen Elternhause verlebt hatte. Der Vater, von Beruf Rechtsanwalt, lebte mit seiner Frau, die als ein zurückhaltender, aber warmherziger Mensch geschildert wurde, in einer ausgesprochen glücklichen Ehe. Die zwei Jahre ältere Schwester Ruth war ein ausgeglichenes, vielleicht etwas zu vernünftiges, ernstes Kind, das gerne mit der freundlichen Betulichkeit der Älteren für die jüngere Schwester sorgte. Dieses idyllische Bild wurde durch einen Großvater vervollständigt, der mit seiner jovialen Herzlichkeit und seinem originell temperamentvollen Wesen all diesen Erinnerungen auch eine heitere Farbigkeit gab. Als Staatsbeamter im Ruhestand bewohnte er das „alte Haus" der Familie, wo er seit dem frühen Tod seiner Frau mit seiner ältesten unverheiratet gebliebenen Tochter residierte. Es gab dort einen gepflegten großen Garten mit herrlichen Blumen, in dem der alte Herr, umgeben von jeweils zwei bis drei Mitgliedern einer immer wieder sich erneuernden berühmten Bulldoggenfamilie geräuschvoll waltete. Die Güte und Wärme, die sein Wesen ausstrahlte, ließ sogar die Singvögel im Garten trotz seines krachenden Lachens und seiner ungestümen Bewegungen zutraulich zu ihm werden, und die Scherze, mit denen er die nicht so sehr günstig zu veranschlagenden Heiratsaussichten seiner ältesten Tochter zu erörtern liebte, verursachten keine Bitterkeit, da sie im Grunde ein liebevolles Verstehen dieses etwas säuerlich korrekten alten Mädchens enthielten. In dem Verweilen bei diesen Erinnerungen wurde Frau R. immer gelöster und ihr Wesensausdruck war ausgeglichen und harmonisch.

Wir lenkten das so abgewichene Gespräch nun zurück auf jenen späteren Lebensabschnitt, in dem wir den Beginn der Fehlentwicklung vermuten konnten. Um das widerstrebende Gedächtnis herauszufordern, äußerten wir entgegen unserer Vermutung, daß diese folgende Zeit gewiß eine Fortsetzung jener schönen Erinnerungen enthalten hätte. Wir versuchten dabei die bisher erschienenen Figuren in demselben Sinne wirkend in der Vorstellung lebendig werden zu lassen. Dann wieder sprachen wir davon, daß gewisse Lebensabschnitte, wie z. B. der der glücklichen Kindheit, oft jäh aufhören müßten, wenn mit dem Vollständigwerden der Persönlichkeit ein anderes weiteres Streben erwacht, dem die alten Räume nicht mehr genügen, während das Neue aber zunächst nur als offene Frage besteht. Als wir so das Gespräch hin und hergehen ließen, folgte Frau R. mit widerstrebender, aber starker Anteilnahme, wobei ihr Verhalten wieder jene uns so interessierende Gemütsverfassung anzeigte. Wenn sie sich jetzt zum Widerspruch herausgefordert fühlte oder wenn sie zustimmen wollte, schienen ihre Reaktionen eine Abbremsung zu erfahren und sie verbarg ihr unmittelbares Beteiligtsein, indem sie das sie selbst so Bewegende nur in sachlich allgemeinen Formulierungen auszudrücken versuchte. Schließlich sprengte doch die so beschworene Vergangenheit jene Schranken, die ein fehlgegangenes Ich um seiner Selbstbehauptung willen dem Gedächtnis auferlegt hatte. Frau R. sagte spontan und ohne direkten Zusammenhang, daß ihr jetzt gerade einfiele, daß sie doch zu jener Zeit ein recht schwieriges Kind gewesen sei. Sie habe sich nicht mehr fügen wollen und sei dann verstockt und trotzig gewesen. Nach einem kurzen Verstummen fügte sie noch hinzu, sie habe sich eben einer unerfreulichen Szene erinnert, in der sie häßlich gelogen habe. Als dieses entdeckt wurde, sei sie gleichgültig und unbewegt geblieben. Mit einem etwas angestrengten, aber sicheren Lächeln meinte sie dann, es werde sich wohl um die typischen Schwierigkeiten gehandelt haben, wie sie mit dem Beginn jenes kritischen Alters häufig aufzutreten pflegten. Was uns an dieser so provozierten Gedächtnisleistung besonders interessierte, war folgendes. Frau R. war, so wie sie als Persönlichkeit angelegt war und so wie sich der gestalthafte Entwurf dieser Persönlichkeit abzeichnete, nicht ein Mensch, der in kritischen Entwicklungsphasen in kleinlichem Trotz und mit gleichgültiger Depraviertheit vor sich selber versagt. Wir konnten jetzt vermuten, daß die Strebungen der tätigen, freudigen und sicheren Selbstentfaltung, die ja die tragenden Elemente dieser Struktur waren, in jener Zeit eine Überforderung erlitten hatten und daß die besondere Thematik dieser Überforderung Trotz, Unsicherheit und schließlich Schicksalsangst als ungenügenden Ersatz an dieser Stelle des persönlichen Reaktionsvermögens entstehen ließ. Die Exploration mußte sich nun darauf richten, diesen Zusammenhang zu ergründen.

Im Laufe mehrerer sich ergänzender Gespräche ergab sich dann, daß Frau R. in jenen Jahren in eine ihr selbst nicht begreifliche Opposition zu ihrem Elternhaus gekommen war. Sie fühlte sich damals zunehmend bedrückt durch das stille, freundliche Gleichmaß, mit dem dort gut und richtig gehandelt wurde. Ihre Natur wollte sich mit ungestümen, kräftigen Zügen entfalten und das noch unklare Sehnen, mit dem sie das Leben und sich selbst suchte, verlangte ein Erleben, das im Wagen erobert. Hier im Elternhaus aber sah sie nur das friedliche Resultat der eigentlichen Lebensbewegung und dieses entstand und erhielt sich in der temperamentlos gutartigen Befolgung bewährter Lebensgesetze, die das wirkliche Leben zu ersetzen schienen. Es kam noch hinzu, daß Ruth, die ältere Schwester, die sich so gut dem Elternhaus einzupassen wußte, ihr zu einem Vorbild gemacht wurde, das in seiner Vollkommenheit beinahe hassenswert erschien. (Hier berichtete Frau R. dann spontan, daß sie durch den Tod des Großvaters, der in jener Zeit erfolgte, bis zur Verzweiflung bewegt war. Sie hätte aus einem unklaren Oppositionsgefühl heraus die gemeinsamen Gänge zu seinem Grab verabscheut und um so lieber in heimlichen Stunden die Lieblingsblumen seines Gartens dort niedergelegt.)

In der verkehrten Wertwelt, die so in ihr entstehen wollte, wurde schließlich das Laue mit dem Guten identisch, durch das sie sich denn beengt fühlte. Die erschreckten Eltern, denen sie jetzt mit offenem Widerstand und kindlich trotziger Frivolität begegnete, griffen in ihrer Fassungslosigkeit zu drakonischen Erziehungsmaßnahmen, die fruchtlos blieben, da sie sich nur gegen die unangemessenen Äußerungen eines echten Lebensdranges richteten, der von ihnen als solcher nicht erkannt und verstanden wurde. Diese Entfremdung blieb über Jahre bestehen. Da Christa aber letzten Endes nicht von einem banalen Lebenshunger beherrscht wurde, der das Maß der ruhigen Ordnung verachtet, sondern in ihrem ungestümen Drang eine wirkliche Icherfüllung in der Vielseitigkeit des Lebens erobern wollte, fand sie in der wagnishaften Bewegtheit schließlich doch dieselben Werte, deren risikolose Übernahme sie seinerzeit verabscheut hatte. — In den nächsten Jahren setzte sie dann auch ihre wirtschaftliche Selbständigkeit durch und wurde nun endlich, wenn auch mit einem leichten unbehaglichen Schauder, von der Familie wieder akzeptiert, während sie jetzt ihre Angehörigen mit einer Mischung aus Herzensgüte und überlegener Ironie zu betrachten versuchte.

Allerdings war es Frau R. nicht bewußt, daß sie, wenn auch auf ganz anderen Wegen, letzten Endes denselben Zielen zustrebte, die in der elterlichen Familie schon stets gegolten hatten. Der Konflikt, in den sie damals mit sich selber geraten war, blieb noch immer ungelöst. Sie hatte wohl damals, wie sie ihre selbständige Entwicklung mit trotzigem Protest durchsetzte, gewählt, aber sie hatte sich nicht vor sich selber entscheiden können. Ihr Weg begann mit einer protestierenden Abkehr von jenen Werten, deren Gültigkeit sie dennoch empfand. Die Forderungen zur individuellen Lebensentfaltung, die gebieterisch in ihr wach wurden, schienen eine solche Abkehr von den bisher beschrittenen Wegen zu verlangen, und sie vermochte nicht zu erkennen, daß das, was sie jetzt impulsiv verschmähte, nicht der Inhalt war, sondern die Form, in der es dargeboten wurde.

So blieb der Gestaltungswillen, mit dem sie ihre Welt aufbaute, mit jenem ängstlichen Trotz des schlechten Gewissens durchsetzt. Wenn sie ihr Dasein mit letzter Konsequenz empfinden wollte, so meldeten sich die Gefühle der Schicksalsfurcht, die dort entstehen, wo ein geheimes Mißtrauen gegenüber dem eigenen Wert ist. Forderte aber das Erleben nun die volle Beteiligung der Persönlichkeit bis zu diesem problematischen Zusammenhang, so wurde jene alte Gefühlskonstellation wach — wir beschrieben sie bisher als „Integrationslücke" — in der Christa damals gewählt hatte, ohne sich wirklich entscheiden zu können.

Wir fanden dann weiter, daß Christa schon ehe diese Entwicklung eingesetzt hatte — in den Tagen der glücklichen Kindheit also — gelegentlich nachhaltig mit Trotz und Verzagtheit in Situationen reagiert hatte, in denen im Grunde genommen ihr Wesen nicht richtig verstanden worden war. Aber damals war sie von dem Grundsätzlichen, das sich hierin schon abzeichnete, noch nicht erfaßt worden. Ihre heitere Lebensfreude und vor allem die kindhaft vorbehaltlose Bejahung einer glücklichen Welt, die durch das Elternhaus dargestellt wurde, ließ sie den sich meldenden Einspruch ganz überwinden. Man kann im Sinne einer analytischen Wertung vielleicht sagen, daß sich hier schon die Art des Anlasses abzeichnete, während aber der wirksame Anlaß selbst erst im Alter von dreizehn Jahren entstehen konnte. Diese Unterscheidung halten wir für die Datierung der Neurose und damit für die Therapie für wesentlich.

g) Neurotische Fehlentwicklung und Symptombildung

Wir erörtern jetzt noch einen letzten Punkt, der uns für die Exploration der Neurose wichtig erscheint. Bekanntlich brauchen psychische Fehlentwicklungen sich nicht schon mit ihrem Bestehen als Neurosen mit deutlichen Symptomen zu zeigen. Der entscheidende Anlaß, der die Neurose dann zur offensichtlichen Manifestation bringt, liegt meist in der jüngeren Vergangenheit, also praktisch noch in gegenwärtig wirksamen Konstellationen. Diese Konstellation, in der der Patient lebt, enthält dann an irgendeiner Stelle eine Beanspruchung, die sich gerade an den Teil der Persönlichkeit wendet, dessen Entfaltung durch die Fehlentwicklung gehindert wurde. Hier kann der Patient nur aus seinem damals geprägten Unvermögen heraus reagieren, und dieses so provozierte Unvermögen findet jetzt auch seinen symbolischen Ausdruck in manifesten Symptomen. Gewiß kann man sagen, daß das Leben stets die volle Persönlichkeit beansprucht und daß es hierzu nicht spezieller Anlässe bedarf. Für die Diagnose und Therapie ist es aber wertvoll, gerade das Spezifische einer solchen Konstellation zu erfassen, da sich hier das Geschehen der Neurosenentstehung wie in einer treffenden Analogie wiederholt. Das in der Vergangenheit Gewordene wird also in seiner Unzulänglichkeit offenbar, weil die Gegenwart mit einer besonderen Forderung die Unfähigkeit zu einem vollständigen, persönlichkeitsgerechten Daseinsvollzug aufdeckt. Die Exploration muß also zu verstehen versuchen, welche Gegebenheit der gegenwärtigen Situation den Patienten so anspricht, daß jenes mit der Fehlentwicklung entstandene besondere Unvermögen vergeblich in Anspruch genommen werden muß. Wie wir schon erwähnten, ist es meist so, daß die Bildung von deutlichen Neurosesymptomen dann aus solch einem Zusammenhang heraus entsteht.

Die dahin zielende Exploration versuchte zunächst zu erkennen, ob eine solche Störung durch die Ehe der Frau R. bewirkt wurde. Die Gespräche über dieses Thema, in denen Frau R. sich frei gab und vor allem nicht jene affektive Inkongruenz zeigte, gab es hierfür keinen Anhalt. Herr R. war der Typ des aufgeschlossenen, gelassen in sich selbst beruhenden Selfmademannes, der trotz seines temperamentvoll egozentrischen Gestaltungsdranges nicht rücksichtslos robust war, da er dem Leben in jener heiteren Zuversichtlichkeit zugewandt war, die solch geradlinig harmonischen Naturen oft zu eigen ist. Daß Frau R. sich gerade zu einer so beschaffenen Persönlichkeit hingezogen fühlte, ist aus ihrer Eigenart und vor allem aus ihrer Entwicklung wohl verständlich. Es bestand von beiden Seiten eine echte Zuneigung, die auch dadurch nicht geschmälert wurde, daß der gemeinsame Wesenszug, der Drang zu expansiver Selbständigkeit gelegentlich zu temperamentvollen Zusammenstößen führte. Es hatte sich so eine Verbundenheit ergeben, die nicht nach dem restlosen Besitz des anderen verlangt, sondern im letzten Grunde den anderen in der Ausgeprägtheit seiner individuellen Eigenart liebt und respektiert, wenn auch so eine letzte Gemeinsamkeit des Erlebens nicht erreicht wird. Frau R. charakterisierte dieses Verhältnis mit drastisch pointierter Einseitigkeit, aber dennoch recht anschaulich, indem sie einen Scherz ihres Mannes wiederholte. Er verglich das Ehepaar auf seinem gemeinsamen Lebensweg mit den beiden Führern einer dahinstürmenden Lokomotive, die, oft voneinander abgewandt zu verschiedenen Fenstern hinauslehnend, die Bewältigung des Weges erleben, um dennoch in dem entscheidenden Tun gemeinschaftlich wirkend verbunden zu sein.

Wir fanden, daß jene gegenwärtige Konstellation, die in Frau R.'s Fehlentwicklung das Erscheinen einer deutlichen Neurose provoziert hatte, durch das Verhältnis entstanden war, das sie zu ihrer Tochter gefunden hatte. Es war ein temperamentvoll eigenwilliges Kind, in dem sich die diesbezüglichen Eigenschaften der beiden Eltern zu summieren schienen. Während Herr R. diese eigenwillige Selbständigkeit seiner Tochter, ihren kindlichen Drang, ihre noch kleine Welt mit eigenen Erfahrungen zu erobern, mit Stolz registrierte, empfand Frau R. hier unbewußt eine Anspielung auf jene Verhältnisse, die sie damals überwältigt hatten, und zu deren wirklichem Verstehen sie auch heute noch nicht gekommen war. Mit sich selbst hatte sie noch trotzig einen unvollkommenen Kompromiß schließen können, indem sie zwar einerseits die Icherfüllung in autoritätsfeindlichen Wagnissen gesucht hatte, anderseits aber den vermeintlichen Verlust der ausgeschlagenen Autoritätswerte des Elternhauses trotzig in Kauf nehmen wollte. Ein unrichtiger Kompromiß, den sie mit dem Erscheinen einer bangen Zukunftsfurcht, einer im letzten nicht aufgehenden Selbstrechenschaft bezahlt hatte. Als sie jetzt die selbständige Eigenwilligkeit bei ihrer kleinen Tochter bemerkte, spürte sie im Unterbewußten hierin bereits die Gefahren einer Autoritätsverachtung, die nach ihrer unvollkommenen Erfahrung zu einer Ablehnung und dem Verzicht auf gültige Werte führen mußte. Nachdem es sich jetzt sogar um das Schicksal ihrer geliebten Tochter handelte, erhielt jene mahnende Anspielung auf das eigene Versagen, das sich dem Selbstverstehen nicht erschlossen hatte, eine potenzierte Aktualität.

Diese Lage, die sich also aus dem Geschehen der Gegenwart ergeben hatte, bedeutete so eine nicht tragbare seelische Beanspruchung, da ja die Fehlentwicklung gerade jenen Teil der Persönlichkeit betroffen hatte, der hier zuständig sein sollte. So kam es jetzt nicht nur zu einem Deutlichwerden der damals entstandenen unvollkommenen Gefühlsreaktionen, die das Bestehen der Integrationslücke deutlich machen, sondern darüber hinaus zu einem symbolisch körperlichen Ausdruck der so dringend gewordenen geheimen Befürchtungen, der als Herzklopfen und unwillkürliche Pseudomimik in Erscheinung trat. Die Exploration ergab, daß diese körperlichen Störungen mit dem kritischen Gewahrwerden der Eigenart der Tochter allmählich und zunehmend entstanden waren.

II. Therapie

Ein Prinzip der Therapie. Nach den Richtlinien, die wir bisher verfolgt haben, ergibt sich für die Therapie der Neurose diese Forderung: Die Erkenntnisse, die wir in der Exploration über die Persönlichkeit und ihre Neurose gewannen, müssen dem Patienten so vermittelt werden, daß er im spontanen Selbstverstehen die wahren Zusammenhänge in seinem Ich findet. Das Inkrafttreten dieser wahren Zusammenhänge aber muß von ihm in der Behandlung so überzeugend erlebt werden, daß damit die Fesseln, die der Persönlichkeit mit der Neurose auferlegt waren, gesprengt werden. Da bekanntlich die bloße Mitteilung der von uns gefundenen Zusammenhänge therapeutisch nicht wirksam ist, ergibt sich die Notwendigkeit eines besonderen technischen Vorgehens. Natürlich ist es auch der Sinn eines solchen Vorgehens, das Selbstverstehen zu erwecken. Die Technik dieses Vorgehens versucht aber dabei der Tatsache Rechnung zu tragen, daß die Widerstände, die ein durch die Neurose verformtes Ich leistet, nur durch die Überzeugungskraft überwunden werden können, die nicht von einem reflektierenden Erkennenwollen, sondern von einem Sichfinden im wirklichen Erleben ausgeht.

Erfahrungsbildung, Erinnerung und Neurose. Die Überlegungen, denen wir bei diesem Vorgehen folgen, stützen sich zunächst auf Ergebnisse der Gedächtnispsychologie soweit sie die Erfahrungsbildung betreffen. Nun ist es — wie wir an einer anderen Stelle schon ausführten — an und für sich möglich, von jeder der sogenannten „seelischen Funktionen" her in das Ganze des Seelischen einzudringen. Was wir mit der Betrachtung einzelner seelischer Funktionen vergegenwärtigen, wird ja stets nur dadurch verständlich, daß wir es als Glied des großen, in sich geschlossenen Zusammenhangs erkennen. Da aber die Entstehung der Neurose mit unvollkommenen Erfahrungsbildungen eng zusammenhängt, können wir wertvolle Anhaltspunkte erhalten, wenn wir den Weg, den diese eigentümliche Erfahrungsbildung nahm, auch als eine besondere Leistung des Gedächtnisses verstehen.

Damit finden sich dann die Richtlinien für das praktisch-therapeutische Vorgehen, in dem der besondere Modus, mit welchem die Neurose die psychischen Funktionen des Gedächtnisses und der Erfahrungsbildung in ihren Dienst nahm, sinngemäß mitbenutzt wird.

Erinnerung und Persönlichkeitsbewußtsein. Wir gehen bei diesen Überlegungen von der Stellung des Gedächtnisses im Ganzen des Seelischen aus. Beim Erleben, bei dem wir ja alle seelischen Funktionen in gemeinsamer integrierter Tätigkeit finden, wird es am deutlichsten, daß der Mensch von seiner Erinnerung gewordenen Vergangenheit bestimmt wird. Nun steht diesem Gedächtnis aber nicht nur ein Erfahrungsschatz zur Verfügung, der dem Menschen in zum Teil sogar unbewußten Verhaltensweisen bei dem Erlangenkönnen und auch bei dem Vermeidenwollen in optimaler Weise helfen kann, sondern das Gedächtnis vermittelt darüber hinaus ein Sich-Erinnern, in dem sich der Mensch in der Kontinuität eines Ichs erlebt, in der das Vergangene mit dem Gegenwärtigen und auch dem Zukünftigen im Sinn verbunden wird. So bewegt er sich nicht unbeschwert mit jenen naiv unmittelbaren Reaktionen im Erleben wie sie ihm z. B. als Kind noch zu eigen sind, sondern er ist verbindlich von seinem gewordenen Ich begleitet, dessen

Schatten unübersehbar auf seinem Weg erscheint und über die eingeschlagene Richtung Auskunft gibt. Die Erinnerungen, mit denen das gewordene Ich sich ausweist, können einmal eine schwere Last bedeuten, mit der der Daseinsvollzug beschwert wird, und sie können anderseits eine Weite des Daseins erschließen, in der die aktuelle Gegenwart nur noch die Brücke bedeutet, über die sich der Reichtum der erlebten Zusammenhänge bis in die Zukunft erstreckt.

Die Befreiung des Ich von seiner Zeitlichkeit im Denken. Hier ist noch darauf hinzuweisen, daß es nicht das Erinnerungsvermögen allein ist, das den Menschen als den Träger einer bestimmten Vergangenheit vor die Zukunft stellt. Er bleibt zwar einerseits dem Gesetz seiner Zeitlichkeit unterworfen, die das Erlebte, so wie es geschah, zum Vergangenen macht, anderseits aber ist es ihm möglich, sich im denkenden Erfassen gewissermaßen außerhalb des Zeitstroms zu stellen. Das Geschehene bleibt nicht unwiderruflich als das in die Erinnerung eingeprägt, als was es im Erleben damals konzipiert wurde; sondern ein suchendes Denken, das aus dem ichgerechten Erfassenwollen des Daseins entspringt, vermag das Vergangene heraufzubeschwören und hier nachträglich zu weiteren, bisher noch nicht erfahrenen Inhalten des Erlebens vorzudringen. Es ist so, als ob manche Einschränkungen, denen wir durch die Zeitlichkeit alles Erlebens unterworfen sind, dadurch ausgleichbar werden, daß wir im denkenden Erfassen die ständige Fortbewegung des erlebenden Ichs durch die Zeit temporär zu überwinden vermögen, um im bereits Vergangenen mit der Aktualität des Gegenwärtigen erleben zu können. (Ähnlich kann auch beim Blick in die Zukunft mit dem denkenden Erfassen das passive Unterworfensein unter die Zeitlichkeit des Erlebens gesprengt werden. Hier kann sogar wie in einer Vorwegnahme des zeitlichen Erlebens mit der Entscheidung die Zeit vorbestimmt werden.) Mit dieser Erörterung bezogen wir uns eigentlich nur auf eine besondere Möglichkeit im seelischen Geschehen. Sie wurde hier erwähnt, weil die Psychotherapie bei dem Bewußtmachen der Zusammenhänge, die die Persönlichkeit im zeitlichen Erlebensablauf verfehlte, das Selbstverstehen des Patienten nicht allein im aktuell Erlebnishaften herbeiführen kann, sondern oft auch dazu diese eben beschriebene Verstehensweise aktivieren muß. Von grundsätzlicher Bedeutung für die Psychotherapie ist hingegen jener Vorgang im Gedächtnisgeschehen, nach dem einmal erworbene Inhalte im Unbewußten der Persönlichkeit mitreifen und, im Erleben beansprucht, mit einer inhaltlichen Vollständigkeit erscheinen, wie sie dem von der Persönlichkeit erreichten Entwicklungsstand entspricht. Wie wir schon sagten, sind jedoch bei dem Neurotiker jene Gedächtnisinhalte von diesem sich im Unbewußten vollziehenden „Reifungsprozeß" ausgeschlossen, die seinerzeit trotz starker Affektbetonung nicht zur Bildung einer wirklichen, durch Entscheidung gewonnenen Erfahrung führten.

Bei den verständlichen Zusammenhängen im Gedächtnis werden zwei Qualitäten unterschieden. Um diese besondere Leistungsweise des Gedächtnisses so verstehen zu können, daß ihre therapeutische Auswertung möglich wird, weisen wir noch auf einige Tatsachen des „normalen Gedächtnisses" hin. Daß es in der Psychotherapie wichtig ist, den Funktionstyp eines Gedächtnisses zu erkennen, haben wir schon an anderer Stelle auseinandergesetzt. Wir stellten dabei fest, daß eigentümlich anmutende Leistungsweisen des Gedächtnisses unter Umständen durch die besondere Ausprägung der einzelnen Funktionen des Gedächtnisses bedingt sein können. Dort wo aber das Gedächtnis im Bereich verständlicher Zusammenhänge arbeitet, können wir zwei Erinnerungsqualitäten unterscheiden. 1. Den Erinnerungs*besitz* der Persönlichkeit, der ihren Reichtum an Wissen, Lebenserfahrung usw. darstellt. Er steht ihr zur Verfügung wie ein beherrschtes Eigentum, mit dessen Besitz der Betreffende seine Eigenart und ihr Vermögen zum Ausdruck und zur Entfaltung bringt. 2. Der Erinnerungsanteil in der Persönlichkeit selbst, das Vergangenheitsgeschehen also als eine Komponente des gewordenen Ichs. Das sind jene Erinnerungen, die Erlebnisinhalte bedeuten, auf Grund derer sich diese Persönlichkeitsstruktur im Erleben verifizierte, mit denen sie, sei es in der Bejahung, sei es im Widerspruch, zu ihrer Wirklichkeit erwachte. Die Mobilisierung dieser Erinnerungen ist von der Konstellation des Innenzustandes abhängig, und sie nehmen — gegebenenfalls auch nur teilbewußt — auf seinen Verlauf ihren entscheidenden Einfluß.

In beiden Erinnerungsweisen charakterisiert sich also die Persönlichkeit. Während aber in der zuerst genannten Weise die Persönlichkeit sich in ihrem Sosein nur illustriert, wird in der zweiten Erinnerungsweise dieses Sosein als solches verständlich. Diese Unterscheidung der Erinnerungsqualitäten ist nur akzentuierend gemeint, d. h. man wird bei einem Menschen stets auch sehr viele Erinnerungen finden, in denen die beiden eben unterschiedenen Erlebniswerte miteinander vorkommen. Es ist auch weiter möglich, daß Erinnerungen von dem unmittelbaren Mitwirken an der Persönlichkeit ausgeschlossen werden, nachdem sie mit dem Erreichen einer weiteren Entwicklungsstufe ihre persönlichkeitsbestimmende Aktualität verlieren mußten. Anderseits auch können Erinnerungen aus der Distanz des „Erinnerungsbesitzes" in die unmittelbaren Zusammenhänge des auf neuen Wegen suchenden Ichs gerufen werden.

Die Neuroseentstehung als verständlicher Zusammenhang innerhalb der Gedächtnisleistungen. Für das praktische Vorgehen der Psychotherapie sind weniger jene Erinnerungsqualitäten bedeutungsvoll, die die Persönlichkeit zu ihrer bewußten Darstellung benutzen kann, als vielmehr jene, die gewissermaßen als Bestandteil der Persönlichkeit im fühlenden und handelnden Ich wirksam sind. Wenn wir nun den Entstehungsweg der Neurose von den Leistungen des Erinnerungsvermögens her betrachten, so ergibt sich folgendes: Bestimmte Teile jenes die Persönlichkeit formenden Erinnerungsgeschehens konnten in ihrer inhaltlichen *Bedeutung* von diesem Menschen nicht erkannt, d. h. erlebt werden. Dieses Nichterkennenkönnen hatte sich so vollzogen, daß eine Entscheidung, in der diese Persönlichkeit sich selbst finden sollte, offen blieb. Die Weiterentwicklung einer gestalthaft vorgegebenen Persönlichkeitsstruktur erlitt damit an einem bestimmten Punkt eine Hemmung, da ja die Möglichkeiten der Persönlichkeit, im Erleben diese ihre Struktur zu verwirklichen, verfehlt wurden. Erinnerungen, die mit dem emotionalen Gehalt der getroffenen Entscheidung in der Persönlichkeit wirken sollten, konnten also nicht diese Erinnerungsqualität erhalten, sondern blieben als Gedächtniseindruck bestehen, der seine enge Beziehung zur Persönlichkeit nur dadurch andeuten kann, daß er anstatt eines erlebten *Inhaltes* lediglich die *Gefühle* wieder aufklingen läßt mit denen, damals das Versagen in der Entscheidung begleitet wurde. Das Fehlen dieser im Erleben nicht erreichten inhaltlichen Zusammenhänge bewirkt also, daß die dafür an und für sich zuständigen Strebungen der Persönlichkeit den Zusammenhang der Integration in der Struktur verloren haben. Die Therapie hat also die Aufgabe, die verfehlte Entscheidung als verfehlten Erlebensinhalt bewußt zu machen, um so an Hand des hergestellten Sinnzusammenhanges der Biographie den Zusammenhang in der Persönlichkeit vollständig zu machen. Hinsichtlich der Erinnerungen geht es dabei um eine Neuordnung und Beinhaltung gewisser Erinnerungsfelder. Damit dieses sich bei dem Patienten in einem echten erlebnishaften Selbstverstehen vollziehen kann, wählen wir hierfür ein Vorgehen, das ein Maximum an unmittelbarer und lebendiger Anschaulichkeit vermitteln soll.

Wir hatten im vorigen Kapitel ausgeführt, warum und in welch charakteristisch unvollkommener Weise der Niederschlag dieser problematischen Erinnerungen in der Persönlichkeitsaussage zwar immer wieder erscheint, ohne dabei die Wirksamkeit, die ihm zukommen sollte, entfalten zu können. Nachdem wir in der Exploration aus diesen Beobachtungen zunächst nur diagnostische Schlüsse zogen, erfahren sie jetzt eine therapeutische Anwendung, wobei wir folgendes beachten: Der Patient kann nicht umhin, jene unvollkommenen Verhaltensweisen zu wiederholen, sobald sein gegenwärtiges Erleben seine Struktur dort beansprucht, wo sie unvollkommen bleiben mußte. Nun gehört aber zu den Voraussetzungen eines vollständigen Persönlichkeitserlebens das Bewußtsein, mit sich selbst in der Vergangenheit identisch zu sein. Hierfür ist es notwendig, daß das Ich die Gegenwart so erlebt, wie es in der Vergangenheit geformt wurde. Im Strom des Erlebens wird das Neue wertend erkannt, indem es vom Vergangenen her verstanden wird. So reichert sich auch die objektive Erfahrung des Ichs mit der Umwelt und mit sich selbst zunehmend an, und ebenso aber wird das Erinnerungsmaterial, dessen Inhalte als Entscheidungen in dem Ich unmittelbar wirksam wurden, in neuen erlebnishaften Bewährungen lebendig, mit denen die Struktur sich weiter vollendet. Das fühlende, erlebende Ich formt sich also weiter, indem es im gegenwärtigen Erleben um eine verstehbare Fortsetzung seiner Vergangenheit ringt. Wir sahen, daß dieser Entwicklungsweg bei der Neurose an typischer Stelle behindert wird. Bei gewissen Erlebnissituationen, in denen sich die Kontinuität der Ich-Entwicklung bewähren sollte, kann die innere Verantwortung nicht den sicheren Halt der zu eigen gemachten Vergangenheit finden, sondern es erscheint stattdessen die Wiederholung jener Reaktionen, die damals das Versagen, den Bruch in der Persönlichkeitsentwicklung begleiteten. Es ist jetzt so, als ob die Gegenwart, insofern sie eine inhaltliche Anspielung auf jene schicksalshafte Konstellation enthält, nun zur Szene des damaligen Geschehens wird. Die Analogie des Erlebens, in die der Patient hier, ohne es zu wissen, gerät, geht oft so weit, daß Umstände und Personen mit den damals erlebten gleichgesetzt zu werden scheinen. Er glaubt allerdings dabei, das gegenwärtige Geschehen, so wie es ihm begegnet, erlebend auszuschöpfen. Tatsächlich aber hat die Analogie in der Bedeutung dieses Erlebnisses genügt, um sogar den Personen, denen jetzt begegnet wird, Tendenzen zu unterschieben, wie sie die damals Handelnden zeigten. Nachdem auch die Umstände in jenem Sinn umgedeutet erlebt werden, kommt es so zu einer Verfälschung des gegenwärtigen Erlebens, die aus jener mangelhaften Beziehung des Ich zu seiner eigenen Vergangenheit verständlich wird. Das damals verfehlte Durchdringen zur Entscheidung, zur echten Erfahrung, läßt jetzt im Gegenwärtigen fälschliche Beziehungssetzungen entstehen, mit denen nur die fruchtlose Wiederholung des alten Versagens in neuen aktuellen Variationen erfolgt. (Man kann sogar finden, daß das für den Neurotiker so typische, inadäquate Gesamtverhalten und Reagieren, seine dem Tatsächlichen nicht entsprechende Einstellung meist von diesen Erlebniskonstellationen unterhalten wird, die die von ihm seinerzeit nicht bewältigte Problematik anspielungshaft enthalten. Sein Bestreben, sich in den dabei empfundenen rätselhaften Gefühlsströmungen zu behaupten, führt dann zu Motivierungen und Kompensationsversuchen, die schließlich das Gesamtverhalten in Mitleidenschaft ziehen.)

Die therapeutische Verwertung dieses Zusammenhanges als „Übertragung". Wir benutzen in der Therapie die Erhellung dieses eben ausführlich besprochenen Zusammenhanges, um dem Patienten mit unmittelbarer Anschaulichkeit zu zeigen, daß er, von gewissen vorherbestimmten emotionalen Fehleinstellungen gelenkt, jetzt am wirklichen Erleben oft vorbeigeht, und weiterhin, daß diese Fehleinstellung aus verständlichen Zusammenhängen entstand, die sich mit bestimmten Einengungen seiner Persönlichkeit ergaben. Die Therapie versucht also den Patienten mit Hilfe dieser evidenten Anschaulichkeit zur Überwindung dieser Einengungen im Selbstverstehen zu führen. Dieser eben besprochene seelische Zusammenhang, dessen Erhellung wir zur Therapie der Neurose benutzt haben, wird als „Übertragung" bezeichnet, da bekanntlich die Psychoanalyse seinerzeit *eine* Äußerungsmöglichkeit dieses generell wirksamen Zusammenhanges entdeckte und so benannte.

Erläuterungen zum Begriff der Übertragung und seine historische Entstehung. Unter Übertragung verstand man eine eigentümliche Einstellung, die der Patient im Verlauf der Behandlung zum Arzt zu entwickeln pflegte. Sie wird von Gefühlen der Zuneigung oder Abneigung beherrscht, die aus der tatsächlichen Situation nicht verständlich sind. Man sah hierin ein Wiederwachwerden „unbewußter Liebeseinstellungen", das mit der Annäherung an den „Komplex" in der Analyse erfolgte. Da diese Einstellungen ihren eigentlichen Gegenstand nicht erkennen konnten, wurden sie auf denjenigen übertragen, der sie erweckte — den Arzt also. Damit waren diese drängenden Gefühle in einen falschen Zusammenhang gebracht, der nun dem Patienten den Arzt in dieser gleichsam voreingenommenen Weise erleben ließ. Der Patient übertrug also die Einstellung, die er seinerzeit im Konflikt mit gewissen Personen erlebt hatte „unbewußt" auf die Person des Arztes, wobei je nachdem, wie sich der Hergang damals abspielte, Gefühle der Sympathie oder der Antipathie zum Ausdruck kamen.

Freud definierte seinerzeit die Übertragung: „Wenn es noch eines weiteren Beweises für den Satz bedürfte, daß die Triebkräfte der neurotischen Symptombildung sexueller Natur sind, so würde er in der Tatsache gefunden werden, daß sich regelmäßig während der analytischen Behandlung eine besondere Gefühlsbeziehung des Patienten zum Arzt herstellt, welche weit über das rationelle Maß hinausgeht, von der zärtlichsten Hingebung bis zur hartnäckigsten Feindseligkeit variiert und all ihre Eigentümlichkeiten früheren unbewußt gewordenen Liebeseinstellungen des Patienten entlehnt".

Man pflegt von einer Übertragungsneurose zu sprechen, wenn der Übertragungsmodus sich so fixiert hat, daß die eigentlichen Ursachen der Neurose durch diese künstliche Beziehung zum Arzt eine noch festere Verankerung erfahren haben, als es durch die Neurose selbst bereits geschah. Sie scheint so wie durch eine Verzahnung im Gegenwärtigen eine noch festere Stabilisierung erfahren zu haben.

Die Übertragung ist in der Psychotherapie sehr verschieden bewertet worden. Teils wurde sie gefürchtet, und man sah in ihr nur ein Hindernis der Therapie, teils wurde sie zum festen Bestandteil der analytischen Prozedur gemacht. Man pflegte dann ihr Entstehen zu begünstigen und erreichte so eine besonders feste Fixierung an die Person des Arztes. Auf der positiven Seite stand dann eine sich schnell entwickelnde Intimität, die die Förderung analytischen Materials begünstigen konnte. Allerdings pflegt dieses Material recht einseitig zu sein, denn die Haltung, die dieser Übertragung zugrunde liegt, will ja von dem zu erforschenden zwiespältigen Selbstkonflikt nur eine Seite zur Darstellung kommen lassen. Ein ernstlicher Nachteil entsteht hier aber, wenn die Behandlung sich auf Grund dieser Übertragung unübersehbar in die Länge zieht bzw. wenn eine so gezüchtete Übertragungsneurose den Behandlungserfolg verhindert. So verschieden wie die Übertragung in der Psychotherapie gewertet worden ist, so verschieden war auch schon die Reaktion, die dieses Phänomen seinerzeit bei seinen Entdeckern auslöste. In der berühmten Dora-Analyse (1905) kam es schließlich zu einer Übertragung, die den Mitbegründer des kathartischen Verfahrens R. BREUER zum Gegenstand hatte. Die Folge war, daß BREUER sich endgültig von der psychoanalytischen Forschung zurückzog, während FREUD daraufhin das Übertragungsphänomen erforschte.

Die Übertragung in anthropologischer Sicht. In jüngerer Zeit ist man dazu gekommen, die Übertragung anthropologisch zu sehen. Diese Bestrebungen pflegen von der Meinung auszugehen, daß die alte Psychoanalyse die Übertragung psychologisch-mechanistisch betrachtet habe, wohingegen die anthropologische Schau erst das Wesen und die Bedeutung der Übertragung zu erkennen ermögliche. Die Psychotherapie versuche den Menschen „vor sich selbst zu stellen". Die dabei entstehende Auseinandersetzung wird vom Patienten in die Sphäre des Erlebnishaften erhoben, indem er diesen Widerstreit nach außen transponiert und der Arzt eine der sich begegnenden Tendenzen darstellen muß. (Hierbei ergeben sich dann jene gleichnishaften Personifizierungen aus der Vergangenheit des Patienten.) Die Übertragung ist so die Darstellung der Konfliktsituation, in der der Mensch sich selbst sucht, um dann mit ihrer Lösung zur Daseinsverwirklichung kommen zu können.

Zweifellos hat jede psychologische Fragestellung, sogar jedes seelische Phänomen seinen anthropologischen Aspekt. Auch die alte Psychoanalyse sah in der Übertragung nicht nur einen „psychologischen Mechanismus", sondern letzten Endes auch eine Bestätigung des anthropologischen Aspektes, den sie als allgemeingültig gefunden zu haben glaubte. Sie meinte, daß der Mensch sein Dasein als ein biologisches Wesen zu verwirklichen strebe, wobei er dann mit Forderungen, wie sie die menschliche Gesellschaft entwickelt hat, in typische Konflikte gerät. In der Übertragung klingen „Liebeseinstellungen" wieder auf, die das Inhaltliche solch nicht gelöster Selbstkonflikte charakterisieren. Sie sind triebhafter, libidinöser Natur und wollen die seinerzeit nicht saturierten Forderungen in unter Umständen konflikthafter Darstellung anmelden, um die Selbstverwirklichung dieses Menschen als biologisches Wesen durchzusetzen.

Es ist also bei der Auffassung der Übertragung jene früher herrschende anthropologische Auffassung durch eine andere ersetzt worden. Es ist gewiß richtig, daß man alle Situationen der Behandlung mit ihren Einzelheiten, auch in ihrer anthropologischen Bedeutung erfassen kann. Es ist ja auch das letzte Ziel der Behandlung, die innerseelischen Zusammenhänge eines Menschen so zu erhellen, daß er damit vor den Hintergrund der anthropologischen Idee zu stehen kommt und so die ihm entsprechende Seinsverwirklichung erkennen kann. Es ist jedoch nicht möglich, in einem Stadium der Behandlung, das diese Zusammenhänge erst erforschen will, den Sinn einzelner Phänomene — wie den der Übertragung — durch die anthropologische Deutung vorher zu bestimmen. Geht man hierbei nun vom anthropologischen Aspekt aus, so erscheint das Individuelle nur in der Bedeutung des spezifisch Menschlichen überhaupt. Neurotische Äußerungen aber bedeuten immer einen nicht besessenen Individualzusammenhang, mit dessen Erkennung erst die richtige Einordnung dieser Äußerung zum anthropologischen Aspekt möglich wird. Die Psychotherapie muß also alle Phänomene, die ihr in der Behandlung begegnen, auf ihren Gehalt an verstehbaren Individualzusammenhängen prüfen. Wir halten es daher für richtig, die Übertragung im Sinne der verstehenden Psychologie zu betrachten, um so einen möglichst tiefen Einblick in jene selbstverborgenen Individualtatbestände zu erhalten. Erst nach deren vollständiger Erfassung und Erhellung kann dann die anthropologische Fragestellung persönlichkeitsgerecht verbindlich erscheinen. Wir besprechen zunächst die therapeutische Gestaltung jener Übertragungen, die der Patient anläßlich der Behandlung auf den Arzt vornimmt, also der Übertragung im herkömmlichen Sinne.

Übertragung oder aktuelle Reaktion. Hier ist natürlich als erstes die Frage zu klären, ob ein bestimmtes Verhalten, das der Patient dem Arzt gegenüber entwickelt, tatsächlich eine Übertragung bedeutet. Es ist dabei zu unterscheiden zwischen der spontanen Reaktion des Patienten auf den Arzt und dem Inkrafttreten jenes komplexbeladenen Geschehens. Dieses besondere Verhältnis, das der Patient durch die Übertragung zum Arzt herstellt, hat entsprechend der inhaltlichen Bedeutung der Übertragung seine unverkennbare und charakteristische Prägung. Die persönlichkeitsbedingte Einstellung des Patienten aber, die sich aus seinen Reaktionen ergibt, ist ohne weiteres verstehbar und sollte zunächst nur so bewertet werden. Ein klar auf der Hand liegender Zusammenhang darf nie unberücksichtigt bleiben, um dem Bestreben Raum zu geben, das Hintergründige der Neurose in allen Äußerungen des Patienten suchen zu wollen. Wenn im Beginn der Behandlung in einem noch neutral gehaltenen Verhältnis eine deutliche Ablehnung oder Zuneigung erkenntlich wird, so ist dies meistens nur der Ausdruck dafür, daß der Patient seine Erwartungen, die er dem Beginn der Behandlung, ihrem Vorgehen oder der Person des Arztes entgegenbrachte, enttäuscht oder erfüllt sieht. Die Behandlung selbst löst eine Reihe von verständlichen einfühlbaren Reaktionen aus, die in ihrer Einfachheit nicht falsch gedeutet werden dürfen.

Bildhaft deutliche Übertragungen und ihre therapeutische Auswertung. Anderseits ist auch das Auftreten einer typischen Übertragung während der Behandlung unverkennbar. Durch die Konstellation der Gefühle, die wir mit Hilfe der Exploration schufen, scheint jenes unvollkommene Geschehen der Vergangenheit, wie auf seine Lösung drängend, heraufbeschworen zu werden. Die Einstellungen, die nun den Patienten vom Innersten her ergreifen wollen, finden den Weg zur Darstellung, indem sie ohne sachliche Motivierung auf den Arzt übertragen werden, da er sie mit seinem Verhalten wieder zu erwecken verstand. Das drängende Aktuellwerden eines vergangenen, nicht persönlichkeitsgerecht abgeschlossenen Erlebens, sobald die Gegenwart hierauf anzuspielen scheint, erinnert manchmal an die Voreingenommenheit des belasteten Gemütes, das in den Rufen der Gegenwart nur ein mahnendes Heraufbeschwören des Vergangenen zu hören meint.

Diesen so deutlich auftretenden Übertragungen liegt meist zugrunde, daß die Neurose mit einer mehr oder weniger bewegten Situation den Anlaß zu ihrer Entstehung fand. Bekanntlich ist dieses nur eine Möglichkeit der Neurosenentstehung. Gerade diese pflegt aber bei geeigneter Explorationslenkung zu Übertragungen zu führen, die auf Grund der sie beherrschenden, nach Lösung drängenden Gemütsbewegung zu einem höchst wirksamen Mittel der Therapie werden können.

Zum Beispiel. Eine einundvierzigjährige Patientin hatte nach wenigen Sitzungen eine Übertragung vorgenommen, in der sie offenbar den Arzt mit ihrem Mann identifiziert. Während sie bis dahin ihrem Naturell entsprechend sich sehr zugewandt und mit der drastisch-humorvollen Offenherzigkeit ihrer bayerischen Abstammung gegeben hatte, wurde sie jetzt höflich, distanziert, teilnehmend und doch etwas gelangweilt-kühl, so wie sich ihr Verhältnis zu ihrem Mann nach ihren Schilderungen vermuten ließ. Sie selbst beteuerte allerdings, daß dieses Verhältnis ausgezeichnet sei und daß sie ihren Mann sich nicht anders wünschen könne. Im ganzen wirkt sie entschlossen, selbstbewußt, mit übertriebenen Sentiments nicht belastet, aber dennoch natürlich-herzlich. Unter anderem erzählt sie sehr anschaulich, daß sie ihren Mann während einer Bergtour durch schnelles Zugreifen von einem lebensgefährlichen Absturz gerettet habe.

Im Verlauf der sich immer deutlicher abzeichnenden Übertragung erscheint die sonst sehr adrette und gepflegte Dame mit einer recht unordentlichen Haarfrisur. Nachdem sich dieses in drei Sitzungen wiederholt hatte, wird sie darauf aufmerksam gemacht, worauf sie verlegen erklärt, sie habe wohl eine neue Frisur ausprobieren wollen. Gleichzeitig hatte sie in den letzten Sitzungen unauffällig zu vermeiden versucht, zur Begrüßung und zum Abschied dem Arzt die Hand zu geben. Diese Haltung wurde nun näher geprüft und es zeigte sich dann, daß die Patientin, auch als sie ostentativ darum ersucht wurde, nur mit sichtlichem Widerstreben ihre Hand reichen wollte.

Als wir dann die Patientin jenes Erlebnis in den Bergen noch einmal ausführlich erzählen ließen, geriet sie dabei zunehmend in eine Gemütsbewegung, mit deren Äußerungen sich ein heftiger innerer Zwiespalt deutlich abzeichnete. Aus der Vorgeschichte wußten wir, daß das Symptom der Neurose, ein quälender, nervöser Singultus sich in zwei Monaten nach jener Bergtour allmählich eingestellt hatte. Die Ergebnisse der Exploration ließen ferner einen indirekten Schluß auf das eigentliche Verhältnis der Patientin zu ihrem Mann zu, das sie aber in bewußter Selbstrechenschaft nie hatte wahrhaben wollen. Unsere Patientin hatte sehr jung geheiratet und dann recht bald erfahren müssen, daß sie die tiefe, behutsame Neigung ihres Mannes nicht erwidern konnte. Jedenfalls hatte sie nicht die Erfüllung ihrer damaligen jungmädchenhaft idealisierten Erwartungen erlebt. Wo er zartfühlend und zurückhaltend war, empfand sie ihn als langweilig; wenn er einmal mit dem eigenen Charme eines verschlossenen, schwerflüssigen, beinahe etwas steifen Menschen aus sich herausging, so fand sie ihn lächerlich und abstoßend. Schließlich grollte sie ihm, weil er ihr gegenüber so vollkommen und so unerträglich nachsichtig war, daß sie keinen plausiblen Grund für ihre mangelnde Zuneigung finden konnte.

Wir boten nun der Patientin folgende Auslegung jenes Erlebnisses, bei dem sie ihrem Mann das Leben rettete, an, wobei wir uns im vorsichtigen Vorgehen vergewisserten, daß jene emotionale Spannung mit der behutsamen Entwicklung unserer Deutung immer intensiver wurde. Wir sagten: Einem plötzlich aufsteigenden Gefühl folgend hätte sie ihm damals lieber nicht die rettende Hand gereicht, sondern ihn als Opfer eines tragischen Unglücksfalles abstürzen lassen. Die unordentlichen Haare bedeuteten teils eine Anspielung auf jenen stürmischen Abend in den Bergen, teils auf ihre aufgelöste innere Verfassung in jenem Moment, als ihr ihr Schicksal plötzlich selber „in die Hand gegeben" wurde. Die Patientin akzeptierte diese aus der Übertragung interpretierten Darstellung des Herganges, wobei ihre innere Spannung sich in starker Bewegtheit löste. Den Anlaß zu ihrer Behandlung, den nervösen Singultus, erklärte sie dann selber als eine ständige Übelkeit vor sich selbst und ihrer ganzen Lage.

Mit dieser Auflösung der Übertragung war der entscheidende Schritt in der Therapie vollzogen worden. Die Patientin berichtigte dann im spontanen Selbstverstehen jene jungmädchenhafte Auffassung ihres Mannes, die jetzt vor dem unbehinderten Blick ihrer gereiften Persönlichkeit nichtssagend verblaßte. Jene Auffassung hatte ihre Scheinverbindlichkeit nur solange aufrechterhalten können, da ihre Prüfung in einer umfassenden Selbstrechenschaft seinerzeit noch nicht möglich war und später nie gewagt wurde. Das damit bestehende Gefühl, in ihrer Ehe enttäuscht zu sein, hatte sie dann mit moralischen Überlegungen niedergehalten. Sie führten dazu, daß die Patientin ihr Verhältnis zu ihrem Manne so zu sehen versuchte, wie sie es uns im Beginn der Behandlung geschildert hatte. Mit dem Erkennen der wahren Zusammenhänge verlor das Erlebnis in den Bergen den peinigenden Charakter einer eigentlich nicht bestandenen Versuchung und wurde nun zum Symbol einer Zusammengehörigkeit, die die Patientin auch schon mit ihrem Manne verbunden hatte, als sie für die eigentlichen Werte ihrer Ehe noch blind war. Den weiteren Fortgang der Therapie bestritt die Patientin im wesentlichen selbst, nachdem sie, von dem entscheidenden Konflikt einmal befreit, nun ihre Ehe in dem Licht ihrer gereiften Lebenserfahrung sehen konnte.

In diesem Falle hatte also die Übertragung, die wir therapeutisch anwenden konnten, folgende Entstehung. Eine schon seit langem bestehende Entscheidungssituation, die die Patientin nicht wahr haben wollte (bin ich durch meine Ehe enttäuscht oder nicht?), hatte mit einem dramatischen Anlaß (Vorfall während der Bergtour) in Erscheinung zu treten versucht. Mit diesem Anlaß hatte die Patientin erleben müssen, daß sie eine der wichtigsten Fragen in ihrem Leben bisher in unvollkommener Einseitigkeit behandelt hatte und daß eine bisher verleugnete Seite dieses Problems jetzt mit der Radikalisierung des lang Unterdrückten wie eine fremde Gewalt die bewußten Ordnungen der Persönlichkeit plötzlich aufbrach. Die so lange verdrängte Entscheidung des wahren Verhältnisses meldete sich jetzt schließlich mit einer erschreckend extremistischen Fragestellung. Der dramatische Durchbruch der so ins Ungeheuerliche verzerrten Tendenzen ließ aus der bisher noch beherrschten Fehlentwicklung eine Neurose mit quälenden Symptomen werden. Durch die Explorationen, in denen die Persönlichkeitsstruktur an ihren „kritischen Stellen" zum Schwingen gebracht worden war, kam es zu einer Übertragung, in der die Patientin unbewußt den dramatischen Anlaß, mit dem die Neurose entstanden war, zu wiederholen schien.

Wir haben seinerzeit das Übertragungsgeschehen, wie es sich in diesem Falle abspielte, hinsichtlich seiner generellen Bedeutung für die Auswertung der Übertragung in der Therapie überschätzt. Es zeigte sich, daß eine Übertragung, die mit solch einer bis ins einzelne gehenden Anschaulichkeit den Schlüssel zu einer erfolgreich schnellen Therapie bilden kann, nur in wenigen Fällen zustande kommt. Bei diesen fanden wir dann folgende Voraussetzungen: In einer seit geraumer Zeit bestehenden Fehlentwicklung zeigte sich mit einem dramatischen Anlaß die andere, unterdrückte Seite einer inneren Zwiespältigkeit, womit die Symptombildung der Neurose in Gang gesetzt wurde. Die Persönlichkeiten selbst zeichneten sich durch impulsiv-temperamentvolle Selbstbehauptungstendenzen aus und neigten zu Entscheidungen von kompromißloser Konsequenz. Sind diese Voraussetzungen gegeben, so kann man allerdings bei einer geeigneten Explorationslenkung das Entstehen von Übertragungen erwarten, die dann in der Therapie den dramatischen Wendepunkt der Fehlentwicklung darstellen können.

Wenn man bei der Lenkung einer solchen Übertragung das Immerdeutlicherwerden einer verborgenen emotionalen Tendenz erlebt, die in ihrem Drängen zum Wirklichwerden sogar die gegebenen Umstände illusionär verfälscht, so kann man an jene merkwürdige Novelle A. E. Poe's, „Der alte Mann mit dem Geierauge", erinnert werden. Man möge diesen befremdlich anmutenden Vergleich erlauben, indem man berücksichtige, daß er sich nicht auf die Qual eines durch ein Verbrechen belasteten Gewissens bezieht, sondern auf das überwältigende Drängen eines Innenzustandes, der mit einer Anspielung auf ein nicht persönlichkeitsgerechtes Geschehen entstehen mußte. Auch hier wurde eine zwiespältige Gemütsbewegung der Vergangenheit so stark lebendig, daß es sogar zu einer psychogenen Verfälschung der gegenwärtigen Szene kam, die damit nicht mehr ertragbar wurde[1].

---

[1] E. A. Poe beschreibt folgendes: Ein unsteter junger Mann hat bei seinem wohlhabenden alten Onkel eine Bleibe gefunden. Der Verlust eines Auges hat diesem freundlichen Greis ein Aussehen gegeben, durch das sich der junge Mann in einer ihm selbst rätselhaften Weise angewidert und doch fasziniert fühlt. Es treibt ihn dazu, sich nachts in das Schlafzimmer des Alten zu schleichen und den feinen Lichtstrahl einer Blendlaterne auf das ihm so schreckliche Auge zu richten. Dabei erlebt er wie das „Geierauge" sich jetzt angstvoll auf ihn richtet und er glaubt in der gespenstigen Stille, den Herzschlag des anderen als lautes Pochen zu hören. Nachdem sich diese stumme Szene in mehreren Nächten wiederholt hat, erwürgt er seinen Onkel bei solch einem Besuch und bringt so den schrecklichen Blick des Geierauges zum ewigen Verlöschen. Den Leichnam verbirgt er unter der Diele eines Zimmers, in dem er später mit gelassenen, wohl durchdachten Ausreden die Polizei empfängt, die sich nach dem Verbleib des alten Herren erkundigen will. Er genießt das Gefühl eines höhnischen Triumphes, als er auf einem Stuhle sitzend, den er gerade auf jene Dielen gestellt hat, die zum Fortgehen bereiten Polizeibeamten noch mit einem liebenswürdigen Gespräch über den angeblich Abgereisten aufhält. Plötzlich schlägt jetzt seine Stimmung wieder in jene geheimnisvolle, angsterfüllte Unsicherheit um, die ihn damals in jäh aufwallendem Haß zum Mord antrieb, und er hört wieder jenes schreckliche Herzpochen, das jetzt unter der Diele herkommt. Er versucht vergeblich, das in seinen Ohren immer lauter klingende Geräusch mit krampfhaft lebhaftem Gerede zu übertönen,

Die bekannten typischen Übertragungssituationen, in denen der Patient im Laufe der Behandlung den Arzt mit bestimmten Schlüsselfiguren seiner schicksalshaften Vergangenheit gleichzusetzen scheint, brauchen im weiteren nicht geschildert zu werden. Wir beschränken uns darauf, einige Richtlinien aufzuzeigen, wie gewisse, während der Behandlung häufig entstehenden Übertragungssituationen beherrscht bzw. der Therapie dienstbar gemacht werden können.

Abbau therapeutisch ungünstiger Übertragungen. Grundsätzlich werden wir jene Übertragung zu vermeiden streben, bei der der Patient den Arzt die Rolle eines Wesens spielen lassen will, das in seinen geschätzten oder nicht geschätzten Eigenschaften in übernatürlicher Übermächtigkeit vor dem Patienten steht. Erfahrungsgemäß sind ja derartige Identifizierungen der Niederschlag einer Vergangenheit, in welcher er schon damals die ganzen Hintergründe seiner Problematik auf eine der Personen seiner Umwelt projizierte, auch wenn diese nur der äußere Anlaß seiner typischen Entgleisung war. Wenn wir bemerken, daß der Patient mit starker Gefühlsbeteiligung eine Übertragung aufzubauen beginnt, der wir mißtrauen müssen, so versuchen wir mit unserem Verhalten die uns zugedachte Rolle zu sabotieren. (Wenn wir im folgenden das Entstehen von Übertragungen in einer sehr vereinfachten Weise darstellen, so soll damit nur die leichte Verständlichkeit des Gleichnishaften erreicht werden. Wie aus dem Vorhergesagten hervorgeht, sehen wir in der Übertragung nicht ein gleichsam kausales Geschehen, wie es dieser Terminus zu bezeichnen scheint, sondern das Wirksamwerden eines Zusammenhanges, der den gestörten Daseinsvollzug dieser Persönlichkeit mit gleichnishaften Entsprechungen zum Ausdruck bringen will.)

In dem Beispiel, das wir jetzt berichten, sowie in den folgenden stellen wir die Übertragung bereits in dem inhaltlichen Zusammenhang dar, der sich in dem Verlauf der Exploration bestätigte. Wie sich diese Zusammenhänge erkennen lassen, wurde im vorigen Kapitel ausführlich besprochen. Hier sei nur noch einmal darauf hingewiesen, daß jenes eigentümliche, nicht angemessene Verhalten, dem die Übertragung zugrunde liegt, durch seinen besonderen emotionalen Ausdruck gekennzeichnet wird.

Mit der folgenden Krankengeschichte soll ein einfaches Beispiel für den Abbau einer ungünstigen Übertragung gegeben werden: Ein neununddreißigjähriger Ingenieur zeigt bereits nach zwei Sitzungen ein auffällig einsichtiges Verhalten. Er spricht über seine häuslich-familiären Schwierigkeiten und entwirft dabei ein Bild von sich, das eine Kritik seines Verhaltens nahelegt. Im Geschäft — er ist Angestellter eines Konstruktionsbüros — sind seine Leistungen nicht recht ausreichend. Mit den ihm übertragenen Aufgaben wird er nicht rechtzeitig fertig

---

um schließlich mit dem Entsetzensschrei aufzuspringen: „Schurken, verstellt Euch nicht länger . . . Reißt die Dielen auf . . . Hier, hier schlägt dieses entsetzliche Herz."

Eine Geschichte, die — wie so oft bei E. A. Poe — trotz der vordergründig-sensationellen Gestaltung der Geschehnisse mit wirklicher Psychologie erfüllt ist. So ist es nicht die Untat als Verbrechen, die in der hier frivol herbeigeführten Anspielung auf die wahren Zusammenhangsketten den alten Innenzustand bis zur Verfälschung der gegenwärtigen Wirklichkeit wieder lebendig werden läßt. Es ist vielmehr der emotionale Gehalt eines ungeklärten Spannungszustandes, der in der dranghaften Gewalttat seine Lösung nicht finden konnte und nun durch die Anspielung gerufen, die künstlichen Konstruktionen, mit denen dieses Ich weiterzubauen versuchte, überflutete.

und übersieht oft Wichtiges. Bei seinem geringen Gehalt sind die Lebensbedingungen seiner Familie ziemlich dürftig. Daß er später einmal für eine Berufsausbildung seiner drei Kinder sorgen soll, steht wie ein Berg vor ihm. Schon jetzt läßt sich der wirtschaftliche Etat der Familie nur mit größten Schwierigkeiten balancieren. Zu Hause bemüht er sich zwar, seiner überlasteten Frau etwas zu helfen, aber so ungeschickt, wie er in den Fragen des praktischen Lebens ist, bleibt diese Hilfe leider recht unwesentlich. Selbst hierbei muß er immer wieder feststellen, daß er keinen rechten Schwung hat, und daß ihm der Blick für das Wesentliche abgeht. Seit einigen Wochen leidet er an nervöser Schlaflosigkeit, durch die er sich in seiner Leistungsfähigkeit noch weiter beeinträchtigt fühlt. Er schlägt nun dem Arzt vor, er solle ihn nur „recht fest herannehmen". Das Rauchen soll verboten werden und ein spartanischer Tagesplan in allen Einzelheiten aufgestellt werden.

Es konnte zunächst so aussehen, als ob der Patient eine bis dahin gewahrte neutrale Fassade nach zwei Sitzungen aufgegeben hatte und nun mit nüchterner Sachlichkeit seine eigene ungünstige Bilanz erkannte. In weiteren Aussprachen aber zeigte sich in leisen Andeutungen, daß diese Haltung des Patienten doch nicht so konsequent und eindeutig war. Ohne dieses in sich widerspruchsvolle Verhalten irgendwie zu begründen, warf er von Zeit zu Zeit Bemerkungen ein, die geeignet waren, ihn nicht als initiativelosen Schwächling, sondern als überdurchschnittlich qualifizierte Persönlichkeit erscheinen zu lassen. Er machte mit autoritärer Sicherheit sachverständige Bemerkungen über schwierige Probleme seines Faches, er fällte Urteile über wirtschaftliche Fragen, wußte Vorschläge zu ihrer Lösung und ähnliches mehr. Hierbei zeigte er die Haltung eines Mannes, der, im Besitz einer gründlichen Bildung und einer überdurchschnittlichen Urteilskraft, in der Lage ist, in gehobener verantwortungsreicher Position zu wirken. Dieses widerspruchsvolle Verhalten zeigte sich aber nur andeutungsweise. Seine spärlichen Äußerungen entschlüpften dem Patienten gewissermaßen während er sonst durchaus überzeugend den Unterdurchschnittlichen darstellte.

Es lag auf der Hand, daß der Patient unbewußt darauf abzielte, den Arzt in die Rolle einer ihn verurteilenden Person zu bringen, wenn er auch gelegentlich versuchte, ihm zu imponieren. Es wurde infolgedessen diesen seinen Erwartungen nicht entsprochen. Wir legten ihm nahe, sich gar nicht um seinen häuslichen Kram zu kümmern und zu sorgen, sondern sich vielmehr in seiner Freizeit mit den interessanten Problemen seines Faches zu beschäftigen. Rauchen dürfe er wie er wolle, eine pedantische Tageseinteilung würde ihn nur in der Arbeit stören. Sein berufliches Versagen sei nur auf Überarbeitung und Nervosität zurückzuführen. Seiner Begabung und Persönlichkeit nach müsse er seinen Aufgaben durchaus gewachsen sein.

Der Patient reagierte mit einer ungläubigen Unsicherheit. Sie äußerte sich mit einer rein gefühlsmäßig gesteuerten, hartnäckigen Ablehnung, die manchmal kindhaft-unlogisch wirkte. Die ohne wesentliche Schwierigkeiten vonstatten gehende Behandlung zeigte dann folgende Situation:

Der Patient hatte in jungen Jahren gegen den Willen seines Schwiegervaters, der in seiner Familie eine absolut autoritäre Stellung behauptete, seine Heirat durchgesetzt. Ursprünglich wollte er als selbständiger Ingenieur oder als Mitarbeiter eines großen Werkes an der Weiterentwicklung gewisser neuartiger

Planungen arbeiten, die er schon während des Studiums erfolgversprechend begonnen hatte. Diese aussichtsreiche Zukunft, die ihm auch von sachverständiger Seite vorausgesagt worden war, hatte er sich durch seine frühe Heirat zunächst verdorben. Sein Schwiegervater drang darauf, daß er eine sichere Stellung annähme, und so landete er als Angestellter in einem unbedeutenden Konstruktionsbüro. Auch seine überdurchschnittliche Begabung wurde nicht anerkannt, sondern vielmehr recht gering eingeschätzt, da der Schwiegervater, ein Gemüsegroßhändler, die Betätigung und den Wert eines Menschen nach dem sichtbaren Erfolg zu beurteilen pflegte. Nachdem sich der Patient nicht mit den langweiligen Arbeiten seines Büros abfinden konnte und dort auch nicht reussierte, begann er unter dem Druck der ganzen Lage, den Glauben an sich selbst zu verlieren. Den entscheidenden Anstoß gab dazu das Bewußtsein, daß er durch sein Versagen seiner Frau, an der er sehr hängt, ein schweres und sorgenvolles Leben aufbürdete. Die Erkenntnis, daß er unter seinen besonderen Umständen mit der Heirat besser gewartet hätte, wollte er nicht aufkommen lassen. So resignierte er schließlich und wollte die Schuld an allem einer eigenen unzureichenden Veranlagung zuschreiben.

Im Beginn der Behandlung versuchte er dem Arzt die Rolle des weltklugen Schwiegervaters zuzuweisen. Er will dieselbe Verurteilung herausfordern, die er dort gefunden hatte. Seine tatsächlich unaufrichtigen Selbstbezichtigungen bedeuten einen Totstellreflex, den er als einzigen Ausweg in seiner mißlichen Lage gefunden hat. So, nachdem er auf alles verzichtete, ist er auch von seinem Schwiegervater nicht mehr angreifbar. Von der Behandlung glaubt er trotz seiner äußerlichen optimistischen Bereitwilligkeit im Grunde nichts erwarten zu dürfen. Er versucht nun, mit dem Arzt noch einmal jene Scheinlösung seiner Lage aufzuführen, die ihn jetzt gegen die Vorwürfe seines Schwiegervaters immun macht.

Eine Duldung seiner Übertragung hätte zweifellos die Behandlungsaussichten erheblich verschlechtert. So aber kam der Patient nach acht Sitzungen zur Revision seiner Auffassungen und weiterhin zu dem Entschluß, im Beruf sein ursprüngliches Niveau wieder anzustreben und auf diese Weise die Besserung seiner wirtschaftlichen Verhältnisse zu erreichen. Damit verloren sich auch die körperlichen Beschwerden, die ihn in die Behandlung geführt hatten. Den recht schweren weiteren Weg des Patienten hätte zweifellos eine verständnisvolle Haltung des Schwiegervaters erleichtern können. Der von uns vorgenommene Versuch einer Situations-Bereinigung scheiterte jedoch an den einseitigen, aber festen Prinzipien des Gemüsehändlers.

In diesem Fall enthielt die Übertragung, die der Patient spontan vornehmen wollte, eine unechte Selbstanklage, die zunächst recht plausibel wirkte. Sie wurde nicht akzeptiert, sondern es erfolgte, für den Patienten unerwartet, eine wohlmeinende Anerkennung. Durch die rechtzeitige Erkennung der nicht wünschenswerten Übertragung und durch ihre Verhinderung wurde die Möglichkeit geschaffen, die weitere Behandlung nach der ärztlichen Initiative zu gestalten. Die frei entfaltete Übertragung aber hätte die Initiative zunächst dem Patienten gegeben, und es wäre schwierig geworden, seine durch willig gegebene Schuldbekenntnisse gefestigte Position durch eine spätere Interpretation seiner Übertragung zu erschüttern. Grundsätzlich können wir stets einer Übertragung mißtrauen, die, schon im frühen Beginn der Behandlung entstehend, eine Lage demonstrieren möchte, in der eine Entzifferung der Neurose schon klar und eindeutig angeboten zu werden scheint. Indem wir nicht darauf eingehen, die Rolle zu übernehmen, die der Patient uns zuweisen möchte, prüfen wir mit unserem Widerspruch, ob hier eine echte Akzentuierung vorliegt, der wir folgen müssen, oder aber ob wir zu einer falschen Voraussetzung genötigt werden sollen, deren nachträgliche Korrektur auf erhebliche Schwierigkeiten stoßen würde.

Wunschbilder als Übertragungen. Gelegentlich wird die Übertragung nicht allein auf den engeren Personenkreis des Konfliktes beschränkt, sondern es werden im Übertragungsmodus zusätzlich Personen eingeführt, deren Anwesenheit jener Erlebniskonstellation wünschenswert gewesen wäre. Zum Beispiel: Ein junges Mädchen, das eine Enttäuschung durch einen Mann erlebt hat, will zunächst dieses Erlebnis nur ganz am Rande behandeln. Sie glaubt durch ihre Scheu und übertriebene Zurückhaltung diese Enttäuschung selber verschuldet zu haben. Dabei ist aber ihre ganze Lebenseinstellung von einer bitteren Resignation getragen, die als Reaktion auf „jene verpaßte Gelegenheit" besteht.

Im Verlauf der Behandlung ergibt sich jedoch, daß ihre damals gezeigte Reserve durchaus angebracht war und daß sie sich damit auch nicht um die Möglichkeit gebracht hatte, ihr Leben glücklich zu erfüllen. Mit dieser Erkenntnis überwandt sie ihre „tragische" Passivität, die sie jetzt als unbegründet erkannte und ebenso verschwanden auch zahlreiche hypochondrische kleine Beschwerden, mit denen sie das vorzeitige Welken auch ihres körperlichen Daseins bekunden wollte.

Die entscheidende Wendung in ihrer Lebenseinstellung vollzog sich mit Hilfe folgender Übertragung. Nachdem sie sich anfänglich dem Arzt gegenüber kühl und reserviert gegeben hatte, wandelte sich ihre Haltung dann spontan zu einem rückhaltlosen Vertrauen. Sie erzählte dazu, daß der Arzt sie an ihren im Krieg gefallenen Bruder erinnere und jene überflüssige Verliebtheit und vor allem deren so falsche Bewertung wäre ihr sicher erspart geblieben, wenn sie zu jener Zeit noch den stets liebevoll verstehenden Rat ihres gefallenen Bruders gehabt hätte. Diese Übertragung identifizierte also den Arzt mit ihrem Bruder, um letzterem noch nachträglich die entscheidende Rolle in einem Konflikt zu übergeben, der tatsächlich ohne seine Mitwirkung und mit einem anderen Verlauf stattgefunden hatte.

Auflösung heikler Übertragungen. Auch bei aller Sorgfalt, die wir auf die Überwachung der Übertragung verwenden, kann es sich immer wieder ereignen, daß ein Patient uns eines Tages mit einer fertigen Übertragung überrascht, deren Entstehen sich für uns unbemerkt vollzog. Leider sind gerade dieses meist Übertragungen, die therapeutisch unerwünscht sind.

So z. B.: Ein zweiundfünfzigjähriger Patient, der über Nachlassen der Potenz klagt, hat sich im Laufe seiner letzten 10 Ehejahre offenbar mit seiner Frau auseinandergelebt. In der Analyse ergibt sich, daß dieses Verhältnis in den ersten Jahren der Ehe ein sehr nahes war. Die spätere Entfremdung scheint dann darauf zurückzuführen zu sein, daß seine Frau sich menschlich anders entwickelt hatte, als er es seinerzeit wunschbildhaft erwartete. Im Laufe der Zeit empfand er, ohne es sich eingestehen zu können, eine zunehmende Enttäuschung und kam so allmählich zu einer Haltung, die eigentlich die nachträgliche Ablehnung eines begangenen Irrtums bedeutete. Als sich das therapeutische Gespräch dieser Erkenntnis näherte, stellte sich eine völlige Impotenz ein.

Einige Tage später berichtete der Patient einen Traum, in dem seine sechzehnjährige Tochter, für die Deutung erkennbar, der Gegenstand sexueller Wünsche war. Diese Deutung wurde dem Patienten vorenthalten und die dahin gelenkte Analyse zeigte, daß der Patient jetzt eine Übertragung auf seine Tochter vorgenommen hatte. Im Grunde genommen also war er ebenso wie früher noch an seine Frau bzw. deren unwirkliches Idealbild, das er sich früher von ihr gemacht hatte, gebunden. In der Phase der jetzigen Entfremdung suchte er Zuflucht zu jener vergangenen Zeit der Harmonie und er wollte das einstige Glück mit Hilfe der Übertragung festhalten und gegenwärtig machen. Diese Übertragung drückte sich nicht nur im Traum aus, sondern auch in einem besonders zärtlichen Verhältnis zu dieser Tochter, in das der Patient jetzt flüchtete. Es fiel auf, daß er jetzt bei der Erörterung seiner Schwierigkeiten gern scheinbar unvermittelt abschweifte und von seiner Tochter erzählte.

Es war nun die Aufgabe der Therapie, den Patienten prüfen zu lassen, ob er tatsächlich in seiner Ehe die Werte vermissen mußte oder ob er in egozentrischer Voreingenommenheit die Realisierung eines Traumbildes erwartet hatte und dabei den möglichen Aufbau einer wertreichen Gemeinsamkeit versäumte. Zunächst aber war es notwendig, diese heikle Übertragung aufzulösen. Hätte man etwa dem Patienten auseinandergesetzt, daß er unbewußt seine Tochter begehre und ihr die Rolle seiner Frau zuweise, nachdem er diese entthront hatte, so wäre er zweifellos auf das Schwerste schockiert gewesen. Vermutlich hätte seine Niedergeschlagenheit oder Entrüstung den Weg zum Behandlungserfolg endgültig verschüttet. Anderseits konnte diese Übertragung nicht einfach ignoriert werden, da sie zu heikel war, und weil ja die Aussicht auf den Behandlungserfolg von der Beherrschung der Übertragungssituationen abhängt. Wir bezogen uns bei unserem Vorgehen auf die Zusammenhänge, die dem Übertragungsmodus als solchen zugrunde liegen. Hier besagten sie: Unser Patient begehrte nicht seine sechzehnjährige Tochter, sondern er sehnte sich nach jener vergangenen Zeit seiner jungen Ehe, als er mit seiner Frau noch restlos harmonierte. Die Erscheinung seiner sechzehnjährigen Tochter ließ für ihn diese glückliche Zeit wieder erstehen und das unbewußte Scheinerleben der Übertragung überstrahlte mit seinem Gefühlsgehalt die konfliktvolle, unerfreuliche gegenwärtige Realität. Wie bei jeder therapeutischen Ausnutzung einer Übertragung betonten wir auch hier den spielerisch-unrealistischen Charakter dieses Geschehens. Unserem Patienten konnten wir sagen, daß seine Tochter in seinem wirklichen Leben seine Tochter sei und bliebe, nicht aber seine Frau, die er mit Recht vermisse. So suche er immer wieder jenen Abschnitt seines Lebens auf, in dem er sie noch besaß und er illustriere lediglich dieses wehmütige Suchen mit dem Bilde seiner Tochter.

Was in diesem Fall als Übertragung während einer bestimmten Phase der Behandlung deutlich aktualisiert wurde, ist bekanntlich als latente Haltung in nicht harmonisch verlaufenden Ehen häufig zu beobachten. Eine gegenseitige Enttäuschung, die um des Fortbestehens der Ehe willen nicht bis zur Konsequenz bewußt werden darf, wird dadurch ausgeglichen, daß die bei dem Ehepartner vermißten Züge mit übertriebener Wertung in dem noch ungereiften, noch nicht verbindlichen Eigenschaftsverhalten eines Kindes gesehen werden. Das angebliche Verstehenkönnen dieses Kindes bedeutet dann mit das eigene Nichtverstandenwerden durch den anderen. Damit pflegt dann eine oppositionelle Verbundenheit zwischen dem einen Elternteil und einem Kind zu entstehen, die im Grunde die eigene, nichtgeständnisfähige Enttäuschtheit und Vereinsamung in der Ehe meint.

Aktueller Konflikt — oder Konfliktauswirkung als Übertragung. Wir sahen an dem letzten Beispiel, wie der Patient von einer Übertragungsmöglichkeit in seiner näheren Umgebung spontan Gebrauch machte. Man wird öfters finden, daß im Unterschied zu diesem Fall, wo die Übertragung sich erst während der analytischen Erhellung des Konfliktes ergab, derartige Übertragungen bereits in die Behandlung mitgebracht werden. Natürlich muß hier zunächst eine naheliegende andere Möglichkeit ausgeschieden werden. Wenn wir erfahren, daß der Patient auf gewisse Personen in seiner näheren Umgebung nicht den Gegebenheiten entsprechen, „verständlich richtig" reagiert, sondern mit Ressentiments und unklaren gefühlsmäßigen Vorbehalten, so können dieses entweder schon die unmittelbaren Äußerungen jenes Konfliktes sein, der zur Entstehung der Neurose führte, oder aber es handelt sich um eine Übertragung, die der Patient schon vor Beginn der Behandlung vorgenommmen hatte. Im ersten Fall stehen wir damit vor dem Konflikt selbst, der durch die gegenwärtige untragbare Konstellation der Umweltsforderungen und die unzureichenden Reaktionsmöglichkeiten des Patienten ausgelöst wurde, im zweiten Fall erfahren wir nur einen verschlüsselten Hinweis auf den eigentlichen Konflikt. Um beurteilen zu können, welche Möglichkeit jeweils gegeben ist, wird man zunächst zu erkennen versuchen, ob die Äußerungsformen des Übertragungsverhaltens dem Gesamtreifezustand entsprechen, den diese Persönlichkeit jetzt erreicht hat (verstehbare Äußerungsweise in einer akuten Konfliktreaktion) oder ob sie die Reaktionsweisen einer zurückliegenden Entwicklungsepoche widerspiegelt (Äußerungsweisen, die nur als Wiederholung einer früheren Konfliktreaktion verständlich werden können).

Übertragungsmöglichkeiten in der weiteren Umgebung des Patienten. Die Entstehung einer therapeutisch gut verwertbaren Übertragung in der Umgebung des Patienten erlebten wir im folgenden Fall: Eine siebenunddreißigjährige Patientin ist bis zum Kriegsausgang im Haushalt ihres verheirateten Bruders in Ostpreußen faktisch als „Mädchen für alles" tätig gewesen. Die Umsiedlung erfolgte unter sehr dramatischen Umständen und führte zur völligen Verarmung der Familie. Obgleich der anscheinend sehr lebenstüchtige und von der Patientin bewunderte Bruder schon wieder eine neue Existenz gründen konnte, kann sie sich mit den erlittenen Verlusten und den neuen Verhältnissen nicht abfinden. Sie ist jetzt initiativelos, verstimmt und bietet so zunächst das Bild einer reaktiven Depression. In der Analyse zeigt sich dann, daß die Störungen der Patientin letzten Endes auf andere Ursachen zurückzuführen sind. Sie hatte seit dem frühen Verlust der Eltern dem Bruder den Haushalt geführt, war nach seiner Heirat wie selbstverständlich in seinem Haushalt übernommen worden, und hatte so nie ein eigenes, selbständiges Leben führen können. Ihr Bruder hatte diese Abhängigkeit in einer nicht unguten, aber gedankenlos-egoistischen Haltung gepflegt.

Daß die Patientin vielleicht einmal heiraten könnte, wurde nie in Erwägung gezogen. In Gegenwart seiner Freunde hatte der Bruder die nur zwei Jahre ältere Schwester stets wie eine brave alte Tante behandelt, die nur aus neutraler Ferne um das Wohlergehen der Jugend besorgt sein darf. Auch die Frage, ob sie mit ihrer Lebensstellung tatsächlich ausgefüllt sei, hatte nie irgendwelches Kopfzerbrechen verursacht. Die Patientin selbst schien dieses alles sehr natürlich zu finden, hing an ihrem Bruder und bewunderte ihn. Die gewaltsame Loslösung von den so lange gewohnten Lebensverhältnissen, die plötzliche Vernichtung so vieler Werte, die bis dahin unvergänglich schienen, hatten in ihrem Innern den Zustand einer tabula rasa geschaffen, wobei auch jene Voraussetzungen ihres bisherigen Lebens gefallen waren, die sie bis dahin nie zu prüfen gewagt hatte. Jetzt, wo sie auch unter so schmerzlich veränderten Bedingungen überall neues Leben entstehen sah, meldeten sich gebieterisch die solange zurückgedrängten eigenen Wünsche und es verlangte sie danach, endlich ihr eigenes Leben zu beginnen. Da sie sich den Gedanken einer kritischen Abrechnung mit dem Bruder nicht einzugestehen wagte, kam es zu einer resignierten Depression, die sie schließlich zum Arzt führte.

Während der Behandlung konnte sehr schnell eine Atmosphäre freundlichen Zutrauens hergestellt werden, nachdem die Patientin ihre anfängliche Einstellung änderte, in der sie die ärztlichen Ratschläge aus der Distanz des ihr so geläufigen partriarchalischen Verhältnisses erwarten wollte. Diese naheliegende Übertragung, in der die Patientin den Arzt mit dem Bruder gleichsetzen wollte, wurde gehindert, indem ihr in all ihren Überlegungen ostentativ ein wesentlich größerer Raum zugebilligt wurde, als es durch diesen Bruder zu geschehen pflegte. Die Patientin bot dann eines Tages selber eine Übertragung innerhalb ihrer näheren Umgebung an, die wir begünstigen konnten. Während der Aussprachen kam sie nahezu unvermittelt auf das Verhalten eines Familienvaters zu sprechen, der mit seiner Familie die Wohnung mit ihr und der Familie des Bruders teilte. Sie sprach sich dann mit lebhafter innerer Beteiligung darüber aus, daß dieser Vater sich seinen Kindern gegenüber, besonders aber zu seiner ältesten fünfzehnjährigen Tochter nicht richtig verhielte. Das Mädchen werde viel zu sehr im Haushalt und mit der Betreuung seiner Geschwister in Anspruch genommen. Es sei hochbegabt und voller Interessen, die man mit Verständnis fördern solle. Wenn man diesem jungen Mädchen, wie es jetzt geschehe, die Möglichkeit zur selbständigen Entwicklung nähme, so würde es eines Tages zu spät sein und die Zukunft sei dann vernichtet. Man könne diesen egoistischen und gleichgültigen Vater nur mißbilligen.

Es entwickelte sich so eine Übertragung, in der die Patientin mit lebhafter Anteilnahme sich mit jenem Mädchen und ihren Bruder mit dem treusorgenden, aber verständnislosen Vater identifizierte. Hier setzte sie sich nun mit einer beinahe leidenschaftlichen Beteiligung für einen gerechteren Lauf des Schicksals ein. Zu gegebener Zeit wurde ihr dann eine Teileinsicht in diese Übertragung gegeben und ihre eigene Einstellung zu ihren bisher nicht gewußten Problemen an Hand dieses Modells vorsichtig aufgezeigt. Die Patientin hatte jetzt, ebenso wie ihr Bruder, der am Schluß der Behandlung hinzugezogen wurde, ein gutes Einsichtsvermögen. Während sie sich zu neuen Zielen bekannte, verlor sie ihre initiativelose Depression. Es gelang ihr dann — wieder mit Hilfe ihres Bruders — eine Stelle in der Sozialfürsorge zu finden. In diesem neuen Tätigkeitsbereich fühlt sie sich sehr wohl und findet in der Familie ihres Bruders die häusliche Geborgenheit ihrer Mußestunden.

Mit Hilfe dieser Übertragung konnten wir einen guten Behandlungserfolg erzielen, ohne die Patientin dabei mit den Erkenntnissen einer ausführlichen Analyse belasten zu müssen. Es zeigte sich, daß der Patientin mit einer Einsicht in ihre Persönlichkeit geholfen werden konnte, die nicht bis zur Erkenntnis der eigenen unabstellbaren Mängel und Besonderheiten ging, sondern nur bis zu der bewußten Korrigierung ihres Verhaltens gegenüber unangemessenen und nicht mehr tragbaren Umweltanforderungen. Hätte man dem Vorgehen der konservativen Psychoanalyse entsprechend die im Beginn der Behandlung sich ankündigende Übertragung auf den Arzt begünstigt, so würde deren Auflösung auch das Bewußtmachen der individuellen Persönlichkeitsmängel mit sich gebracht haben. Damit aber hätte jene optimale Aktivität nicht entstehen können, mit der die Patientin ihre Lebensgestaltung nachher erfolgreich in die Hand nahm. Das Einbeziehen jener anderen Personen erlaubte jedoch, eine Übertragung zum Vorteil der Behandlung zu verwenden.

Die Fälle, die wir im Vorhergehenden besprachen, sollten deutlich machen, daß gewisse Zusammenhänge im Geschehen der Neurose im Verhalten des Patienten mit einer Deutlichkeit in Erscheinung treten, die eine direkte therapeutische Ausnutzung erlaubt. Dieser Zusammenhang ist einmal bei jenen Übertragungen erkennbar, wie sie die klassische Psychoanalyse beschrieben hat, und wir zeigten, daß unter bestimmten Voraussetzungen eine solche Übertragung das entscheidende Mittel von Diagnose und Therapie sein kann. In weiteren Beispielen sahen wir, daß der Modus der Übertragung in einer Erscheinungsform auftreten kann, die, ohne besonderer Deutung zu bedürfen, als unmittelbar verständlicher Zusammenhang imponiert. Es soll jetzt auch gezeigt werden, daß das „Verständliche" des Übertragungsgeschehens entsprechend seiner generellen Bedeutung auch die gegenwärtigen Daseinsvollzüge des Neurotikers durchsetzt und zu einem wichtigen Hilfsmittel der Therapie gemacht werden kann.

Zur Psychopathologie des neurotischen Erlebens. Da es sich bei der Übertragung in gewissem Sinne um Störungen des Erlebens handelt, soll zunächst vergegenwärtigt werden, inwiefern die Erlebensweise des Neurotikers vom mormalen Erlebensvollzug abweicht. Bekanntlich ist jede Situationsausschöpfung weitgehend von dem erlebenden Ich und seiner jeweiligen Verfassung abhängig. Das verstehende Ergreifen der Inhalte ist zwar von der Form des Erlebnisses, seiner Situationsgestalt mitabhängig, d. h. die Form kann das Verstehen eines bestimmten Inhaltes nahelegen, ebenso aber kann eine vorhandene Erlebniseinstellung auch Inhalte in der Verborgenheit einer uncharakteristischen Form finden. Erlebnisse sind also nicht vom Erlebnisgegenstand her bestimmbar, sondern werden als *Einlassungen* des Ich verständlich. Im erlebenden Ich müssen hierzu folgende Voraussetzungen erfüllt sein:

1. Das Ich steht mit der Tendenz, weiterzustreben in seinem Daseinsentwurf. Es richtet sich dabei auf das Erleben, wobei es das Bedürfnis nach Veränderung und Bereicherung seines Innenzustandes mit den zunächst vorindividuellen Strebungen eines Tätigseinwollens erlebt. Da diese Triebe mit ihrem Entstehen ein integriertes Verhältnis mit den Strebungen der Persönlichkeit selbst eingehen, kommt es zu einem Aktivitäts*bewußtsein,* in dem die anonyme Kraft des Dranges in den Dienst der *Ichverwirklichung im Erleben* gestellt wird.

Diese Voraussetzung eines „vollständig" erlebenden Ichs ist bei dem Neurotiker nur teilweise erfüllt, da seine Erlebnissuche und -aufnahme von selbstverborgenen Einstellungen mitbestimmt wird, mit denen sein Tätigseinwollen das Aufgehen im eigenen Daseinsentwurf nicht finden kann. Sein Ich erlebt sich wohl in einem Aktivitätsbewußtsein, ohne aber in dem Wirken der Aktivität mit sich selbst wirklich identisch werden zu können. Diese selbstverborgenen Einstellungen führen im gegenwärtigen Erleben nicht nur zum Verkennen der gegebenen persönlichen Erlebniswerte, sondern die Aktivität, mit der in den Möglichkeiten des gegenwärtigen Erlebens gesucht und vermieden werden soll, verbraucht sich hier zum Teil in der dranghaften Umkreisung gewisser seinerzeit verfehlter Inhalte, die das Ich dennoch nicht erkennen und sich zueigen machen kann.

2. Das Ich wird sich seiner Individualität bewußt, indem es sich in seiner Unterschiedlichkeit zu den andern erlebt. Hierbei wird es von den Strebungen geführt, mit denen sich sein personelles Selbst gestaltet. Diese Strebungen (wie z. B. Egoismus, Niveaubehauptung, Geltungs- oder Vergeltungsstreben) finden ihren Ansatz am Dasein des andern. Das Ich erhält so die Grundlagen einer wertmäßigen Einordnung zur Umwelt. Mit der Entwicklung der Persönlichkeit wird dann an dieser Einordnung ständig weitergebaut. Diese fließende Bewegung, das Erkennen der gültigen Maßstäbe und ihre Anwendung wird möglich, indem die Strebungen, die der Behandlung dieses Themas dienen, bald in der Erfüllung, bald im Verzicht oder als noch offene Forderung, als Aufgabe erlebt werden. Das gegenwärtige Erleben wird dann von diesen so gefundenen *Einstellungen* getragen, mit denen die Voraussetzungen zum vollständigen, persönlichkeitsgerechten Erleben geschaffen worden sind.

Diese Erlebnisvoraussetzung ist beim Neurotiker beeinträchtigt, da er in die Begegnungen des gegenwärtigen Erlebens gefühlshafte Einstellungen hineinträgt, die tatsächlich jenes vergangene Erleben begleiteten, in dem die Persönlichkeit ihre Entscheidung offen lassen mußte. Damit aber ist die adäquate Erlebensausschöpfung, deren wichtige Funktion für das weiterstrebende Ich wir eben beschrieben, nicht mehr möglich. Diese im Wortsinn Voreingenommenheit führt also zu *Fehleinstellungen*, mit denen die dem Erlebnis entsprechenden Kommunikationen verhindert werden, wobei es sogar zu einem „Verkennen" des Partners in der Begegnung kommen kann.

3. Das gegenwärtige Erleben ist jeweils das letzte Glied einer Kontinuität, in der das Ich der Vergangenheit mit dem gegenwärtigen Ich (und dem antizipierten Ich der Zukunft) identisch wird. Dieser Zusammenhang gibt die entscheidende Richtungsweisung im Erleben, mit der das Ich jenseits der Erlebnisform die individuellen Erlebnisinhalte als Fortsetzung seiner Kontinuität verstehend zu erfassen vermag.

Der Neurotiker kann in seinem gegenwärtigen Erleben auch diese Richtungsweisung nicht erhalten, da die Kontinuität des sich entwickelnden Ichs mit der Neurose eine Unterbrechung erfuhr. Wenn er jene inhaltliche Beziehung zum gegenwärtigen Erleben herstellen möchte, so muß er in gewissen Situationen vergeblich nach dem Schlüssel der echten Erfahrung suchen, in der das Ich sich fand. Stattdessen klingen lediglich dissonante Gefühle als Richtungsweisung auf, die eigentlich nur den Verlust jenes Zusammenhanges bekräftigen.

Wir hatten an anderer Stelle gezeigt, daß das Erleben durch die sich gegenseitig wachrufenden Antriebe und Strebungen seine individuelle Gestalt erhält. Der Gegenstand des Erlebens, das ursprüngliche Motiv der seelischen Reaktionen wird in jener dreifachen Thematik der Strebungen als Erlebnis eines individuellen Daseins behandelt, wobei Erlebnisgeschehen und Erlebnisbedeutung miteinander verschmolzen sind. Will man diesen Vorgang vom Erlebnisgegenstand her betrachten, so müßte man sagen, daß jeder Erlebnisgegenstand Inhalte, die durch das individuelle Erleben erschlossen werden können, in unbestimmbarer Fülle enthält und daß er lediglich in seiner Form „bestimmt" ist. (Intentionale Inexistenz BRENTANOS.) Die Auswahl und Erfassung dieser Inhalte ist ein Ergebnis nichtbewußter Seelentätigkeit, während ihre so gewonnene Gestalt bewußt erlebt wird. Es ist also auch im „normalen Erleben" so, daß die bewußte Erlebenssuche und -gestaltung wesentlich von einer zunächst unbewußten Komponente mitgelenkt wird. Das Erleben beginnt mit einer noch ungewissen Einlassung, in der das Ich nach Bereicherung, Bestätigung oder nach eigener Behauptung sucht. Im Erlebensvollzug wird sich dann das Ich mit dem Finden der individuellen Inhalte im Erlebnisgegenstand in seiner eigenen Wirklichkeit bewußt. Selbst noch nicht erkannte Inhalte können durch eine nur gefühlshafte Wertung zu Erfahrungsspuren werden, die bei späterer Aktualisierung zu Erfahrungsinhalten vervollständigt werden können. In gewissen Erlebniskonstellationen ist der Neurotiker jedoch nicht imstande, aus der unbestimmbaren Inhaltsfülle des Erlebnisgegenstandes mit Hilfe jener unbewußten Auswahl die ihm eigentlich gemäßen Inhalte zu finden. Die ihn jetzt führenden unbewußten Strömungen wollen sich auf Inhalte richten, die er in vergangenen Erlebnissen versäumte, sich zu eigen zu machen. Sie haben durch dieses Versäumnis die Aktualität des Nochunerledigten, des Nochnichtbesessenen behalten und müssen in den unendlichen Inhaltsmöglichkeiten des Erlebnisraumes weitergesucht werden. Es ist hier so, als ob (im Unterschied zum Normalen) das Unbewußte in solchen Erlebnisgestaltungen nicht über seine regelrechte geordnete Funktion verfügt.

Diese unvollkommene Erfassung gewisser gegenwärtiger Erlebnissituationen findet auch in den *Stimmungen* des Neurotikers ihren Ausdruck.

1. Wir gehen davon aus, daß die Art und Weise, in der der Mensch sein Dasein verwirklicht, mit einer gefühlshaften Grundeinstellung einhergeht, die sich in seiner „Gestimmtheit zu Welt" widerspiegelt. Sie bedeutet das kritische Verhältnis, das das Ich zu seinen inkrafttretenden Wertstrebungen gefunden hat. Ein Wissen um Werte, das Verlangen nach ihnen kann so die Welt als den Ort der Erfüllung oder der ewigen Entsagung erscheinen lassen. Es entsteht so — um nur zwei prinzipielle Möglichkeiten zu nennen — der Optimismus, von dem die Persönlichkeit getragen wird, oder der Pessimismus, in dem sie ihren sonst nirgends auffindbaren Halt gesucht hat. Jedes Erleben erhält so von dieser „Gestimmtheit zur Welt" her eine bestimmte Tönung, in der die Bedeutung seines letzten Sinnes angedeutet ist bzw. vorweggenommen zu sein scheint.

Über diese in der Tiefe ruhende, zentrale Gestimmtheit, nach der die Melodie sich richtet, mit der der Daseinsentwurf zum Klingen kommt, verfügt der Neurotiker nicht. Man findet stattdessen eine labile Gestimmtheit, die trotz der Intensität ihres Ausdruckes nicht die erfüllte, echte Überzeugung enthält. Da die persönlichkeitsgerechte Beziehung zur Welt der Werte nicht entstehen konnte, wird das Erleben von unbestimmten Wertprojektionen beherrscht, die so unvollkommen von einem vergeblich suchenden Verlangen angeboten wurden. Sie enthalten deutbare Hinweise auf die besonderen Verhältnisse dieser widerspruchsvoll ungeordneten Wertwelt. So kann im Erleben gelegentlich ein Optimismus erscheinen, der nicht als „Durchstimmtheit" imponiert, sondern als illusionäre Erwartung ohne echten Bezug, oder es zeigt sich ebenso schwer einfühlbar ein ängstlicher oder nörgelnder Pessimismus, der eine unbegründbare Befürchtung zu motivieren versucht.

2. Ebenso ist auch die im unmittelbaren Erlebensbezug entstehende Stimmung in jenen Situationen beim Neurotiker nicht adäquat und auch nicht einheitlich. Hier fehlt jenes „bestimmte" Selbstgefühl, mit dem sich das personelle Ich zum Erlebnis lokalisiert und mit ihm einläßt. Im „normalen Erleben" spiegelt sich das personelle Ich in diesen Einlassungen so wieder, daß aus jenem Selbstgefühl heraus die aktuellen Gefühlsregungen (wie z. B. Genugtuung, Zufriedenheit, Dankbarkeit oder Schadenfreude, Unzufriedenheit, Vergeltenwollen) in verständlicher Weise entstehen. Die Gefühlstönungen des Erlebens entsprechen dann also den persönlichkeitsgerecht hergestellten Erlebnisbezügen.

Beim Neurotiker, dessen personelle Ichstrebungen nicht in einem „bestimmten" Selbstgefühl zusammenklingen, können wir stattdessen uneinheitliche Gefühlsäußerungen finden, die im unbewußten Gegeneinanderwogen seiner nicht bestätigten und auch nicht mehr in der Persönlichkeitsstruktur integrierten Ichstrebungen entstehen. Dieses wird unmittelbar deutlich, wenn das gegenwärtige Erleben speziell jene Ichstrebungen mit aufzurufen scheint, die bei dem Selbstkonflikt, aus dem die Neurose entstand, vergeblich inkrafttreten mußten. Ihr starker, aber in seiner Motivation selbstverborgener Gefühlsausdruck bewirkt die oft nicht verständlichen, ja inadäquat anmutenden Gefühlsreaktionen, mit denen der Neurotiker diese gegenwärtigen Erlebnisse vollzieht. Viele gemütshaften Beteiligungen, die nach dem Maßstab unserer Einfühlung zunächst als kalt, überempfindsam, oder schlechthin als übertrieben, absonderlich gewertet werden müssen, können so verstehbar sein.

3. Schließlich wird das persönlichkeitsgerechte Erleben des Neurotikers auch von jenen Stimmungen beeinträchtigt, die auf Grund des psychosomatischen Zusammenhangs im Leiblichen erscheinen. Schon der „Normale" kann im Erleben durch das Auftreten körperlich bedingter Stimmungen beeinflußt werden.

Beim Neurotiker ist dieser Zusammenhang mehr oder weniger weitgehend in den Dienst der Neurose gestellt. Hierbei bedeuten dann die vom Somatischen her empfundenen Stimmungen nicht lediglich die Abhängigkeit des seelischen Lebens vom leiblichen Existieren, sondern verborgene Erlebnisinhalte, die jetzt wirksam werden wollen, erzeugen die ihnen gemäße Stimmung über das Somatische. Besonders deutlich wird dieser Zusammenhang, wenn es so zu einem Intensiverwerden von bestehenden Neurosesymptomen kommt.

Das „Verstehen" und das Korrigieren der neurotischen Erlebensweise als Aufgabe der Therapie. Es muß also eine wesentliche Aufgabe der Therapie sein, die Erlebnisweise des Neurotikers zu korrigieren. Wir können dabei davon ausgehen, daß alle Äußerungen der Neurose vom manifesten Neurosesymptom bis zu jenen Verformungen des gegenwärtigen Erlebensvollzuges in *einem* verständlichen Zusammenhang stehen. Sie alle sind Äußerungen dieses Zusammenhanges und ihre äußerliche Verschiedenheit beruht auf der unterschiedlichen Deutlichkeit und Intensität, mit der sie in der Daseinsweise dieses Menschen auftreten. Der Patient hingegen betrachtet nur die äußeren Symptome als lästige Krankheitszeichen, während er jene anderen Veränderungen, die die Neurose in ihm bewirkte, nicht bewußt bemerkt, sondern als den Ausdruck seiner identischen Persönlichkeit empfindet. Er versucht sich mit dieser seiner Persönlichkeit gegen die Symptome zu wehren, wobei es ihm entgeht, daß das, was er dagegen einsetzen möchte, ebenso von der Neurose gelenkt wird wie die Symptome selbst.

Um diese grundsätzliche Schwierigkeit zu überwinden, bemüht sich die Psychotherapie, die Neurose so zu erhellen, daß nicht nur die Entstehung der Symptome, sondern auch die Veränderungen in dem wie selbstverständlich besessenen eigenen Ich im Verstehen erkannt werden können. Die alte Psychoanalyse versuchte dieses Problem zu bewältigen, indem sie mit der analytischen Durchforschung der Biographie „unbewußtes Material" in überwältigender Fülle nach und nach bewußt werden ließ, um hiermit einen Persönlichkeitswandel, mit dem die Neurose entwurzelt werden mußte, allmählich in Gang zu bringen. Wir versuchen stattdessen die Erkennung der Fehlentwicklung verbindlich zu machen, indem wir neben ihrer Entstehung ihre Auswirkung im gegenwärtigen Erleben aufzeigen. Der Patient soll zu der Einsicht kommen, daß sein in der Vergangenheit verfälschtes Ich sein gegenwärtiges Dasein verfälscht. Wir versuchen ihm bewußt zu machen, und es ihn jetzt in seiner Gegenwart erleben zu lassen, daß die Konfliktspannungen der Vergangenheit noch weiter in ihm bestehen und daß sich eine verstehbare Abweichung seiner Persönlichkeit entwickelte, die ihn daran hindert, *sein* Dasein zu erfassen. So interpretieren wir einmal von der Vergangenheit her und zeigen damit das Verfehlen gegenwärtiger Erlebnisse auf (wobei die Wiederholung der unvollkommenen Vergangenheit vergebens versucht zu werden scheint), und wir interpretieren anderseits wieder von der Gegenwart aus die Vergangenheit, indem wir die „Integrationslücke" deutlich machen und ihre Äußerungen als bestimmte aufschlußreiche Weisungen in die Vergangenheit verstehen.

Das Korrigieren der Erlebnisweise des Neurotikers stützt sich also auf diese *zweiseitige Interpretation*, wobei wir darauf achten, daß wir dem Patienten nur jeweils das anbieten, was er im *evidenten Selbstverstehen* zu bewältigen vermag bzw. was ein Selbstverstehen mit unausweichlicher Forderung in Gang setzt. (Die näheren Richtlinien dieses Vorgehens ergeben sich aus der therapeutischen Situation und werden später besprochen werden.)

Deutliche Hinweise auf ein neurotisches Fehlerleben durch Intensiverwerden der Neurosesymptome und durch scheinbar persönlichkeitseigentümliche Reaktionsweisen. Ein typisches neurotisches Fehlerleben können wir mit Sicherheit annehmen, wenn es in einer Erlebnissituation zum Intensiverwerden neurotischer Symptome kommt. Welche Zusammenhänge hier zugrunde liegen und welche Bedeutung ihr Erkennen für die Exploration hat, wurde im vorigen Kapitel besprochen. In der Therapie werden wir solche Situationen benutzen, um dem Patienten zu zeigen, daß er hier über die Erlebnismöglichkeiten seiner wahren Persönlichkeit, über ihre ursprünglich gegebene Freiheit nicht mehr verfügt und, statt dessen von einer unklaren aber starken Gefühlsströmung erfaßt, determiniert und unfrei reagieren muß (Interpretation aus der Gegenwart). Wir werden ihm weiter zeigen, daß sein Symptom, das jetzt verstärkt auftritt, mit symbolischem Ausdruck die Art seiner Unfreiheit erklärt, und daß diese Aussage auf jenes vergangene Geschehen anspielt, mit dessen Verfehlung die Freiheit des Ich in der Entscheidung verloren wurde (Interpretation aus der Vergangenheit). Wir werden also dem Patienten — so wie es die therapeutische Situation ermöglicht — eindringlich darzustellen versuchen, was das Intensiverwerden des Symptoms in dieser gegenwärtigen Situation für ihn bedeutet; daß hier die Freiheit des wahren Erlebens nicht mehr besteht und daß ein bestimmter Inhalt des jetzigen

Erlebnisses — tatsächlich sollte er vielleicht nur eine Nebenbedeutung haben — die Wiederholung der alten unvollkommenen Reaktion in den symbolischen Ausdrucksformen des Symptoms mahnend erzeugt.

In manchen Fällen empfiehlt es sich sogar, diese Situationen in der Therapie wiederholt zu provozieren. Weiterhin wird man ihr Vorkommen im täglichen Erleben des Patienten feststellen und ihre Analyse, wie eben beschrieben, therapeutisch anwenden. Ein geeignetes Vorgehen kann diesen Zusammenhang dann so deutlich und verbindlich werden lassen, daß ein durch die Situation genährtes Aufflackern der Symptome den Patienten jeweils zu einer echten Selbstauseinandersetzung zwingt. (Einschränkend ist zu diesem Vorschlag zu sagen, daß in bestimmten Fällen nahezu alle Spannungssituationen die Symptome zu aktivieren vermögen. Auch hier ist wohl der von uns betonte Zusammenhang wirksam. So wie er verstehbar entstanden ist, haben seine Äußerungen jedoch nicht die plastische Anschaulichkeit bestimmter biographischer Rückbezüge.) Sinngemäß werden wir auch die Fehlleistungen als eine Protesttendenz im gegenwärtigen Leben auffassen können.

Oft finden wir auch, daß der Patient gewisse Eigentümlichkeiten seiner Verhaltensweise im gegenwärtigen Erleben mit angeblichen persönlichkeitsgerechten Überzeugungen zu motivieren versucht, während es sich tatsächlisch um neurotische Verfälschungen des Erlebens handelt. Die Erkennung des wahren Zusammenhanges wird dann auf Grund der Persönlichkeitsanalyse und der Exploration der Neurose möglich sein. (Siehe auch „neurotische und überprägte Persönlichkeit" S. 48.) Seine therapeutische Anwendung erfolgt dann sinngemäß nach den eben besprochenen Grundsätzen. Welch merkwürdige Umwege eine solche Erlebensverfälschung gehen kann, soll das folgende Beispiel zeigen.

Ein Patient, der an einem Waschzwang leidet, glaubt sein Leben durch Schicksalswinke gelenkt, die zunächst als eine merkwürdige Häufung von Zufälligkeiten imponieren. Er kommt so zu einer mystisch fatalistischen Haltung, aus der heraus er immer weitere Abwegigkeiten entwickelt, die zunächst nur als der berechtigte Ausdruck seiner Reaktionsweise erscheinen. Als schlagenden Beweis für die Allmacht dieser Schicksalsregie erzählt er gelegentlich das folgende Erlebnis. Vorauszuschicken ist noch, daß ihm tags zuvor eine Teileinsicht in seinen hier nicht näher zu erörternden Konflikt gegeben war. Dazu hatte er die Aufgabe erhalten, sich mit einer Fragestellung nach bestimmten für ihn neuartigen Gesichtspunkten bis zur nächsten Behandlung auseinanderzusetzen.

Für sich selbst beschloß er dann, diese ihm widerstrebende innerliche Auseinandersetzung nur dann zu führen, wenn das Schicksal es ausdrücklich erlaube. Hierzu setzte er folgende Bedingung fest: Wenn ihm eine bestimmte Frau, die in der weiteren Nachbarschaft seines Hauses wohnte, innerhalb des nächsten Vormittags begegnete, so dürfte er die ihm gestelle Aufgabe nicht in Angriff nehmen. Tatsächlich begegnete ihm diese Frau wider Erwarten am nächsten Morgen in der Straßenbahn und er glaubte damit eine weitere Festigung seines Schicksalsglaubens erfahren zu haben. Nach der Kenntnis der Persönlichkeit des Patienten konnte auch dieses nur eine spielerische Verquickung seiner Problematik mit der aktuellen Gegenwart sein. Der wahre Sinn des ganzen Arrangements enthüllte sich nach wenigen Assoziationsfragen sofort. Jene schicksalskündende Person selbst war für den Patienten tatsächlich gleichgültig. Er wußte von ihr nur, daß sie in seiner Nähe wohnte, verheiratet war und ein dreijähriges Kind hatte. Zu dieser Dame assoziierte der Patient dann seine Schwägerin. Im Gegensatz zu ihm war sein Schwager stets optimistisch und wurde von ihm sogar als leichtsinnig empfunden. Als Gipfel dieses Leichtsinnes war es dem Patienten damals erschienen, daß dieses Paar trotz schwerster Kriegszeiten ein Kind in die Welt setzte und dazu über das jetzt dreijährige Mädchen sehr glücklich ist. Den gleichlautenden Wunsch seiner Frau hatte er stets strikt zurückgewiesen. Zu seinem Erstaunen und zu seinem nicht eingestandenen Ärger muß er aber feststellen, daß diese Ehe glücklich und harmonisch verläuft, während es die seine trotz guter Vorkenntnis der Schicksalsfügungen aus vielerlei Gründen durchaus nicht ist.

Die in der Behandlung angebahnte Einsicht drohte ihm auch diesen Mangel und seine wahren Hintergründe bewußt zu machen. Die so geschlagene Gedankenbrücke zu seiner nicht glücklichen Frau und der von ihr beklagten Kinderlosigkeit wurde nun durch die künstlich geschaffene Abhängigkeit von einer zufälligen Begegnung unterminiert. Wenn das Zustandekommen der Begegnung selbst auch ein Zufall bleiben mußte, so waren ihre Umstände nicht mehr zufällig, weil sie von dem Patienten mit tiefer Bedeutung erfüllt wurden. Diese Bedeutung entsprach in keiner Weise dem eigentlichen Wert jenes gegenwärtigen Erlebnisses. Für den Patienten konnte es besagen, daß er hier einer Frau begegnete, deren glücklich erfüllte Bestimmung, die mit einem Kind gesegnete glückliche Ehe eine beredte Anklage seines Verhaltens gegenüber seiner Frau war. Seine abergläubische Furcht vor dieser Begegnung, sein Mißbehagen dabei bedeuten aber die erneute unbewußte Ablehnung der berechtigten Wünsche seiner Frau mit denselben falschen und unzulänglichen Motivierungen, mit denen er sich schon damals in der Vergangenheit begnügt hatte. So wird ohne sein Wissen, getarnt durch Aberglauben und Zufall, ein gegenwärtiges Erlebnis zur Wiederholung der schicksalshaften Vergangenheit.

Allerdings, wäre dieser übrigens recht naheliegende Zufall nicht eingetroffen, so hätte der Patient so lange weitere Bedingungen konstruiert, bis schließlich das Schicksal sich doch einmal gegen die widerstrebende kritische Einsichtnahme ausgesprochen hätte. Ebenso wie der Glaube an Weissagungen kann auch der Zufallsglaube seinen gesamten Kredit mit einigen verschwindend geringen richtigen Resultaten bestreiten, wenn sie nur der Wunschvorstellung des Erwartenden entsprechen.

Typische Fehleinstellungen im täglichen Erleben und ihre Korrigierung. Diese Erlebnisweise, die wir vereinfachend eine „Verfälschung des gegenwärtigen Erlebens" nannten, tritt auch ohne jene besondere Auffälligkeiten auf, wie sie als Intensiverwerden der Symptome oder neurotische Wesenseigentümlichkeiten deutlich erscheinen können. Man kann finden, daß der Neurotiker in den meisten seiner täglichen Begegnungen der Neurose seinen Tribut zahlen muß, indem er in seiner ursprünglichen Wesensentfaltung gehindert, im gegenwärtigen Erleben immer wieder Aktivierungen seiner verborgenen Konfliktspannungen erfährt. Er reagiert dementsprechend und wird so zu Fehleinstellungen gezwungen. Da das eigene Dasein sich nur mit der Entfaltung der individuellen Möglichkeiten erfüllen kann, müssen dort neurotische Brücken zum Erleben konstruiert werden, wo die ichgerechte Einlassung nicht mehr möglich ist. Weil aber diese durch die

Neurose bedingten Einschränkungen als unvollkommener Ersatz für das Inkrafttreten *wesenhafter* Persönlichkeitselemente stehen, wird dort ein typisches Versagen erlebt bzw. zu kompensieren versucht, wo der Erlebnisinhalt die Mitwirkung dieser Persönlichkeitselemente in freier Entfaltung erfordert hätte. Wer in schicksalhaften Begegnungen erfahren mußte, daß bestimmte Strebungen im Zwiespalt verharrten, anstatt mit dem Übergehen in weitere Strebungen dieses Erleben persönlichkeitsgerecht zu vollenden, der wird auch in späteren Erlebnissen, soweit sie die Mitbeteiligung jener Strebungen fordern, in typischer Weise versagen müssen. Die Persönlichkeitsstruktur verifiziert sich ja im Erleben, und die Weiterentwicklung der vorgegebenen Gestalt kann nur dort weitergehen, wo das Erleben diesen Bauplan schon verwirklicht hatte. Da aber die Neurose die Weiterführung dieses „Persönlichkeitsaufbaues" an einer wesentlichen Stelle stillstehen ließ, wird seine ständige Fortführung im gegenwärtigen Erleben immer wieder auf diese grundsätzlichen Mängel stoßen müssen.

In der Therapie interpretieren wir auch diese im täglichen Erleben sich zeigenden Mängel der Anschaulichkeit halber in erster Linie genetisch, d. h als gleichnishafte Wiederholung der Vergangenheit. Wir versuchen dem Patienten dabei zu zeigen, daß jene Strebungen, die damals nicht ihr Ziel in der Entscheidung fanden, und damit nicht zum ichgerechten Wirken kommen konnten, jetzt jene einseitigen Akzentuierungen geben, mit denen er die wahre Erlebniseinstellung verfehlen muß. Mit den Interpretationen des gegenwärtigen Erlebens kann man so eine Fülle von Fehleinstellungen dem Patienten anschaulich machen, die eine gleichnishafte Wiederholung jener nichtvollzogenen Entscheidungen zu bedeuten scheinen. Um hierbei eine zwingende Anschaulichkeit zu erreichen, können wir dann sogar dem Patienten mit plastisch herausgearbeiteten Deutungen vorhalten, daß er oft den Raum seines wirklichen Erlebens zum Szenarium der Vergangenheit macht, auf dem sogar die ihm jetzt begegnenden Personen mit den Charakteren jener alten Schlüsselfiguren ausgestattet werden, und daß so die wahren Kommunikationen dieser Begegnung nicht entstehen können. Jenes eigentümliche drängende Gefühl, das ihn zu diesen Einstellungen zwingt, und dennoch in solchen Erlebnissen nie seine befriedigende Lösung finden kann, wird so auf seinen ursprünglichen Gegenstand gelenkt: das Verfehlte in der Vergangenheit und die damit verfehlte Teilhabe des Ich an seinem Leben.

Die mannigfaltigen Bedeutungen des „neurotischen Fehlerlebens" und ihre therapeutische Interpretation. Die Fortschritte, die der Patient in der Gestaltung seines täglichen Erlebens macht, bestimmen dann, in welchem Maße ihm weitere neue Einsichten in der Behandlung nahegebracht werden können. Wir sagten oben, daß wir im therapeutischen Gespräch Einsichten in die Entstehung des Selbstkonfliktes (in der Vergangenheit) und Einsichten in die Auswirkungen dieses Konfliktes (in der Gegenwart) so miteinander zu verbinden suchen, wie es dem Ganzen dieses Zusammenhanges entspricht. Da es sich dabei aber nicht um eine kausale Verknüpfung von Ursache und Wirkung handelt, die mit der Auffindung einer einlinigen Beziehung geklärt werden kann, ergeben sich bei der Erhellung dieses Zusammenhanges eine Fülle von sich ergänzenden Aspekten und Interpretationen. Sie reichen vom Verstehen der Konstellation des Traumas, vom Verstehen der hierfür nicht gerüsteten Persönlichkeit und ihres schicksalhaften Lebensweges bis zur Einsicht in das anthropologische Problem dieses Menschen.

In den mangelhaften Einstellungen, die der Patient zu seinem Erleben nur finden kann, spiegeln sich all diese Aspekte wieder und es ergeben sich damit auch in der Gestaltung seiner täglichen Erlebnisse immer wieder neue Gesichtspunkte und Aufgaben. Das Vorgehen in der Behandlung richtet sich also nach den Fortschritten, die der Patient macht, und den Reaktionen, die er dabei zeigt. (Man kann mit allen diesen Maßnahmen den Aufbau eines „Widerstandes" weitgehend verhindern.)

Einsicht und Einsichtsverwirklichung. Nach diesen Gesichtspunkten regeln wir auch die Häufigkeit der Behandlungssitzungen. Mit allzu häufiger Behandlung kann sich diese für die Therapie ungünstige Situation ergeben. In der Analyse werden dem Patienten fortschreitend neue Einsichten eröffnet, für deren praktische Verwirklichung er zunächst keine festen Anhaltspunkte zu finden vermag. Dieses kann dazu führen, daß er in eine unfruchtbare Ambivalenz gerät. Im Behandlungszimmer des Arztes erfährt er eine Fülle von neuen Erkenntnissen, die sofort wieder für ihn versinken, wenn er draußen sein eigenes Leben weiterlebt. Hat sich zudem noch eine positive Übertragung zum Arzt eingestellt, so ist der Patient sogar der Mühe enthoben, sich mit dieser Gegensätzlichkeit irgendwie auseinandersetzen zu müssen. Er erlebt passiv eine Fülle von persönlichen, nur gefühlshaften Beeindruckungen, ohne daß sich hieraus verbindliche reale Konsequenzen ergeben, die im bewußt gestalteten Erleben ihren Niederschlag finden können.

In jedem Fall aber ist es für die Lenkung der Therapie notwendig, die Erforschung der Persönlichkeit und ihrer Neurose in möglichster Kürze anzustreben. (Wir haben im Vorhergehenden aufgezeigt, welche methodischen Mittel hierfür benutzt werden können.) Bei einem nur tastenden biographischen Explorieren, das sich erst nach Monaten zu therapeutischen Anwendungen entschließen kann, muß man damit rechnen, daß der Patient inzwischen bereits nachhaltige Beeindruckungen erfährt, die, da er sie noch nicht im Selbstverstehen bewältigen kann, Widerstand, Resignation und gefühlsmäßige Voreingenommenheit erzeugen. Schließlich kann es auch so geschehen, daß der Patient in der analytischen Technik so sachverständig wird, daß er die Wiederbelebung seines Erinnerungsmaterials unbewußt so kontrolliert, daß die eigentlichen Zusammenhänge seiner Neurose im Verborgenen bleiben können. Natürlich wird auch die von uns bevorzugte Exploration nicht schon in wenigen Sitzungen zu einer vollständigen diagnostischen Einsicht kommen. Es soll mit ihrer Hilfe jedoch das Wesentliche frühzeitig schon so umfaßt werden, daß im weiteren Verlauf ein bereits erkannter großer Zusammenhang mit weiteren Aspekten bereichert und in seinen Einzelbezügen verstehbar gemacht werden kann.

Die therapeutische Beeinflussung der neurotischen Erlebensweise. Aus all diesen Überlegungen ergibt sich die Forderung, den Patienten sobald wie möglich aktiv in das therapeutische Geschehen einzuschalten. Die praktische Vereinfachung der grundsätzlichen Ausführungen zu diesem Thema ergibt dann: Wir versuchen zu erkennen, wo das Verhalten des Patienten im täglichen Erleben durch die Auswirkung der Neurose bestimmt wird, und verwerten diese Ergebnisse therapeutisch.

Unter den verschiedenen Interpretationsmöglichkeiten, die dieses Verhalten als Manifestation der Neurose bietet, werden wir zunächst diejenigen wählen, die das zu diesem Zeitpunkt in der Behandlung Erreichte anschaulich unterstreichen. In diesem Sinne beachten wir auch, welche Wirkung die therapeutischen Bemühungen auf die Gestaltung der täglichen Erlebnisse des Patienten ausüben. Bei der Durchsicht seines täglichen Erlebens finden wir immer wieder Gelegenheit, dem Patienten mit sinnbildhafter Anschaulichkeit zu zeigen, daß seine Reaktionen oft nach jenen falschen Maßstäben erfolgen, die in ihrer Unzulänglichkeit seine schicksalhafte Vergangenheit unzureichend bestimmten. Wir werden ihm dann weiter zeigen können, daß infolgedessen die Ergebnisse seines Handelns dann nicht den natürlichen Gegebenheiten seines gegenwärtigen Erlebens entsprechen, da sie sich auf jene immer wieder anklingende und unbewußt wiederholte Vergangenheit beziehen. Ebenso versuchen wir die wahren Bedürfnisse seiner Persönlichkeit, ihrer echten Einlassungen zu erwecken und ihre Erfüllung im Erleben anzuregen.

Variation in der Häufigkeit der Behandlungssitzungen. Wie weit dieses Vorgehen erfolgreich ist, hängt davon ab, ob jeweils der Einfluß der Behandlung ausreicht, der Tendenz des Patienten, verfälschend und unvollständig zu erleben, wirkungsvoll zu begegnen. Diesem Gesichtspunkt folgend muß nun die Häufigkeit der Behandlungssitzungen so variiert und ihre Intensität so gestaltet werden, daß Erleben und Lernen in der Behandlung und Erleben und Handeln in der eigentlichen Umwelt in fruchtbarer Wechselwirkung geschehen und nicht als zwei getrennte Vorgänge nur in unerwartete Begegnungen geraten. Ist mit dem Patienten ein tragender Kontakt erreicht, so kann die Behandlung durch häufige Sitzungen beschleunigt werden. Der Patient hat dann selber das drängende Verlangen, sein tägliches Erleben unter den neuen Aspekten zu pflegen und sie zu seinem fest erprobten Besitz zu machen.

Ist an Stelle des zu erstrebenden gefühlshaft gesicherten Kontaktes vom Arzt zum Patienten eine Intellektualisierung der Analyse eingetreten, so ist eine Verminderung der Sitzungen angezeigt. Hier besteht bei dem Patienten nicht mehr der Wunsch, unter der Führung des Arztes möglichst erfolgreich gegen die Neurose anzugehen und von ihr befreit zu werden. Das zunächst durch die Neurose geschaffene Mißbehagen ist jetzt durch die Genugtuung ersetzt, die eigene Position wie ein Schachspieler verteidigen zu können. Die Verminderung der Sitzungen stört diese falsche Kompensation und das vermehrt fordernde reale Erleben konfrontiert den Patienten wieder mit dem wahren Charakter seiner Neurose und läßt ihn dann den Bemühungen des Arztes wieder zugänglich werden. Den weiteren Verlauf der Behandlung werden wir dann zunächst so gestalten, daß er sich den zwingend vermittelten Hinweisen nicht verschließen kann, daß seine von ihm als so natürlich empfundene Erlebensweise, sein Verhalten doch eine Fülle von vielsagenden Unstimmigkeiten in sich birgt.

Milieugestaltung. Ist die gegenwärtige Situation des Patienten zu schwierig, bzw. kann ihm ihre Bewältigung noch nicht zugemutet werden, so muß die Neugestaltung des Erlebens dementsprechend vorsichtiger und langsamer aufgebaut werden. Der Arzt muß dann den Kontakt mit der Familie und der näheren Umgebung des Patienten aufnehmen und den Versuch machen, die tägliche Situation des Patienten seinen „Leistungsmöglichkeiten" entsprechend zu gestalten. Zu erstreben ist hierbei die Vermeidung gewisser Reibungsflächen, die trotz ihrer scheinbaren Harmlosigkeit für den Patienten die Aufrührung des grundsätzlichen Konfliktes bedeuten. Im weiteren Fortschreiten der Behandlung erhält der Patient dann die nötige Einsicht und Standfestigkeit, um auch diese Hindernisse in der ihnen wirklich zukommenden Bedeutung zu sehen und zu bewältigen.

Hierbei braucht es sich nicht immer um eine grundsätzliche Situationsbereinigung zu handeln, sondern es genügt oft eine temporäre Erleichterung. Erweisen sich auch diese Hilfsmittel als unzureichend, so empfiehlt sich die stationäre Behandlung des Patienten, am besten an einem anderen Ort, um den Milieuwechsel möglichst vollständig zu machen. Die Richtlinie für die Handhabung dieser Maßnahme bleibt dabei dieselbe. Es ist die Wahrung des günstigsten Verhältnisses zwischen dem Erleben, der regressiv vorgehenden Analyse und dem realen Erleben der Gegenwart.

Mit der Anwendung all dieser Gesichtspunkte wird eine erhebliche *Verkürzung* der Behandlungsdauer möglich. Daß es dabei nicht zu einer vollständigen analytischen Durchdringung des Patienten im Sinne der alten Psychoanalyse kommt, halten wir nicht für einen Nachteil. Eine bewußte Umwertung der Vergangenheit ist nur bis zum Beginn der neurotischen Fehlentwicklung therapeutisch notwendig. Was dahinter war, ist ja der Mensch in der stets einmaligen Erscheinung seiner Individualität, die wir wohl verstehen, nicht aber erklären können mit der Absicht, sie zu ändern. Seine Individualität als Abweichung von den fiktiven Normen einer psychologischen Theorie, oder als den zwangsläufigen Ausdruck der menschlichen Unvollkommenheit im besonderen Fall erklären zu wollen, ist therapeutisch nutzlos und im Grunde genommen auch nicht vertretbar. Wir sind deshalb bemüht, den Beginn der Neurose vom Verstehen der Persönlichkeitsstruktur her und ihrer Entwicklung zu erkennen und danach die Therapie einzurichten.

Grenzen einer umfassenden Psychotherapie. Dieser Standpunkt führt zu noch weiteren Einschränkungen einer umfassenden therapeutischen Initiative. Wenn wir erkennen, daß eine Persönlichkeitsstruktur den unvermeidbaren Umweltsforderungen als solchen nicht gewachsen ist, so müssen wir uns mit der Therapie darauf beschränken, nur die Einsichten verbindlich zu machen, die diese Persönlichkeit noch erfüllen kann. Wir werden also hier bewußt nur einen Teilerfolg anstreben. Gelegentlich müssen wir uns sogar nur damit begnügen, ein quälendes Neurosesymptom zu beseitigen, um dafür ein anderes weniger unangenehmes entstehen zu lassen. Eine solche Veränderung kann man bekanntlich erzielen, wenn man in bewußter Einseitigkeit lediglich von diesem Symptom her interpretiert und therapiert, so als ob es die gleichsam kausale Folge einer Erlebnisgestaltung wäre, die in einem bestimmten beschränkten Sinne verfehlt wurde. Ein in dieser Weise intensiv behandeltes Symptom pflegt sich dann oft zurückzubilden, um in kurzer Zeit durch ein neuentstandenes ersetzt zu werden, daß mit anderer Ausdrucksform dieselbe weitreichende inhaltliche Bedeutung hat, die in dieser Therapie nicht berücksichtigt wurde. Dieses neue Symptom, das sich gewissermaßen unter der Aufsicht des Arztes entwickelt, ist aber erfahrungsgemäß harmloser, d. h. leichter erträglich, so daß dieses therapeutische Vorgehen im gegebenen Fall empfohlen werden kann.

Schließlich werden wir auf jede analytische Erhellung der Zusammenhänge verzichten, wenn wir finden, daß eine *wenig leistungsfähige Persönlichkeit* mit einer verhältnismäßig harmlosen Neurose noch den besten Ausweg fand, sich unter den ihr begegnenden Umständen einigermaßen zu behaupten. Wir haben in der ersten Auflage dieses Buches[1] diese doch recht häufigen Fälle mit drei Indikationen kasuistisch beschrieben:

I. Wir werden unter folgenden Umständen auf eine analytische Behandlung gänzlich verzichten: Gerät eine seelisch minder leistungsfähige, insuffiziente Persönlichkeit lediglich durch eine spezielle situative Überforderung der Gegenwart in eine psychogene Reaktion, so müssen wir auf die Analyse verzichten, gerade weil diese Reaktion die typische Ausdrucksform der latenten, bisher aber kompensierten Insuffizienz bedeutet. *Selbst wenn diese psychogene Reaktion mit derselben Ausdrucksform* schon früher einmal bei dem Patienten erschienen war, werden wir sie nicht ihrem aufschlußreichen Symbolwert gemäß interpretieren, wenn sie jetzt nur als Protest auf eine untragbare Forderung der Gegenwart erscheint. Wir berücksichtigen also hier in erster Linie den unmittelbaren Zusammenhang von Ursache und Wirkung. Wenn sich auch hier die Persönlichkeit mit einer Reaktion individuellster Prägung ausweist, wird uns das nur bedeuten, daß auch die unmittelbar vorgezeichnete Beantwortung einer akuten Frage ihre Ausdrucksform aus den Bereichen der individuellen Eigentümlichkeit erhält. Auch wenn wir von dem Patienten hören, daß eine gegenwärtige Bedrängnis eine schon überwundene alte, „nervöse Erscheinung" erneut zum Ausbruch brachte, so beschränken wir uns darauf, zu konstatieren, daß ein präformierter psychogener Mechanismus wachgerufen wurde, um in bildhafter Anschaulichkeit die für die Persönlichkeit typische Antwort auf die zu schwere Forderung der Gegenwart zu geben.

Zum Beispiel: Ein jetzt unter sehr mißlichen Umständen lebender Ostflüchtling erleidet bereits zum dritten Male in seinem Leben einen nervösen Zusammenbruch, der stets von denselben Erscheinungen begleitet wurde. Bei tiefer Niedergeschlagenheit mit Initiativeverlust besteht ein Hang zu einem etwas verworren mystischen, pseudophilosophischen Gedankengang, der sich mit der Ungerechtigkeit der Welt unter besonderer Berücksichtigung der eigenen Person beschäftigt. Diese Erscheinungen traten erstmalig nach dem Tode der Mutter des Patienten auf. In seinen Grübeleien haderte er mit diesem unwiderruflichen und natürlichen Ereignis. Er fand, daß seine Mutter, trotzdem sie schon recht betagt und auch leidend war, ein Anrecht darauf gehabt hätte, ihr segensreiches Leben länger zu führen, als manche andere Menschen, deren durchaus nicht immer segensvolles Verhalten ihren Nutzen auf dieser Welt zweifelhaft erscheinen ließe. Im Zustand tiefer Niedergeschlagenheit sah er dann in beinahe zwangshafter Weise seine Mutter auf dem Totenbette vor sich.

Zum zweiten Male trat diese Depression auf, als der Patient, der Gutsbesitzer war, nach einem verwickelten Prozeß einem recht resoluten und geschäftsgewandten Nachbarn ein Stück Land abtreten mußte. Trotzdem dieser Verlust einen kaum merklichen wirtschaftlichen Schaden für ihn bedeutete, wurde er doch wieder zum Ausgangspunkt einer reaktiven Verstimmung, in der abermals die Gedanken des Patienten um die auf Erden mangelhafte Gerechtigkeit kreisten.

---

[1] Wendt, C.-F.: Psychotherapie im abgekürzten Verfahren. Berlin, Göttingen, Heidelberg 1948.

Auch gegenwärtig zum dritten Male wurde der Inhalt einer initiativelosen, in sich gekehrten Weinerlichkeit mit jener Philosophie bestritten. Der Ausgangspunkt war jetzt die Verschlechterung seiner Lage, der Verlust der Heimat und besonders seines Hofes.

Der Patient selbst war der Typ des redlichen, pflichtbewußten, etwas scheu in sich gekehrten Landmannes. Gegen seine Verantwortungsängstlichkeit, seine zaghafte Unsicherheit, kurz gegen eine anlagemäßig bedingte Insuffizienz hatte er den Schutzwall einer etwas pharisäerhaften Moral aufgerichtet. Er handelte immer richtig, anständig und ehrenwert und war damit nicht nur gegen alle Schicksalsschläge versichert, sondern auch gegen Benachteiligungen, die sein insuffizientes Versagen im praktischen Leben mit sich bringen konnte. So konnte er sich behaglich des Schutzes dieses engen Schneckenhauses erfreuen, das mancherlei von ihm abhielt, allerdings mit einer gründlichen Verfälschung des wirklichen Geschehens und seiner Bedeutung. Wurde der Ring dieses künstlich verengten Horizontes einmal durch die Übermacht eines äußeren Geschehens gesprengt, so versuchte er durch jene philosophischen Betrachtungen das alte Verhältnis wieder herzustellen. Das Versagen seiner so typisch unzulänglichen Philosophie aber bedeutet dann für ihn die Motivierung einer reaktiven Depression und das weinerliche Verharren in völliger Initiativelosigkeit.

Die Vornahme einer schulgerechten Analyse hätte den Patienten mit vielen Illustrationen und Beweisstücken überzeugend gezeigt, daß die Verhältnisse bei ihm tatsächlich so lagen, wie wir sie eben schilderten. Auch er hätte es nur erstaunlich finden können, daß eine so schwach organisierte verwundbare Persönlichkeit wie er, nur mit dem Schutz eines so unzulänglichen brüchigen Mechanismus ausgestattet, bisher einigermaßen durch alle Schwierigkeiten des Lebens lavieren konnte. Mit der Vermittlung dieser gediegenen Selbsterkenntnis aber wäre das Schicksal aller psychotherapeutischen Bemühungen besiegelt gewesen.

Nun bedeutete aber das Erscheinen jener Depression mit ihrer eigentümlichen Färbung nichts anderes als die typische Reaktion des Patienten auf eine gegenwärtige Überforderung durch die Umwelt. Gewiß, er fühlte sich überfordert, weil er insuffizient war, und tatsächlich war aus seinem Verhalten in der Depression auch die grundlegende, tief in der Persönlichkeit wurzelnde Insuffizienz erkennbar. Trotzdem bedeutet vom Standpunkt einer rationellen Therapie aus gesehen die gegenwärtige Überforderung die Ursache des Versagens und das neurotische Versagen selbst die Wirkung dieser Ursache. Diese Konstellation ergibt den Anlaß zu der grundsätzlichen Dekouvrierung der Insuffizienz, wie sie in der reaktiven Depression erfolgte. So erscheint diese Insuffizienz nicht als die unmittelbar direkte Ursache der Depression, sondern als eine besondere Eigenschaft, die dieses Zusammenspiel von Ursache und Wirkung ermöglicht. Infolgedessen hatte der Patient bei drei doch so verschiedenen Gelegenheiten, in denen er mit seiner ihn sonst schützenden pharisäerhaften Moral Schiffbruch gelitten hatte, mit ein und derselben Bankrotterklärung reagiert. Sein Protest, die resignierte Feststellung einer unvollkommenen Gerechtigkeit auf Erden schließt aber bereits die Möglichkeit der Sanierung in sich. Zweimal ist diese auch spontan erfolgt. So mußte es auch jetzt beim dritten Male das therapeutische Bemühen sein, diese so unsicher basierte Persönlichkeit wieder auf einen möglichst festen Untergrund zu bringen, ohne sie in ihrer ganzen Unfestigkeit und Disproportioniertheit analysierend zu zerlegen.

Der Therapeut beschränkte sich darauf, dem Patienten zu versichern, daß die Gerechtigkeit in der von ihm geforderten Vollkommenheit nicht walten könne. Weiterhin wurde dem Patienten mit Verständnis und mit Gefühl gesagt, daß ein Schicksalsschlag, wie er ihn zuletzt empfangen mußte, wohl zu den schwersten Belastungen gehöre, denen ein Mensch ausgesetzt werden könne. Trotzdem sei die einzige Möglichkeit einer Parade, das neue Erleben der aufgabenreichen Gegenwart aufzusuchen und das nun einmal Geschehene als schmerzliche Vergangenheit ruhen zu lassen. Diese einfühlende Tröstung wurde durch praktische Ratschläge, die sich auf die Erfordernisse der Gegenwart bezogen und durch suggestive Belebung des darniederliegenden Selbstvertrauens und der Initiative wirksam unterstützt. Ebenso wie der Patient seine früheren Depressionen spontan überwunden hatte, gelang es auch jetzt, mit diesen tröstenden und helfenden Hinweisen ihn den Forderungen der jetzt ungleich schwereren Belastungen zugänglich zu machen. Daß seine Grundstimmung weiterhin diejenige eines Mannes blieb, der zutiefst getroffen wurde, ist nur verständlich. Hingegen überwand er seine psychogene Reaktion, indem er seine fruchtlosen Grübeleien einstellte und den schweren Forderungen seiner gegenwärtigen Situation Rechnung zu tragen versuchte.

II. In der zweiten Kategorie von Fällen, in denen wir auf eine durchdringende, alles bewußtmachende Analyse von vornherein verzichten, herrscht ein bestimmter Persönlichkeitstypus vor. Hier handelt es sich um Menschen, die lediglich durch eine plötzliche Änderung ihres Milieus aus einer sonst störungslos bewahrten Balance gebracht werden können. Das so bewirkte Versagen wird dann von einer psychogenen Reaktion gefolgt. Es sind jene larvierten Insuffizienten, die in ihrer Familie und in ihrem Beruf — oft ist es die Amtsstube — eine kleine Welt für sich konstruiert haben, in der sie unumschränkter Herrscher sind. In ihrer Familie und in ihrer näheren Umgebung sind sie unfehlbare Autoritäten, die ihren Ruf allerdings nicht durch Leistungen, sondern durch entsprechendes Auftreten und eine krankhafte Empfindlichkeit gegenüber auch nur dem Schein einer Mißachtung wahren. Meist wird auch irgendein „nervöses“ Leiden kultiviert, das im entscheidenden Augenblick schützend vor den Abgrund geschoben wird, in den ein unerwünschtes hic Rhodus hic salta unweigerlich führen würde. Im Beruf leisten sie an den bescheidenen Stellen, an denen man sie stets findet, im allgemeinen Ausreichendes. Voraussetzung dafür ist allerdings, daß sie hier mit einer Vorsicht behandelt werden, die ihnen genügend Raum gewährt, ihre gespielte Bedeutung und Wichtigkeit ungestört zu entfalten. Die Angst vor dem unebenen oder auch krummen Weg läßt sie im Leben die gerade Mittelbahn sorgfältig einhalten und hier verrät dann die krampfhafte Haltung den Unsicheren.

Die unechte Resonanz, die diese Menschen sich künstlich zu schaffen wissen, bedeutet für sie die Sicherung ihrer inneren Existenz. Das enge, aber sorgfältig präparierte Milieu umgibt sie wie die Gabel einer Deichsel, die das Straucheln verhindert. Wird diese illusionshaft verfälschte Umwelt mit ihren bequem zurechtgestutzten Forderungen plötzlich durch eine andere, real und vorbehaltlos fordernde ersetzt, so ergibt sich ein Versagen, an dem zwei Komponenten charakteristisch beteiligt sind. Erstens kann sich eine Leistungsschwäche zeigen, die durch den bisher fälschlich behaupteten Anspruch besonders deutlich wird, zweitens kann sich jetzt jener Mangel an innerer Substanz, der durch ein umfangreiches, aber dennoch leeres Gerüst moralischer Prinzipien verdeckt wurde, als menschliches Versagen in den verschiedensten Richtungen auswirken. Die Folge ist stets eine psychogene Reaktion, deren Ausmaß und Beschaffenheit von den Besonderheiten des einzelnen Falles abhängt.

Das große Experiment des letzten Krieges hat Fälle dieser Art in großer Anzahl und mannigfaltiger Variation hervorgebracht. Auch hier werden wir deutlich unterscheiden können zwischen den Fällen, in denen 1. das leistungsmäßige Versagen, und denjenigen, in denen 2. ein moralisches bzw. allgemeinmenschliches Versagen vorherrscht.

1. So z. B.: Ein vierundvierzigjähriger kleiner Beamter wird während des Krieges zum Militärdienst eingezogen. Im Zivilleben hat er nie irgendwelche erhebliche Umweltschwierigkeiten gehabt. Er wird im Amt als sehr gewissenhafter Beamter geschätzt. Kleine Zusammenstöße, wie sie in einem größeren Dienstbetrieb gelegentlich vorkommen, wurden von ihm allerdings immer sehr nachhaltig verarbeitet. Gegen Kompetenzüberschreitungen seiner Kollegen, Tadel durch Vorgesetzte oder auch nur sachliche Kürze in dienstlichen Anweisungen ist er gleichfalls sehr empfindlich. In seinem dann sehr nachhaltigen Groll wirkt nicht der sachliche Inhalt der Begebenheit nach, sondern das, was er als Zumutung und Nichtachtung seiner Person empfindet. Zu Hause tritt er autoritär auf und gilt auch in seiner näheren Bekanntschaft als eine der wichtigsten Persönlichkeiten in seinem Amtsbetrieb. Seiner Familie, die ihn vorbehaltlos in dieser Rolle akzeptiert, ist er ein häuslicher und treusorgender Familienvater. In seinen Mußestunden beschäftigt er sich mit Blumenzucht, trägt einen Kneifer und liest populär gehaltene philosophische Bücher, über die er im Familienkreis gern doziert.

Zum Militärdienst eingezogen, erleidet er völligen Schiffbruch. Die kurze Ausbildungszeit wird ihm zur Qual. Gegen das Grundprinzip der militärischen Erziehung, daß zunächst keiner, wer er auch sei, etwas richtig wisse oder könne und es jetzt nach bestimmten Gesichtspunkten erlernen müsse, versucht er ständig und erfolglos zu protestieren. Dazu kommt, daß er sich im technischen Unterricht in die Rolle des nur aufmerksam Lernenden nicht hineinfinden kann. Diese Fülle von ganz fremden Dingen darf er jetzt nicht wie früher in andere Zuständigkeiten abweisen oder sehr allmählich in einem von ihm bestimmten Tempo seinem Ressort einverleiben. Man verlangt ohne jede Rücksicht die prompte Aneignung der Materie, auch wenn nach seinem Dafürhalten die dazu gegebenen Instruktionen nicht immer zureichend sind und zieht aus seiner langsam umständlichen Auffassung sehr wenig schmeichelhafte Schlüsse. Nach der kurzen Grundausbildung wird er in die Bataillonsschreibstube kommandiert und kann sich aber auch hier nicht zurechtfinden. Der unruhige Geschäftsgang, die wechselnden Anforderungen, das unpersönliche Verhalten und die Ungeduld höherer Dienststellen — meist landen ihre Beanstandungen lawinenartig auf seinen Schultern — das Fehlen jeglicher Resonanz, die burschikos distanzlose Vertraulichkeit, mit der die Gleichgestellten ihn behandeln — kurz, er erlebt den Einsturz seiner alten Welt zugunsten einer neuen, in der man ihn, seine Verdienste und Qualitäten ignorierend, in die Masse zurückstößt. Zu den persönlichen Enttäuschungen kommt noch als schwerste innere Belastung hinzu, daß seine dienstlichen Leistungen in der Schreibstube tatsächlich nicht ausreichen. Listen, die er anfertigen soll, werden nicht rechtzeitig fertig und sind unvollständig, wichtige Termine werden vergessen und Vorschriften im entscheidenden Augenblick nicht beherrscht.

So gerät er in eine tiefe reaktive Depression, die ihren Höhepunkt in einem allerdings nicht sehr bedrohlichen Suicidversuch findet. An diesem Zeitpunkt erfolgte dann die Einweisung in die psychiatrische Fachstation. Die militärischen Vorschriften erlaubten die einzig richtige Therapie dieses Patienten, nämlich die Rückversetzung in sein altes Milieu nach Abklingen der akuten Erscheinungen der psychogenen Reaktion. Jeder Versuch einer analytischen Behandlung wäre hier fehl am Platz gewesen. Mit jedem Ergebnis wäre nur um so deutlicher zutage getreten, daß der Patient eine leistungsschwache insuffiziente Persönlichkeit ist, die bisher vor dem Versagen bewahrt blieb, weil sie sich vor dem eigentlichen Leben hinter den Mauern einer kleinen Scheinwelt verbarrikadiert hatte. So aber hatte der Patient, geschützt vor jenen Erschütterungen des Lebens, welche für andere fruchtbare Bewegung, für ihn aber nur Störung bedeuten, tatsächlich sein Leistungsoptimum erreicht. Der eigene Instinkt, aber auch eine neurotische Reaktionsbereitschaft hatten hier bereits einen stabilen Zustand geschaffen, wie ihn auch die Therapie einer Insuffizienz günstiger nicht erreichen kann.

In der altvertrauten sicheren Umgebung seiner Amtsstube fand der Patient bald wieder zu sich selber. So konnte sich die Behandlung der akuten Phase auf verständnisvollen suggestiven Zuspruch beschränken. Was geschehen war, wurde nicht ausgewertet, sondern vergessen. Als Erinnerung an jene Zeit blieb nur ein leichtes psychogenes Zittern zurück, das sich besonders bei plötzlicher und kurzer Ansprache durch Dienstvorgesetzte einstellen konnte.

Das Versagen der moralischen Leistungsfähigkeit gegenüber den Erfordernissen einer unerwartet gewandelten äußeren Umgebung soll in dem folgenden Beispiel gezeigt werden. Auch hier spielt die Einziehung des Patienten zum Militärdienst wieder eine entscheidende Rolle. Damit haftet beiden Beispielen eine gewisse Einseitigkeit an. Sie soll ihre Rechtfertigung dadurch erhalten, daß gerade hier die grundsätzliche Bedeutung eines jähen Umweltswechsels wie an einem dazu geschaffenen Modell gezeigt werden kann.

2. Ein siebenunddreißigjähriger Rechtsanwalt lebt glücklich verheiratet in beruflich auskömmlichen Verhältnissen in einer Kleinstadt. Sein Tageslauf richtet sich nach jenem behaglichen, festgefügten Rhythmus, der das Dasein eines Kleinstädters friedlich geruhsam und fern von dem erregenden Pulsschlag der großen Welt verlaufen läßt. Hier stellt er als Rechtsanwalt etwas Besonderes vor und wird entsprechend geachtet und beachtet. Das liebgewohnte Einerlei seines Tageslaufs verbirgt seine Eintönigkeit hinter der eindringlichen und so freundlichen Versicherung, daß dem, der dazu gehört, die große Welt nichts mehr verkünden kann. Hier sind ihre verwirrenden Strahlen zu einem friedlichen Bild vereinigt, in dessen Mittelpunkt man sich selbst behaglich stellen darf. Die Anwaltspraxis ist auskömmlich und wenn sie auch etwas simpel ist, so wird sie dennoch ebenso gewichtig betreut, als wenn hier die Knoten der größten Rechtsaffären entwirrt werden müßten. So weht auch hier die Luft der Bedeutsamkeit gleichmäßig sanft und nicht in jenen orkanhaften heftigen Stößen, die auch ein sicheres Gleichgewicht bedrohen können. Die Frau des Patienten bildet mit ihrer zahlreichen am Ort wohnenden, sehr ehrenwerten Verwandtschaft, ihren zwei wohlgeratenen Kindern und einem sehr gemütlichen, gastfreien Heim eine solide feste Fassung

dieser etwas matten Leuchte. Zu Hause ist alles auf ihn zentriert, aber der Patient, der seine Frau „Mutti“ nennt, wird, ohne daß er es selber merkt, von ihr immer auf den richtigen Platz geschoben.

In Frankreich, wo er im Krieg als Offizier der Besatzungstruppe Dienst tut, fühlt er sich zunächst unbehaglich und schreibt beinahe täglich Briefe voller Heimweh nach Hause. In der Hochstimmung alkoholisch festlicher Stunden, die sein Dienst in reichem Maße zu enthalten schien, macht er dann die Entdeckung, daß er vom Leben weit mehr zu fordern hat, als das, was die geruhsame Behaglichkeit zu Hause zu geben vermochte. Er fühlt sich durch die Freundschaft eines Bataillonskameraden ausgezeichnet, der als flotter Lebemann geschickt und routiniert durch den Strudel nicht immer unbedenklicher Vergnügungen zu steuern versteht. Beide schließen intime Freundschaft mit zwei Wehrmachtshelferinnen. Während sein Kamerad dieses Abenteuer froh und unbekümmert einer Kette ähnlicher Erlebnisse anfügt, scheint es dem Patienten den Bruch mit seiner bisherigen Vergangenheit zu bedeuten. Er glaubt sich bisher verkannt und erst von dieser Frau richtig verstanden, er will mit allem Bisherigen brechen, um an der Seite dieser Gefährtin das neu entdeckte große Leben zu führen. Eine ihn immer wieder mahnende nüchterne einsichtsvolle Stimmung läßt ihn in seinen neuen Erkenntnissen unsicher bleiben und hindert ihn daran, zu Hause Farbe zu bekennen und die verlockend erscheinenden Konsequenzen zu ziehen.

Das heftige Wiederaufflackern eines chronischen Gallenleidens, das sich vornehmlich in kritischen Zeiten bemerkbar zu machen pflegte, führte zu einem Lazarettaufenthalt und anschließend zu einem Genesungsurlaub in der Heimatstadt. Die liebevolle Fürsorge der ahnungslosen Familie, die wohltuende Geborgenheit seines ordentlichen Heims im Widerstreit mit den verworrenen Bildern jenes berauschenden Erlebens führte zu einer psychogenen Reaktion, die in einer stark gebeugten Haltung mit Senkung des Kopfes ihren Ausdruck findet. Diese eingefrorene Demutsbezeugung, die äußerlich an die Ausweichhaltung der Gallenkoliken anknüpfte, symbolisierte offensichtlich die Verzeihung heischende Annäherung des reuigen Sünders.

Die Psychotherapie konnte sich darauf beschränken, die Situation in diesem Sinne zu erklären und zu bereinigen. Die tieferen Motivierungen aber des ganzen Vorgangs, die in so vielen Hinweisen deutlich durchschimmerten, wurden im Interesse der Heilung nicht durch ein analytisches Eindringen zu Bewußtsein gebracht. Durch vieles, was der Patient erzählt hatte, hatte sich immer wieder klar gezeigt, daß das enge, aber feste Gefüge seines kleinstädtischen Milieus den Halt seiner etwas unsicheren, aber hintergründigen Persönlichkeit bildete. Wo er recht laut verurteilte, übertönte er eine geheime Zustimmung. Wenn er demonstrativ rechtschaffen und korrekt war, so bannte er damit die irritierenden Geister eines unseriösen Genußhungers. Wie alle „verhinderten Persönlichkeiten“ hatte auch er deutlich infantile Züge, die sich besonders im Verhältnis zu seiner Frau zeigten. Sein kompensierendes Verhalten, das an die Stelle der inneren Sicherheit die lärmende Parole setzt, fand so überall Stütze und Ermutigung. Während er tatsächlich von Genußhunger und Haltlosigkeit unterminiert ist, nimmt er an der Hand seiner mütterlichen Frau nur die normale Dosis erlaubter Genüsse zu sich. Die überwichtige Handhabung seiner kleinbürgerlichen Anwaltsgeschäfte weist darauf hin, daß er den großen Aufgaben seines Berufes wahrscheinlich nicht gewachsen sein würde. So aber findet er in allem die restlose bewundernde Anerkennung seiner Umgebung und kann sich jener vor allen geheimen Skrupeln schützenden Gewißheit erfreuen, daß alles vortrefflich geht und er das Vortreffliche schon deshalb nicht unterlassen sollte, weil er es doch so ausgezeichnet beherrscht.

Die Träume des Patienten, und zwar auch die Träume aus der Zeit des ungestörten Kleinstadtidylls bewegten sich ohne Ausnahme in der Sphäre primitiven Reizhungers mit meist auffallend infantilen Ausdrucksformen. Die Analyse hätte also dem Patienten nur zum Bewußtsein bringen können, daß er seit früher Kindheit mit Erlebnisangst und Unsicherheit den stark vertretenen Forderungen seiner Triebwelt aus dem Wege ging. So wurde dieser Teil seines Ichs von einer durch Erfahrung bestimmten organischen Weiterentwicklung ausgeschlossen und bildete den infantilen Anteil einer zwar nicht harmonischen, aber trotzdem nicht gestörten Persönlichkeit. Jene Kompensation mit Hilfe einer etwas lärmenden, billigen Scheinvollkommenheit war zweifellos die für den Patienten günstigste Lösung, so lange er in seinem auf ihn so günstig abgestimmten Milieu bleiben konnte. So mußte auch die Behandlung darauf zielen, diese Lösung wieder herzustellen. Wäre dem Patienten, nachdem er auf einer zu schwierigen Bahn scheitern mußte, seine gesamte Persönlichkeit mit all ihren Hintergründen entdeckt worden, so hätte sich damit für ihn die unerfüllbare Forderung ergeben, versäumtes Erfahrungsgut und dessen gültige Schlüsse auf einem Gebiet nachzuholen, auf dem ihn die Natur schon zum Versager bestimmt hatte. Damit war es die Aufgabe der Therapie, diese seine Strandung nur zu beheben und das bescheidene Schiffchen wieder in jenen ruhigen Gewässern segeln zu lassen, die es früher so stolz und erfolgreich befahren hatte. Im Interesse des Patienten wurde die so viel enthüllende Bekanntschaft mit dem Leben in seiner wahren Vielgestalt nicht in ihrer eigentlichen Bedeutung gewürdigt und ausgewertet. Statt dessen wurde jener vertrauten, kleinen Welt mit ihrem engen Horizont die volle Zuständigkeit wieder zugesprochen. Eine Zuständigkeit, die allerdings nur zu Recht durch eine kritische Erschütterung ins Wanken gekommen war.

III. Bei der dritten Kategorie von Fällen stellen wir sogar die zunächst paradox anmutende Forderung, nicht nur auf die Analyse, sondern auch auf die Beseitigung der Neurose überhaupt zu verzichten. Es sind dies jene Fälle, in denen ein Patient die für ihn nicht erfüllbaren, aber doch unwandelbar gegebenen Forderungen seiner Umwelt nur mit einer Neurose parieren konnte. Charakteristisch ist nun, daß die Bewältigung einer derartigen Forderung an und für sich möglich sein müßte, daß sie aber speziell für diesen Patienten in seiner mangelhaften Beschaffenheit ein unüberwindliches Hindernis bedeutet. Die Umgehung dieser Forderung erfolgt nun mit der bekannten Motivierung: „ich würde können, wenn ich nicht durch diese Krankheit gehindert wäre". Diese so häufig benutzte Verfälschung dürfen wir aber nur dann sanktionieren, wenn die genaue Kenntnis des Patienten und seiner Umweltsforderungen uns darüber Gewißheit gibt, daß wir den Patienten, wenn wir ihn ohne den Schutz seiner Neurose mit den Umweltforderungen konfrontierten, in einen völligen Bankrott treiben würden. So aber geben wir dem kleineren Übel den Vorzug. Wir lassen dem Patienten seine Neurose, wenn sie nur einigermaßen erträgliche Ausdrucksformen hat und gewähren ihm damit eine Erleichterung, die er zwar notwendig braucht, aber nicht mit ihrer wahren Begründung motivieren darf. Welche therapeutischen Möglichkeiten uns bleiben, wenn diese Neurose durch schwer beeinträchtigende Manifestationen dennoch behandlungspflichtig wird, werden wir im Kapitel IX besprechen.

Die Behauptung, einen Patienten heilen zu können, dadurch, daß man seine Neurose nicht heile, mag recht befremdend anmuten. Im täglichen Leben jedoch wenden wir diesen Grundsatz bei kleinen Anlässen sehr oft an, wobei die unmittelbaren Forderungen einer menschlichen Anteilnahme und Einfühlung die Nichtbeachtung einer rein logischen Konsequenz als nebensächlich verblassen läßt. So z. B. würde niemand einem einsamen alten Fräulein erklären, daß die übertriebene zärtliche Liebe, die sie zu ihrem Hund oder Kanarienvogel hegt, nur der trügerische Ersatz für die resonanzlose öde Leere ist, von der sie tatsächlich umgeben ist. Von den bescheidenen Illusionen dieser Art führt schließlich ein Weg bis zu jenen großen Verfälschungen, wie den „Lebenslügen" Ibsen's, die Abgründe überbrücken können, solange ihre trügerische Konstruktion nicht überlastet wird.

Diejenigen Fälle, bei denen eine Beseitigung der Neurose im Interesse der Gesundung des Patienten nicht anzustreben ist, mögen durch das folgende Beispiel charakterisiert werden. Der fünfundfünfzigjährige Besitzer eines dörflichen Kolonialwarengeschäftes wird wegen eines psychogenen Tremors der rechten Hand von seinem Hausarzt zur Behandlung überwiesen. Die eigentümlichen Akzentuierungen, mit denen er seine Krankheitsgeschichte erzählt, lassen die Zusammenhänge der psychogenen Reaktion bald erkennen. Wie er berichtet, habe sich das Zittern zuerst beim Abwiegen der Ware, später auch bei schriftlichen Arbeiten eingestellt, um schließlich so stark zu werden, daß er jetzt seinen Beruf nicht mehr ausüben könne. Der Patient gibt seinem Kummer darüber lebhaften Ausdruck, er bedauert sehr, daß er jetzt sein Geschäft ganz seinem Schwiegersohn überlassen müsse, der zwar recht tüchtig und fleißig sei, aber doch nicht über die Geschäftserfahrung eines alten Kaufmanns verfüge. In seiner Erzählung zunächst durch keine Frage unterbrochen, nimmt der Patient eine eigentümliche Verschiebung in der eigentlich zu erwartenden Rangordnung seiner Beschwerden vor. Er beklagt sich nicht darüber, erkrankt zu sein, und durch die Auswirkungen dieser Krankheit im Gebrauch seiner Hand überhaupt und damit in seiner beruflichen Tätigkeit wesentlich beeinträchtigt zu sein. Er geht vielmehr davon aus, daß er zu seinem größten Leidwesen nicht mehr seinem Geschäft vorstehen kann. Das Zittern seiner rechten Hand mache die wichtige Tätigkeit des Einwiegens und der Buchführung unmöglich. Daß er eigentlich auch mit dieser Behinderung sein Geschäft hätte leiten können, war ihm entgangen. Dieses Verhalten gab Veranlassung, die Umstände jenes dörflichen Geschäftshauses näher zu erfragen. Hierbei ergab sich folgendes.

Durch den Bau eines Flugplatzes in der Nähe des Dorfes hatte das Geschäft des Patienten in den letzten Jahren einen lebhaften Aufschwung erfahren. Bis dahin aber hatte der kleine Kolonialwarenladen mit seinem Besitzer sich der ungestörten Ruhe eines dörflichen Friedens erfreut. Die alten Stammkunden kauften ihren immer gleichbleibenden bescheidenen Bedarf ein und die Ergänzungen des kleinen Warenlagers konnte man in behaglicher Regelmäßigkeit vornehmen. Lediglich um die Weihnachtszeit wurden die Dispositionen schwieriger, wenn die Festesfreude in etwas unterschiedlichem Ausmaße die Kundschaft zu außergewöhnlichen

Einkäufen anregte. Aber auch diese alljährlichen Krisen wurden bewältigt, ebenso wie einige Kunden „von der Sorte, die gern anschreiben läßt", in ihrer Gefährlichkeit rechtzeitig durchschaut, keine ernstliche Störung des Geschäftsbetriebes werden konnten. Der Bau des Flugplatzes hatte nun alles grundlegend verändert. Bestellungen von nie gekannten großen Ausmaßen wurden von Ortsfremden mit verwirrender Selbstverständlichkeit aufgegeben, manchmal sogar nur durch das Telephon. Das Warenlager erweist sich als zu klein, die Geschäftsräume als unzureichend und das Betriebskapital als zu gering. Während der Patient nicht mehr wußte, wo ihm der Kopf stand, zeigte sein Schwiegersohn sich der Situation durchaus gewachsen. Bisher waren seine Neuerungsvorschläge von der weisen Erfahrung des Alters als unsolide Phantastereien zurückgewiesen worden, und er hatte im Geschäft ein ausgesprochen zweitrangiges Dasein führen müssen. Nun war er es, der die notwendigen Kredite besorgte, der für die prompte Erledigung der großen Aufträge sorgte und schließlich das kleine, etwas muffige Lädchen umbaute und in ein modernes Geschäftslokal verwandelte, in dem er, jeder Begegnung gewachsen, in einem weißen Mantel amtierte.

Unser Patient konnte sich in all diese Veränderungen nicht mehr hereinfinden. Sein Geschäft hatte einen beängstigend großzügigen Kurs eingeschlagen, den er nicht mehr übersehen, geschweige denn steuern konnte und der dennoch gegen alle soliden Bedenken richtig und erfolgreich zu sein schien. Der Schwiegersohn hatte sich dabei durchaus taktvoll verhalten. Er bemühte sich, das alte Verhältnis zu wahren und fragte den Patienten bei allen Entscheidungen um seine Zustimmung, die doch nur eine Formalität bedeutete. Oft war es so, daß er die Zusammenhänge und Möglichkeiten der geplanten Unternehmungen auch nach eingehender Erklärung nicht mehr verstand. In der Buchführung aber, die jetzt noch ganz andere Schwierigkeiten wie seinerzeit die „anschreibenden Kunden" in sich barg, übersah er gar nichts mehr. So löste dieser schon immer etwas ängstliche und bescheiden dimensionierte Mann seine Schwierigkeiten durch eine psychogene Reaktion typischen Ausdruckes. Beim Wiegen der Ware, dieser Handlung, deren Symbolwert das gesamte kaufmännische Tun in sich birgt, zitterte die so lange bewährte Hand und weigerte sich einen Dienst zu leisten, dem sie jetzt nicht mehr gewachsen war.

Dieses Bild der Lage ergab sich aus einem sinngemäßen Verstehen der Erzählung des Patienten, in der er wohl die Umstände seines Versagens schilderte, dessen Gründe aber noch nicht erkannte. Er glaubte fest und ostentativ an eine Behinderung durch sein „Nervenleiden". Daß dieses ihn eigentlich nur hinderte, sein Geschäft selbst zu besorgen, nicht aber es zu leiten, übersah er, da die gefühlsmäßige Überzeugung, wirklich nicht zu können, mit einer erlebten Gewißheit bestand, die eine sorgfältig logische Überprüfung überflüssig erscheinen ließ.

Das Vorgehen der Therapie wurde von dem Grundsatz geleitet, diesem Patienten nach Maßgabe des für ihn Erreichbaren zu helfen und ihm jene Erkenntnisse zu ersparen, deren Anwendung nur eine unfruchtbare Wirklichkeit bedeutet hätte.

Das psychogene Zittern wurde mit einigen belanglosen Faradisierungen behandelt. Der Patient empfand sie als sehr wohltuend, besonders als ihm eröffnet wurde, daß sich das Zittern mit der Zeit wohl bessern werde, daß er aber mit seinem leidenden Arm den Anstrengungen seines Geschäftes nicht mehr gewachsen sei.

Er, der ja ein arbeitsreiches und erfolgreiches Leben hinter sich habe, solle doch sein Geschäft dem Schwiegersohn übergeben, bei dem es ja doch in den besten Händen wäre. Den wertvollen Rat des erfahrenen alten Kaufmannes könne er ihm ja zur Verfügung stellen.

Die weitere Entwicklung zeigte, daß hiermit die beste Lösung gefunden war. Der Patient, der weiterhin in der Illusion leben konnte, ein befähigter erfahrener Kaufmann zu sein, während er tatsächlich gerade da völlig versagt hatte, als ihm die eigentliche Aufgabe seines kaufmännischen Daseins gestellt wurde, zog sich zufrieden mit seiner Neurose auf das Altenteil zurück. Das Zittern vergaß er mit der Zeit immer mehr. Es überfiel ihn nur manchmal noch, wenn er jemandem erklären wollte, warum er sein schönes Geschäft nicht mehr selber leiten könne.

Das Erwecken der affektiven Beteiligung. Wir haben einen wesentlichen Gesichtspunkt der Behandlung bisher nur miterwähnt, der seiner Bedeutung entsprechend im folgenden für sich erörtert werden soll. Es ist damit die gefühlsmäßige Erlebnisbeteiligung, d. h. die gefühlshafte Steuerung der Erlebensgestaltung gemeint. Hier findet das wechselnde Inkrafttreten all der Strebungen, die im Mit- oder Gegeneinanderwirken der Persönlichkeitsstruktur gemäß das Erleben aus dem Erlebnisgegenstand gestalten, seinen subtilsten Ausdruck. Wir versuchen bei der Persönlichkeitsanalyse diesen integrierten Zusammenhang als den Ablauf der individuellen Reaktionsweise zu erfassen. Beim Neurotiker stoßen wir in bestimmten Zusammenhängen auf Gefühlsäußerungen bzw. „Gefühlssequenzen", die das selbstverborgene Verfehlen des ichgerechten Erlebensvollzuges anzeigen, und wir versuchen auch von hier aus seine Neurose zu verstehen und zu beeinflussen. Die Therapie kann ja nur dann zum ganzen Erfolg führen, wenn die Herstellung der persönlichkeitsgerechten Zusammenhänge sich auch in der Gefühlsbeteiligung beim Erlebnisvollzug widerspiegelt. Damit dieses Endziel erreichbar wird, müssen wir zunächst danach trachten, mit der Behandlung alle gefühlshaften Resonanzen des Patienten zum Schwingen zu bringen, da nur da eine echte Einlassung erwartet werden kann, wo auch das Gefühl eine unmittelbare Ansprache erfuhr. Ob eine Einsicht, die wir therapeutisch vermitteln, nur vom urteilenden Verstand akzeptiert wird, oder ob sie die Persönlichkeit durchdringt, erkennen wir ja aus der dabei auftretenden Gefühlsbeteiligung. In der Behandlung muß also ein hohes Niveau der gemütshaften Beteiligung erreicht werden, so daß ein erlebnisgleiches Ergriffensein die bisher nicht erkannten Disharmonien im Für und Wider erwachender Gefühlsregungen erscheinen läßt. Im Beginn der Behandlung werden wir uns oft darauf beschränken, einen nicht bewußten und durch Kompensation unterdrückten Spannungszustand durch die Erweckung seiner Gefühlskomponenten zu aktivieren, um so jene Frage nach dem wirklichen Standort des eigenen Ich in ihrer ganzen Deutlichkeit anzuregen (siehe auch S. 147). Hierbei geht es also weniger um die Herstellung inhaltlich ausschöpfbarer Einzelbezüge, als um die Schaffung der erlebnishaft verbindlichen Situation im ganzen. Wir versuchen die so sich ankündigenden widerstreitenden Strebungsrichtungen durch die Art der Gesprächsführung zu immer deutlicherer Beteiligung herauszufordern.

Die entscheidenden Einsichten aber müssen von dem Patienten in einem unmittelbaren Beteiligtsein erlebt werden, in welchem die bisher wirkenden Spannungen sich in dem tiefen Empfinden einer Selbsterfahrung auflösen, in der Bedeutung und Sinn des eigenen Strebens evident wird. Der Erlebnischarakter dieser Selbsterhellung läßt dann eine drängende Erwartung wach werden, die die Persönlichkeit zu den jetzt erkennbaren Gestaltungen aufruft. Wir versuchen so mit den Mitteln der Therapie etwas zu erreichen, was auch in einer „normalen Entwicklung" als entscheidender Wendepunkt auftreten kann. Es sind jene Stunden einer erlebnishaften Selbsterhellung gemeint, in denen ein bisher im vergeblichen Suchen verfehlter Sinn evident wird und das Streben der Vergangenheit mit dem Streben in die Zukunft in einem bisher verborgenen Sinnzusammenhang bewußt wird. Diese bewegte Gestaltung der Selbstverwirklichung findet man besonders bei jenen Persönlichkeiten, die in ihrer Tiefe von einem starken Gerichtetsein geführt werden. Sie vermögen dann in der späten Rückschau zu erkennen, daß ihr Leben sich wie in einzelnen Abschnitten entwickelte, in denen eigentlich dasselbe Grundmotiv herrschte, das sich aber mit immer wieder verschiedener Thematik äußerte. In jedem solchen Abschnitt, schien das drängende Suchen schon auf das eigentliche Ziel gerichtet und die Beendigung eines Abschnittes im meist krisenhaften Selbsterkennen war eine Umdeutung und Umwertung des bisherigen, womit nun der neue Lebensabschnitt *sein* Ziel erhalten mußte. Wenn es uns in der Therapie gelingt, jenes Selbsterleben herbeizuführen, in dem das Ich seinen eigenen Standort findet, so haben wir damit dieses fruchtbare Bewußtwerden der inneren Konstellation erreicht, das der Patient in seiner Neurose nicht finden konnte.

In Th. Storms Novelle „Schweigen" (Hademarschen 1882/83) erfolgt die Auflösung eines neurotischen Konfliktes mit psychologischen Motivierungen, in denen wir die wesentlichen der von uns bevorzugten Behandlungsgrundsätze wiederfanden. Da hier aber nicht der Verlauf einer seelischen Behandlung mitgeteilt, sondern das Leben selbst als der Ort seelischer Vollzüge geschildert wird, erscheinen die hier gemachten psychologischen Aussagen in einer unmittelbaren Anschaulichkeit. Wir gehen an dieser Stelle auf die Novelle näher ein, weil der zuletzt besprochene Gesichtspunkt, die „Einsicht" als erlebnishafte Selbsterhellung den Höhepunkt des psychologischen Aufbaues der Erzählung bildet.

Der junge Förster Rudolf von Schlitz ist von einem hypochondrischen Herzleiden, das zu einem agitiert depressiven psychogenen Zustand führte, wiederhergestellt. In seinem Äußeren finden sich noch die Spuren des eben erst überstandenen Leidens. „... Denn obwohl von hohem kräftigem Wuchse gleich der Mutter zeigten die Linien des blassen Antlitzes eine der Jugend sonst nicht eigene Schärfe und in den Augen war etwas von jenem verklärten Glanze, wie bei denen, welche körperlich und geistig zugleich gelitten haben."

Rudolf, der als sensitiver, unsicherer und weicher Jüngling geschildert wird, steht in starker innerer Abhängigkeit zu seiner Mutter, die früh verwitwet mit einer etwas tyrannischen Selbständigkeit, aber auch mit ebenso großer Liebe das Schicksal ihres Sohnes zu lenken versucht. „... sagte die Mutter, während der Zug eines rücksichtslosen Willens, der sonst ihren noch immer schönen Mund beherrschte, einer weichen Zärtlichkeit gewichen war ... fast leidenschaftlich, als könnte sie ihn allein nicht gehen lassen, waren die dunklen Augen der Mutter ihm gefolgt."

Sie ahnt, daß ihr Sohn nicht endgültig geheilt, sondern auch weiterhin sehr anfällig ist. Mit sicherem mütterlichen Instinkt fühlt sie, daß ihr Sohn den *Anforderungen seiner gegenwärtigen Situation* nicht gewachsen ist. Rudolf ist Förster auf einem gräflichen Gut, wo er von seinem Gutsherrn mit der Durchführung einer Fülle von Renovierungsplänen in den ausgedehnten Wäldern des Gutes betraut ist. In einem vertrauten Gespräch mit ihrem Hausarzt charakterisiert Frau von Schlitz diese Situation und den Grafen folgendermaßen: „... ja, ja, Doktor, sagte sie dann und ihr Ton war nicht ohne Bitterkeit. Des Herrn Grafen Excellenz, dem mein Sohn so glücklich ist zu dienen — je mehr ihm Gold und Ehren zufließen, desto unersättlicher verlangt er auch die letzte Kraft des Menschen, und seine Forstbeamten — Wege und Brücken bauen ist noch das mindeste, was sie außer ihrem Fach verstehen sollen." Der Hausarzt erwähnt hierzu zwei ähnliche Fälle aus seiner Praxis, in denen nicht ein Amt, sondern „in beiden Fällen ein verwickeltes Kaufgeschäft auf junge ungeübte Schultern fiel. Eines freilich, was ich nicht gering anschlagen möchte, ja, was wohl erst die Heilung sicherstellte, war dort anders." Der die endgültige Heilung begünstigende Faktor sei dort die Heirat gewesen. Frau von Schlitz greift diesen Gedanken auf und beschließt die Heirat ihres Sohnes mit einer der Familie bekannten Pfarrerstochter zu begünstigen. Den zuerst auftauchenden Gedanken an eine junge Baroneß, die wohl eine passendere und glänzendere Schwiegertochter abgegeben hätte, verdrängt sie zugunsten jenes schlichten Mädchens, dessen hervorstechende Eigenschaft eine sich unterordnende liebevolle Hingabe zu sein scheint. „... stand die Gestalt eines blonden Mädchens vor ihrem inneren Auge ... so hoch fast wie sie selber, und doch, als ob sie mit den vertrauenden Augen zu der älteren Frau emporblickte; dann wieder sah sie das Mädchen in der engen, aber sauber gehaltenen Kammer, wie sie mit ihren kleinen, festen Händen neben dem eigenen Bette ein halbgelähmtes Brüderchen in die Kissen packte und nach fröhlichem Gutenachtkuß gleich wieder helfend zu der Mutter in die Küche eilte."

Mutter und Sohn machen das Dorf jenes Pfarrers zum Ziel einer Erholungsreise, und das Verhältnis zwischen den jungen Leuten entwickelt sich wunschgemäß. „... durch die scheue Jungfräulichkeit des Mädchens war wie aus der Knospe etwas von jener *Mütterlichkeit* hervorgebrochen, in deren Obhut auch der Mann am sichersten von Leid und Wunden ausruht. Wenn aus der überwundenen Nacht noch ein Schatten ihn bedrängen wollte, wenn vor der nächsten Zukunft eine Scheu ihn anfiel, dann suchte er unwillkürlich ihre Nähe ..."

Die Exposition zeigt also einen selbstunsicheren Sensitiven, der bereits einmal eine psychogene Reaktion erheblichen Ausmaßes erlebte und jetzt unter der Verantwortung einer beruflichen Aufgabe, der er sich nicht gewachsen fühlt, erneut zusammenzubrechen droht. Seine Mutter, die in ihrer beherrschenden Selbständigkeit bisher jeden Einfluß auf den Heranwachsenden ausgeübt hat, ahnt wohl, daß die tiefe Abhängigkeitsbindung, die von ihrem Sohn zu ihr besteht, ein Hindernis der Vollendung seiner Entwicklung bedeutet. Sie beschließt deshalb auch, ihn zu verheiraten, wenn auch schon dieser Gedanke für sie einen Verzicht bedeutet. An ihre Stelle soll aber nur der unselbständige Schemen einer Mutterimago treten, das nur ihre Ergänzung, nicht aber ihre Ablösung bedeuten kann. Ebenso sucht auch Rudolf in seiner zukünftigen Frau nur die alles verstehende und lindernde Mutter.

Mit der nun bald sich vollziehenden Verlobung ist nur der Schwiegervater, der Pfarrer, nicht restlos einverstanden, „... vielleicht, daß er seine ‚königliche Tochter', wie er sie in seinem Herzen nannte, einer sichereren Hand als dieser hätte anvertrauen mögen". Frau von Schlitz spürt diesen leichten Mißklang und „ging an diesem Abend mit einem Unbehagen schlafen, über dessen verschiedene Ursachen sie vor sich selber jede Rechenschaft vermied". Rudolf gerät schon am Tage nach seiner Verlobung in Gewissensskrupel, ob er seiner Braut von der kürzlich überstandenen seelischen Erkrankung mitteilen soll oder nicht. Seine Mutter, mit der er sich berät, gibt ihm den Rat, darüber zu „schweigen", den er widerstrebend auch schließlich befolgt.

Nachdem das junge Paar geheiratet hat, wird Rudolf von seinem Gutsherrn in steigendem Maße mit verantwortungsvollen Aufgaben betraut, denen er sich nicht gewachsen glaubt. Nach wie vor lastet schwer auf ihm, daß er zu seiner Frau von seiner überstandenen Nervenkrankheit noch nicht gesprochen hat. Zufällige Ereignisse in seiner Umgebung geben ihm jetzt zu der tatsächlich anders motivierten Befürchtung Anlaß, daß jene Krankheit plötzlich wieder auftreten könne und seine Frau so durch seine Schuld in eine fürchterliche Lage gebracht würde. Seine Mutter und auch sein alter Arzt, die er zu Vertrauten seiner nicht endenwollenden Grübeleien macht, geben ihm den Rat, das Schweigen zu brechen und sich mit seiner Frau auszusprechen. So seine Mutter: „Dich drückt nur das Geheimnis, das Versprechen, das Du mir gegeben hast, ich gebe es Dir zurück, es war unnötige, übertriebene Sorge, da ich es von Dir verlangte." Und der Arzt: „,. . . mitunter, so schloß Rudolf seine Beichte, aber nur in kurzen Augenblicken, ist es mir, als ob der dunkle Vorhang aufweht und dahinter, wie zu meinen Füßen, sehe ich dann das Leben gleich einer heiteren Landschaft ausgebreitet; aber ich weiß doch, daß ich nicht hinunter kann." Darauf der Arzt, nachdem er erfahren hat, daß Rudolf sich in seiner jungen Ehe sehr glücklich fühlt, „dann, wenn dem so ist, und er betonte jedes Wort, als ob er auf schwerwiegende Gründe eine Entscheidung baue, dann — reden Sie; und Sie werden nicht allein in jenes heitere Land hinunterschreiten!" Aber Rudolf kann sich zu der Aussprache, deren Notwendigkeit er an und für sich einsieht, noch nicht entschließen.

Auch Anna, die junge Frau, macht sich jetzt sorgenvolle Gedanken über das veränderte Verhalten ihres Mannes. „,. . . war es noch zurückgebliebener Schatten jener Krankheit, die er bei dem Besuch im Elternhause erst kaum überstanden hatte, oder war dies sein eigentliches Wesen, das sich jetzt offenbarte? Zwar, die Last der Arbeit dauerte fort; aber an der ausreichenden Kraft des geliebten Mannes auch nur zu entfernt zu zweifeln, konnte ihr nicht einfallen." Ohne damit eine Anspielung machen zu wollen, entschlüpft ihr gelegentlich eine mitleidige Bemerkung über das Schicksal einer Holzfällersfrau, deren Mann geisteskrank ist. Rudolf belauscht zufällig ein Gespräch seines Gutsherrn, in dem dieser sich recht abfällig über sein dienstliches Versagen ausspricht. Jedes weitere Erlebnis wird jetzt von ihm auf seinen inneren Konflikt bezogen und mißdeutet. In höchster Verzweiflung schreibt er eines Nachts das Fragment eines verworrenen Abschiedsbriefes an seine Frau. In einer rückhaltlosen Selbstschilderung bricht er sein „Schweigen" jetzt endlich. Im frühen Morgengrauen begibt er sich dann an eine einsame Waldesstelle, die für ihn die Erinnerung an eine unvergeßlich schöne Stunde mit seiner Frau birgt, um sich dort zu erschießen.

Inzwischen ist von ungewissen Ahnungen getrieben seine Mutter im Forsthause erschienen. Sie findet das Fragment des Abschiedsbriefes in dem auffälligerweise unverschlossenen Pult des Sohnes. „,. . .Dort steckt ja noch der Schlüsselbund; das ist nicht die Ordnung, die ich meinem Sohn gelehrt hatte." Anna weiß, daß sie ihren Mann an jener Waldesstelle finden wird. In einer dramatischen Auseinandersetzung lehnt sie die Begleitung ihrer Schwiegermutter energisch ab. „,... Da, als sie fort wollte, fühlte sie ihre Füße von zitternden Armen aufgehalten; kaum erkannte sie das Antlitz, das stumm wie einer Sterbenden zu ihr aufsah. „Mama, rief sie, sind Sie es denn, Mama?" Nur ein Stöhnen kam aus dem zuckenden Munde, während die Arme sich noch fester um die Knie des jungen Weibes klammerten. Anna suchte sich vergebens loszumachen; sie neigte sich zu der Liegenden, sie flehte, sie schrie es fast zuletzt: „Lassen Sie mich, Mama; ich muß zu ihm, zu Rudolf! Sie wissens ja, der Tod ist hinter ihm!"

Die stumpfen Augen in dem so plötzlich alt gewordenen Gesicht der Mutter flammten auf: „Mein Sohn!" schrie sie und sprang empor. „Ja, ja; wir müssen zu ihm!" „Nein, Mutter, bleiben Sie, Sie können nicht — ich muß allein!"

Aber die starke Frau hatte sich an ihren Arm gehangen: „Hab' Erbarmen, nimm mich mit zu meinem Sohn! Du haßt mich, Anna, Du hast ein Recht dazu; aber — nimm mich mit; Du warst nicht seine Mutter!"

Ratlos blickte Anna auf die Frau, die ihrer Sinne kaum noch mächtig war: „Nein!" rief sie, „oh nein, kein Haß, Mama; Sie haben ja um ihn gelitten! Aber um *seinetwillen*, ich muß allein ..."

In der Einsamkeit jener Waldesstelle erlebt Rudolf jetzt mit einer Eindringlichkeit, die von tiefstem Gefühl getragen wird, daß der ihm unlösbar scheinende Konflikt, den er mit seinem Tode besiegeln wollte, tatsächlich jetzt gelöst ist. „,... Auch an Rudolfs Ohr war er (der Glockenton der Schloßuhr) gedrungen; seine Hand stockte; er zählte: 7 Uhr schon! Anna mußte jetzt seinen Abschiedsbrief gelesen haben; *sie wußte alles*. Und plötzlich stand ihm eines, nur dieses eine vor der Seele: das Schweigen, das furchtbare Schweigen war ja nun zu Ende ... Was gab es nur? Was hatte er hier gewollt? — Ihm war, als sei er *träumend* einem Abgrund zugetaumelt.

Hoch über ihm, als hätte auch sie die Glocke wach gerufen, durchbrach jetzt die Sonne den grauen Dunst; sie streute Funken auf die feuchten Wipfel und warf auch einen Lichtstrahl in des Mannes Seele, der hier unten noch im Schatten stand; er wußte es plötzlich, er fühlte es hell durch alle Glieder rinnen, der Arzt hatte recht gehabt; er war gesund, er war es längst gewesen ... Sein Leben — ja, jetzt konnte er es beginnen! — Die Waldesenge um ihn wich zurück, und jene Sonnenlandschaft, unter deren Bilde ihm das ersehnte Glück so oft erschienen war, breitete sich licht und weit zu seinen Füßen; der Weg war offen, der zu ihr hinabführte!

Aber das Bild verschwand; er stand noch in demselben Waldesschatten. Nein, nein; nicht eine Krankheit, aber eine Schuld war es, die seine Kraft gelähmt und ihn vor Schatten hatte zittern lassen. Und nun — vor allen anderen Wegen mußte er den zurück, den er hierher gegangen war.

Ihm war, als ob aus leerer Luft ihm Kräfte wuchsen; vor seinem Weibe wollte er in Demut knien und dann auf *seinen* Armen sie durchs Leben *tragen!*"

So findet ihn seine Frau. Die ihm geschenkte Einsicht, die so gewonnene Lebenskraft läßt ihn in der Folgezeit als einen Verwandelten die Aufgaben seines Berufes meistern, an denen er eben noch zu zerbrechen schien. „Der Tag fand ihn im Forste, an den Sümpfen; dann wieder an seinem Arbeitstische, oder berichterstattend und seine Pläne klar entwickelnd bei dem Grafen; noch niemals hatte er das Vollmaß seiner Kräfte so empfunden."

Das neue Verhältnis aber zu seiner Frau, das für ihn den Quell der sich entfaltenden Kräfte bedeutet, ist für seine Mutter zunächst ein schwer zu erfassendes, mit Resignation verbundenes Erlebnis. „,. . . Die Falte, welche der Schrecken jenes Morgens ihrem Antlitz eingegraben hatte, war nicht daraus verschwunden; aber sie schien nur einen früheren Zug der Härte hier verdrängt zu haben, der selbst den Sohn ihr nie völlig hatte nahekommen lassen . . . Vielleicht, wiederholte Anna — jetzt bin ich doch sein Glück!"

Frau von Schlitz nickte schweigend: „Was redet die da vor sich hin? — Ihr Sohn, ihr Kind, das sie mit ihrem Blut getränkt hatte! — Wie mit Schlangenbissen fiel ein eifersüchtiges Weh sie an. Ich irrte, sagst Du? Du brauchst mich nicht zu schonen, Anna; es war nie meine Art mich zu belügen!" —

„Aber dafür, — dafür . . ." sagte sie langsam, indem das Haupt ihr auf die Brust herabsank, „hast du mich arm gemacht."

Aber auch sie versteht schließlich diese Metamorphose mit ihrem tiefen Sinn zu bejahen. . . . „Du mußt mich lieben, Mutter."

„Muß ich?" — ein finsterer Blick war auf die junge Frau gefallen, dann aber lag sie an der Brust der Mutter, überschüttet von durstiger, ungestümer Liebe: „Ja, ja, mein Kind; ich sehe keine andere Rettung."

Wenn wir uns die „Mittel" dieser Spontanheilung vergegenwärtigen wollen, so werden wir folgendes feststellen: 1. Die ursprüngliche Entstehung der hypochondrischen Neurose mit all ihren bis in die früheste Jugendzeit zurückreichenden Möglichkeiten wird vom Dichter unberücksichtigt gelassen. Es genügt die überzeugend getroffene Feststellung, daß Rudolf ein leicht verletzlicher, unsicherer Sensitiver ist. 2. Seinen gegenwärtigen Umweltsanforderungen ist er nicht gewachsen und fühlt sich infolgedessen im Maße seines beruflichen Versagens zunehmend von dem erneuten Manifestwerden seiner Neurose bedroht. 3. In seiner Unselbständigkeit wird er durch seine übermäßige Bindung an seine Mutter bestärkt, die eine entscheidende Hemmung seiner Initiative und zielbewußten Lebensgestaltung bedeutet. Auch seine Ehe ist nur eine Übertragung, in der dieses ungesunde Verhältnis auf Kosten seiner Frau weitergeführt werden soll.

Diese von seiner Mutter als Heilmittel gestiftete Ehe bedeutet also nicht die so notwendige neue Lebensphase, sondern nur die Weiterführung des bestehenden Mutter-Sohn-Verhältnisses in einem Dreieck, dessen beherrschender Scheitelpunkt die Mutter selber bleibt. So erfahren die Schwierigkeiten Rudolfs nicht eine Lösung, sondern nach kurzem Aufschub eine weitere Steigerung und sein berufliches Versagen wird noch eklatanter. Wie jeder Neurotiker findet er eine trügerische, aber ihn befriedigende Motivierung seiner ganzen Misere, indem er glaubt, seine Frau mit dem Verschweigen einer Geisteskrankheit betrogen zu haben, die jederzeit wieder zum Ausbruch kommen kann. Die beste Lösung dieses Scheinkonfliktes wird ihm nun sowohl von seiner Mutter wie von seinem alten erfahrenen Arzt angeboten. Er soll sein Schweigen brechen und sich über die durchgemachte Erkrankung mit seiner Frau aussprechen. Mit diesem Geständnis, dem Bericht über die durchkämpfte Depression und ihre Inhalte aber wäre auch die wahre Persönlichkeit Rudolfs endlich zum Ausdruck gekommen. All jene neurotischen Bindungen und Scheinmotivierungen hätten dann vor der Forderung der realen Gegenwart verblassen müssen. Rudolf und seine Frau wären vor die Aufgabe gestellt worden, seine leicht erschütterbare seelische Leistungsfähigkeit durch tiefes gegenseitiges Verstehen zu konsolidieren. Mit der Lösung dieser Aufgabe hätte der unmittelbare Lebensraum des insuffizienten Rudolf eine optimale Gestaltung erfahren.

Dieses Geständnis enthält also an und für sich schon den Schlüssel des gesamten Konfliktes. Beide Eheleute wären damit vor die schwere, aber lösbare Aufgabe gestellt, ihr Verhältnis neu zu gestalten und die nun mögliche Veränderung aus eigener Kraft zu bewirken. Anna wäre die Aufgabe zugefallen, über die ihr zunächst nur zugewiesene Rolle der Mutterimago hinaus ihren Platz an der Seite ihres Mannes auszufüllen. Rudolf hätte die wahren Gründe seines gegenwärtigen Versagens erkennen können, nämlich das ängstliche Verharren in jener kindhaften Abhängigkeit von seiner Mutter, jene Unselbständigkeit, die jede Weiterentwicklung zur verantwortungsvollen eigenen Leistung ausschloß. All diese Möglichkeiten, die in der bereinigenden Aussprache gelegen hätten, kann er zunächst nicht nutzen. Sie bleiben ihm verschlossen, da seine Erkenntnis bisher nicht von jenem hohen Niveau des Erlebens aus dem Gefühl getragen wird. Dementsprechend löst der an und für sich so richtige Hinweis auf die Notwendigkeit des Geständnisses bei ihm nur *verstandesmäßige* Grübeleien aus, mit deren Hilfe er sich immer weiter in ein Labyrinth scheinbarer Notwendigkeiten logisch hineinargumentiert, die in der Forderung des Selbstmordes gipfeln.

Erst die Stunden in jener erinnerungsbergenden Waldesstelle, die er in Todesnähe verbringt, geben ihm jene aus dem unmittelbaren Erleben kommende überwältigende Einsicht. Dieses Erlebnis ist mit der Tiefe seines Gefühlsgehaltes imstande, all jene Bande zu lösen, mit denen die unzureichenden mißlichen Verhältnisse so fest verankert schienen. Mit dieser Wandlung wird Anna von ihrem bisherigen Scheindasein erlöst und sie weiß auch den ihr wirklich gemäßen Platz auszufüllen. Frau von Schlitz erkennt durch den dramatischen Verlauf der Ereignisse tief erschüttert, daß ihrer liebevollen Hingabe an ihren Sohn mit den bereits erschöpften Möglichkeiten der mütterlichen Fürsorge Grenzen gezogen sind. Mit einer wehmütigen Resignation, die aber zu einem fruchtbaren Verzicht wird, muß sie erkennen, daß Anna, die doch von ihr nur als ergänzende Figur in ihr eigenes Spiel gestellt wurde, in jener Schicksalsstunde mit schlichter Selbstverständlichkeit über jenen engen Bezirk, den sie ihr zugedacht hatte, hinauswächst und die große Aufgabe ihres Lebens erfaßt und meistert.

Wenn wir den Vergleich dieser Entwicklung mit dem Vorgehen einer Psychotherapie weiterführen wollen, so können wir feststellen, daß ihr Verlauf mit der Heilung gleichbedeutend ist. Rudolf ist damit von seiner hypochondrischen Depression, besonders von der Furcht ihrer massiven Äußerung als Geisteskrankheit, befreit und seine anlagebedingte Insuffizienz bedeutet nicht länger einen Hemmschuh seiner beruflichen Leistung.

In den tiefen Beweggründen dieser spontanen Entwicklung erkennen wir jene Faktoren wieder, die wir als psychotherapeutische Prinzipien erläutert hatten.

1. Rudolf wird ohne eine umfassende Konflikteinsicht, die ihn zwangsläufig zu der Erkenntnis geführt hätte, immer ein Minderleistungsfähiger sein zu müssen, geheilt. Sein neurotisches Versagen, das einen verhängnisvollen Verlauf zu nehmen droht, wird nicht etwa durch das deprimierende Wissen um eine minderwertige Anlage, die ihn schon immer benachteiligte und schon ernstlich straucheln ließ, gebannt, sondern durch die Bereinigung seiner verfehlten gegen-

wärtigen Situation, deren Mängel durch eine unseligen Begegung seiner schwachen Persönlichkeit mit starken Forderungen seiner Umwelt verschuldet waren.

2. Seiner Heilung steht zunächst eine ungünstige Übertragung im Wege. Sie bedeutet ein verhängnisvolles Weiterspinnen der Vergangenheit, das die tatsächlichen Gegebenheiten seines gegenwärtigen Lebens und seine Möglichkeiten nicht zu Worte kommen läßt. Diese Übertragung muß sich auflösen, als die Forderungen der verkannten Gegenwart durch den Gang der Entwicklung plötzlich eine dramatische Aktualität erhalten, welche Rudolfs tiefstes inneres Erleben vermittelt.

3. Dieses tiefgefühlte Erleben der Wirklichkeit bewirkt die Überwindung seiner alles lähmenden Mutter-Fixierung und läßt ihn weiterhin von den Möglichkeiten der bisher verfälschten Wirklichkeit beglückt Gebrauch machen. Der dramatische Ablauf dieses fruchtbaren Erlebens beginnt mit dem schriftlichen Bekenntnis einer vermeintlichen Schuld. Die daraus gefolgerte Selbstmordabsicht aber muß hinfällig werden, als Rudolf erkennt, daß nur Scheinverhältnisse seinen Tod forderten, die ihn die hoffnungsreiche Wirklichkeit verkennen ließen. Damit aber sind die günstigsten Verhältnisse erreicht, deren er bedarf, um auch mit seiner anlagebedingten Insuffizienz zu einem Leistungsoptimum zu kommen.

Eutychia und Trauma. Es ist jetzt noch ein Gesichtspunkt des therapeutischen Vorgehens zu erörtern, der sich aus einem Verstehen der Veränderungen herleitet, die das persönlichkeitsgerechte Fühlen im Erleben durch die Neurose erlitten hat. Während wir bisher diese Veränderungen des Fühlens in ihrem Sosein zu verstehen suchten und daraus diagnostische und therapeutische Anwendungen entwickelten, handelt es sich jetzt darum, die ursprünglich gegebenen Möglichkeiten des Fühlenkönnens aufzusuchen und sie so zu erwecken, daß sie der Persönlichkeit wieder zur Verfügung stehen.

Die Veränderungen des Gestimmtseins und des Fühlens sind, wie wir zu zeigen versuchten, ein komplexer Ausdruck der Neurose in dem sich die Fülle der hier entstandenen Zusammenhänge wiederspiegelt. Die therapeutische Erhellung dieser Zusammenhänge aber muß, um ein zwingend verbindliches Erfaßtwerden des Patienten zu erreichen, die mannigfaltigen Deutungsaspekte zunächst an Hand schicksalsformender typischer Erlebnisse aufzeigen. Das „Trauma“ soll damit zum Sinnbild der verfehlten Ichverwirklichung werden. Dabei ist es unerheblich, ob *ein* markantes Ereignis so interpretiert werden kann, oder ob die äußeren Hergänge einer unausweichlich sich zuspitzenden Gesamtkonstellation mit dieser Bedeutung in der Erinnerung belebt werden müssen. Mit der Wiederbelebung des „Traumas“ kann so auch das Grundsätzliche der Neurose zu einer eindringlichen Darstellung kommen, wenn es gelingt, aus der Erinnerung des Patienten ebenfalls jene schicksalhafte hintergründige Stimmung erstehen zu lassen, die — mit dem Anlaß jener Erlebnisse entstanden —, ein Scheitern der Persönlichkeit zu enthüllen drohte. Auch in der Folgezeit fand sie durch analog scheinende Anlässe geheimnisvolle Belegung oder wurde durch die Scheinargumentationen der Neurose in protestierende Kompensationen umgewandelt. So wird das durch die Erhellung des Traumas eröffnete Wissen um den Gehalt jener Stimmung zum tragischen Erkennen einer eigenen Unzulänglichkeit. Es wird offenbar, daß das Einssein mit der Welt des Sehnens und der Verwirklichung fälschliche Illusion war, die mit Hilfe der Scheinkonstruktion der Neurose vorgetäuscht werden sollte.

Entsprechend dem Trauma, das wir mit seinem negativen Stimmungsgehalt charakterisierten, lassen sich in den meisten seelischen Fehlentwicklungen verdrängte Ereignisse analysieren, die durch einen *positiven* Stimmungscharakter gekennzeichnet sind, der ebenfalls durch den äußeren Anlaß nicht erschöpfend begründet ist. Es sind also Ereignisse, die unabhängig von ihren normativen Bedeutungswerten einen hohen individuellen Bedeutungswert darstellen. Meist sind es Erlebnisse der jüngeren Jahre, auch sogar der frühen Kindheit, die bei dem Betreffenden ein tiefes Glücksgefühl auslösten, das nicht nur die restlose Befriedigung in dieser Situation ausdrückt, sondern darüber hinaus ein Bewußtsein des innigen Weltverbundenseins wie ein feines Schweben erklingen läßt. Wie beim Trauma sind die äußeren Umstände auch hier nur der typische Anlaß, der nun weit über seine allgemeine Zuständigkeit hinaus das Grundsätzliche zum Erscheinen bringt. Jenes tiefe Überglücklichsein, das einem Gefühl des Verklärtseins entspricht, entsteht also mit einem individuell symbolischen Anlaß. Während der individuell symbolische Anlaß des Traumas einen Stimmungsgehalt verzweifelten Ahnens des Abseitsseinmüssens heraufbeschwört, während hier also Wünschen, Können und Müssen mit quälender Dissonanz im Vollziehen scheitert, ruft dort der symbolische Anlaß ein umfassendes harmonisches Angesprochensein hervor, das im überquellenden Strom alles zu erfassen meint.

Die hierfür in Vorschlag gebrachte Benennung „EYTYXIA" besagt in wörtlicher Übertragung „zufallendes glückliches Ereignis" und in sinnhaft deutender Übersetzung „aus glücklichem Anlaß erlebte Daseinserfüllung". Sowohl beim Trauma wie bei der Eutychia geschieht etwas dem Menschen „Zufallendes". Seine Sinnerfüllung erfährt dieses Zufallende durch das erlebende Individuum, sein Erscheinen selbst aber ist „zufällige" Konstellation[1]. Nicht nur das Ahnen unglücklichen, sondern auch glücklichen Bestehenkönnens vor dem Schicksal also kann Ausdruck im symbolhaften Erleben finden. Wie wir sagten, wirkt das die Eutychia auswirkende Erlebnis selbst als Anlaß, mit dessen Vermittlung seelisches Vermögen durch einen Umweltsbezug zum erlebbaren Erscheinen gebracht wird. So finden wir hier als solche Anlässe nach objektivem Maßstab gemessen unbedeutend erscheinende Erlebnisse wie z. B. Erleben des Elternhauses, in dem ein festtäglicher Spaziergang vorbereitet wird, Erleben eines kleinen Verzichtes, der aus Mitleid geboren wurde, Erleben einer freundschaftlichen Handlung, die als Vertrauensbeweis aufgefaßt werden kann, unmittelbares Erleben einer Naturstimmung, in der die Harmonie des Transzendenten erahnt wird. Oft fehlt sogar jeder direkte Erlebnisbezug. So z. B.: Eine Patientin erlebte als Kind, mit den Eltern am Kaffeetisch im sommerlichen Garten sitzend, wie in einer plötzlichen Gefühlsüberwältigung ihre Verbundenheit mit ihnen und der Welt mit einem

[1] Das tiefverborgene Wesen dieses „Zufallenden", des im Wortsinn „Zufälligen" hat Goethe in den „Urworten, Orphisch" als „TYXH, das Zufällige" beschrieben:

„Die strenge Grenze doch umgeht gefällig
Ein Wandelndes, das mit und um uns wandelt;
Nicht einsam bleibst du, bildest dich gesellig,
Und handelst wohl so wie ein andrer handelt;
Im Leben ist's bald hin-, bald widerfällig,
Es ist ein Tand und wird so durchgetandelt.
Schon hat sich still der Jahre Kreis geründet,
Die Lampe harrt der Flamme, die entzündet."

Zustand glücklicher Gewißheit, wobei alles was in diesen Augenblicken wahrnehmungsmäßig erfaßt wurde, einschließlich des Nurgegenständlichen eine Bestätigung dieses Gefühles zu sein schien.

(Von der Ekstase ist die Eutychia dadurch unterschieden, daß im Erleben der Ekstase das Bewußtsein eines *individuellen* Ich aufgehoben ist. Das Durchdrungensein von dem ekstatischen Gefühlszustand ist so vollständig, daß die Ordnungen von Zeit und Raum, die Voraussetzungen des individuellen Erlebens verschwinden. Es ist so, als ob Maßstäbe und Kompetenzen des individuellen Ichs für die hier erfahrene Wertfülle nicht mehr ausreichen.)

Während also das Trauma den Stimmungsgehalt des hilflosen Geworfenwerdens zum Ausdruck kommen läßt, erscheint bei der Eutychia die verklärende Gewißheit des Getragenseins. Über das a priori Gegebene dieser Polarität sagt Goethe in Wilhelm Meisters theatralischer Sendung: ,,Der Mensch ist durch seine Natur und durch die Natur der Dinge zu verschiedenen Schicksalen bestimmt: Lust und Schmerz, Glück und Unglück in ihren höchsten Graden sind ihm gleich entfernt und gleich nah. Von dem Übel, von dem Guten ist ihm, wenn ich es so nennen darf, eine Vorahndung gegeben, die zugleich innigst mit der Kraft verbunden ist, die Bürden des Lebens auf sich zu nehmen und zu tragen.''

Bei der psychotherapeutischen Anwendung der Eutychia-Erlebnisse gehen wir von folgenden Überlegungen aus. Mit der Erhellung der traumatischen Erlebnisse wird zunächst die Motivation ihres Herganges mit seinen Folgen verständlich gemacht. So kann also eine Reihe verschiedenartiger Erlebnisse lediglich aus ihrem Motiv heraus als zusammenhängende Folge verstanden werden, wobei das Ende dieser Erlebniskette als der Endpunkt des damit bewirkten seelischen Geschehens erscheint. Diese Betrachtungsweise versteht also eine seelische Fehlentwicklung aus ihren Motiven. Anderseits aber hat jedes Erleben nicht nur seine Motivationsbezüge, sondern einen Sinnbezug, der im Eigenverstehen erfaßt in die Zukunft weist. Das Ich muß seinen weiteren Weg von den Standorten aus suchen, die es in seinem Erleben fand. Das Verstehen des ,,Warum'' enthält gleichzeitig ein Erkennen oder auch nur Ahnen des damit verbundenen ,,Wohin''. Wir sahen, daß bei dem Neurotiker die Antizipation von der unbewußten Gewißheit beherrscht wird, im Erleben nur erneute Konfrontierungen mit einer in der Vergangenheit noch nicht bewältigten Frage erfahren zu können. (Übertragung, ,,Verfälschung des gegenwärtigen Erlebens''.) Unsere therapeutischen Vorschläge zielten darauf ab, mit dem retrospektiven Verstehen der Erlebnisse auch das Verstehen ihrer prospektiven Bedeutung zu erwecken.

Mit der Einbeziehung der Eutychia kann diese Verstehensweise ihre fruchtbarste Anwendung finden. Bei diesen Erlebnissen erfolgte ja im Unterschied zum Trauma eine Antizipation unter positiven Auspizien. Das Angesprochenwerden durch den äußeren Anlaß der Eutychia ließ ein Gefühl glückhaften Vollziehenkönnens überwältigend zutage treten. Zu der Verdrängung dieses Erlebnisses kam es dann, da weitere Erfahrungen nicht die Bestätigung dieser Antizipation brachten. Trotz ihres starken Gefühlsgehaltes schien sie überstimmt, durch diese anderslautenden Erfahrungen nicht verifizierbar. So erfolgte die Verdrängung jenes ,,so Fühlenkönnens'' wie ein vorbeugender Verzicht, da die von ihm beanspruchte zukünftige Gültigkeit der Bestätigung zu ermangeln schien. Die Wiederbelebung aber dieses ,,so Fühlenkönnens'' aus der Verdrängung vermittelt dem

Patienten die Erkenntnis, die seelische Potenz eines harmonischen In-der-Weltseinkönnens zuinnerst erlebt zu haben, während die Wiederbelebung des Traumas ihm im wesentlichen bewußt macht, daß sein innerer Bestand für die Begegnung mit dem Schicksal nicht ausreichte.

Wie die Erfahrung zeigt, stehen Eutychia und Trauma zueinander in verständlicher Beziehung. Bei spontan entstandenen Neurosen ist sie am deutlichsten erkennbar. Bei langsam sich entwickelnden Neurosen pflegt folgender Zusammenhang zu bestehen. Auf ein oder mehrere in demselben Sinne deutbare Eutychia-Erlebnisse erfolgte in einer Zeit, die durch innere Ratlosigkeit, ein schmerzliches Nichtverstehenkönnen gekennzeichnet ist, der Einbruch anderslautender Erfahrungen, die zunächst noch toleriert werden, ohne schon als Anstoß zu der grundsätzlichen Frage zu wirken. Das Nichtmehrhervortreten jener positiven Antizipation bei sonst wirksamen Anlässen läßt nun die Situation kritisch heranreifen. Furcht vor bitterer Enttäuschung, Angst, das bisher Schönste als trughaft verwerfen zu müssen, lassen an Stelle der kritischen Abwägung oder eines gefühlsstarken Überzeugtbleibens die Verdrängung jenes Fühlen- und Erlebenkönnens treten. Die Maxime Jaspers ,,Der Mensch, mehr er selbst im Unglück als im Glück, muß es paradoxerweise wagen, glücklich zu sein'', scheint nun der Erfüllung entrückt zu sein. Damit ist die seelische Entwicklung in ihrer natürlichen Balance gestört. Eine ungünstig proportionierte seelische Veranlagung, dieser natürlichen Ausgleichmöglichkeit jetzt beraubt, erfährt nun durch weitere Belastungen ihre kritische Verformung, um schließlich in einer typischen Erlebensaufgabe, auf die mit einer typischen Reaktion geantwortet wird, das zu ihr gehörige Trauma zu finden. Das Bewußtwerden dieser seelischen Unzulänglichkeit bzw. sogar ihr Offenbarwerden nach außen, wird durch die jetzt manifest werdende Neurose verdeckt.

Es ist noch darauf hinzuweisen, daß auch manche der ,,umgeprägten Persönlichkeiten'' die Möglichkeit der uneingeschränkten Zuwendung zum Dasein, wie sie in der Eutychia erlebt wurde, aus ihrer Erlebensweise verbannt haben. Hier finden wir dann aber, daß diese Erinnerungen nicht verdrängt, sondern wie ein überholter Standpunkt bewußt beiseite geräumt wurden. Man hatte aus ihnen gelernt, so wie man aus einem erkannt fehlerhaften Verhalten zu lernen pflegt. Die Psychotherapie kann dann, wenn sie es als ihre Aufgabe ansehen will, festgefügte Persönlichkeiten zu ändern, die nicht an Neurosen leiden, sich jedoch in ihren Zuwendungsmöglichkeiten verarmt fühlen, eine solche Therapie mit guter Anschaulichkeit von der Interpretation der Eutychia her beginnen. Meist wird sie dazu keine Gelegenheit haben, da gerade diese Persönlichkeiten sich nicht an den Nervenarzt zu wenden pflegen.

Was aber bei den eben geschilderten Persönlichkeiten sich als ,,erworbener Charakter'' ausweist, bedeutet bei dem Neurotiker trotz ähnlicher Erscheinungsform einen ,,Pseudocharakter''. Was hier an sich widersprechenden Eigenschaften zu finden ist, erscheint nicht als überbleibender Rest bewußt ausgeglichener Anlageeigentümlichkeiten, sondern es ist die nuancierte Widerspiegelung eines nie gelösten Selbstkonfliktes, dessen widerstreitende Tendenzen in ohnmächtiger Resignation dem erkennenden Bewußtsein durch Verdrängung entzogen wurden.

Eine aussichtsvolle therapeutische Anwendung der Eutychia ist bei den Neurosen jener Persönlichkeiten möglich, bei denen sich innerhalb der dissonanten Eigenschaften Gefühlstendenzen auffinden lassen, die den Schluß erlauben, daß der Betreffende ein Erleben- und Vollziehenkönnen seines Daseins mit dem Gefühl des erfüllten Glücklichseins einmal erleben konnte. Im Unterschied zu dem *primär* gestaltungsunfähigen Neurotiker, der seinen Mangel an Substanz in Forderungen an seine Umwelt umwandelt und nie in dieser Weise erleben konnte, findet man hier, wenn auch tief verborgen und überbaut, die Narbe des echten Wertverlustes. Die therapeutische Wiedererweckung jener nicht mehr gekannten Eigenschaften mit Hilfe der Eutychia läßt jetzt wieder jene positiven Persönlichkeitsvalenzen erscheinen, deren Verdrängung damals die seelische Fehlentwicklung tragisch beschleunigt hatte. Ihre Wiederbelebung in der Therapie aber läßt neben die bedrückende Einsicht des Traumas und seiner Vorgeschichte die glückliche Gewißheit treten, die Zuwendung zu neuem harmonischem Erleben aus *eigenem* Vermögen finden zu können.

Die „Darstellung der Entwicklung der Neurose" als Mittel der Therapie. Wir hatten das Selbstverstehen des Patienten bisher mehr oder weniger durch die Herstellung einzelner Bezüge zu erwecken versucht. Einzelne Punkte des großen Zusammenhanges der Neurose wurden so zur Darstellung gebracht, daß hiermit die Selbstrechenschaft sich auf das verstehende Erfassen des Ganzen richten mußte. Wir konnten damit erreichen, daß der Patient sein Ich nicht mehr in der scheinbaren Geschlossenheit seiner neurotischen Persönlichkeitsverformung erlebt, sondern jetzt das wirkliche Vorhandensein der bisher verfehlten Zusammenhänge mit dringender Aktualität in sich spürt. Es ist nun die Aufgabe der Therapie, diese Zusammenhänge in ihrer natürlichen Ordnung so zu festigen, daß sie zum festen Besitz der Persönlichkeit werden. Wir müssen daher diesen Zusammenhang so darzustellen versuchen, so mit dem Patienten besprechen, daß ein Maximum an erlebnishafter Verbindlichkeit erreicht wird. Es handelt sich dabei also darum, eine *Form* der Darstellung zu finden, in der die bisher nicht geschaute Wahrheit evident wird.

Eine nachträgliche Darstellung bedeutet stets eine „Nachahmung" des Gewesenen mit einer Verdichtung seines Sinnes, sei als es Erzählung, sei es als so gelenktes Zwiegespräch. Diese Nachahmung des Erlebten in der erzählenden Darstellung muß sich nach Gesichtspunkten richten, die sich daraus ergeben, daß das Wirkliche des Erlebens sich in anderen Zusammenhängen bewegt als die Realität der ablaufenden Geschehensfolgen. Es gelten daher für sie in vieler Hinsicht die Forderungen, die wir an die epische Darstellung stellen, die als *gestaltete Nachahmung* der Wirklichkeit dem wahren Gehalt in hohem Maße verdichten soll.

Die Darstellung soll ein erlebnishaftes Innewerden zur Folge haben. Sie soll das bisher in den realen Zusammenhängen nicht Erkannte zur *Anschauung* bringen. Es ist also nicht tunlich, diese „innere Handlung" mit Zuhilfenahme ihres religiösen oder philosophischen Aspektes darzustellen. Der erste wird durch Glauben, der zweite durch Erkennen zugänglich. Die empfindende Wahrnehmung kann aber weder glauben, noch „vernünftig" erkennen, sondern sie schöpft ihre Resultate aus der Anschauung, in der sie den verständlichen Zusammenhang evident *erlebt.* (Z. B. Herders Legende „Die wiedergefundenen Söhne" *fordert* ein Verstehen, da die moralische Erklärung ein Teil der Handlung ist, während in *Goethes* „Johanna Sebus" das Verstehen *vermittelt* wird, da die Moral in dem anschaulichen Zusammenhang liegt.) Im erlebten Zusammenhang erst eröffnen sich also die weiteren Aspekte des Glaubens und des „vernünftigen" Erkennens. Religion und Philosophie sind somit nicht Mittel des Verstehens, sondern Anwendungen aus einem Selbstverstehen. Bei der Psychotherapie der Neurose kann eine Daseinserhellung im Selbstverstehen erfolgen bzw. auf diesem Wege angeleitet werden, hingegen kann der Versuch einer grundsätzlichen Daseinshellung nicht ein verlorenes Selbstverstehen wiederherstellen. Dieser Gesichtspunkt wird bei der Wahl der Darstellungsform, die die Zusammenhänge der Neurose im ganzen der Persönlichkeit und ihres Daseins erschließen soll, zu berücksichtigen sein.

Die Darstellung, mit der wir dem Patienten die umfassende Einsicht mit der Verbindlichkeit des evidenten Verstehens geben wollen, muß die Entwicklung der Neurose aus der Biographie so illustrieren, daß eine einheitliche Handlung (im Sinne der Poetik) deutlich erkennbar wird. Die Neurose entwickelt sich mit dem Gang *erlebter* Ereignisse. Indem wir ihren Zusammenhang in der Biographie herstellen, machen wir die innere Handlung in den realen Geschehensfolgen der Biographie deutlich. Diese Teile der Biographie müssen also so zusammengefügt werden, daß die Darstellung der ausgewählten Ereignisse zur Nachahmung der inneren Handlung wird. Eine erklärend motivierende Charakterbeschreibung der handelnden Personen darf dabei nicht ein Bestandteil der Handlung sein, der für ihr Verständnis notwendig ist. Da die Neurose nicht als Ergebnis bewußter Reflektion, sondern im unmittelbaren Niederschlag erlebter Anschauung entstand, muß zur Erweckung ihres evidenten Verstehens auch dieser selbe Weg wieder eingeschlagen werden, der die Möglichkeit des erlebnishaften Innewerdens, also des „Verstehens" eröffnet.

Um den Aufbau der „inneren Handlung" vollständig und einheitlich nachzugestalten, wird man auf folgendes achten müssen: Der Beginn der Neuroseentwicklung soll als echter Anfang dargestellt werden, d. h. das Sosein dieser Persönlichkeit, die Beschaffenheit ihrer Umwelt wird als etwas Gegebenes dargestellt, das in seiner Natürlichkeit zunächst viele Möglichkeiten der Weiterentwicklung offenzulassen scheint. Der weitere Verlauf, in dem unter diesen Möglichkeiten mit einem besonderen, aber verständlichen Eigenverhalten gewählt wurde, läßt den Anfang dann zur Voraussetzung der neurotischen Entwicklung werden. Der kritische Punkt dieser inneren Handlung soll dann im weiteren Verlauf einerseits die verständliche Folge des Bisherigen sein. Er muß aber insofern etwas anderes, neues enthalten, als mit verständlichen Gefühlen die notwendige Entscheidung so verfehlt wird, daß sich etwas Ungewolltes ergibt, das nun den weiteren Verlauf bestimmt. Dieses Ungewollte stellt sich psychologisch als der Verlust der Freiheit in bestimmten weiteren Entscheidungssituationen dar und kommt in der „Darstellung der inneren Handlung" als die typische Äußerung des neurotischen Selbstkonfliktes und seiner Folgen zum Ausdruck. Die Darstellung muß nun ihren Höhepunkt erreichen, indem sie die typisch verfehlten Erlebnisweisen des gegenwärtigen Erlebens so plastisch erstehen läßt, daß der Patient nun die im bisherigen Verlauf der Therapie erfahrenen Kenntnisse zu einem umfassenden Verstehen des Zusammenhanges der Darstellung vereinigt und ein befreiendes Selbsterkennen erlebt. Die Neurose wird so schließlich zu einer Episode der Biographie, die wie ein passageres Irren auf dem Weg der Selbstverwirklichung erscheint.

Wir haben an anderer Stelle auseinandergesetzt, warum wir diese Auffassung der Neurose für die therapeutisch günstigste halten. Wenn uns auch immer wieder Fälle begegnen, die in ihr nicht aufgehen (so z. B. jene Persönlichkeitsentwicklungen, die nicht mit der Neurose eine verständliche Abweichung erhalten, sondern von *Beginn* an mit einer Neurose kompensiert werden), so wollen wir diese nicht für das klassische Modell der Neurose halten, sondern für ihre extreme Variante.

Im Sinne dieses Standpunktes werden wir daher bei dem Aufbau der „Darstellung" berücksichtigen, daß ein Zurückgreifen in das Gefüge weiterer Zusammenhänge wohl stets möglich ist. Sie können zurückgestellt werden einmal, wenn sie lediglich das Gemeinte in überflüssiger Wiederholung illustrieren oder in Analogien variieren, so daß durch die Minderung der Spannung des Aufbaues die Ansprache des unmittelbar Ergriffenwerdens an Intensität einbüßt. Ebenso wird man in dem tragenden „Anfang" von der Darstellung jener Zusammenhänge in der Persönlichkeit ausgehen — d. h. sie aus dem biographischen Geschehen illustrieren — aus denen die nachfolgende neurotische Entwicklung verstehbar entstand. Wenn wir aber bei diesem Anfang der weiten Fülle der verständlichen Zusammenhänge in dieser Persönlichkeit Rechnung tragen wollten, so ergäbe sich eine zu unbestimmte Exposition, die viele Möglichkeiten der Entscheidung, die in diesem Dasein aktuell werden können, anklingen läßt, anstatt die gemeinten Zusammenhänge, aus denen die Neurose entsteht, dem erlebnishaften Innewerden nahezubringen.

Wie diese Determinierungen vorgenommen werden können, ergibt sich aus der Analyse der Persönlichkeit, ihrer Entwicklung und der Exploration ihrer Neurose. Die Auswahl der biographischen Gegebenheiten, die zu der Darstellung der inneren Handlung miteinander verbunden werden, muß so erfolgen, daß das Zutagetreten der in dieser Entwicklung wirksamen Persönlichkeitskräfte bei jenen äußeren Anlässen deutlich zeigt, wie vergebliche Erprobungen letztlich zum Versagen in der Entscheidung führten. Die vielen Möglichkeiten der Gestaltung der Darstellung werden durch zwei grundsätzlich verschiedene Formen begrenzt.

1. Wir beziehen uns zunächst auf jene sich allmählich entwickelnden Neurosen, die darauf beruhen, daß eine wenig leistungsfähige Persönlichkeit bestimmte Schwächen ihrer Struktur vor sich selbst verdeckt hat und in gewissen ständig sich wiederholenden Beanspruchungen des Lebens in immer weitere, jedoch thematisch gleiche neurotische Konflikte gerät. Hier werden wir in dem Aufbau unserer Darstellung, in der Wahl der anschaulichen Illustrationen, die Genese dieser Entwicklung aufzeigen. In der Folge der aus der Biographie entnommenen Begebenheiten soll verständlich werden, wie unerkannt aus zunächst Unbedeutendem Bedeutendes wurde und wie aus Verleugnetem schließlich das verhängnisvoll Entscheidende entstand. Die Begebenheiten *enthüllen* so die Persönlichkeitsstruktur der Selbsterkenntnis, und es wird evident, daß vieles von dem, was als nach Vollendung strebende Entwicklung gewertet wurde, tatsächlich nur das Verbergen eines unfruchtbaren Stillstandes war.

2. Während die eben skizzierte Form *die Besonderheiten des Charakters*, seine vergebliche Erprobung und ihre Folgen mit Hilfe einer entsprechenden Erlebnisauswahl aus der Biographie darzustellen versucht, wird bei der zweiten Form, die wir nannten, das *Geschehen in der Biographie selbst* zum tragenden Prinzip der

Darstellung. Wir wählen diesen Weg bei jenen Neurosen, deren Entstehen sich als eine Krisis der Persönlichkeit verstehen läßt. Ein bisher mit Sicherheit beschrittener Weg scheint jäh aufzuhören, nachdem das Schicksal die Scheinvollkommenheit gewisser Überzeugungen durch die Lenkung der Ereignisse plötzlich entlarvte. Hier beschränkt sich die Illustrierung des Charakters auf die Deutlichmachung der markantesten Züge in der Exposition der Darstellung. Der weitere Aufbau versucht in dramatischer Steigerung den kritischen Punkt der Entwicklung in entscheidenden Erlebnissen anschaulich zu machen, die das Walten eines Schicksals zu offenbaren scheinen, das einer verfehlten Daseinsverwirklichung Einhalt gebietet. Hier soll die Darstellung der Geschehnisse nicht den Widerstreit von Strömungen in der Persönlichkeit deutlich machen, sondern das Geschehen selbst muß jetzt mit der Kraft der ihm innewohnenden Aussage in seiner Darstellung überzeugen. Diese Nachgestaltung der Vergangenheit, die mit ihrem Aufbau die Neurose als die ohnmächtige Reaktion auf eine gerechte Forderung des Schicksals erscheinen läßt, soll das Verstehen dieser „Fügung" herbeiführen und ein Selbsterkennen erleben lassen, in dem ihre Weisung erfüllbar wird.

GPSR Compliance

The European Union's (EU) General Product Safety Regulation (GPSR) is a set of rules that requires consumer products to be safe and our obligations to ensure this.

If you have any concerns about our products, you can contact us on ProductSafety@springernature.com

In case Publisher is established outside the EU, the EU authorized representative is:

Springer Nature Customer Service Center GmbH
Europaplatz 3
69115 Heidelberg, Germany

Batch number: 10845480

Printed by Printforce, the Netherlands